D1922324

Kohlhammer

Ulrich Riegel / Mirjam Zimmermann

Evaluation des konfessionell-kooperativen Religionsunterrichts in Nordrhein-Westfalen

Unter Mitarbeit von
Benedict Totsche und Oliver Hohenschue

Verlag W. Kohlhammer

Die vorliegende Studie wurde gefördert durch
die Lippische Landeskirche,
die Evangelische Kirche im Rheinland,
die Evangelische Kirche von Westfalen,
das Bistum Aachen,
das Bistum Essen,
das Bistum Münster und
das Erzbistum Paderborn.

1. Auflage 2022

Gesamtherstellung: W. Kohlhammer GmbH, Stuttgart

Print:
ISBN 978-3-17-043134-8

E-Book-Format:
pdf: 978-3-17-043135-5

Vorwort

Die beiden Siegener Professuren für Religionspädagogik haben in einem Kooperationsprojekt den konfessionell-kooperativen Religionsunterricht (kokoRU) im Schuljahr 2019/20 im Auftrag der Lippischen Landeskirche, der Evangelischen Kirchen im Rheinland und von Westfalen, sowie der (Erz-)Bistümer Aachen, Essen, Münster/W. und Paderborn evaluiert. Um einen umfassenden Blick auf die vorfindliche Situation dieser Organisationsform konfessionellen Religionsunterrichts zu gewinnen, wurden neben den Schüler*innen auch die Lehrpersonen, die Eltern und die Schulleitungen zu ihren Erfahrungen mit und Einstellungen gegenüber dem kokoRU befragt. Insgesamt waren so mehr als 13.000 Personen beteiligt. Die Auswertung erfolgte schrittweise zwischen Jahresende 2020 und Sommer 2021 in vier Forschungsberichten. Alle Forschungsberichte stehen auf der Homepage des Projektes zur Verfügung. Der vorliegende Band bündelt die Erkenntnisse aus den Forschungsberichten und bietet darüber hinaus Zusammenhänge zwischen den einzelnen Erhebungsgruppen.

Während des gesamten Projektes haben wir intensiv in unserem Siegener Team vor Ort mit Unterstützung der im Projekt angestellten Mitarbeiter Benedict Totsche und Oliver Hohenschue, der Sekretärinnen Anna-Lena Kußmann und Julia Fiedler sowie der studentischen und wissenschaftlichen Mitarbeiterinnen wie Steffi Fabricius, Eva Lamm und Nico Steinbüchel gearbeitet. Ebenso erfreulich war auch die kontinuierliche Zusammenarbeit mit dem uns begleitenden Team von Vertreterinnen und Vertretern aus den Kirchen und dem Ministerium Ferdinand Claasen, Dr. Thomas Ervens, Jakim Essen, Roland Gottwald, Prof. Dr. Marion Keuchen, Eckhard Langner, Dr. Dennis Lewandowski, Andreas Mattke, Vera Nosek, PD Dr. Paul Platzbecker, Thomas Schlüter, Dr. Christian Schulte, Fred Sobiech, Eberhard Streier, Rainer Timmer, Gabriele Tscherpel, Dr. Hedda Weber und Christoph Westemeyer, die unsere Ideen, die methodischen Planungen, Auswertungen und Diskussion stets mit konstruktiven und anregenden Rückmeldungen begleitet haben. Dafür bedanken wir uns herzlich.

Wir danken darüber hinaus den Moderatorinnen und Moderatoren und den Teilnehmerinnen und Teilnehmern der Regionalkonferenzen und allen Beteiligten, die dazu beigetragen haben, die Evaluation trotz der immer wieder auf- und abflauenden Coronapandemie durchführen zu können: den Schulleitungen, den beteiligten kokoRU-Lehrkräften, den Eltern und ganz besonders den Schüler*innen sowohl aus den kokoRU-Klassen, aber auch aus den Vergleichsgruppen.

Ulrich Riegel und Mirjam Zimmermann im Juli 2022

Inhaltsverzeichnis

1. Der konfessionell-kooperative Religionsunterricht in NRW im Kontext der aktuellen Diskussion um den Religionsunterricht

Religionsunterricht wird in Europa und in Deutschland in unterschiedlichsten Formaten erteilt, obwohl alle Länder bzw. alle Bundesländer in Deutschland – zwar in unterschiedlicher Intensität – den Herausforderungen einer zunehmenden Säkularisierung und religiösen Pluralisierung ausgesetzt sind. In den jeweiligen Kontexten geht es im Religionsunterricht immer darum, mit der Eigenlogik von Religion bekannt zu machen und die Schüler*innen zu befähigen, sich gegenseitig als Menschen mit ihren je unterschiedlichen Religionen bzw. Konfessionen mit Respekt zu begegnen.

Im vorliegenden Kapitel wird nach einer sehr knappen Darstellung vorliegender Organisationsformen des Religionsunterrichts, die diesbezüglich die Diskussion des Religionsunterrichts in Deutschland skizziert (1.1.), gemäß dem hier dargestellten Projekt der konfessionell-kooperative Religionsunterricht fokussiert und seine Geschichte (1.2.) umrissen. Der Stand von kokoRU in den einzelnen Bundesländern wird anschließend als Literaturbericht präsentiert (1.3.), bevor die Ergebnisse vorliegender Studien zum kokoRU im Querschnitt dargestellt werden (1.4.). Abschließend werden im ersten Teil didaktische Grundlagen zum kokoRU zusammengetragen (1.5.).

1.1. Grundzüge der Diskussion um den Religionsunterricht in Deutschland

Der Religionsunterricht ist in Art. 7 Abs. 3 GG als einziges Schulfach grundgesetzlich verankert, und zwar als Fach, das nicht religionskundlich, sondern konfessionell-positionell „in Übereinstimmung mit den Grundsätzen der Religionsgemeinschaften“ angelegt ist. Organisatorisch hat das zur Folge, dass die verantwortende Religionsgemeinschaft die Inhalte des Unterrichts mitbestimmt und die Religionslehrkräfte dieser Religionsgemeinschaft angehören müssen und somit ein positives Verhältnis zu deren Überzeugungen und der jeweiligen Praxis haben (sollten). Art. 4 Abs. 1 GG sichert aber auch in gleichem Maße die negative Religionsfreiheit. Daher besteht in allen Bundesländern eine Abmeldemöglichkeit vom Religionsunterricht. Das verbürgte Recht der Eltern auf einen konfessionellen Religionsunterricht ihrer Kinder besteht so lange, bis das Kind religionsmündig ist, also im Regelfall bis zum vollendeten 14. Lebensjahr.

Das Grundgesetz der Bundesrepublik Deutschland ist in der Zeit nach dem Zweiten Weltkrieg entstanden, in der noch mehr als 90 % der deutschen Bevölkerung Mitglied in der evangelischen oder der katholischen Kirche waren. Der konfessionelle Religionsunterricht unterstützt(e) somit das „positive Recht auf Religionsfreiheit“, und im Religionsunterricht lern(t)en die Kinder und Jugendlichen ihre Religion bzw. Konfession kennen, zu der sie sich dann selbstständig positionieren soll(t)en. Heute beschränkt sich diese Zugehörigkeit aber nicht mehr auf die evangelische oder katholische Kirche, sondern in Deutschland sind neben dem Islam, dem Judentum und dem Christentum auch Anhänger von Buddhismus, Hinduismus und vielen Religionen mehr, aber auch ein großer Anteil konfessionsfreier Kinder und Jugendlicher zu finden. Zudem hat auch binnenchristlich eine stärkere Differenzierung stattgefunden, sei es durch Zuwanderung aus Gegenden, die traditionell christlich-orthodox geprägt sind, sei es durch den verstärkten Zulauf zu Freikirchen. Ungeachtet des Wandels in der religiösen Landschaft Deutschlands wird der konfessionelle Religionsunterricht in zwölf der sechzehn Bundesländer erteilt (Baden-Württemberg, Bayern, Hessen, Mecklenburg-Vorpommern, Niedersachsen, Nordrhein-Westfalen, Rheinland-Pfalz, Saarland, Sachsen, Sachsen-Anhalt, Schleswig-Holstein und Thüringen).

Hamburg bietet in seinen staatlichen Schulen eine Sonderform des konfessionellen Religionsunterrichts als „Religionsunterricht für alle“ an, bei dem formal die Voraussetzungen eines konfessionellen Religionsunterrichts gegeben sind, der sich aber an religiös heterogene Lerngruppen richtet und von den in Hamburg vertretenen Religionsgemeinschaften gemeinsam verantwortet wird. Die katholische Kirche ist seit 2022 an der Weiterentwicklung des „Religionsunterricht für alle 2.0“ beteiligt.

Eine weitere Sonderform ist der „konfessionell-kooperative Religionsunterricht“ (kokoRU), der aktuell in Baden-Württemberg, Niedersachsen und in Teilen von Nordrhein-Westfalen angeboten wird, jedoch nicht landesweit verpflichtend, sondern als Wahlmöglichkeit. Hier verantworten die katholische und die evangelische Kirche gemeinsam einen Religionsunterricht, der sich an die Schüler*innen beider Konfessionen richtet, andere Konfessionen und Religionen aber zur Teilnahme einlädt. Die Organisationsform ist hier je nach Bundesland unterschiedlich: So ist in NRW z. B. ein Lehrerwechsel in der Doppeljahrgangsstufe obligatorisch, während in Niedersachsen die Lehrkraft einer Konfession eine gemischt-konfessionelle Lerngruppe auch über längere Zeit begleiten kann. Der aktuell geplante christliche Religionsunterricht in Niedersachsen möchte nun diese Form eines konfessionell-kooperativen Unterrichts flächendeckend als die einzige Form des konfessionellen Religionsunterrichts durchsetzen. Ein Lehrerwechsel ist auch hier nicht obligatorisch. Ein Rechtsgutachten vom Mai 2022 bestätigt dessen Verfassungsgemäßheit (vgl. Poscher, 2022).

Es gibt auch Bundesländer, in denen Art. 7 Abs. 3 GG laut Art. 141 GG keine Anwendung findet: So bietet Brandenburg das Fach „Lebensgestaltung – Ethik –

Religionskunde" an, was sich als allgemein wertbildendes Fach versteht. In Bremen gibt es für alle Schülerinnen und Schüler einer Klasse nach Art. 32 der Landesverfassung „Religion/Biblische Geschichte", wobei das Fach nicht in Mitverantwortung der Religionsgemeinschaften, sondern ausschließlich vom Staat ausgestaltet wird. Berlin kennt keinen verpflichtenden Religionsunterricht, sondern in den Klassen 7–10 einen obligatorischen Ethikunterricht; daneben besteht als (zusätzliches) Wahlfach ein konfessioneller Religionsunterricht, der von neun Religions- und Weltanschauungsgemeinschaften angeboten wird.

Deutlich wird aus der kurzen Darstellung, dass es drei idealtypische Formate des Religionsunterrichts gibt: erstens den *konfessionellen Zugang*, bei der die Überzeugungen einer Religionsgemeinschaft als Bezugsrahmen und Ausgangsbasis dienen und bei dem die existenzielle Dimension in authentischen Sprechsituationen in Teilnehmendenperspektive(n) zur Geltung kommen soll. Zweitens der *religionskundliche Zugang*, bei dem Religion auf sachlicher Information über verschiedene religiöse Traditionen erteilt wird und weder das Bekenntnis der Lehrenden noch das der Lernenden für die unterrichtliche Auseinandersetzung eine besondere Rolle spielen. Hier geht es, vor allem für religiös heterogene Lerngruppen geeignet, um die sachliche Analyse und wertfreie Rekonstruktion aus der Beobachterperspektive, bei der die Identifikation mit einer Religion möglichst vermieden wird. Und drittens der *dialogische Zugang* (Hamburger Modell 2.0), bei dem eine gemeinsame Auseinandersetzung mit unterschiedlichen religiösen, konfessionellen oder weltanschaulichen Positionierungen initiiert und die Bedeutung von Religion für die individuelle Lebensgestaltung herausgearbeitet wird. Religion wird hier als individuelle Überzeugung mit existenziellem Charakter gesehen, welche die Teilnehmenden als ihre je subjektive Wahrheit in den unterrichtlichen Austausch einbringen sollen. Unterrichtlich werden deshalb Teilnehmer- und Beobachterperspektiven kombiniert.

Der konfessionell-kooperative Religionsunterricht, um den es in dieser Darstellung gehen soll, ist einerseits als eine Organisationsform des konfessionellen Religionsunterrichts in dieses Modell einzuordnen, andererseits weist er viele Merkmale dialogischer Modelle auf. In seinem Zentrum steht aber im Sinne einer Öffnung vor allem der konfessionelle, nicht der inter- bzw. multireligiöse Dialog.

1.2. *Geschichte und Status Quo des konfessionell-kooperativen Religionsunterrichts (kirchliche Position)*

Die Diskussion zum kokoRU begann in den 1990er-Jahren, als sich nach der Wiedervereinigung die Frage stellte, ob und in welcher Form der Religionsunterricht in den neuen Bundesländern zukünftig gestaltet werden sollte. Für die

Grundlagen, die einen kokoRU schließlich möglich machten, muss man jedoch einen Schritt zurückgehen und beim II. Vaticanum beginnen: Im Dekret „Gravissimum educationis“ wird erstmals auf die Vorstellung verzichtet, christliche Bildung sei nur im Rahmen eines exklusiven katholischen Schulsystems zu realisieren, und es wird die Möglichkeit eröffnet, dass nicht-katholische Schüler*innen an katholischen Schulen aufgenommen werden können (vgl. Pruchniewicz, 2016, S. 35). Der nächste wichtige Schritt wurde auf der Würzburger Synode zum Religionsunterricht (1974) gegangen, die zwischen religiöser Bildung im Religionsunterricht und Gemeindekatechese differenzierte und die je spezifischen Aufgaben betonte (vgl. Pruchniewicz, 2016, S. 55).

Nachdem die Diskussion um den kokoRU in den 1990er-Jahren Fahrt aufgenommen hatte, war es zunächst die EKD, die sich in „Identität und Verständigung“ (1994) eindeutig positiv zu dieser Möglichkeit positionierte.[1] Religionsunterricht trägt laut diesem Dokument zur Sinnorientierung bei, da er einerseits der christlichen Tradition verpflichtet sei (Identität), andererseits aber auch der dialogischen Kooperation (Verständigung). Es werde zwar für die Wahrung der Konfession plädiert, was aber ein – wenigstens phasenweises – gemeinsames Lernen nicht ausschließe. Zudem solle der Religionsunterricht bei Fragen der Ökumene nicht hinter dem Stand der theologischen Diskussion zurückbleiben; er dürfe aber auch keine Gemeinsamkeit voraussetzen, die es (noch) gar nicht gebe (vgl. EKD, 1994, S. 65–72).

Die Stellungnahme der DBK aus dem Jahr 1996 – „Die bildende Kraft des Religionsunterrichts“ – fiel dagegen kritischer aus[2]: Der Religionsunterricht müsse von ökumenischem Geist und Dialogbereitschaft geprägt sein, aber gleichwohl seien die konfessionelle Gestalt und die Trias „katholische Lehrkräfte, katholische Schüler*innen und katholische Lerngegenstände“ beizubehalten: „Diese Trias bildet auch weiterhin die Grundlage für die kirchliche Prägung dieses Unterrichtsfaches“ (DBK, 1996, S. 78). Ausnahmen seien nur im Bereich der Schüler*innen möglich, d. h. eine konfessionelle Kooperation mit Lehrerwechsel wäre nach diesem Verständnis ausgeschlossen. Die Bischöfe wandten sich zudem klar gegen einen interkonfessionellen, überkonfessionellen oder ökumenischen Religionsunterricht und gegen einen auf Religions- oder Lebenskunde reduzierten Unterricht (vgl. DBK, 1996, S. 76–80).

---

1 Zur Kommentierung des Dokuments vgl. z. B. Gennerich und Mokrosch (2016, S. 21f.); Hoppe (2008, S. 30–34); Kuld et al. (2009, S. 10f.). Sofern dies hier und im Folgenden nicht extra vermerkt ist, handelt es sich dabei v. a. um eine inhaltliche Zusammenfassung und weniger um eine kritische Würdigung.

2 Zur Kommentierung des Dokuments vgl. z. B. Hoppe (2008, S. 34–36); Kuld et al. (2009, S. 12f.); Pruchniewicz (2016, S. 69–97). Pruchniewicz äußert sich dabei auch durchaus kritisch zum Dokument und kritisiert u. a., dass Kinder aus gemischt-konfessionellen Ehen nicht berücksichtigt und die in der Praxis tatsächlich vorhandenen konfessionellen Anknüpfungspunkte der Schüler*innen nicht adäquat aufgenommen werden.

1998 veröffentlichten EKD und DBK das gemeinsame Dokument „Zur Kooperation von katholischem und evangelischem Religionsunterricht".[3] Hier werden eine ganze Reihe Vorschläge zur Kooperation von evangelischem und katholischem Religionsunterricht gemacht, die keiner weiteren Genehmigung mehr bedürfen; dazu gehören u. a. „wechselseitiger Gebrauch von Unterrichtsmaterialien und Schulbüchern zu bestimmten Themen", die „Einladung der Religionslehrerin bzw. des Religionslehrers der je anderen Konfession in den eigenen Religionsunterricht zu bestimmten Themen und Fragestellungen", „zeitweiliges team-teaching von bestimmten Themen oder Unterrichtsreihen" oder „gemeinsame Gestaltung von schulischen und kirchlichen Feiertagen, von Schulgottesdiensten, Andachten, Schulfeiern u. a." (DBK & EKD, 1998, [ohne Seitenzahlen]). Darüber hinaus werden bei besonderen regionalen Gegebenheiten, schulformspezifischen Besonderheiten oder schulreformerischen Herausforderungen weitergehende Formen der Kooperation nahegelegt. Damit wurde die Idee konfessioneller Kooperation bestätigt und gleichzeitig erneut ein allgemein-christlicher, ein interkonfessioneller oder ein überkonfessioneller Religionsunterricht abgelehnt. Zudem wird betont, dass entsprechende Kooperationen nicht nur aus schulorganisatorischen Gründen angeordnet werden dürfen (vgl. DBK & EKD, 1998, [ohne Seitenzahlen]). Das ist noch kein kokoRU, da z. B. die Trias auf katholischer Seite weiterhin ihre Gültigkeit behält. Dennoch eröffnete diese gemeinsame Erklärung die Möglichkeit, aufgrund regionaler Besonderheiten zu – jeweils entsprechend regional begrenzten – Kooperationsvereinbarungen zu gelangen.

Im Jahr 2005 veröffentlichte die DBK erneut eine relevante Stellungnahme unter dem Titel „Der Religionsunterricht vor neuen Herausforderungen".[4] Darin werden die Möglichkeiten konfessioneller Kooperation zwar nur am Rande behandelt, dennoch Kooperationsmodelle wertgeschätzt, die nicht nur als Notlösungen gesehen werden, sondern es wird mit Verweise auf neuere Forschung (die jedoch nicht näher benannt wird) gesagt, „dass die phasenweise und didaktisch reflektierte Kooperation mit dem evangelischen Religionsunterricht ein Gewinn für beide Unterrichtsfächer sein kann" (DBK, 2005, S. 11).

2014 meldete sich erneut die EKD mit der Denkschrift „Religiöse Orientierung gewinnen" zu Wort.[5] Pluralismus wird hier aus dem evangelischen Denken heraus bejaht und soll auch pädagogisch seinen Raum finden. Zugleich werden die bisherigen Versuche, zunächst eine eigene religiöse Identität zu festigen, um

---

3 Zur Kommentierung des Dokuments vgl. z. B. Bayer-Wied (2011, S. 233f.); Hoppe (2008, S. 36–38); Pruchniewicz (2016, S. 123–125). Bayer-Wied merkt hierzu an, dass besonders von katholischer Seite wohl Bedenken bestanden haben, noch weitere Formen der Kooperation zu gestatten; auch Hoppe geht in eine ähnliche Richtung.

4 Zur Kommentierung des Dokuments vgl. z. B. Bayer-Wied (2011, S. 222f.); Pruchniewicz (2016, S. 98–111). Nach Pruchniewicz wurden mit dieser Schrift Kritikpunkte an DBK (1996) aufgenommen und deren Unausgeglichenheit wenigstens teilweise korrigiert.

5 Zur Kommentierung des Dokuments vgl. z. B. Gennerich und Mokrosch (2016, S. 22f.)

so die Voraussetzung für Dialogfähigkeit zu gewinnen, als „gescheitert" (EKD, 2014, S. 45) betrachtet. Daher wird die Kooperation mit dem Unterricht anderer Religionsgemeinschaften angestrebt; kokoRU wird dabei hochgeschätzt, aber auch interreligiöses Lernen und eine Kooperation mit dem Ethik-Unterricht werden erwähnt (vgl. EKD, 2014, S. 97–102). KokoRU oder zumindest in irgendeiner Art festgelegte Formen der Kooperation sollten nach dem Willen der Denkschrift sogar flächendeckend in ganz Deutschland eingeführt werden (vgl. EKD, 2014, S. 84.98f.).

Zwei Jahre später veröffentlichte die DBK „Die Zukunft des konfessionellen Religionsunterrichts. Empfehlungen für die Kooperation des katholischen mit dem evangelischen Religionsunterricht" (2016).[6] Darin werden Modelle der Kooperation dort nahegelegt, wo sie notwendig sind, wodurch sich die Bischöfe von der konfessionellen Homogenität verabschieden und die Forderung der Trias nicht mehr in der bisherigen Form durchgängig aufrechterhalten wird. Konfessionell-gemischte Gruppen werden nicht einfach nur als Abweichung von der Norm beschrieben, sondern es wird dazu aufgefordert, diese Situation aktiv und inhaltlich-gestaltend anzugehen (vgl. DBK, 2016, S. 31–34). Entsprechend sieht Lindner die zwei Grundlinien: „Beibehaltung des konfessionellen Religionsunterrichts, aber erweiterte Kooperation" und zweitens: „kein bundeseinheitliches Modell, sondern [...] Entfaltung regionaler Umsetzungen" (Lindner, 2017, S. 6). Damit die Gestaltung dieser Form des Unterrichts gelingen kann, müssen weitere Fortbildungsangebote geschaffen werden. Daher sieht Woppowa das Dokument auch v. a. der „Qualitätssicherung des RUs" (Woppowa, 2017b, S. 62) verpflichtet.

Die jüngste Veröffentlichung von kirchlicher Seite war 2018 die EKD-Schrift „Konfessionell-kooperativ erteilter Religionsunterricht. Grundlagen, Standards und Zielsetzungen".[7] In diesem Dokument werden die Linien von 2014 weitergezogen, d. h. kokoRU wird ausdrücklich bejaht und seine Chancen werden betont. Zudem werden – wohl aus der mittlerweile vorhandenen konkreten Praxiserfahrung heraus – wichtige Eckpunkte aufgezählt, die berücksichtigt werden müssen, so z. B. gemeinsame Fachkonferenzen, der Wechsel der Lehrkraft, obligatorische Fortbildungen etc. Auch die Kooperation mit nicht-christlichem Religionsunterricht bzw. den Fächern Ethik, Lebenskunde oder Philosophie wird erneut angedacht, jedoch wird hier im Vergleich zum kokoRU zunächst nur eine projekthafte und themenbezogene Zusammenarbeit vorgeschlagen (vgl. EKD, 2018, S. 15–18).

---

6 Zur Kommentierung des Dokuments vgl. z. B. Lindner (2017); Woppowa (2017b). Lindner sieht hier v. a. die Profilierung von bereits Angedachtem gegeben, wobei gleichsam Möglichkeiten zur Erweiterung von Kooperationen angedacht werden. Woppowa (2017b, S. 66) bezeichnet die Schrift noch etwas weitergehend als „klares Signal zum Aufbruch in diese Richtung mit Rückendeckung von höchster kirchenamtlicher Ebene für konstruktive Versuche der konfessionellen Kooperation."

7 Hierzu sind den Verfasser*innen keine ausführlicheren Kommentierungen bekannt.

Zusammenfassend lässt sich sagen, dass sich die evangelische und die katholische Kirche im Lauf der Jahre immer mehr aufeinander zubewegt haben, sodass zumindest auf Grundlage dieser Dokumente konfessioneller Kooperation von kirchlicher Seite nichts Grundsätzliches mehr im Wege steht. Mit Platzbecker – dort konkret bezogen auf DBK 2016 und EKD 2018 – kann resümiert werden: „Beide kirchlichen Positionspapiere legen nunmehr in großer Übereinstimmung theologische Grundlagen, religionspädagogische Empfehlungen, Standards und Zielsetzungen einer erweiterten Kooperation im Religionsunterricht vor“ (Platzbecker, 2019, S. 48).

1.3. *Zum Stand von kokoRU in den einzelnen Bundesländern*

Die folgende Darstellung hat ein doppeltes Ziel: Zum einen soll aufgezeigt werden, in welchen Bundesländern kokoRU in welcher Form, mit welchen Regelungen etc. eingeführt wurde. Zum anderen sollen die Untersuchungen kurz vorgestellt werden, die sich mit dem kokoRU im jeweiligen Bundesland beschäftigen und diesen untersucht und evaluiert haben. Wir präsentieren diese Studien je kurz mit ihrem Fokus und ihrer Methodik, stellen dann überblicksartig wichtige Ergebnisse dar, die z. T. weiter unten noch einmal thematisch geordnet aufgegriffen werden (vgl. 1.4.). So wollen wir gewährleisten, dass jede Studie auch in ihrem Eigenwert und als in sich geschlossenes Ergebnis hinreichend gewürdigt wird.

Im Anhang finden sich zwei Tabellen: Die erste Tabelle bietet einen Überblick über die Bundesländer, in denen es eine Vereinbarung zum kokoRU gibt; dabei ist jeweils aufgeführt, welche Vorgaben es gibt, wann kokoRU eingeführt wurde etc. In der zweiten Tabelle ist eine Zusammenfassung der Studien dargestellt, die sich empirisch mit kokoRU beschäftigt haben, d. h. dort sind nicht alle der im Folgenden vorgestellten Studien berücksichtigt, aber die, welche einen direkten Vergleichspunkt für die Ergebnisse der Siegener Studie zum kokoRU in Nordrhein-Westfalen bieten. In der Tabelle werden vergleichend für einen schnellen Überblick die Probanden, die Methodik, wichtige Ergebnisse etc. der verschiedenen Studien nebeneinandergestellt.

1.3.1. Baden-Württemberg

Baden-Württemberg war zwar nicht das erste Bundesland, in dem es eine offizielle Vereinbarung zum kokoRU gab, begleitete und evaluierte seine Modellversuche allerdings von Anfang an wissenschaftlich. Bereits Ende der 1990er-Jahre fanden zeitlich begrenzte Projekte statt. Auf dieser Grundlage kam es dann 2005 zu einer Vereinbarung zwischen den evangelischen Landeskirchen von Baden und Württemberg sowie den Bistümern Freiburg und Rottenburg-Stuttgart. Inhalt der Vereinbarung war ein Modellversuch zum kokoRU (von 2005–2008), der wiederum wissenschaftlich begleitet und evaluiert wurde. Als Ziele wurden formuliert: „1. ein vertieftes Bewusstsein der eigenen Konfession zu schaffen, 2. die ökumenische Offenheit der Kirchen erfahrbar zu machen und 3. den Schülerinnen und Schülern beider Konfessionen die authentische Begegnung mit der anderen Konfession zu ermöglichen" (zitiert nach Pemsel-Maier & Sajak, 2017, S. 268). Durch die Evaluation (dazu s. u.) konnte bestätigt werden, dass diese Ziele im Wesentlichen erreicht wurden, sodass der Modellversuch in eine dauerhafte Option umgewandelt wurde. Die entsprechenden Regelungen wurden 2009 und erneut 2015 einer Novellierung unterzogen, in denen die Vorschläge der wissenschaftlichen Evaluationen aufgenommen wurden: In allen Schularten soll nun zur Hälfte des Jahres die Lehrkraft wechseln, das Antragsverfahren wird erleichtert, das Fortbildungsangebot soll verbessert werden, die Eltern müssen vor Schuljahresbeginn ihr Einverständnis erklären u. a. (vgl. Pemsel-Maier et al., 2011, S. 24f.).

Im Schuljahr 2015/2016 wurden 10,58 % der katholischen Schüler*innen konfessionell-kooperativ unterrichtet (vgl. Pemsel-Maier & Sajak, 2017, S. 271), wobei man darüber hinaus mit einer gewissen „Dunkelziffer" rechnen muss, d. h. Schulen, die konfessionell-kooperativ unterrichten, ohne einen entsprechenden Antrag gestellt zu haben, werden statistisch nicht erfasst.

Um einen Antrag auf kokoRU stellen zu können, müssen einige Vorgaben erfüllt sein: So sind die beteiligten Lehrkräfte zur Teilnahme an einer vorbereitenden Tagung und ggf. weiteren Fortbildungen verpflichtet. Daneben muss auf der Basis der Lehrpläne für beide Fächer ein Schulcurriculum erarbeitet werden und die Eltern müssen der Kooperation zustimmen. Dann kann ein Antrag gestellt werden, der sowohl von den staatlichen als auch von den kirchlichen Behörden geprüft wird. Ein entsprechender Antrag wird dabei immer für einen Standardzeitraum gestellt, d. h. Klasse 1/2 (Klasse 3/4 nur unter bestimmten Bedingungen, da in diesen Zeitraum die Erstkommunion fällt), Klasse 5/6, Klasse 7/8 oder Klasse 9/10. Innerhalb dieser Zeiträume ist jeweils (mindestens) ein Lehrkraftwechsel verpflichtend vorgesehen, damit die Schüler*innen jede Konfession authentisch erleben können (vgl. Pemsel-Maier & Sajak, 2017, S. 266–271).

Schweitzer und Biesinger, 2002

Wie bereits oben erwähnt, wurden die Ende der 1990er-Jahre gestarteten Modellversuche wissenschaftlich begleitet und ausgewertet, was in Verantwortung der Professoren für Religionspädagogik an der Universität Tübingen, Friedrich Schweitzer (evangelisch) und Albert Biesinger (katholisch), geschah. Die Studie war auf sechs Modellschulen, allesamt Grundschulen, beschränkt, wobei auf eine ausgewogene Verteilung von sowohl städtischer und ländlicher Umgebung als auch hinsichtlich der Konfessionen geachtet wurde (vgl. Schweitzer & Biesinger, 2002, S. 217). Der Untersuchungszeitraum für das Projekt lag im Schuljahr 1998/1999 (vgl. Schweitzer & Biesinger, 2002, S. 215). In dieser Zeit wurden in den ausgewählten Grundschulen die Schüler*innen (insgesamt über 350 in teilstrukturierten Gruppeninterviews), ihre Eltern (350 per Fragebogen mit einem Rücklauf am Schuljahresanfang von 252 und am Schuljahresende von 208 Fragebögen) sowie die Lehrer*innen (14 teilstrukturierte Interviews) zu Beginn und zu Ende des Schuljahres befragt; es wurden außerdem 35 Unterrichtsstunden mit jeweiligen Nachgesprächen mit den Lehrer*innen analysiert[8], und es gab am Ende des Schuljahres Gespräche mit Schulleitungen sowie mit Klassenlehrer*innen. Mit diesem multiperspektivischen Ansatz sollte der Tatsache Rechnung getragen werden, dass sich Eigen- und Fremdwahrnehmung unterscheiden lassen (vgl. Schweitzer & Biesinger, 2002, S. 216f.). Zugleich wird eingeschränkt, dass keine verallgemeinerbaren Ergebnisse angestrebt oder erwartet werden können (vgl. Schweitzer & Biesinger, 2002, S. 24).

Schweitzer und Biesinger wollten ihre Studie bei den Kindern beginnen, da ihr Lernerfolg im Endeffekt Auskunft über das Gelingen oder Nicht-Gelingen des Unterrichts gebe (vgl. Schweitzer & Biesinger, 2002, S. 24). Nach ihrer Konfession gefragt, können zu Beginn von Klasse 1 etwa die Hälfte der Schüler*innen ihre Konfession richtig angeben, am Ende von Klasse 3 hingegen fast alle; entsprechend fällt es den Kindern zu Beginn von Klasse 1 noch schwer, genauer zu beschreiben, was mit „evangelisch" und „katholisch" gemeint ist. Das hat sich ebenfalls bis zum Ende von Klasse 3 deutlich geändert hat, wobei auch hier die Erläuterungen im Bereich des äußerlich Wahrnehmbaren bleiben. Das Verständnis des Zusammenhangs der jeweiligen Konfessionszugehörigkeit mit der Taufe ist ebenfalls erst gegen Ende von Klasse 3 gegeben, während vorher noch ganz andere – für einen Erwachsenen z. T. sehr überraschende – Erklärungen favorisiert werden (vgl. Schweitzer & Biesinger, 2002, S. 25–37).

Danach gefragt, ob die Schüler*innen eine bestimmte Konfession bevorzugen oder ob die Konfession eine Rolle bei der Auswahl der eigenen Freunde spielt, zeigt sich eine geringe Alltagsrelevanz des Themas. Zwar gibt es vereinzelte Stimmen, die lieber Freunde der gleichen Konfession haben möchten, da das die Möglichkeiten gemeinsamer Aktivitäten begünstige; im Allgemeinen spielt dieses Kriterium aber keine Rolle oder wird sogar bewusst ausgeschlossen (vgl. Schweitzer & Biesinger, 2002, S. 47–52).

8 Als Lehrformen traten auf: „Lehrerkooperation bei konfessionell getrennten Gruppen, Wechsel zwischen konfessionell getrennten und gemischten Gruppen, [e]vangelisch-katholische Lerngruppen mit und ohne Lehrertausch, Team-Teaching bei konfessionell gemischter Lerngruppe" (Schweitzer und Biesinger, 2002, S. 223).

Die verbreitete Auffassung, Kinder könnten mit Konfession nichts mehr anfangen, wird durch die Untersuchung z. T. gestützt, z. T. aber auch in Frage gestellt, denn aus der fehlenden Bekanntheit der Begriffe dürfe nicht auf ein Fehlen von Erfahrungen mit Kirche und damit mit Konfessionen geschlossen werden, da viele Kinder z. B. über den Aufbau und die Funktion einer Kirche berichten können.

> „Zusammen genommen zwingen solche Beobachtungen zu einer Unterscheidung zwischen konfessionsspezifischen Erfahrungen und konfessionellem (Selbst-)Bewusstsein. Beides muss nicht miteinander verbunden sein" (Schweitzer & Biesinger, 2002, S. 73).

Direkt nach kokoRU gefragt, ist am Ende von Klasse 1 keine klare Tendenz festzustellen, wobei es häufig zu widersprüchlichen Bewertungen kommt und bedacht werden muss, dass zumindest einige Kinder die Kooperation nicht bewusst als solche wahrgenommen haben. Häufig werden pragmatische Gründe zugunsten des kokoRU genannt, z. B. mit Freunden zusammenbleiben zu können; es wird aber auch die Chance des gegenseitigen Voneinanderlernens benannt. Manche insistieren hingegen auf den Unterschieden der Konfessionen. Kinder der 3. Klasse haben im Unterschied zu den Erstklässlern auch bereits getrenntkonfessionellen Unterricht kennengelernt: Auch hier stehen praktische Erwägungen an erster Stelle und es konnten keine klaren Trendaussagen festgestellt werden. Insgesamt sind für die Kinder weniger die organisatorischen Grundmodelle entscheidend als die von ihnen gewünschte Unterrichtsqualität, weswegen z. B. der Lehrertausch recht beliebt ist (vgl. Schweitzer & Biesinger, 2002, S. 46–52).

Die Studie fragt auch nach Veränderungen, welche die Kinder durch kokoRU erlebt haben. Dabei ist als wichtiges Ergebnis festzuhalten: Die „Entwicklung eines konfessionellen (Selbst-)Bewusstseins" muss als „langfristiger Prozess" begriffen werden, d. h. dies entsteht „nicht in wenigen Wochen oder Monaten, ja nicht einmal während eines Jahres oder der gesamten Grundschulzeit" (Schweitzer & Biesinger, 2002, S. 54). Das sollte den kokoRU – auch über die konkret untersuchte Situation in Baden-Württemberg hinaus – vor allzu hochfliegenden Erwartungen bewahren. Zudem räumen die Autoren ein: „Aus unseren eigenen Beobachtungen lässt sich die Frage nach den Wirkungen eines Schuljahrs mit konfessionell-kooperativem Religionsunterricht also nur mit großen Vorbehalten beantworten" (Schweitzer & Biesinger, 2002, S. 56). Es scheint auf jeden Fall einen Lernfortschritt gegeben zu haben, aber auch hier ist es nicht sicher, ob dieser nicht möglicherweise auch auf andere, außerschulische Faktoren (z. B. eine altersgemäß ohnehin erwartbare Entwicklung) zurückgehen könnte. Vorurteile oder Verunsicherungen, die durch kokoRU hätten ausgelöst werden können, wurden jedoch nicht bemerkt (vgl. Schweitzer & Biesinger, 2002, S. 54–57).

Schweitzer und Biesinger selbst formulieren ihr Verständnis von gutem kokoRU mit dem Slogan: „Gemeinsamkeiten stärken – Unterschieden gerecht werden". Darunter verstehen sie „eine Verschränkung von Verständigung und Identitätsbildung oder von Beheimatung und Begegnung" (Schweitzer & Biesinger, 2002, S. 84). Daher ist ein Religionsunterricht notwendig, der den Kindern „die Bedeutung von Konfessions- und Religionszugehörigkeit im Zuge ihrer Welterschließung verstehen hilft und der auch der Frage nach der eigenen Zugehörigkeit Raum gibt" (Schweitzer & Biesinger, 2002, S. 84). Dazu sind – in Form der Lehrpersonen – auch immer wieder erwachsene Bezugs- und Identifikationsfiguren notwendig (vgl. Schweitzer & Biesinger, 2002, S. 84).

Schweitzer und Biesinger fragten auch nach expliziten Unterrichtsformen, -methoden und -themen des kokoRUs. Nach der Feststellung, dass es ein „Einheitsmodell" in der Praxis nicht geben könne, werden verschiedene Formen konfessionell-kooperativen Unterrichts vorgestellt. Dabei wird besonders Wert darauf gelegt, dass in irgendeiner Form Lehrkräfte beider Konfessionen im Unterricht zugegen sein sollen; ansonsten – so raten die Autoren – sei durchaus nach den Gegebenheiten vor Ort zu schauen, welche Kooperationsform jeweils gewählt werden sollte (vgl. Schweitzer & Biesinger, 2002, S. 89–96). Besondere Vorteile vermuten die Autoren beim Team-Teaching: So hätten die Kinder beider Konfessionen jeweils eine Lehrerin oder einen Lehrer als Identifikationsmöglichkeit, es bestünde eine größere inhaltliche Kompetenz und es werde eine unbewusste einseitige Prägung des Unterrichts verhindert (vgl. Schweitzer & Biesinger, 2002, S. 168).

Bei der Themenauswahl gilt zunächst: „Für das Unterrichten in katholisch-evangelischer Zusammenarbeit eignen sich nahezu alle ‚klassischen' Themen des Religionsunterrichts der Grundschule" (also z. B. große biblische Erzählungen, soziale Themen oder der Festkreis) (Schweitzer & Biesinger, 2002, S. 100). Das bedeutet, man müsse sich nicht auf die vermeintlich typischen konfessionell-kooperativen Themen (Maria, Luther, Kirchengebäude etc.) konzentrieren, auch wenn v. a. diese in der Praxis im Unterricht thematisiert wurden (vgl. Schweitzer & Biesinger, 2002, S. 100f.).

Was die didaktische Herangehensweise angeht, so wird v. a. das Modell der Elementarisierung empfohlen, da so eine wechselseitige Erschließung zwischen Person und Sache bzw. zwischen Lerninhalten und Lernenden oder, anders gesagt, zwischen Erfahrungen heute und Erfahrungen damals erreicht werden könne. Dabei sei auch auf die Verstehensweise der Kinder und auf ihren Erfahrungshorizont zu achten (vgl. Schweitzer & Biesinger, 2002, S. 160–163). „Anzustreben ist in kognitiver, emotionaler und sozialer Hinsicht eine Balance zwischen Gemeinsamkeiten und Unterschieden, und dies in einer Weise, die diese beiden Pole für die Kinder direkt erfahrbar macht" (Schweitzer & Biesinger, 2002, S. 208).

In der Studie werden auch die Erfahrungen der Lehrer*innen mit kokoRU erfasst: Die Motivation vieler Lehrer*innen zu kokoRU sei die Möglichkeit zur kollegialen Zusammenarbeit, aber auch ökumenisches Engagement oder schulorganisatorische bzw. -pädagogische Überlegungen (z. B. Erhalt des Klassenverbandes). Die eigene Mitarbeit am kokoRU-Projekt wurde entsprechend als bereichernd erleb; so sei es z. B. bei vielen zu einer vertieften Kenntnis und Wahrnehmung sowohl der eigenen als auch der fremden Konfession gekommen (vgl. Schweitzer & Biesinger, 2002, S. 170–176).

Zu Beginn sehen viele Lehrer*innen ihre Schüler*innen als wenig konfessionell geprägt an und sind optimistisch, dies durch den kokoRU ändern zu können. Dabei wird Konfessionalität aus der Perspektive der Lehrkräfte also rein positiv bewertet. Am Ende des Schuljahres findet sich hier eine doppelte Differenzierung: Zum einen muss festgehalten werden, dass die Kinder durchaus in gewisser Weise konfessionell geprägt sind, denn alle kirchlichen Handlungen, die sie miterleben, sind konfessionell bestimmt, sodass sie durchaus bereits Konfessionelles erlebt haben, auch wenn sie selbst es vielleicht gar nicht als solches wahrnahmen. Zum anderen sind die Lehrkräfte nach wie vor von der positiven Wirkung des kokoRU überzeugt, allerdings bewerten sie mögliche Wirkungen etwas nüchterner dahingehend, dass innerhalb eines Jahres kein großer Durchbruch zu erwarten sei (vgl. Schweitzer & Biesinger, 2002, S. 178–183).

Bei der Unterrichtsvorbereitung wird zumeist eine Zunahme der Arbeitsbelastung gesehen, zumal sich viele bei Themen der anderen Konfession nicht kompetent genug fühlen und hinsichtlich ihres Kenntnisstandes nacharbeiten müssen bzw. wollen. Aber diese Mehrarbeit habe sich nach allgemeiner Auffassung gelohnt, zumal auch die Zusammenarbeit mit dem Kollegen bzw. der Kollegin als angenehm empfunden wurde (vgl. Schweitzer & Biesinger, 2002, S. 185–189).

Bei den Arbeitsformen wird Team-Teaching von den Lehrkräften zwar begrüßt, ist aber in der Praxis nicht überall umsetzbar. Ansonsten wird ein zu häufiger Lehrerwechsel kritisch gesehen, diese Praxis aber nicht an sich in Frage gestellt. Ebenfalls begrüßt wird von einigen ein Wechsel von gemischten und getrennten Gruppen (vgl. Schweitzer & Biesinger, 2002, S. 189–191).

Insgesamt sind bei den Lehrer*innen nach einem Jahr keine grundsätzlichen Zweifel am Modell aufgekommen und sie sind nach wie vor von den Chancen der Kooperation überzeugt. Einige wollen kokoRU langfristig aber nur in den Klassen 1 und 2 durchführen, was sie mit dem sich entwickelnden konfessionellen Bewusstsein begründen. Es sollte jedoch nach Meinung von Schweitzer und Biesinger eine Vielfalt an Formen von Kooperation über die ganze Grundschulzeit hinweg praktiziert werden, wobei mal enger und mal weniger eng kooperiert werden könnte (vgl. Schweitzer & Biesinger, 2002, S. 193f.).

Recht knapp werden von den Autoren der Studie danach die Perspektiven der Eltern, Schulleitungen und Klassenlehrer*innen wiedergegeben. Die Eltern begrüßten die Kooperation und hätten nichts gegen einen allgemein-christlichen Religionsunterricht. Auch am Ende des Schuljahres sei die große Mehrheit für eine Fortsetzung. Positiv erwähnt wird z. B., dass den Kindern so stärker die

Möglichkeit gegeben werde, sich selbst im Blick auf Konfession zu entscheiden (vgl. Schweitzer & Biesinger, 2002, S. 196–200).

Die befragten Schulleitungen befürworten alle die Kooperation, aber mit unterschiedlichen Begründungen, wobei der Erhalt des Klassenverbands und damit (auch) ein organisatorischer Grund das wichtigste Argument ist. Einige befürworten aber zumindest eine Trennung auf Zeit oder in bestimmten Klassenstufen. Sie erhoffen sich durch die neue Organisationsform Toleranz, Offenheit und eine Horizonterweiterung (vgl. Schweitzer & Biesinger, 2002, S. 200–202).

Die Klassenlehrer*innen fühlten sich von der Kooperation nicht gestört, haben aber nach eigener Aussage auch keine Veränderungen bei den Kindern bemerkt. Ein gemeinsamer Unterricht ist von ihnen gewünscht, v. a. wegen des Erhalts des Klassenverbandes, sodass z. B. auch nicht-konfessionelle Kinder teilnehmen können (vgl. Schweitzer & Biesinger, 2002, S. 202).

Am Ende der Darstellung stehen Empfehlungen in Bezug auf den kokoRU, die den entsprechenden Kirchenleitungen übergeben wurden: Konfessionelle Kooperation sei auch bereits in der Grundschule möglich und sinnvoll und biete einen deutlichen Mehrwert an religiösen Lernprozessen. Die unterschiedlichen Realisierungsformen seien bedeutsam für die Qualität des Lernens, wobei v. a. Team-Teaching geeignet erscheine. Jeweils solle die optimale Form der Kooperation im Einzelfall gesucht werden, wobei der Unterricht im Klassenverband von nur einer Lehrkraft die „schwächste Form" sei. Zentral sei außerdem, dass der kokoRU einer eigenen Didaktik sowie einer veränderten Aus- und Fortbildung der Lehrer*innen bedürfe (vgl. Schweitzer & Biesinger, 2002, S. 237–239). Als Resümee wird festgehalten:

> „Aus unserer Sicht ist eine Fortsetzung des konfessionell-kooperativen Religionsunterrichts unbedingt empfehlenswert. Ein solcher Unterricht sollte jedoch nicht flächendeckend eingeführt oder zentral verordnet werden, da die persönlichen Beziehungen und Kooperationsmöglichkeiten zwischen den Lehrkräften sowie die örtlichen bzw. auf die Einzelschule bezogenen Voraussetzungen eine wichtige Rolle spielen. [...] Zu erwarten ist eine Stärkung des Religionsunterrichts, eine wirksame Unterstützung der Entwicklung konfessionellen (Selbst-)Bewusstseins [...] sowie ein insgesamt im Vergleich zum herkömmlichen Religionsunterricht verbessertes Lernangebot" (Schweitzer & Biesinger, 2002, S. 239).

Schweitzer et al., 2006

Diese Studie ist gewissermaßen die Fortsetzung von Schweitzer & Biesinger, 2002. Die Projektleiter waren erneut Friedrich Schweitzer und Albert Biesinger, die inhaltliche Hauptarbeit lag aber laut Vorwort bei ihren wissenschaftlichen Mitarbeitern Jörg Conrad und Matthias Gronover. Während die frühere Studie auf den Bereich der Grundschule beschränkt war, dokumentiert diese Studie nun in ähnlicher Weise ein Modellprojekt in der Sekundarstufe I, genauer gesagt, ein Projekt an je vier Hauptschulen und Gymnasien. Dabei ähneln sich auch die methodischen Vorgehensweisen: Es gab im Schuljahr 2002/2003 Interviewgespräche mit den Schüler*innen am Anfang und am Ende des Schuljahres (81 halboffene Kleingruppeninterviews), schriftliche Befragungen von 1.524 Schüler*innen, 24 Unterrichtsdokumentationen, die Befragung beteiligter Lehrer*innen am Anfang und Ende des Schuljahres (insgesamt 34 Einzelinterviews) sowie nach den zwölf beobachteten Unterrichtsstunden und die schriftliche Befragung von Eltern am Anfang und Ende des Schuljahres. Der Schwerpunkt lag dabei auf Klasse 9 mit zusätzlichen Befragungen von Schüler*innen in Klasse 6. Als „unechte Vergleichsgruppen" dienten Schüler*innen aus Klasse 9 aus denselben Schulen, an denen konfessionell-kooperativ unterrichtet wurde, die jedoch selbst den klassisch konfessionellen Religionsunterricht besuchten. Zudem wurden Schüler*innen in Nordrhein-Westfalen schriftlich befragt, um so der Vermutung nachzugehen, dass bei den Schüler*innen außerhalb Baden-Württembergs nicht die Voraussetzungen vorliegen, die zum Gelingen von kokoRU nötig seien (vgl. Schweitzer et al., 2006, S. 185–187).

Wie in der vorherigen Studie liegt auch hier der Ausgangspunkt bei den Schüler*innen. Diese sind zwar mit den Begriffen „evangelisch" und „katholisch" vertraut, haben aber durchaus Schwierigkeiten, diese näher zu erläutern. Sie sehen weit mehr Gemeinsamkeiten als Unterschiede und wenn Unterschiede benannt werden, dann sind dies v. a. Äußerlichkeiten (Kirchengebäude, Liturgie, Feste etc.), was zudem häufig von örtlichen Verhältnissen geprägt ist. Diese Unterschiede erscheinen den Jugendlichen aber „mehr oder weniger beliebig, weil bedeutungsarm oder -leer" (Schweitzer et al., 2006, S. 17), da sie diese nicht mit ihrem eigenen Leben verknüpfen (vgl. Schweitzer et al., 2006, S. 15–17).

Wichtige Begriffe sind für die Jugendlichen die Begriffspaare „streng" und „locker", sowie „normal" und „extrem". Dabei wird die katholische Kirche als strenger, die evangelische als lockerer empfunden, was zu pauschalen Verallgemeinerungen führt. Die Unterscheidung „extrem" und „normal" wird quer zu den Konfessionen verwendet; dabei werden Unterschiede zwischen den Konfessionen dann zum Problem, wenn es sich um „‚extrem' Gläubige" handelt. Konsequent wird zwischen dem individuellen Glauben und der Kirche unterschieden, trotzdem ist „ein gewisses Beharren bei der eigenen Zugehörigkeit [typisch]" (Schweitzer et al., 2006, S. 21). Ein Konfessionswechsel hat „deshalb keine hohe Priorität", auch da diese Thematik im Alltag eine zu geringe Rolle spielt, „um starke positive oder negative Empfindungen auf sich zu ziehen" (Schweitzer et al., 2006, S. 18–22).

Man kann „von einem tendenziellen Fehlen eines konfessionellen Selbstbewusstseins" (Schweitzer et al., 2006, S. 45) reden, denn obwohl die meisten an Kommunion und Konfirmation und z. T. der Firmung oder an kirchlichen Jugendangeboten etc. teilgenommen haben, haben diese konfessionsspezifischen Erfahrungen nicht dazu geführt, dass die Jugendlichen sich mit ihrer Konfession identifizieren. Dennoch sind viele so weit konfessionell geprägt, dass sie sich einen Konfessionswechsel nicht vorstellen können und eine Erziehung der eigenen Kinder in der eigenen konfessionellen Tradition wünschen; „[d]iese Prägung ist den Jugendlichen aber kaum bewusst" (Schweitzer et al., 2006, S. 45–47).

Beim Vorher-Nachher-Vergleich könne von Veränderungen „nur in sehr eingeschränkter Weise gesprochen werden" (Schweitzer et al., 2006, S. 35). Unangemessen seien daher Erwartungen, „die diesen Unterricht als ein Instrument zur Erreichung vorab festliegender [...] Ziele verstehen" (Schweitzer et al., 2006, S. 35). Der kokoRU war für die Jugendlichen im Rückblick kein besonderes Ereignis, woraus die Autoren die Notwendigkeit ableiten, dass kokoRU für die Schüler*innen ausdrücklich „durchsichtig" (Schweitzer et al., 2006, S. 37) gemacht werden solle, sodass sie diesen auch bewusst als kooperativ erleben. Dennoch wird die Kooperation schon zu Beginn des Schuljahres überwiegend positiv eingeschätzt; das ändert sich auch nicht zum Schuljahresende und nur wenige berichten von Abwertungen oder Streit. Es besteht auch durchaus ein Interesse an der anderen Konfession, aber ein verstärktes Nachdenken über Konfession, Ökumene etc. wurde nicht wahrgenommen, d. h. diese Themen bewegen die Jugendlichen nicht. Deutlich zugenommen hat hingegen das Wissen über die Konfessionen. Wer am kokoRU teilgenommen hat, stimmt einem gemeinsamen Unterricht auch viel eher zu als andere. Es wird daher nach Meinung der Autoren deutlich, dass besondere Chancen dieses Unterrichts nicht nur im Erwerb von Kenntnissen liegen, sondern auch in der Einübung von Perspektivenübernahme und dem Umgang mit Differenz (vgl. Schweitzer et al., 2006, S. 35–40).

Im Vergleich mit den Schüler*innen, die nicht kooperativ unterrichtet wurden, zeigen sich zu Schuljahresende wenige, aber bedeutsame Unterschiede. So gibt es z. B. einen Wissenszuwachs bei den kooperativ Unterrichteten. Wie bereits in Schweitzer & Biesinger, 2002 weisen die Autoren erneut darauf hin, dass sich Änderungen erst im Laufe einer längeren Zeitperiode vollziehen und von einem Jahr nicht allzu viel erwartet werden dürfe. Dazu passt auch, dass sich eine deutliche Zunahme im Konfessionsbewusstsein gegenüber der Studie mit Grundschulkindern zeigt und innerhalb der hier besprochenen Studie noch einmal eine deutliche Zunahme und ein höherer Reflexionsgrad im Vergleich von Klasse 9 zu Klasse 6 zu verzeichnen ist (vgl. Schweitzer et al., 2006, S. 51–54). In den Schulen, in denen die Kooperation für die Schüler*innen besonders sichtbar war (v. a. durch Team-Teaching), ist die Auseinandersetzung mit konfessionsvergleichenden Fragen ausgeprägter, und hier wurden die Lernerfahrungen auch in den Gesprächen am Schuljahresende besonders häufig benannt (vgl. Schweitzer et al., 2006, S. 41–44).

Nach ihren Wünschen hinsichtlich des Religionsunterrichts befragt, „werden Argumente für und gegen gemeinsamen Unterricht vorgebracht" (Schweitzer et al., 2006, S. 57). Pragmatische Motive, z. B. der Erhalt des Klassenverbands, treten im Vergleich zu Schweitzer & Biesinger, 2002 zurück, und dieser Probandengruppe ist wichtiger zu erfahren, was andere glauben. Es „herrscht insgesamt die Zustimmung zu einem kooperativen oder auch überhaupt gemeinsamen christlichen Unterricht tendenziell vor“ (Schweitzer et al., 2006, S. 58) und nur wenige sind gegen gemeinsamen Unterricht (vgl. Schweitzer et al., 2006, S. 57f.).

Wie bereits erwähnt, wurden auch Schüler*innen in Nordrhein-Westfalen schriftlich befragt, da es den Einwand gegen kokoRU gab, dass dieser nur in Süddeutschland umsetzbar sei. Das Ergebnis bezeichnen die Studienautoren als „erwartungswidrig“ und als „Überraschung“: Es zeigen sich nämlich nur wenig signifikante Unterschiede und diese deuten sogar darauf hin, dass die Jugendlichen in Nordrhein-Westfalen eine höhere Kirchenbindung aufweisen. Somit steht für die Studienautoren fest, dass kokoRU sehr wohl auch außerhalb Baden-Württembergs funktionieren könne (vgl. Schweitzer et al., 2006, S. 62–76).

Bei der Analyse der Unterrichtsformen ergeben sich im Vergleich zur Grundschulstudie keine neuen Linien und erneut wird v. a. Team-Teaching als besonders geeignet propagiert (vgl. Schweitzer et al., 2006, S. 83–86).

Die behandelten Themen lassen sich vier Bereichen zuordnen: Gemeinsamkeiten im christlichen Glauben, direkte Thematisierung von Gemeinsamkeiten und Unterschieden, konfessionell-kooperative Vertiefung allgemeiner Themen und konfessionell-kooperatives Lernen in Schulprojekten (vgl. Schweitzer et al., 2006, S. 88–90). „Zusammenfassend zeigt sich, dass die Lehrer*innen nicht bestimmte Themen oder Inhalte, wohl aber konkrete Kriterien für konfessionell-kooperativen Unterricht herausgearbeitet haben: Relevanz und Anschlussfähigkeit für die bzw. zur Lebenswelt; Möglichkeit authentischer Gesprächspartner; Möglichkeit, die eigene (kirchliche) Biografie zu bearbeiten; konkrete Behandlung, nicht abstrakte Thematisierung“ (Schweitzer et al., 2006, S. 159).

Die Lehrer*innen erlebten die Kooperation überwiegend „als inhaltliche wie persönliche Bereicherung“ (Schweitzer et al., 2006, S. 138). Ähnlich wie in der Grundschulstudie waren die wichtigsten Motive die Freude auf kollegiale Zusammenarbeit (dies stärker bei Hauptschullehrerinnen und -lehrern), ökumenisches Interesse etc. (vgl. Schweitzer et al., 2006, S. 136–140). Einige Lehrkräfte haben durch den kokoRU auch eine gewisse Öffnung bei sich selbst festgestellt, sodass sie nun differenzierter über die andere Konfession denken (vgl. Schweitzer et al., 2006, S. 152f.).

Die Skepsis über die konfessionelle Prägung der Schüler*innen (mit einigen Ausnahmen) bleibt das Schuljahr über erhalten. Fast alle halten das Thema „Konfessionen“ für ihre Schüler*innen für uninteressant, aber dennoch können die Lehrer*innen von einigem berichten, was sie im Hinblick auf Konfession bei ihren Schüler*innen wahrnahmen. Das Problem könnte hier nach Meinung der Autoren eine „allzu schnelle Affirmation des status quo durch die Lehrenden“ (Schweitzer et al., 2006, S. 143) sein, d. h. sie orientieren sich an einem bestimmten Bestand konfessioneller Merkmale, den sie vermitteln wollen, wobei es besser wäre, anhand konfessioneller Beobachtungen theologische Muster herauszustellen (vgl. Schweitzer et al., 2006, S. 140–144).

Chancen des kokoRU werden auf organisatorischer (Klassenverband), wie auf theologischer Ebene (Horizonterweiterung) gesehen. Ob sich im Laufe des Jahres im konfessionellen Bewusstsein der Schüler*innen Veränderungen ergeben haben, darüber sind die Lehrer*innen sehr unterschiedlicher Meinung (vgl. Schweitzer et al., 2006, S. 146–148). Insgesamt scheint kokoRU in der Sekundarstufe das Verständnis der eigenen Konfessionalität nicht so sehr vertieft zu haben, wie dies in der Grundschule zu beobachten war (vgl. Schweitzer et al., 2006, S. 160). Im Ganzen gesehen stehen die Lehrer*innen dem kokoRU sehr positiv gegenüber, auch wenn einige bei manchen Themen eine (vorübergehende) Trennung bevorzugen (vgl. Schweitzer et al., 2006, S. 159f.).

Die Schulleitungsgespräche werden als bedingt aufschlussreich beschrieben, wobei v. a. die Erfahrung wichtig ist, dass die Schulleiter kokoRU so (miss-)verstehen, dass hier das Konfessionelle auf das Christliche eingedampft werde und sich so Aufwand einsparen ließe (vgl. Schweitzer et al., 2006, S. 162–164).

Die Eltern haben zwar teilweise selbst noch eine gewisse Kirchenbindung, halten die Ausbildung eines konfessionellen Bewusstseins bei ihren Kindern aber für weniger wichtig. Dennoch wird dem Religionsunterricht eine wichtige Rolle zugeschrieben. Drei Viertel plädieren für gemeinsamen Unterricht, wobei ihnen die Unterrichtsqualität wichtiger als Konfessionalität ist. Der Unterricht solle zudem zur Kritik und nicht in die Kirche hinein erziehen (vgl. Schweitzer et al., 2006, S. 165–172).

Abschließend werden auch in diesem Band Empfehlungen in Fortschreibung der Empfehlungen aus Schweitzer & Biesinger, 2002, S. 237f. gegeben. Über die dortigen Empfehlungen hinaus wird konstatiert, dass kokoRU in der Grundschule und der Sekundarstufe möglich und sinnvoll sei, denn kooperativer Religionsunterricht bringe einen deutlichen Mehrwert an religiösen Lernprozessen. Daher sei die Fortsetzung unbedingt zu empfehlen, er sollte jedoch nicht flächendeckend eingeführt oder zentral verordnet werden (vgl. Schweitzer et al., 2006, S. 202f.).

Kuld et al., 2009

Diese dritte große empirische Studie aus Baden-Württemberg ist im Vergleich zu den beiden vorher besprochenen Studien nicht mehr die Dokumentation eines Modellprojektes, sondern wertet den kokoRU nach seiner offiziellen Einführung in Baden-Württemberg aus. Diese Evaluation hat – wie oben bereits angedeutet – dann auch tatsächlich zu einigen Veränderungen in der Praxis geführt. Geleitet wurde sie von einem Team von Religionspädagogen der Pädagogischen Hochschulen in Karlsruhe (Joachim Weinhardt, evangelisch) und Weingarten (Lothar Kuld, katholisch) sowie der Universitäten Freiburg (Werner Tzscheetzsch, katholisch) und Tübingen (Friedrich Schweitzer, evangelisch).

Zum Setting: In den Jahren 2005–2008 fanden 76 Unterrichtsdokumentationen (Audio-Aufnahmen mit anschließender Transkription sowie Fotos einzelner

Unterrichtssequenzen) an 40 Schulen statt, jeweils mit Nachgesprächen mit den Lehrer*innen. In der Grundschule gab es 128 teilstrukturierte Gruppeninterviews, in der Sekundarstufe I 50 Gruppeninterviews mit Hauptschüler*innen, 64 mit Realschüler*innen und 72 mit Gymnasiast*innen. Die Lehrer*innen der näher untersuchten Klassen wurden am Ende des Schuljahres 2006/2007 in 83 Einzelinterviews befragt, zudem alle 960 beteiligten Lehrer*innen per Fragebogen um ihre Meinung gebeten (Rücklauf: 57 %). An fast jeder der 40 Schulen wurden die Schulleiter*innen in halbstandardisierten Leitfrageninterviews befragt. Außerdem gab es Fragebögen für die Grundschuleltern aus den Klassen, in denen Unterrichtsbeobachtungen gab (344 verschickt, Rücklauf: 53,7 %). Als Vergleichsgruppen fanden Einzeltests in Schulklassen ohne kokoRU am Ende von Klasse 2 bzw. Klasse 6 statt (vgl. Kuld et al., 2009, S. 17–20).

In einem ersten Schritt werden die Ergebnisse der *Unterrichtsbeobachtungen* ausgewertet. Dabei wurde, so das Ergebnis, das konfessionelle Potenzial der Stundenthemen nicht voll ausgeschöpft, selbst wo es leicht möglich gewesen wäre; als mögliche Gründe vermuten die Autoren die Angst, Schüler*innen zu überfordern, die Scheu, sich fachliche Blöße zu geben, partiell fehlende Kenntnisse oder inneren Widerstand gegen die Evaluation (vgl. Kuld et al., 2009, S. 30). Ein besonderes Problem stellte die Praxis des Bekreuzigens durch eine katholische Lehrkraft dar, da dies teilweise unreflektiert von evangelischen Schüler*innen übernommen wurde, d. h. hier wurde die andere Konfessionalität von der Lehrkraft nicht genügend berücksichtigt und – wie sich auch an anderen Beispielen zeigen lässt – es wurde von der Lehrkraft zu viel als allgemeinchristlich und nicht als konfessionell geprägt wahrgenommen, d. h. es könnte auf Seiten der Lehrkräfte hier von einem fehlenden Differenzbewusstsein gesprochen werden (vgl. Kuld et al., 2009, S. 40f.). Die Lehrer*innen haben insgesamt einen starken Wunsch nach Ökumene, was aber eben mitunter dazu führen kann, dass konfessionelle Differenzen zu stark nivelliert werden (vgl. Kuld et al., 2009, S. 63). KokoRU bietet also große Chancen, stellt aber auch große Anforderungen an die Lehrer*innen. „Zusammenfassend kann man sagen: Die beobachteten KRU-Stunden zeigen, dass Schritte auf die Vereinbarungsziele hin gemacht werden [...]. Aber diese Schritte erfolgen nicht automatisch“ (Kuld et al., 2009, S. 65).

In Bezug auf die *Schülerperspektive* ist in der Grundschule die Gesamttendenz „eindeutig positiv“ (Kuld et al., 2009, S. 76): Vorteile werden z. B. im Zusammenbleiben des Klassenverbandes gesehen (so nehmen z. B. auch Muslime eher am kokoRU als am konfessionell getrennten Religionsunterricht teil), aber auch im Voneinanderlernen. Der Lehrerwechsel wird unterschiedlich zur Kenntnis genommen, wobei hier v. a. die Beliebtheit der jeweiligen Lehrkraft das wichtigste Argument ist. Aufs Ganze gesehen, scheinen die Kinder, wenn sie danach gefragt werden, die Gemeinsamkeiten der Konfessionen wohl etwas mehr zu betonen als die Unterschiede. Insgesamt wurden die in der kirchlichen Vereinbarung formulierten Ziele „tendenziell“ bestätigt (vgl. Kuld et al., 2009, S. 74–82).

In der Sekundarstufe I wird der Lehrerwechsel je nach Schulart recht unterschiedlich beurteilt: So sind Hauptschüler*innen eher kritisch und bedenken mehr die Beziehungsebene, Gymnasiast*innen sind demgegenüber deutlich positiver eingestellt und bedenken eher die Sachebene. Durch den Dialog tritt an die Stelle von abstraktem Wissen die authentische Begegnung mit der anderen Konfession; die Voraussetzung ist aber, dass die Schüler*innen bereits eigene Erfahrungen mit ihrer Konfession gemacht haben, was gerade bei den Hauptschüler*innen nur rudimentär der Fall ist. Das konfessionelle Wissen und die konfessionelle Prägung nehmen aber von der Hauptschule über die Realschule zu den Gymnasien zu. Insgesamt bewerten die Schüler*innen an allen Schulformen den kokoRU positiv, wobei die Hauptschüler*innen sowie die Realschüler*innen die pragmatischen Gründe etwas stärker gewichten und die Gymnasiast*innen etwas stärkeres Interesse daran zeigen, die andere Konfession besser kennenzulernen. Es gibt jedoch auch einige kritische Stimmen, die z. B. gerne in der Zeit von Firmung bzw. Konfirmation getrennt unterrichtet werden würden, d. h. einen Wechsel von getrennten und kooperativen Phasen bevorzugen (vgl. Kuld et al., 2009, S. 84–93).

Die Auswertung der Vergleichsschulen stellen die Studienautoren unter die Überschrift „Wenige Unterschiede im Großen – signifikante im Detail". Dabei zeigen sich schulartspezifisch unterschiedliche Ergebnisse, in der Tendenz gibt es jedoch bei den Modellschüler*innen ein größeres Wissen um konfessionelle Gemeinsamkeiten und Unterschieden als bei den Vergleichsgruppen. Zumindest am Gymnasium zeigt sich bei den Modellschüler*innen auch, dass diese eine höhere theologische Reflexionsebene erreicht haben. Ein Punkt muss jedoch kritisch erwähnt werden: In den Modellschulen stimmen viel mehr evangelische Schüler*innen als in den Vergleichsschulen zu, dass man zu Maria beten kann. Das kann man als „Mitnahme-Effekte" beschreiben.[9] Die Lehrkraft steht also vor der Anforderung, die konfessionellen Unterschiede angemessen zu thematisieren, ohne den eigenen Standpunkt zu dementieren (vgl. Kuld et al., 2009, S. 101f.132f.).

In der Perspektive der Lehrer*innen wird gerade in der Grundschule der Erhalt der Klassengemeinschaft als zentraler Punkt gesehen. Hier sind auch etliche kritisch, was die Betonung der Unterschiede betrifft, da dies der religionspsychologischen Reife der Kinder widerspreche. Ein Lehrerwechsel könne hier eher helfen, die Realität getrennter Kirchen behutsam wahrzunehmen. Daneben haben auch die Lehrer*innen in dieser Studie eine ökumenisch angetriebene Motivation und es werden z. T. auch biographische Motive genannt, z. B. wenn Lehrer*innen selbst in konfessionsverbindenden Ehen leben. Insgesamt wird kokoRU als „persönliche Bereicherung" (Kuld et al., 2009, S. 140), aber auch als Organisationserleichterung wahrgenommen, obwohl die Arbeit im Team auch eine

9 Vgl. dazu auch die oben geschilderte Problematik beim Bekreuzigen.

gewisse Mehrarbeit bedeutet, die aber gerne in Kauf genommen wird (vgl. Kuld et al., 2009, S. 135–143).

Die Rahmenbedingungen des kokoRU werden akzeptiert, einige Modifikationen erscheinen aus Sicht der Lehrer*innen jedoch wünschenswert. So wird z. B. der Aufwand für Folgeanträge als zu hoch wahrgenommen. Sehr unterschiedlich sind die Stimmen, was die Notwendigkeit der einstimmigen Entscheidung für kokoRU innerhalb der Fachkonferenz angeht: Während manche hier die Gefahr einer Blockade sehen, begrüßen andere, dass somit niemand gegen seinen oder ihren Willen kokoRU unterrichten muss. Die zeitliche Begrenzung würden viele gerne aufheben und so den Schulen die Kompetenz übertragen, generell kooperativ zu unterrichten. Auch einige katholische Lehrer*innen sehen die 3. Klassenstufe (Stichwort: Erstkommunion) dabei nicht als prinzipielles Gegenargument. Die große Mehrheit sieht den Lehrerwechsel als „sinnvolles und wesentliches Strukturmerkmal des KRU" (Kuld et al., 2009, S. 152), auch wenn es einige Bedenken gibt, v. a. von Klassenlehrer*innen, die dann ihre Klasse abgeben müssen, weswegen einige gerade in der Grundschule für einen Wechsel erst nach zwei Schuljahren plädieren. Die Pflichtfortbildungen werden eher kritisch gesehen und viele vermissen hier Auskünfte über konfessionsspezifische Unterschiede; zudem wünschen sich viele die Bereitstellung hilfreicher Materialien, während ein kokoRU-Schulbuch zwar wünschenswert wäre, aber eher als mittelfristige Perspektive gesehen wird (vgl. Kuld et al., 2009, S. 144–162).

In der Auswertung des Fragebogens, der an alle Lehrer*innen verschickt wurde, plädieren 97,1 % für die Fortsetzung des kokoRU, wovon aber nur 41,7 % für eine Ausweitung auf alle Klassenstufen sind. Die Zahl andersgläubiger Schüler*innen im Unterricht blieb ebenso wie die Zahl der Abmeldungen unverändert. Die Lehrer*innen haben die Kooperation aber dennoch als Bereicherung empfunden, sind sich der eigenen konfessionellen Prägungen bewusster und für den ökumenischen Gedanken offener geworden. Der Aufwand blieb für etwa die Hälfte gleich, für viele hat er sich aber auch (moderat) erhöht (vgl. Kuld et al., 2009, S. 169–177).

Alle *Schulleiter*innen* äußern sich „wohlwollend positiv" (Kuld et al., 2009, S. 188) zum kokoRU. Die Motive für die Unterstützung sind vielfältig und differenziert, mit schulpädagogischen Argumenten im Vordergrund (Klassengemeinschaft); zudem wird der Religionsunterricht so eher zu einem „normalen" Fach und es ergeben sich große organisatorische Erleichterungen. Daraus ergibt sich dann aber auch die Aufgabe für die Kirchen, den kokoRU so zu organisieren, dass er nicht nur als „Stundensparmodell" benutzt wird. Viele Schulleiter*innen nennen aber auch religionspädagogische Motive, z. B. die Ökumene. Es hat sich insgesamt nicht bestätigt, dass die Schulleitungen v. a. organisatorische Motive hätten; dominant sind eher die schulpädagogischen Gründe. Überwiegend plädieren sie für die Fortsetzung von kokoRU (vgl. Kuld et al., 2009, S. 186–195).

Die *Eltern* der Grundschulkinder messen dem Religionsunterricht tendenziell eine wichtige Bedeutung zu, wobei ihnen die Konfession der Lehrkraft eher unwichtig ist. Wichtige Lerninhalte sind für die Eltern: „etwas über Gott erfahren", „christliche Werte vermitteln" und „andere Religionen kennen lernen" (Kuld et al., 2009, S. 198). Insgesamt sind über 80 % für Religionsunterricht im Klassenverband und 60 % würden kokoRU auch in Klasse 3 und 4 fortsetzen (vgl. Kuld et al., 2009, S. 197–199).

Die Autoren der Studie resümieren, dass der kokoRU in Baden-Württemberg den kirchlichen Vorgaben entspreche (vgl. Kuld et al., 2009, S. 202). „Zusammenfassend ist festzuhalten, dass sich der konfessionell-kooperative Religionsunterricht in rechtlicher, theologischer und religionspädagogischer Hinsicht als ein zukunftsfähiges Modell verstehen lässt. Dieses Modell wahrt die Konfessionalität von Religionsunterricht und ermöglicht zugleich bzw. – recht verstanden – gerade deshalb zukunftsweisende Formen der Kooperation, die konsequent von allen Fusionsversuchen unterschieden bleiben." (Kuld et al., 2009, 208) Allerdings wird eingeräumt, dass die Möglichkeiten bis jetzt noch nicht vollständig ausgeschöpft wurden (vgl. Kuld et al., 2009, S. 207). Dennoch: „Das Konzept bewährt sich in der Praxis" (Kuld et al., 2009, S. 210).

Die Publikation abschließend geben auch hier die Autoren einige Optimierungsvorschläge:[10] Der Lehrerwechsel in der Grundschule sollte z. B. bereits im ersten Schuljahr stattfinden, was dem kindlichen Zeitempfinden entspreche und dem Aufbau von Zugehörigkeitsverständnissen diene. Das Genehmigungsverfahren für Folgeanträge sollte vereinfacht, die Aus- und Fortbildung verbessert werden, v. a. was spezifisches Fachwissen angeht. KokoRU solle auf die ganze Sekundarstufe ausgeweitet werden, aber ein Wahlmodell bleiben (vgl. Kuld et al., 2009, S. 218–228).

Caspary, 2016

Im Umfeld der oben dargestellten Tübinger Forschungsprojekte und mit dort gewonnenem Material (zufällig ausgewählte 14 Unterrichtsstunden aus 7 Modellschulklassen in der Realschule) ist als Promotion in der evangelischen Theologie an der Pädagogischen Hochschule Weingarten die Studie von Christiane Caspary entstanden, die untersuchen will, wie kokoRU konkret umgesetzt, d. h. didaktisch konzipiert ist (vgl. Caspary, 2016, S. 64) Es wird nämlich von der Autorin in der Problemanalyse konstatiert, dass die Lehrkräfte vor einem didaktischen Dilemma stehen:

10 Für eine Auflistung, welche Vorschläge davon umgesetzt wurden und welche nicht, vgl. Pemsel-Maier et al., 2011, S. 24f.

> „Wie kann man Differenzen in der Lehre plausibel machen, die im konfessionellen Erleben der Schüler*innen gar nicht vorhanden sind oder geleugnet werden?" (Caspary, 2016, S. 71).

Die Thesen der Arbeit lauten dabei, wie folgt: 1. „Konfessionell-kooperativer Religionsunterricht führt zu einer veränderten Themengenerierung im Religionsunterricht." – 2. „Konfessionell-kooperativer Religionsunterricht führt zu neuen didaktischen Entscheidungen der Lehrkräfte." – 3. „Konfessionell-kooperativer Religionsunterricht bearbeitet konfessionelle Differenzen deshalb weniger als faktisch erlebte Trennung zwischen Konfessionen und Milieus, sondern als Lehre" und ist so „ein Beitrag zur verschärften Bewusstwerdung der eigenen konfessionellen Zugehörigkeit und deren Begründung" (Caspary, 2016, S. 68f.).

Caspary orientiert sich an den von Feige et. al. 2000 entwickelten Habitustypen Lehre, Sprache, Raum und Ethos; diese vier Felder können typologisch beschreiben, „wie Religion im Unterricht thematisiert und erlebt wird". Es wird dabei gefragt, in welchen Phasen konfessionelle Gemeinsamkeiten und Differenzen zum Ausdruck kommen (Caspary, 2016, S. 72).

Zunächst einmal ist ein grundsätzliches Ergebnis der Studie, dass kokoRU insgesamt funktioniere. Zu diesem generalisierenden Ergebnis kommt die Autorin, da sie feststellt, dass sich weite Passagen der Unterrichtsstunden sehr ähneln, was vermuten lasse, dass hier eine Typik zum Vorschein komme, die weitgehend dem entspreche, wie kokoRU 2006/2007 in Baden-Württemberg gestaltet wurde (vgl. Caspary, 2016, S. 179f.).

Die Dimensionen des Raums und der Sprache kommen häufig zu Beginn vor, oft in Form von Einstiegsritualen. Die Analyse zeigt weiterhin, „dass die Lehrkräfte Konfessionalität, konfessionelle Differenz, Heterogenität bevorzugt im Bereich der Lehre verorten. Dadurch ist die Darstellung von Konfessionalität und konfessioneller Differenz ausschließlich in einem rein reflexiven Bezug auf die beiden Konfessionen vorhanden" (Caspary, 2016, S. 187). Konfessionelle Differenz wird mehr als Behauptung und weniger im Bereich der Anschauung thematisiert, sodass den Schüler*innen die lebenspraktische Seite unklar bleibt und für sie konfessionelle Unterschiede keine große Rolle spielen dürften: Die Schüler*innen „lernen konfessionelle Differenz fast ausschließlich im Bereich von Lehre kennen, teilen diese aber nicht in den erlebnisoffenen, erlebnisaffinen Bereichen von Raum, Sprache und Ethos. Hier erleben sie eher konfessionelle Gemeinsamkeit. [...] Die theoretisch mögliche Breite von Religionslehre wird damit in der Schule nicht ausgeschöpft" (Caspary, 2016, S. 190). Abgesehen von der Akzentuierung in der Dimension Lehre, unterscheidet sich kokoRU allerdings nur wenig von herkömmlichem Religionsunterricht (vgl. Caspary, 2016, S. 182–192).

Pemsel-Maier et al., 2011

Nicht direkt auf den kokoRU in der Schule bezogen, aber dennoch erwähnenswert ist diese Studie zu einem konfessionell-kooperativen Seminar und dessen

Wirkung im Lehramtsstudium, durchgeführt im Rahmen eines Hauptseminars an der Pädagogischen Hochschule Karlsruhe, geleitet von den Professor*innen Sabine Pemsel-Maier (katholisch) und Joachim Weinhardt (evangelisch). Es ging bei der Lehrveranstaltung um die Frage, wie die Kompetenzen, die für kokoRU qualifizieren, hochschuldidaktisch vermittelt werden können. Zudem sollten die konfessionelle Einstellung und das konfessionelle Wissen der Studierenden jeweils am Anfang und am Ende des Semesters erfasst werden (vgl. Pemsel-Maier et al., 2011, S. 26f.). 86 Proband*innen nahmen am Vorher–Nachher-Vergleich teil (vgl. Pemsel-Maier et al., 2011, S. 50).

Als Ergebnis wurde festgehalten: Studierende beider Konfessionen haben im Semester ein vertieftes Verständnis ihrer eigenen Konfession und eine Stärkung in derselben erfahren, d. h. Lernen in gemischt-konfessionellen Gruppen nivelliert die konfessionelle Identität nicht, sondern schärft sie (vgl. Pemsel-Maier et al., 2011, S. 57).

KokoRU scheint kein Thema zu sein, das die Studierenden bewegt oder besonders motiviert; das hänge aber vielleicht auch damit zusammen, dass es für sie etwas rein Hypothetisches sei. Auch ökumenisch sind sie zwar interessiert und offen, es ist jedoch für sie keine Herzensangelegenheit. Zudem mangelt es den Studierenden oft an Wissen, was konfessionelle und ökumenische Themen betrifft. Die konfessionell-kooperativen Lehr- und Lernprozesse wie in diesem Projekt bewirken aber einen Zuwachs an konfessionellem und ökumenischem Wissen und haben konfessionelle Einstellungsveränderungen zur Folge; so führen sie z. B. zu einem vertieften Verständnis der anderen Konfession und zu einer Schärfung der eigenen konfessionellen Identität, wobei die Stärken, aber auch die Schwächen einer jeden Konfession offengelegt werden (vgl. Pemsel-Maier et al., 2011, S. 163f.).

Die Behandlung des Themas „Heilige“ war im Seminar allerdings nicht erfolgreich und nachhaltig wirksam, vielleicht daher, weil es sich als rein kognitiver Inhalt ohne jegliche existenzielle Bedeutung nicht nachhaltig im Bewusstsein verankert hat (vgl. Pemsel-Maier et al., 2011, S. 92).

KokoRu stellt hohe Anforderungen an die Lehrer*innen, weshalb die Studienautoren fordern, Studium, Referendariat und Fortbildung so zu gestalten, dass sie diesen Anforderungen gerecht werden. Vielfach verfügen die Studierenden zwar über konfessionelle Erfahrungen, diese sind ihnen aber nicht bewusst und werden nicht als solche identifiziert, sodass es im Studium entsprechende Angebote braucht, um Konfessionalität und Ökumene zu thematisieren und konfessionell-kooperative Didaktik zu erproben. Dabei warnen die Autor*innen aber vor allzu hoch gesteckten Zielen, denn die Konfessionalität werde weniger durch das Studium als vielmehr durch Biographie und Sozialisation bestimmt. Neben Fachwissen bedürfe es zudem einer „besonderen Differenz-Kompetenz“ (vgl. Pemsel-Maier et al., 2011, S. 166–169).

1.3.2. Niedersachsen

Niedersachsen war das erste Bundesland, in dem es eine offizielle Vereinbarung zum kokoRU gab. Diese trat bereits 1998 in Kraft (2005 novelliert und vereinfacht). Im Gegensatz zu Baden-Württemberg mit den eher paritätischen Konfessionsverhältnissen sind Katholiken in weiten Teilen Niedersachsen in einer Diasporasituation. Das führte nicht selten dazu, dass keine katholischen Lerngruppen mehr gebildet werden konnten, es musste Unterricht aufgrund von Lehrermangel ausfallen etc. Dieser Zustand und die daraus resultierenden Grauzonen eines Religionsunterrichts im Klassenverband sollten durch die Möglichkeit zur Kooperation offensiv angegangen werden. Als Ergebnis dieses Prozesses gibt es mittlerweile mehr konfessionell-kooperative als katholische Lerngruppen in Niedersachsen. Seit der Novellierung 2005 kann ohne Antrag in maximal der Hälfte der Schuljahrgänge an einer Schule kokoRU erteilt werden; ein Antrag ist erst bei weiteren Jahrgängen notwendig. Somit ist auch nicht vorgeschrieben, ob konfessionell-gemischte von konfessionell-getrennten Phasen unterbrochen werden oder nicht. Voraussetzungen für die Antragsstellung sind lediglich, dass Schulvorstand und Fachkonferenzen zugestimmt haben, ein Schulcurriculum vorliegt und Lehrkräfte beider Konfessionen regelmäßig eingesetzt werden. Die Lehrkräfte bekommen hier also relativ viele Freiheiten (vgl. Pemsel-Maier & Sajak, 2017, S. 262–266).

Seit 2021 wollen die evangelischen Kirchen und katholischen Bistümer in Niedersachsen den konfessionellen und konfessionell-kooperativen Religionsunterricht zu einem gemeinsam verantworteten „Christlichen Religionsunterricht" (CRU) weiterentwickeln. Die Schulabteilungen der beteiligten Kirchen haben – mit Zustimmung der Kirchenleitungen und Bischöfe – im Frühsommer 2021 ein Positionspapier vorgelegt, in dem das neue Organisationsmodell begründet und erläutert wird. Als zentrale Aufgabe des CRU wird die „Förderung der religiösen Dialog- und Urteilsfähigkeit der Schülerinnen und Schüler" genannt, zu der auch „die Vermittlung von Grundwissen über den christlichen Glauben und andere Religionen sowie die reflexive Erschließung von Formen gelebten Glaubens" gehören (vgl. Schulreferentinnen und -referenten, 2021, S. 24). Im Übrigen gelten im CRU dieselben Ziele wie im kokoRU. Mit einem Rechtsgutachten wurde seine Verfassungsgemäßheit im Mai 2022 bestätigt (vgl. Poscher, 2022).

Christlicher Religionsunterricht soll als Pflichtfach für alle getauften Schülerinnen und Schüler eingerichtet werden und die bisherigen konfessionell getrennten Fächer sowie den kokoRU ablösen. Der CRU ist als Wahlfach offen für alle Lernenden, wobei andere Konfessionen wie z. B. die orthodoxe bisher beim sogenannten CRU nicht direkt beteiligt ist.

Die beiden Kirchen beabsichtigen, die für den CRU notwendigen Strukturen im Blick auf gemeinsame Curricula und Lehrwerke, bei Schulversuchen und bei der Aus- und Fortbildung zu schaffen. Das hat natürlich entsprechende Konsequenzen für alle drei Phasen der Ausbildung, die eine weitreichende Intensivierung der konfessionellen Kooperation innerhalb der Ausbildungsinstitutionen vorsehen. Dabei gilt für die Beteiligten an der zweiten Ausbildungsphase eine ähnliche Regelung wie bei den Lehrkräften, was intensiv und oft auch kritisch gerade von evangelischen Ausbildungseinrichtungen diskutiert wird. Berechtigt angefragt ist auch, warum alle etablierten Formen konfessioneller Organisationsformen durch den CRU ersetzt werden sollen.

Die vorliegenden Studien beziehen sich allerdings noch nicht auf den CRU, sondern auf die damals praktizierten konfessionell-kooperativen Formate.

Aschmutat-Hesse und Geißler, 1997

Diese Studie ist zwar keine große evaluative Studie, da es sich bei dem „Langenhagener Modell" jedoch um das wohl deutschlandweit erste konfessionell-kooperative Modell (Eigenbezeichnung: „konfessionsverbindender Religionsunterricht") handelte, soll es hier kurz erwähnt werden.

Bereits 1993 begannen eine evangelische (Cornelia Aschmutat-Hesse) und eine katholische (Ingrid Geißler) Religionslehrerin an der Adolf-Reichwein-Schule Langenhagen mit dem kooperativen Unterricht. Sie begründeten die Notwendigkeit dazu u. a. mit fehlender religiöser Sozialisation der Schüler*innen, dem Erhalt der Klassengemeinschaft, der Offenheit für kirchlich ungebundene Schüler*innen etc. Der Modellversuch wurde zunächst für drei Jahre von der Schulaufsicht und den kirchlichen Behörden genehmigt und durch eine religionspädagogische Arbeitsgruppe mit kirchlichen und staatlichen Mitgliedern begleitet. Der Unterricht wurde durchgängig gemeinsam geplant und in jeder Klasse je zwei Jahre von einer der Lehrerinnen gehalten, sodass jede Klasse beide Konfessionen kennenlernen konnte (vgl. Aschmutat-Hesse & Geißler, 1998, S. 3f.). Die Zustimmung der Eltern zu Beginn jedes Schuljahres war Voraussetzung (vgl. Aschmutat-Hesse & Geißler, 1997, S. 30).

Im Gegensatz zu anderen Konzepten ging es hier bei der Auswahl der Unterrichtsthemen bewusst „um grundlegende Inhalte christlichen Glaubens und nicht um konfessionsspezifische" (Aschmutat-Hesse & Geißler, 1997, S. 6), was damit begründet wurde, dass die Schüler*innen zumeist einen konfessionsneutralen oder sogar konfessionslosen Standpunkt hätten und es nicht möglich sei, „durch Konfessionalität im Religionsunterricht eine Art Beheimatung zu schaffen", weswegen konfessioneller Religionsunterricht „wirklichkeitsfremd" sei (Aschmutat-Hesse & Geißler, 1997, S. 27).

Durch dieses Projekt kam es zu einer vertrauteren Atmosphäre im Religionsunterricht durch den Erhalt des Klassenverbandes, was u. a. das Gespräch über existenzielle Fragen erleichterte. Das strahlte auch positiv auf andere Fächer aus; u. a. dadurch wurde der Stellenwert des Faches „Religion" erhöht. Für die beteiligten Lehrer*innen war es auch eine wichtige Möglichkeit, kirchenfernen

Kindern christliche Inhalte zu vermitteln (vgl. Aschmutat-Hesse & Geißler, 1997, S. 16f.).

Die Lehrer*innen selbst mussten aufgrund der gemeinsamen Vorbereitung und vieler weiterer Absprachen mehr Zeit investieren, dadurch sahen sie ihren Unterricht aber als durchdachter und vielfältiger an. In Bezug auf sich selbst haben sie ihren eigenen theologischen Standpunkt stärker wahrgenommen (vgl. Aschmutat-Hesse & Geißler, 1997, S. 18).

Am Ende des Schuljahres 1994/1995 wurden die Eltern in einem kurzen Fragebogen zu ihren Einschätzungen befragt: 102 von 126 Bögen kamen zurück; dazu kamen 17 (von 18) Fragebögen, die bereits ein Jahr zuvor von Eltern der damaligen Schulabgänger ausgefüllt wurden. Laut 85 % der Eltern ist ihr Kind „eher positiv" zum Religionsunterricht in der gegenwärtigen Form eingestellt.[11] Von den Eltern sehen 81 % diese Art des Religionsunterrichts „eher positiv" und nur 2 % „eher negativ". 92 % wünschen sich eine Fortsetzung des Projekts (vgl. Aschmutat-Hesse & Geißler, 1997, S. 19f.).

Gennerich und Mokrosch, 2016

Die Studie der beiden evangelischen Professoren für Religionspädagogik Carsten Gennerich (Evangelische Hochschule Darmstadt) und Reinhold Mokrosch (ehemals Universität Osnabrück) wurde von den Vertragspartnern der Kooperation als Evaluation des kokoRU in Auftrag gegeben. Evaluiert werden sollten nach Aussage der Autoren die Praxis und die Wirkung des Modellversuches aus der Perspektive der Lehrer*innen. Im Zentrum standen dabei Bedingungsfaktoren und resultierende Wirkungen.[12] Dazu wurden 152 Fragebögen von Lehrer*innen aus 82 Schulen aus dem Schuljahr 2005/2006 ausgewertet, was einer Rücklaufquote von 48 % entspricht. Davon sind 54 % evangelisch, die meisten zwischen 40 und 50 Jahre alt und 77 % sind weiblich. Es sind alle Schulformen vertreten,

---

11 Als Antwortmöglichkeiten waren lediglich „eher positiv", „eher negativ" oder „keine Meinung" möglich.

12 Im Einzelnen: Werthaltungen der Lehrenden, Unterrichtsziele, Motive für die Beteiligung, Organisationsform der Kooperation, Materialen zur Unterrichtsvorbereitung, Auswahl der Unterrichtsthemen, Häufigkeit von Gesprächen zur konfessionellen Kooperation mit verschiedenen Gruppen, Häufigkeit verschiedener Vorerfahrungen, erfreuliche Erfahrungen mit der Kooperation, Gewinne für die eigene Person, Zufriedenheit mit den geführten Gesprächen, Nützlichkeit verschiedener Vorerfahrungen, Verwirklichung verschiedener möglicher Ziele im kokoRU, Schwierigkeiten während des Modellversuchs, gelerntes Wissen bei den Schülern, vermutete Schülererfahrungen, gewünschte Formen für die Zukunft, rückblickende Bewertung der konfessionellen Kooperation, fehlende Materialen und Ausbildung, Aufwand für den Modellversuch, Investitionsbereitschaft für eine Optimierung der Kooperation, Bewertung des Modellversuchs auf einer Notenskala, Fortführung des Modellversuchs, Gewinn ökumenischer Dialogkompetenz, Gewinn konfessioneller Identität, Wissenszuwachs bei ökumenischen bzw. konfessionellen Themen, verbesserter Zusammenhalt in der Klasse (vgl. Gennerich und Mokrosch, 2016, S. 45–48).

jedoch überwiegend Grundschulen und nur vereinzelt Hauptschulen und Förderschulen.[13] Im Anschluss an die Auswertung dieser Fragebögen wurden 2007 drei Lehrerinnen in zwei Interviews zu den Ergebnissen der Studie befragt. 2015/2016 folgten dann 13 Interviews mit 19 weiteren Religionslehrkräften (z. T. auch muslimisch, vgl. Gennerich & Mokrosch, 2016, S. 51f.).

In einem ersten Auswertungsschritt stellen Gennerich und Mokrosch die Ergebnisse der quantitativen Lehrerbefragung vor: Ökumenische Motive und der Erhalt des Klassenverbandes sind für die Lehrer*innen der wichtigste Grund für kokoRU. Das zwischenmenschliche Harmonieren wird als enorm wichtig für das Gelingen der Kooperation angesehen; fast alle sehen dies auch in ihrer Arbeit vor Ort gegeben. Knapp die Hälfte der Befragten hat bereits vor der offiziellen Einführung von kokoRU Unterrichtseinheiten gemeinsam vorbereitet oder gehalten. Nur 1 % praktiziert Team-Teaching und nur knapp die Hälfte würde diese Unterrichtsform gerne praktisch umsetzen, was Gennerich und Mokrosch zum Anlass nehmen, die entsprechende Hochschätzung von Team-Teaching in den Baden-Württemberger Evaluationen kritisch zu hinterfragen. Über die Hälfte praktizieren einen Lehrerwechsel zum Halbjahr und fast alle eine Zusammenarbeit außerhalb des Unterrichts; insgesamt werden die Möglichkeiten des kokoRU also zu einem gewissen Teil, aber nicht vollständig ausgeschöpft (vgl. Gennerich & Mokrosch, 2016, S. 58–65). Schwierigkeiten wurden im Unterricht kaum gesehen, sodass der Modellversuch als „außerordentlich erfolgreich" beurteilt wird (Gennerich & Mokrosch, 2016, S. 69).

Danach gefragt, wie die Lehrer*innen die Themen ausgewählt haben, wird am häufigsten auf Rahmenrichtlinien und Unterrichtsmaterialien sowie kollegiale Absprachen verwiesen. Explizit ökumenische bzw. konfessionelle Themen machen rund 15 % der insgesamt behandelten Themen aus. Als Materialien werden am meisten Schulbücher benutzt, von 78 % aber auch explizite kokoRU-Materialien (vgl. Gennerich & Mokrosch, 2016, S. 55–57).

Bei den Unterrichtszielen werden als wichtigste genannt: eine christliche Grundbildung vermitteln (95 %), den Schüler*innen ermöglichen, Gefühle wahrzunehmen und auszudrücken (91 %), und allgemeine Wertvorstellungen vermitteln (84 %). Die Förderung einer konstruktiven Auseinandersetzung mit Lehrtraditionen streben 35 % an und Unterschiede wollen 25 % aufzeigen. Die Autoren halten daher fest, dass im Gegensatz zur Intention der niedersächsischen Kirchen v. a. ökumenische und kaum konfessionskundliche Wissensziele angestrebt werden (vgl. Gennerich & Mokrosch, 2016, S. 65–68).

Nach den Erfahrungen befragt, waren für die Lehrer*innen das Kennenlernen der anderen Konfession und die zwischenmenschlichen Begegnungen am prägendsten. Beim Wissen der Schüler*innen nehmen die Lehrer*innen the-

13 Letztere erteilen schon lange Religionsunterricht im Klassenverband und haben daher oftmals keine Anträge auf kokoRU gestellt.

menabhängige Verbesserungen wahr, wobei meist ein Zuwachs an konfessionskundlichem Wissen nicht im Hauptinteresse der Lehrkräfte stand und für sie vielmehr die Vermittlung einer christlichen Grundbildung zentral war (vgl. Gennerich & Mokrosch, 2016, S. 69–72).

Nach Aussage der Lehrer*innen bevorzugen die Schüler*innen zu über 90 % kokoRU gegenüber konfessionell-getrenntem Unterricht. 83 % der Lehrer*innen wünschen sich einen „ökumenischen Religionsunterricht im Klassenverband" und 33 % plädierten für kokoRU, wobei dies in der Fragestellung – möglicherweise etwas verwirrend – als „Unterricht zeitweise im Klassenverband, zeitweise getrennt" definiert war. 68 % berichten von Entlastungen in der Praxis durch kokoRU, 79 % von einer größeren organisatorischen Flexibilität, 62 % verzeichnen dadurch weniger Abmeldungen. Für 93 % wird die Klassengemeinschaft gestärkt und für 72 % der gemeinsame Glaube. Beim Zeitaufwand in der Vorbereitung sehen die allermeisten keinen Unterschied, obwohl sie bereit wären, für kokoRU auch in Maßen mehr Zeit zu investieren. In der Gesamtbewertung auf einer Notenskala wird für den Modellversuch auf Landesebene im Durchschnitt die Note 2,3 vergeben, in Bezug auf die eigene Schule eine 1,67. 97 % haben nach der Modellphase kokoRU weitergeführt. Hingegen wird die Auflösung der Religionsgrenzen im Religionsunterricht nicht allgemein geteilt, obwohl die überwiegende Mehrzahl nichtchristliche Schüler*innen im Unterricht hat (vgl. Gennerich & Mokrosch, 2016, S. 73–79).

Nach den Wirkungen des Unterrichts gefragt, nehmen die Lehrer*innen das Projekt als erfolgreich wahr. Sie entscheiden sich aber nicht häufiger für ökumenische oder konfessionelle Themen und nehmen auch keine Verbesserung des Verständnisses der eigenen oder der anderen Konfession wahr. Auch unter den Schüler*innen führt es zu keiner vertieften Diskussion evangelischer und katholischer Traditionen. Die Lehrer*innen sehen im kokoRU also größere Verbesserungen im Bereich ökumenischer Dialogkompetenz und Klassenzusammenhalt, aber kaum Effekte bei konfessioneller Identität und konfessionellem Wissen. Dabei haben die Organisationsformen nur begrenzten Einfluss auf die Wirksamkeit (vgl. Gennerich & Mokrosch, 2016, S. 101f.).[14]

Die Autoren ziehen folgende Schlüsse aus der Analyse der Fragebögen: Die Wirksamkeit von kokoRU werde durch eine Vielzahl von Faktoren bedingt. Dialogkompetenz und konfessionelle Identität entwickelten sich dabei gemeinsam. Der Klassenzusammenhalt werde wesentlich durch die Organisationsform beeinflusst, Zuwächse im ökumenischen Wissen hingegen würden durch entsprechende Unterrichtsthemen und -materialien, dem Gesprächsaufwand und persönlichem Engagement gefördert. Die Möglichkeit, persönliche Fragen zu klären, werde v. a. durch Team-Teaching begünstigt. Die Wirksamkeit von kokoRU

---

14 Die Autoren weisen jedoch darauf hin, dass es in diesen Bereichen im Gesamtergebnis etliche Mittelfeldwerte gibt, was auf eine Meinungsheterogenität hinweist.

hänge also insgesamt hauptsächlich an den Lehrer*innen und ihrer inneren Beteiligung, aber nicht so sehr an den Organisationsformen (vgl. Gennerich & Mokrosch, 2016, S. 116–118).

Die meisten Interviews sind, wie oben beschrieben, rund zehn Jahre jünger als die Antworten in den Fragebögen. Bei der Organisationsform präferieren viele zwar theoretisch Team-Teaching, es ist in der Praxis aber kaum umsetzbar, sodass hier meist Delegationsunterricht praktiziert wird (vgl. Gennerich & Mokrosch, 2016, S. 120f.).

Zwar wird mangelnde konfessionelle Sozialisierung der Schüler*innen beklagt, aber dennoch bescheinigen die Lehrkräfte den Schüler*innen allgemeine Neugier und Interesse am Religionsunterricht, d. h. es gibt keinen „Sinnverlust des Religionsunterrichts" (Gennerich & Mokrosch, 2016, S. 123), der somit auch neue Sinnperspektiven konstituieren kann, die vorher weniger im Blickfeld lagen. Die Lehrer*innen betonen entsprechend eher die Gemeinsamkeiten als die Unterschiede. Eine allgemein-christliche Grundbildung ist den Befragten v. a. in der Grundschulzeit wichtig, damit die meist nicht-religiös sozialisierten Kinder ein Bewusstsein für die christliche Religion erhalten, und eine konfessionelle Bildung soll dann ab der Sekundarstufe folgen (vgl. Gennerich & Mokrosch, 2016, S. 124–127). Ein wichtiges Ziel wird im Erhalt des Klassenverbandes gesehen, wodurch sich auch weniger Kinder vom Religionsunterricht abmelden, da sich die Konfessionslosen nicht mehr entscheiden müssen. Dem kokoRU wird zudem ein Potenzial zur Persönlichkeitsentwicklung und der Förderung der Dialogfähigkeit bescheinigt. Der Erfolg auf Wissensebene wird eher verhalten angesprochen, wohl auch deshalb, weil den Lehrer*innen ein religiöses Bewusstsein wichtiger zu sein scheint.[15] Für sich selbst sehen es die Lehrer*innen als persönlichen Gewinn, die andere Konfession besser kennengelernt zu haben (vgl. Gennerich & Mokrosch, 2016, S. 133–139).

Im Resümee wird konstatiert, die Befunde zeigten, dass das Modellprojekt „erfolgreich verlaufen" sei. Es zeigten sich bei den tragenden Einstellungen der Lehrer*innen aber Spannungen zur Kernidee der konfessionellen Kooperation, da viele als Zielvorstellung einen ökumenischen Religionsunterricht sähen, d. h. die Gemeinsamkeiten würden zwar gestärkt, die Unterschiede aber nicht angemessen behandelt (vgl. Gennerich & Mokrosch, 2016, S. 146).

1.3.3. Nordrhein-Westfalen

Der kokoRU in Nordrhein-Westfalen soll hier insofern thematisiert werden, als, die Situation bis zur offiziellen Kooperationsvereinbarung im Jahr 2017 kurz

15 Das steht in gewisser Diskrepanz zu den Ergebnissen der quantitativen Studie, wonach 95 % bei ihren Schüler*innen die Vermittlung einer christlichen Grundbildung anstreben.

skizziert wird. Eine genauere Beschreibung des aktuellen Status quo zum kokoRU erfolgt an späterer Stelle.

Hütte und Mette, 2003

Bereits zu Anfang des Jahrtausends erschien diese Studie, die sich zwar nicht explizit mit dem kokoRU beschäftigt, aber mit dem Religionsunterricht im Klassenverband als Grauzone. Sie entstand im Rahmen des Forschungsprojektes „Zur Praxis eines ‚überkonfessionell' erteilten Religionsunterrichts – eine qualitativ angelegte Umfrage unter betroffenen Lehrern und Lehrerinnen" an der Universität Paderborn unter Leitung von Saskia Hütte und Norbert Mette. Das Sample der Studie war auf Nordrhein-Westfalen begrenzt.

Zentrale Forschungsfragen der Studie waren, warum es zu Grauzonenunterricht kommt, wie er erteilt wird und welche Erfahrungen damit gemacht werden. Alle Schulformen kamen mehrfach vor und es wurden verschiedene Regionen in Nordrhein-Westfalen berücksichtigt. Dazu wurden 96 Leitfadeninterviews geführt. Die Auswahl des Samples verlief meist über persönliche Kontakte, wobei eine möglichst große Variation angestrebt wurde (vgl. Hütte & Mette, 2003, S. 2–6).

Ein wichtiger Grund, der in den Interviews für den Religionsunterricht im Klassenverband in der *Grundschule* genannt wurde, ist ein schulpädagogischer, d. h. der Erhalt des Klassenverbandes. Dies helfe auch dabei, Disziplinprobleme zu lösen und eine Vertrauensatmosphäre zu schaffen. Religiöse Themen könnten so leichter fächerübergreifend integriert werden, und man könne leichter Unterrichtszeit für Religions-Projekte schulorganisatorisch bereitstellen (vgl. Hütte & Mette, 2003, S. 70f.). Religionspädagogisch wird Glaube mit der Grunderfahrung von Gemeinschaft verbunden, die man darstellen will, d. h. der Religionsunterricht hat die Aufgabe der Integration des Fremden und auch Schüler*innen ohne konfessionelle Bindung sollen eine religiöse Alphabetisierung erfahren. Pragmatische Gründe standen hingegen in keinem Interview im Vordergrund (vgl. Hütte & Mette, 2003, S. 73f.). Die Schüler*innen haben in der Perspektive der befragten Lehrkräfte allgemein keine spezifisch konfessionelle Sozialisation (vgl. Hütte & Mette, 2003, S. 78), aber: „Wenn der Religionsunterricht auf tief liegende Bedürfnisse der Kinder stößt, erreicht er bei ihnen eine hohe Motivation,." (Hütte & Mette, 2003, S. 81). Wichtige Ziele sind die „Vermittlung von grundlegendem Wissen über Glauben bzw. Religion, Bereitstellung von für die individuelle Entwicklung förderlichen Elementen bzw. Faktoren, Befähigung zu sozialem Verhalten, Sensibilisierung für und Aktivierung zu Spiritualität" (Hütte & Mette, 2003, S. 83).

An den *Hauptschulen* wird meist aus Lehrermangel überkonfessionell unterrichtet. Die Schüler*innen hätten keinerlei Vorwissen und daher seien Themen aus der unmittelbaren Lebenswirklichkeit wichtig, um sie ansprechen zu können, d. h. Lebenshilfe sei wichtiger als Wissensvermittlung. Ein konfessioneller

Religionsunterricht geht daher für die meisten an der Schulrealität vorbei. Das Klassenlehrerprinzip wird als förderlich für das Unterrichtsklima angesehen (vgl. Hütte & Mette, 2003, S. 108–115).

An den *Realschulen* ist zwar ebenfalls Lehrermangel der Hauptgrund für den Religionsunterricht im Klassenverband, es werden aber auch pädagogische Argumente genannt, z. B. das Gemeinschaftsgefühl. Bis auf eine Ausnahme wird der überkonfessionelle Religionsunterricht – ähnlich wie in anderen Schulformen – als Erfolg betrachtet, auch für die Lehrer*innen selbst (vgl. Hütte & Mette, 2003, S. 121–127).

Auch an *Gesamtschulen* ist Lehrermangel zwar ein Grund, häufiger werden aber pädagogische Überlegungen genannt, v. a. die Förderung der Klassengemeinschaft. Manche Lehrer*innen sind jedoch skeptisch, ob das, was praktisch stattfindet, genügend durchdacht ist. In mehreren Fällen gab es Beschwerden von Eltern oder Kollegen, weswegen das alte Modell wiederhergestellt werden musste, was an anderen Schulformen nur in Ausnahmefällen vorkam. Andere Gesamtschulen haben hingegen offizielle Absprachen mit den Kirchen getroffen („Projektcharakter", „vorübergehend" [Hütte & Mette, 2003, S. 145]). Ein wirklich interkonfessioneller Dialog sei aufgrund der fehlenden Voraussetzungen nicht möglich (vgl. Hütte & Mette, 2003, S. 141–148).

Lehrermangel ist auch an *Gymnasien* ein Grund, z. T. wird aber gesagt, Lehrermangel sei nur eine willkommene Begründung für etwas auch inhaltlich schon lange Gewünschtes. Für Klasse 5/6 sprechen dabei ähnliche pädagogische Gründe wie für die Grundschule, d. h. der Klassenverband muss sich erst finden, es gibt keine bewusste Identifikation mit der Konfession etc. Auch hier könne aufgrund fehlender Voraussetzungen seitens der Schüler*innen kein wirklicher Dialog stattfinden. Von den Gymnasiallehrer*innen werden stärker theologisch geprägte Argumentationsmuster gebraucht, während andere Schulformen stärker pädagogisch argumentieren (vgl. Hütte & Mette, 2003, S. 159–168).

An *Berufsschulen* wird – außer in der gymnasialen Oberstufe – meist durchgängig im Klassenverband unterrichtet. Gründe sind der Mangel an Lehrkräften, die pragmatische Vereinfachung, weil keine inhaltlichen Unterschiede gesehen werden, aber auch schulkonzeptionelle Überlegungen. Die Einschätzungen zu Vorwissen und religiöser Sozialisation sind sehr unterschiedlich (mehrfach wird dabei auf den Unterschied zu muslimischen Schüler*innen verwiesen). Interessant wird es für die Schüler*innen dann, wenn sie sich ernst genommen fühlen und die Themen für ihr eigenes Leben wichtig erscheinen. Der Religionsunterricht soll ihnen zum einen „Hilfe zur Identitätsfindung" (Hütte & Mette, 2003, S. 193) bieten, anderseits in den jeweiligen Ausbildungsgang integriert werden. Die Mehrheit der Befragten hält grundsätzlich die konfessionelle Trennung an Berufsschulen für nicht angemessen (vgl. Hütte & Mette, 2003, S. 180–210).

An *Kollegs* (Schulen des zweiten Bildungsweges) gibt es eine erwachsene Schülerschaft mit sehr heterogenen Vorerfahrungen. Schulorganisatorisch wird überall gemeinsamer Religionsunterricht für Interessierte erteilt; da die Teilnahme freiwillig ist, bringen die Schüler*innen ein gewisses Interesse mit. Die Schüler*innen erhoffen sich hier einen Raum, über Dinge sprechen zu können, die sonst nicht thematisiert werden (vgl. Hütte & Mette, 2003, S. 213–220).

Abschließend resümieren die Autor*innen einige zentrale Ergebnisse: Religionsunterricht im Klassenverband ist längst kein Einzelfall mehr. Von den Befragten wird die schulorganisatorische Erleichterung zwar meist genannt, ist aber nur selten der Hauptgrund; wichtiger sind pädagogische Gründe. Einige berichten, die vorgesetzten Behörden wüssten Bescheid, würden allerdings wegsehen, was aber auf Dauer für alle unbefriedigend sei. Daher wünschen die Lehrer*innen sich, aus der Grauzone heraustreten zu können. Wichtig wären dabei entsprechende Curricula, Lehrmaterialien und Fortbildungen. Die meist sehr engagierten Lehrer*innen wollen der Schülerschaft eine für sie relevante Begegnung mit Religion, Kirche und Glaube ermöglichen. Bei der Schülerschaft könne man zwar insgesamt kaum Vorwissen oder praktische Erfahrung mit Religion und Kirche voraussetzten, aber trotzdem sind sie für den Religionsunterricht motivierbar, was allerdings stark von der Lehrperson abhängt. Ein interkonfessioneller Dialog gelingt aufgrund der fehlenden Voraussetzungen nur in Einzelfällen. Außer im Grundschulbereich gibt es kein Interesse der Eltern (vgl. Hütte & Mette, 2003, S. 229–232).

Erzbistum Paderborn und Lippische Landeskirche, 2005

Besonders zu erwähnen ist innerhalb Nordrhein-Westfalens der Kreis Lippe, wo bereits seit 2005 für den Grundschulbereich eine Kooperationsvereinbarung zwischen der Lippischen Landeskirche und dem Erzbistum Paderborn existierte. Zuvor wurde im Schuljahr 2001/2002 in 4 Grundschulklassen im 3. bzw. 4. Schuljahr ein Testlauf durchgeführt, der auch (mit geringem Umfang, ausschließlich durch Nachgespräche mit den beteiligten vier Lehrerinnen) evaluiert wurde (Erzbistum Paderborn & Lippische Landeskirche, 2005). Ziel war es, „Unterrichtsformen, die sich längst von selber in einer Grauzone entwickelt haben, seitens der beiden Kirchen aufzugreifen, zu installieren, sie empirisch zu erproben und theologisch zu begleiten“ (Erzbistum Paderborn & Lippische Landeskirche, 2005, S. 10). Daher sollte der Religionsunterricht so durchgeführt werden, „dass der Lehrplan der anderen Konfession berücksichtigt, die jeweilige Minderheit in ihrem Bekenntnis geachtet, der Unterricht nach den Grundsätzen beider Kirchen durchgeführt und dieser Unterricht von beiden Kirchen anerkannt wird“ (Erzbistum Paderborn & Lippische Landeskirche, 2005, S. 12).

Es ließen sich folgende Ergebnisse festhalten: Der Religionsunterricht wird intensiver didaktisch und theologisch vorbereitet und die Kinder entdecken ihre Zugehörigkeit zu einer Konfession. Allerdings ist die zeitliche Belastung sehr hoch und die Eltern nahmen kaum Notiz. Geeignete Lehrbücher, Arbeitsmaterialien etc. existierten nicht und die konfessionelle Thematik sollte bereits in der

Ausbildung besser integriert sein. Insgesamt fiel das Fazit jedoch sehr positiv aus: „Der Versuch [...] kann als voll gelungen bezeichnet werden. Es wurde dabei nicht der kleinste gemeinsame Nenner gesucht, sondern ein Mehrwert an konfessioneller Identität erreicht. Gleichzeitig wurden Vorurteile abgebaut und mehr Gemeinsamkeiten entdeckt“ (Erzbistum Paderborn & Lippische Landeskirche, 2005, S. 25).

Parallel fand ein Projektversuch zur gemeinsamen Lehrerfortbildung für kokoRU statt. Das Echo war insgesamt positiv, auch wenn die Veranstaltungen z. T. als zu praxisfern wahrgenommen wurden. Die Teilnehmenden erwiesen sich als ungeübt im theologischen Gespräch über Gemeinsamkeiten und Unterschiede und hatten lediglich bruchstückhafte Vorkenntnisse der anderen Konfession. Der Umgang mit der anderen Konfession festigte jedoch auch das Wissen um die eigene (vgl. Erzbistum Paderborn & Lippische Landeskirche, 2005, S. 17f.).

Gemäß der aufgrund dieses gelungenen Projektversuches 2005 geschlossenen Vereinbarung besteht dann die Möglichkeit zur Kooperation, wenn nicht genügend Schüler*innen für eine eigene konfessionelle Lerngruppe vorhanden sind,[16] es an geeigneten Lehrkräften fehlt oder sonstige schulorganisatorische Gründe vorliegen, die nach entsprechenden Anstrengungen nicht beseitigt werden können. Dabei sollen die Lehrpläne und spezifischen Inhalte beider Konfessionen berücksichtigt werden, sodass dieser Unterricht auch von beiden Kirchen als konfessioneller Religionsunterricht anerkannt wird. Um dies sicherzustellen, gibt es entsprechende Fortbildungen für die Lehrkräfte. Zudem müssen die Eltern zustimmen (vgl. Bayer-Wied, 2011, S. 305f.; Pemsel-Maier & Sajak, 2017, S. 272f.). Dabei wird resümiert: „Die authentische Begegnung mit der andern [sic!] Konfession führt zu mehr Toleranz und Verständnis gegenüber anderen, aber auch die eigene Identitätsbildung wird gestärkt, Dialogfähigkeit wächst“ (Mattke, 2017, S. 15).[17] Zudem wurde 2013 ein Pilotprojekt zum kokoRU an sechs Gesamtschulen in Ostwestfalen-Lippe gestartet, als Kooperation zwischen dem Erzbistum Paderborn und der Westfälischen sowie der Lippischen Landeskirche, mit dem Ziel die Möglichkeiten eines kokoRU auszuloten (vgl. Hengesbach et al., 2017, S. 95).

1.3.4. Berlin und Brandenburg

Berlin und Brandenburg gehen bekanntermaßen Sonderwege in Bezug auf den Religionsunterricht (s. o.); in beiden Bundesländern ist jedoch eine freiwillige

16 Was v. a. für katholische Lerngruppen gilt, da Lippe stark evangelisch geprägt ist (vgl. Erzbistum Paderborn und Lippische Landeskirche, 2005, S. 12).

17 Der Autor erwähnt in diesem Artikel auch eine Evaluation des Lippischen kokoRUs von 2015, die jedoch anscheinend bisher noch nicht veröffentlicht wurde.

Teilnahme am Religionsunterricht möglich. Hier kam es 2017 zu einer Vereinbarung des Erzbistums Berlin und der Evangelischen Kirche Berlin-Brandenburg-schlesische Oberlausitz (Vereinbarung zwischen dem Erzbistum Berlin und der Evangelischen Kirche Berlin-Brandenburg-schlesische Oberlausitz zur Kooperation von evangelischem und katholischem Religionsunterricht, 2017). Darin wird aufgrund der besonderen Herausforderung, vor welcher der Religionsunterricht in diesen beiden Bundesländern steht und die sich u. a. in der Schwierigkeit niederschlägt, nicht immer für beide Konfessionen Lerngruppen bilden zu können, beschlossen, dass in den Schulen, die auf dem Gebiet sowohl des Bistums als auch der Landeskirche liegen, auf kokoRU hingearbeitet werden soll. Offensichtlich scheint dies v. a. in Berlin auch tatsächlich umgesetzt, in Brandenburg jedoch nicht oder nur wenig genutzt zu werden – jedenfalls wird in EKBO, 2019 über kokoRU nur in Bezug auf Berlin gesprochen.

KokoRU scheint in dieser Vereinbarung v. a. als Notmaßnahme gedacht zu sein, sofern an einer Schule generell oder in bestimmten Jahrgängen kein Religionsunterricht in beiden Konfessionen angeboten werden kann. Dabei wird zwischen „LOT-Schulen" (in Anlehnung an Gen 13,8f.) und „RUTH-Schulen" (in Anlehnung an Rut 1,16) unterschieden: In LOT-Schulen unterrichtet „in Absprache zwischen beiden Kirchen nur noch eine Lehrkraft. Sie entwickelt ein eigenes schulinternes Curriculum" (EKBO, 2019, S. 28). An RUTH-Schulen arbeiten Lehrkräfte beider Konfessionen zusammen nach einem gemeinsam erstellen Schulcurriculum; sie „teilen sich den Unterricht in den verschiedenen Jahrgangsstufen" (EKBO, 2019, S. 29). Es sollen also trotz Lehrermangel etc. die Perspektiven beider Konfessionen zum Tragen kommen. Vor Beginn sind die Eltern zu informieren und die Lehrer*innen müssen verpflichtende Fortbildungen besuchen (vgl. EKBO, 2019, S. 28f.).

Obwohl in diesem Fall vonseiten der Kirchen auch von „kokoRU" gesprochen wird, handelt es sich doch um ein anderes Konzept als beispielsweise in Baden-Württemberg, da es hier v. a. eine Notmaßnahme zu sein scheint und z. B. kein verpflichtender Lehrerwechsel vorgesehen ist, der doch nach anderen Konzeptionen geradezu ein Kernstück von kokoRU darstellt.

Wissenschaftliche Arbeiten, die sich mit der Situation von kokoRU in Berlin und Brandenburg beschäftigen, oder gar eine Evaluation scheinen bislang nicht vorzuliegen.

1.3.5. Hessen

In Hessen gibt es keinen kokoRU im eigentlichen Sinne. Ein Erlass von 1999 erlaubt jedoch die Bildung konfessionell-gemischter Lerngruppen auf Antrag, wenn aus schulorganisatorischen Schwierigkeiten (Diasporasituation, Lehrermangel etc.) die Bildung konfessioneller Lerngruppen nicht möglich ist. Zuvor muss die Fachkonferenz befragt werden, und das Schulamt und die kirchlichen

Behörden müssen bei der Prüfung zu einem einheitlichen Votum kommen. Dabei wird die Lehrkraft in den gemischten Gruppen weiterhin ihre konfessionelle Prägung einbringen und auf Grundlage ihrer Tradition unterrichten. Es handelt sich daher nicht um einen ökumenischen oder überkonfessionellen Religionsunterricht. Einige Schulleiter missverstehen die Antragsmöglichkeit jedoch und stellen einen Antrag auch nur zur organisatorischen Vereinfachung (vgl. Kießling et al., 2018, S. 13–21). „Zwar bewegt sich die hier beschriebene hessische Regelung vor allem auf organisatorischer Ebene. Gleichwohl machen sich immer mehr Schulen auf den Weg, dieses Modell inhaltlich auszugestalten und, wenigstens in einigen Fällen, zu konfessioneller Kooperation weiterzuentwickeln" (Kießling et al., 2018, S. 25f.),[18] sodass eine kurze Würdigung der Situation in Hessen in diesem Rahmen angebracht erscheint.

Kießling et al., 2018

Genau diesem Unterricht in konfessionell-gemischten Lerngruppen widmet sich das „Forschungsprojekt zum Religionsunterricht in der Primarstufe im Kontext von Pluralität, Heterogenität und religiöser Identität", das vom Bistum Mainz in Auftrag gegeben wurde (Kießling et al., 2018). Das Projekt besteht aus einer qualitativen und einer quantitativen Teilstudie, die beide noch vollständig dokumentiert und separat publiziert werden sollen, sodass die vorliegende Veröffentlichung nur als vorläufiges Ergebnis gesehen werden kann (vgl. Kießling et al., 2018, S. 7f.).

Die Studie hatte eine Laufzeit von vier Jahren. Die qualitative Unterrichtsanalyse in 20 Unterrichtsgruppen (jeweils mindestens zwei Schulstunden im Themenfeld „Gemeinde und Kirche" an exemplarischen Standorten mit Vor- und Nachgesprächen) fand nur im hessischen Teil des Bistums statt, der Fragebogen wurde hingegen auch an Lehrer*innen im rheinland-pfälzischen Teil verschickt.[19] Alle Lehrer*innen waren katholisch, die Lerngruppen waren z. T. katholischer Religionsunterricht mit Gastschülern, z. T. konfessionell-gemischt (vgl. Kießling et al., 2018, S. 60–66).

Die Ergebnisse dieser Unterrichtsforschung zeigen: Viele Lehrer*innen sehen ihren Unterricht „eher christlich als konfessionell, handeln aber [...] praktisch durchaus konfessionstypisch" (Kießling et al., 2018, S. 66). „Alles in allem sehen Grundschullehrkräfte im Religionsunterricht in konfessionell gemischten Gruppen mehr Chancen als Grenzen, insbesondere in den Jahrgangsstufen 1 und

18 Mittlerweile gibt es auch ein hessisches Pilotprojekt zur Qualifizierung von Lehrer*innen, die Religionsunterricht in konfessioneller Kooperation unterrichten; siehe dazu Marker & Ritz (2018).

19 Hier gab es 243 vollständige Rückmeldungen, was 20 % entspricht, wobei die Einleitungsfrage eine Beteiligung nur zuließ, wenn aktuell an einer Grundschule unterrichtet wird (vgl. Kießling et al., 2018, S. 71). Aber: „Insgesamt lassen diese Daten auf empirisch belastbare Ergebnisse schließen" (Kießling et al., 2018, S. 74).

2“ (Kießling et al., 2018, S. 67). Die Kooperation mit den evangelischen Kollegen wird als bereichernd erlebt, hängt aber auch von der jeweiligen Sympathie ab. Team-Teaching erscheint hier sinnvoll und wünschenswert. Es braucht aber auf jeden Fall Fortbildungsangebote für den kokoRU, um der Pluralität und Heterogenität gerecht zu werden (vgl. Kießling et al., 2018, S. 66–68).

Die Ergebnisse der Fragebögen zeigen ein ähnliches Bild: So sehen sich die meisten zuerst als christlich und dann erst als katholisch (vgl. Kießling et al., 2018, S. 76). Entsprechend ist ihnen die Kooperation sehr wichtig und wird als bereichernd wahrgenommen (39,2 % gestalten manchmal Unterrichtsstunden mit einer evangelischen Lehrkraft zusammen). Bei der Frage, ob die religiöse Identitätsbildung in homogenen Gruppen besser gelingt, antworten die Lehrer*innen uneinheitlich, aber tendenziell eher kritisch (vgl. Kießling et al., 2018, S. 79–83). Hauptziel des Religionsunterrichts ist es, die Kinder „mit ihrem eigenen Glauben vertraut“ (Kießling et al., 2018, S. 90) zu machen, was heißt, zuerst Wissen über das Christentum zu vermitteln, dann aber auch über ihre eigene und etwas nachgeordnet über andere Konfessionen und Religionen. Die meisten befürworten, dass die Kinder die „Gemeinsamkeiten und Unterschiede der Konfessionen kennen lernen“ (Kießling et al., 2018, S. 93) und unterrichten diese auch. Sehr wichtig sind den Lehrer*innen daneben die Möglichkeit, über den eigenen Glauben zu reflektieren, mit Gott in Beziehung zu kommen oder Lebenshilfe und Orientierung zu bieten (vgl. Kießling et al., 2018, S. 90–92). Dass gemischte Lerngruppen die Auseinandersetzung mit konfessionsspezifischen Inhalten erleichtern, findet eine leicht zustimmende Tendenz, es fördere aber auf jeden Fall Offenheit und Toleranz, sowie das Wissen um die andere Konfession. Ob es jedoch auch zu konfessioneller Identitätsbildung herausfordert, ist umstritten (vgl. Kießling et al., 2018, S. 100f.). „Insgesamt zeichnen sich für den Religionsunterricht in gemischten Lerngruppen deutlich mehr Chancen als Grenzen ab“ (Kießling et al., 2018, S. 102).

Pruchniewicz, 2016

Ebenfalls noch kurz erwähnt werden soll hier die Dissertation von Stephan Pruchniewicz, die sich mit kokoRU in der Berufsschule beschäftigt und zum Ziel hat, den aus praktischen Gründen an der Berufsschule im Klassenverband erteilten Religionsunterricht inhaltlich zu konzeptualisieren, indem er von einem Unterricht im Klassenverband hin zu einem kooperativen Unterricht entwickelt wird. Dazu lautet die These der Arbeit:

> „Ein kooperativer Religionsunterricht im Klassenverband an Berufsbildenden Schulen stellt unter den Bedingungen einer multiethnischen und -religiösen Schülerschaft eine notwendige Option zur Gestaltung dieses Unterrichts dar. Dabei entwickelt er aus einer theologischen und philosophischen Mitte heraus einen Raum, der es Schülerinnen und Schülern ermöglicht, in sich entwickelnder eigenständiger re-

> ligiöser und weltanschaulicher Identität Toleranz im Sinne einer erweiterten Respekt-Konzeption zu lernen und sie im Dialog mit ihrer heterogenen Umwelt zu leben. Er bleibt auch unter diesen Bedingungen katholischer Religionsunterricht“ (Pruchniewicz, 2016, S. 20f.).

Der Großteil der Arbeit besteht daher aus einer theoretischen Annäherung an das Problem und einer theologischen Grundlegung, was hier nicht weiter berücksichtigt werden soll. Es erscheint jedoch lohnend, einen Blick auf das konkrete Projekt zu werfen, das beschrieben wird: der Religionsunterricht an der BBS Theodor-Heuss-Schule in Offenbach am Main. Es muss jedoch gleich einschränkend bemerkt werden, dass in diesem Projekt zwar konfessionell-kooperative Elemente vorkommen, es sich aber insgesamt eher in Richtung eines religions-kooperativen Unterrichts beschreiben lässt: In der Schule nahmen religiös motivierte oder flankierte Konflikte zu, sodass der gemeinsame Vorsatz gefasst wurde, zum Schuljahr 2008/2009 die vorhandenen Bedingungen mitsamt ihrer Ressourcen und Chancen anzunehmen. Das Projekt wurde unter den Titel „Verschiedenheit achten – Gemeinschaft stärken“ gestellt. Das Team hat sich dabei keine anderen Modelle angeschaut, sondern ist von der vorhandenen Situation ausgegangen. Die Wahl fiel auf Klasse 11 des beruflichen Gymnasiums, in der ein Großteil neu an die Schule kommt und daher Integrationsarbeit nötig ist. Das Team bestand anfangs aus einer katholischen und einer evangelischen Lehrkraft und wurde bald durch eine muslimische Lehrerin ergänzt. Die Kolleg*innen erarbeiteten ein eigenes Curriculum und führten den Unterricht immer zu zweit (d. h. eine christliche Lehrkraft mit der muslimischen Lehrerin) und z. T. zu dritt durch. Durch das Projekt konnte jede*r katholische oder evangelische Schüler*in wenigstens phasenweise einer Lehrkraft der eigenen Konfession begegnen. Die Lehrkräfte sollten den Schüler*innen je mit ihrer eigenen Position begegnen und sich befragen lassen. Ein Aufgeben der konfessionellen Profilierung oder eine konturlose Verschmelzung waren somit nicht intendiert.

Die Bilanz fiel „insgesamt gut“ aus und v. a. in den anschließenden Einzelgesprächen äußerten sich die Schüler*innen „sehr positiv“ und das Team-Teaching wurde häufig als Bereicherung genannt. In den folgenden Jahren stieß auch eine Lehrkraft für das Fach Ethik zum Team dazu und es wurde auf weitere Klassen ausgedehnt. Auch außerhalb der Schule hatte das Projekt ein positives Echo und bekam mehrere Preise verliehen (vgl. Pruchniewicz, 2016, S. 497–511).

Gennerich et al., 2021

Jüngst erschienen ist eine Studie zu den Lerneffekten des kokoRU aus der Perspektive von Lehrkräften und Schüler*innen (vgl. Gennerich et al., 2021). In ihrer Befragung der Lehrkräfte arbeiten die Autoren mit den Daten zur Lehrkräftekohorte (n = 152) aus Niedersachen (Gennerich & Mokrosch, 2016), die um nur 18 Fragebögen von Lehrkräften aus Hessen ergänzt wurde. Außerdem wurden

358 Schüler*innen befragt. Die Autoren haben dezidiert Wirkungen der konfessionellen Kooperation aus der Selbstwahrnehmung der Schüler*innen mit Hilfe eines Fragebogens erkundet (vgl. Gennerich et al., 2021, S. 36). Eine Vergleichsgruppe aus dem herkömmlichen Religionsunterricht wurde nicht herangezogen. Aus dieser Befragung wird deutlich, dass sich nur eine sehr kleine Gruppe von Schüler*innen durch die konfessionelle Kooperation überfordert sieht (10 %) oder sie als „Durcheinander" der Konfessionen erlebt (15 %). Mit Blick auf den wahrgenommenen Lerneffekt des konfessionell-kooperativen Religionsunterrichts sind 63 % der Schüler*innen im Rückblick auf den erlebten kokoRU der Meinung, dass sie die andere Konfession besser kennengelernt hätten, und 71 % geben an, dass sie die eigene Konfession besser kennengelernt hätten. Allerdings ergänzen die Autoren der Studie, dass sich das „bessere Kennenlernen" nur partiell in positiveren Bewertungen der anderen (43 %) und der eigenen Konfession (48 %) niederschlage. Damit könne begründet werden, dass das Modell des kokoRU nicht auf Verstärkung konfessioneller Bindungen ziele, sondern auf eine ergebnisoffene konfessionelle Bildung (vgl. Gennerich et al., 2021, S. 35).

Innovativ im Feld der Evaluierung konfessionell-kooperativen Lernens ist der Bezug zur Lebensorientierung, die in der vorliegenden Studie anhand des Schwartzschen Wertekreises erfolgt. Diese Analyse zeigt, dass den Befragten mit einer hedonistischen Wertorientierung am kokoRU besonders der Erhalt des Klassenverbandes gefällt, während sich Schüler*innen mit statusorientierten Werten tendenziell eher durch konfessionell-kooperatives Lernen überfordert fühlen (vgl. Gennerich et al., 2021, S. 48–49). Die größte Zustimmung erfährt der kokoRU durch Befragte mit prosozial-traditionellen Werten. Diese Schüler*innen geben auch am häufigsten an, durch diese Organisationsform konfessionellen Religionsunterrichts die eigene Konfession besser kennengelernt zu haben und ihrer bewusster geworden zu sein. Das Kennenlernen der anderen Konfession wird vor allem von Befragten betont, die Werte des Universalismus und der Selbstentfaltung zeigen (vgl. Gennerich et al., 2021, S. 48–49).

In ihrer Befragung der Lehrkräfte arbeiten Gennerich, Käbisch und Woppowa mit den Daten von 170 Lehrkräften (n = 152 aus Niedersachsen, 18 Fragebögen aus Hessen). Interessant ist hier der Abgleich zwischen der Einschätzung der Lehrkräfte und der Selbsteinschätzung der Lernenden, wobei im Fragebogen eher Grundeinstellungen zum kokoRU und nur im Item „konfessionelle Bindungen stärken" explizite Wirkungen abgefragt wurden. Deutlich wird, dass die Lehrkräfte in Niedersachsen ($M = 1{,}41$) die Lernenden weniger überfordert sehen als ihre hessischen Kolleginnen und Kollegen ($M = 2{,}24$), vielleicht auch bedingt dadurch, dass der kokoRU in Niedersachsen breiter praktiziert wird. Ebenso zeigt sich, dass die niedersächsischen Lehrkräfte die Schüler*innen durch konfessionelle Kooperation positiver herausgefordert sehen ($M = 3{,}58$ zu $M = 2{,}82$, vgl. Gennerich et al., 2021, S. 93). Im Vergleich zur tatsächlichen Schülersicht zeigen sich keine deutlichen Abweichungen: Mit Blick auf die Frage zur Überforderung und positiven Herausforderung liegen die Schüler*innen zwischen den

Schätzwerten der hessischen und niedersächsischen Lehrkräfte. Relativ nah beieinander sind die Einschätzungen der Schüler*innen wie der Lehrer*innen darin, dass die konfessionelle Kooperation dazu führt, dass die Schüler*innen sich ihrer Konfession bewusster werden (*M* = 3,52 zu *M* = 3,41, vgl. Gennerich et al., 2021, S. 93).

1.3.6. Schleswig-Holstein

Auch in Schleswig-Holstein gibt es keine offizielle Kooperationsvereinbarung. Es ist lediglich seit einem entsprechenden Erlass 1997 möglich, den Religionsunterricht im 1. Schuljahr für eine gewisse Zeit konfessionell-kooperativ zu unterrichten, was als Mittel zur Stärkung der Klassengemeinschaft gesehen wird (vgl. Bayer-Wied, 2011, S. 319). Darüber hinaus besteht durch den Erlass die Möglichkeit, Religionsunterricht auf Antrag auch in anderen Jahrgangsstufen im Klassenverband zu unterrichten, was häufig auch ohne offizielle Genehmigung im Klassenverband getan wird (vgl. Pohl-Patalong et al., 2016, S. 14). Dennoch verdient Schleswig-Holstein hier insofern eine gesonderte Erwähnung, als es aus diesem Bundesland eine groß angelegte und in zwei Bänden publizierte Studie zu konfessioneller Vielfalt im evangelischen Religionsunterricht gibt, als Teil des ReVikoR-Projektes (Religiöse Vielfalt im konfessionellen Religionsunterricht) unter der Leitung der evangelischen Professoren Uta Pohl-Patalong (Kiel) und Johannes Woyke (Flensburg). Auch wenn dies keine explizite Studie zum kokoRU ist und zuweilen eher Fragestellungen des religionenübergreifenden Religionsunterrichts verfolgt, so lassen sich doch zumindest einige Erkenntnisse auch für die Untersuchung von kokoRU fruchtbar machen. Bevorzugt solche Erkenntnisse sollen auch im Folgenden aufgeführt werden, wodurch etliche Ergebnisse dieser Studien hier nicht referiert werden können.

In dem von Uta Pohl-Patalong, Johannes Woyke, Stefanie Boll, Thorsten Dittrich und Antonia Elisa Lüdke durchgeführten Projekt (Pohl-Patalong et al., 2016 & Pohl-Patalong et al., 2017) sollte untersucht werden, wie religiöse Vielfalt im evangelischen Religionsunterricht in Schleswig-Holstein von Schüler*innen sowie von Lehrer*innen wahrgenommen wird. Die Kernfrage dabei ist: „Ist ein konfessionelles Modell fähig, mit der wachsenden religiösen Pluralität umzugehen und ihr gerecht zu werden?“ (Pohl-Patalong et al., 2016, S. 14).

Die Studie arbeitet mit qualitativen und quantitativen Daten, wobei die Lehrer- und die Schülerperspektive nicht direkt aufeinander bezogen werden, es sich also nicht um dieselben Lerngruppen handelt. Bei den Lehrkräften ging es in der qualitativen Befragung nicht um Repräsentativität, sondern um „typische Fälle“ (Pohl-Patalong et al., 2016, S. 21), weswegen die Interviewpartner*innen nicht zufällig ausgewählt wurden. Insgesamt wurden 30 Interviews mit Lehrer*innen aus allen Schulformen geführt. Zudem wurde ein Fragebogen an alle verschickt, die in Schleswig-Holstein evangelischen Religionsunterricht erteilen. Der Rücklauf lag bei 33,9 % (vgl. Pohl-Patalong et al., 2016, S. 17–26).

In Bezug auf die Schüler*innen sind nur die Schulformen Gemeinschaftsschule, Gymnasium und Berufsbildende Schulen berücksichtigt, da die Grundschüler*innen in einem Pretest vielfach mit dem Fragebogen überfordert waren. Aus diesen Schulen wurde eine Klumpenstichprobe gezogen und es lagen 414 Fragebögen zur Auswertung vor (vgl. Pohl-Patalong et al., 2017, S. 14–20). Weiterhin wurden zu jeder Schulform zwei leitfadengestützte Gruppeninterviews geführt, was 18 Interviews erbrachte.

Zunächst einmal stellen die meisten Lehrer*innen fest, dass auch eine nominell konfessionelle Lerngruppe ein gehöriges Maß an Heterogenität aufweist (vgl. Pohl-Patalong et al., 2016, S. 39.45). Auch wenn es einige religiöse Schüler*innen gibt, so erleben die Lehrer*innen sie weitgehend als wenig konfessionell geprägt. Religion ist für die Schüler*innen kein unwichtiges, aber auch kein brennendes Thema (vgl. Pohl-Patalong et al., 2016, S. 48–50).

87,1 % der Lehrpersonen sind für einen gemeinsamen Unterricht aller im evangelischen Religionsunterricht und sehen hier durchaus Chancen für „die Förderung von Werten, die Vermittlung von Wissen über nicht-christliche Religionen wie über christliches Kulturgut, die Etablierung eines Dialogs unter den Schüler*innen verschiedener Religions- wie Konfessionszugehörigkeiten sowie die Förderung religiöser Identitäten" (Pohl-Patalong et al., 2016, S. 99) Die Mehrheit ist zudem der Ansicht, dass religiöse Vielfalt einen positiven Einfluss auf die religiöse Identitätsbildung hat (Pohl-Patalong et al., 2016, S. 111). Problematisch werden hingegen „Reduktion der christlich-evangelischen Inhalte, Hinderung des religiösen Erlebens und Erschwerung religiöser Identitätsbildung" gesehen (Pohl-Patalong et al., 2016, S. 124). Die Ziele lassen sich unterteilen in: „eine Sachebene (Wissensvermittlung und Interesse am Fach und seinen Themen), eine Subjektebene (persönliche Auseinandersetzung, Entdeckung von Lebensrelevanz sowie Förderung persönlicher Religiosität), eine gesellschaftliche Ebene (Förderung religiöser Pluralitätsfähigkeit) sowie eine atmosphärische Ebene (positive Atmosphäre und Wertschätzung und Menschlichkeit)" (Pohl-Patalong et al., 2016, S. 146f.).

Nur ein Drittel der Lehrkräfte fühlt sich auf den Umgang mit religiöser Vielfalt aufgrund der Ausbildung vorbereitet, wobei das Potenzial von Fortbildungen hier durchaus positiv gesehen wird. Für ebenfalls ein Drittel steht die wachsende religiöse Vielfalt im Widerspruch zum konfessionellen Rahmen des Religionsunterrichts (vgl. Pohl-Patalong et al., 2016, S. 189.201. 209).

Drei Viertel der Lehrer*innen würden am liebsten im Klassenverband unterrichten und 84,4 % sagen, dass der Religionsunterricht mit größerer religiöser Vielfalt auch interessanter werde; dabei wird die Chance des gegenseitigen Lernens betont (vgl. Pohl-Patalong et al., 2016, S. 219–224). Über zwei Drittel stimmen eher oder voll zu, den Religionsunterricht in einen christlichen Religionsunterricht aller Konfession umzuwandeln, denn „[e]in ‚christlicher' Religionsunterricht nivelliert damit nicht notwendig konfessionsspezifische Unterschiede" (Pohl-Patalong et al., 2016, S. 259). Etliche beurteilen ihren eigenen Unterricht ebenfalls als nicht-konfessionell, denn 60 % sehen ihn als „evangelisch", aber nur 37 % als „bekenntnisorientiert", d. h. es gibt nach Aussage der Studienautor*innen eine große Diskrepanz zwischen Theorie und Praxis des Religionsunterrichts. Zwei Drittel nehmen die wachsende religiöse Vielfalt hingegen nicht als Widerspruch zum konfessionellen Rahmen wahr. Denn die Bearbeitung spezifischer Themen ist für die meisten der wichtigste Faktor, wodurch Religionsunterricht konfessionell wird. Ein rein religionskundlicher Unterricht stößt auf ebenso viel Zustimmung wie Ablehnung (vgl. Pohl-Patalong et al., 2016, S. 219–273).

Im Projektteil, der sich mit den Schüler*innen beschäftigte, konnte ein geringes Bewusstsein von konfessioneller Zugehörigkeit und Identität festgestellt werden, was aber nicht automatisch zu einer Abmeldung vom Religionsunterricht führt, denn nur wenige lehnen Religion generell ab (vgl. Pohl-Patalong et al., 2017, S. 27–31). In Bezug auf Religion überwiegt eine unentschiedene und indifferente Haltung (vgl. Pohl-Patalong et al., 2017, S. 54). Für die evangelischen Schüler*innen in der nominell evangelischen Mehrheitsgesellschaft hat die eigene Konfession eine immer geringere Bedeutung und wird z. T. auch gar nicht als das „Eigene" erlebt (vgl. Pohl-Patalong et al., 2017, S. 64).

Es zeigt sich auf Schüler*innenseite eine ausdrückliche Bejahung der Teilnahme von Schüler*innen unterschiedlicher religiöser Orientierungen am Religionsunterricht; denn wenn nur Evangelische anwesend wären, würde das Fach in der Sicht der Schüler*innen deutlich an Attraktivität verlieren (vgl. Pohl-Patalong et al., 2017, S. 135.149). Die Schüler*innen erwarten durch die Teilnahme von Jugendlichen unterschiedlicher Religionsgemeinschaften einen „Wissenszuwachs aus authentischer Perspektive", Pluralitätsfähigkeit, Toleranz, andere Meinungen etc. (vgl. Pohl-Patalong et al., 2017, S. 150).

Die Schüler*innen sind sich uneinig, ob sie den eigenen Religionsunterricht als „evangelisch" wahrnehmen, d. h. die konfessionelle Prägung des Religionsunterrichts ist nach Ansicht der Forscher*innen scheinbar keineswegs so transparent, wie häufig angenommen. Etwa ein Viertel merkt nicht, dass der Religionsunterricht evangelisch ist, und für über die Hälfte hat das Wort „evangelisch" keine Bedeutung. Die Zugehörigkeit zur evangelischen Kirche ist dabei kein wichtiges, Konfessionalität generierendes Element, und auch die Lehrkraft ist nur für etwas mehr als ein Viertel relevant für den evangelischen Charakter des Faches (vgl. Pohl-Patalong et al., 2016, S. 160–168). Zudem sind zentrale christliche Inhalte in der Wahrnehmung der Schüler*innen sowohl in evangelischer als auch in katholischer Sichtweise gleich. Andere sehen gerade das konfessionsverbindende Element als evangelisches Kennzeichen (vgl. Pohl-Patalong et al., 2016, S. 182f.). Es wird sehr unterschiedlich beurteilt, ob eine Lehrkraft sich im Religionsunterricht religiös positionieren sollte: Einige sehen das als Garant für die Glaubwürdigkeit und als Vorbildfunktion, während andere eine Beeinflussung der Schüler*innen befürchten (vgl. Pohl-Patalong et al., 2017, S. 199–204).

Die Schüler*innen bevorzugen klar heterogene Lerngruppen und den Unterricht im Klassenverband (vgl. Pohl-Patalong et al., 2017, S. 206). Gründe sind für sie die Klassengemeinschaft, die Verhinderung von Ausgrenzung, ein größerer Wissenszuwachs, eine erhöhte Attraktivität des Faches und die Förderung von Religionstoleranz. Der mehrperspektivische Religionsunterricht wird begrüßt und ebenso finden sich Präferenzen für einen religionskundlichen Unterricht (vgl. Pohl-Patalong et al., 2017, S. 240f.).

1.3.7. Sonstige Bundesländer

In Rheinland-Pfalz haben am 1. Juli 2021 das Bistum Mainz und die Evangelischen Kirche in Hessen und Nassau (EKHN) eine Vereinbarung zur konfessionellen Kooperation im evangelischen und katholischen Religionsunterricht unterzeichnet. Gleichlautende Vereinbarungen wurden von den Leitungen der Evangelischen Kirche der Pfalz, der Evangelischen Kirche im Rheinland mit dem Bistum Trier sowie der Bistümer Limburg und Speyer unterzeichnet. Im Rahmen eines Pilotprojektes sollen an einzelnen Schulen in Rheinland-Pfalz Formen eines konfessionell-kooperativen Religionsunterrichtes erprobt und wissenschaftlich ausgewertet werden, beginnend mit Grundschulen und gefolgt von Sekundarschulen. Im Gleichtakt haben der Präses der Evangelischen Kirche im Rheinland und der Trierer Bischof ebenfalls eine solche Vereinbarung zur konfessionellen Kooperation im Religionsunterricht im Saarland unterzeichnet, die eine Erprobungsphase mit wissenschaftlicher Evaluation inkludiert.

In keinem weiteren Bundesland gibt es kokoRU auf Landesebene. Wie oben bereits dargestellt, beschreiten Bremen („Religion/Biblische Geschichte“) und Hamburg („Dialogischer Religionsunterricht für alle“ bzw. Rufa 2.0) ebenso wie Berlin und Brandenburg einen Sonderweg in Bezug auf den Religionsunterricht. In Hamburg wird sich die katholische Kirche zwar unter dem Sichtwort des kokoRU am Rufa 2.0 beteiligen, was in der Sache aber etwas anderes ist als das, was in dieser Publikation als kokoRU verstanden wird. In Bayern scheiterten Vorüberlegungen zum kokoRU in früheren Jahren am Widerstand der katholischen Kirche, wobei während der Corona-Pandemie ein temporär kooperativer Religionsunterricht eine zeitlich befristete Lösung als Ergänzung zum konfessionellen Religionsunterricht bieten sollte, wenn ein konfessioneller Religionsunterricht aufgrund der hygienischen Bestimmungen nicht in üblicher Weise durchgeführt werden kann. „Sobald die Auflagen zum Gesundheitsschutz auslaufen“, sei allerdings „der reguläre konfessionelle Religionsunterricht wieder aufzunehmen“.[20]

In den östlichen Bundesländern ist kokoRU aufgrund der sehr geringen Zahl an katholischen Schüler*innen nicht sinnvoll möglich (vgl. Schröder & Biesinger, 2016, S. 79).

Allerdings finden sich in der Literatur noch weitere, meist regional sehr begrenzte kokoRU-Projekte: Zu nennen ist hier beispielsweise ein Projekt an einer Berliner Grundschule noch vor der oben geschilderten Kooperationsvereinbarung; die Lehrer*innen berichten u. a. davon, dass sich die Zahl der Schüler*innen durch den kooperativen Unterricht mit Lehrer*innenwechsel deutlich erhöht hat, sodass mittlerweile über 50 % freiwillig daran teilnehmen (vgl. Venus & Vertgewall, 2018). Weitere Projekte gab oder gibt es z. B. in Bamberg, Jena, Bad Griesbach und Coswig (vgl. Bayer-Wied, 2011, S. 341–354; Hoppe, 2008, S. 77f.). Solche Projekte scheinen aber die Ausnahme zu sein. Trotzdem ist es nicht unwahrscheinlich, dass sich auch etliche Lehrer*innen innerhalb des „Grauzonen-Unterrichts“ mittlerweile um eine offensive Gestaltung des Religionsunterrichts im Klassenverband bemühen und dazu didaktische Überlegungen zum kokoRU einfließen lassen.

1.4. *Ergebnisse vorliegender Studien zum kokoRU im Querschnitt*

Während bislang die vorliegenden Studien je für sich vorgestellt wurden, sollen im Folgenden die Ergebnisse dieser Studien nach Themen gebündelt dargestellt werden. Dieser Bericht wird um einschlägige Befunde weiterer Studien ergänzt, die sich zwar nicht direkt mit dem kokoRU beschäftigen, aber interessante Erkenntnisse hinsichtlich dieser Organisationsform konfessionellen Lernens liefern.

1.4.1. Die Rahmenbedingungen

Antragsverfahren

In allen Studien wird auf den hohen bürokratischen Aufwand im Antragsverfahren verwiesen. Das gilt zum einen für den Erstantrag, in Baden-Württemberg aber auch für die Folgeanträge (vgl. Kuld et al., 2009, S. 147). Ein wichtiger Dis-

---

20 https://www.km.bayern.de/download/24636_Anlage-2-Modelle-A-D.pdf

kussionspunkt an dieser Stelle ist die in Baden-Württemberg notwendige Einstimmigkeit der Fachkonferenzen. Während einige Lehrer*innen diese als zu rigide ansehen, da so eine Person im Extremfall kokoRU an einer ganzen Schule verhindern kann, loben andere diese Maßnahme, da so sichergestellt sei, dass niemand gegen seinen oder ihren Willen konfessionell-kooperativ unterrichten müsse (vgl. Kuld et al., 2009, S. 148f.).

Fortbildungen

Da sich die Lehrer*innen im Allgemeinen durch ihr Studium eher schlecht auf den konfessionell-kooperativen Unterricht vorbereitet fühlen, setzen viele große Hoffnungen auf die Fortbildungen, um sich die notwendigen Methoden, aber auch die nötigen Kenntnisse (gerade in Bezug auf die andere Konfession) aneignen zu können, die im kokoRU gefordert werden. Die tatsächlich stattfindenden Fortbildungen werden jedoch häufig recht kritisch gesehen, da die Lehrer*innen bemängeln, dass ihnen zu wenig an Faktenwissen (v. a. über die andere Konfession) vermittelt werde (vgl. Erzbistum Paderborn & Lippische Landeskirche, 2005, S. 16; Kuld et al., 2009, S. 157–160).

Schulorganisatorisches

Viele Religionslehrer*innen geben an, dass kokoRU „die Stellung ihres Faches in der Schulgemeinschaft stärkt“ (Kuld et al., 2009, S. 162; vgl. auch Aschmutat-Hesse & Geißler, 1997, S. 16), denn der Religionsunterricht werde so selbstverständlicher in den Schulalltag integriert und auch ernster genommen. Einige Lehrkräfte sagen, dass Religionsunterricht dank kokoRU zum „selbstverständlichen Sonderfall“ (Kuld et al., 2009, S. 165) werde, was auch Schüler*innen die Teilnahme erleichtere. Zudem könnten somit vom kokoRU mit seinem integrativen Potenzial auch positive Entwicklungen für die Schulgemeinschaft insgesamt ausgehen (vgl. Aschmutat-Hesse & Geißler, 1997, S. 16; Kuld et al., 2009, S. 163–165). Dass die leichtere Einrichtung von Lerngruppen vor allem von den Schulleitungen begrüßt wird, liegt auf der Hand.

1.4.2. Durchführung des kokoRUs

Unterrichtsformen

Was die Bandbreite an Unterrichtsformen angeht, so wird bis heute in der Literatur auf die grundlegende Zusammenstellung von Kalmbach (1994, S. 33) hingewiesen, der folgende Formen unterscheidet: i) Parallelunterricht: „Beide Lehrkräfte unterrichten parallel das gleiche Thema und verabreden sich zeitweise zu

Phasen gemeinsamen Unterrichts"; ii) Delegationsunterricht: „Eine Lehrkraft unterrichtet über eine vereinbarte Zeit beide Konfessionen einer Klasse"; iii) Team-Teaching: „Beide Lehrkräfte unterrichten im Team die beiden Konfessionsgruppen der Klasse"; iv) Wechselunterricht: „Um einen, für die andere Konfession bedeutsamen Aspekt authentisch zu erfahren, tauschen die Lehrkräfte die Gruppen"; v) Wahlunterricht: „Die Lehrkräfte bieten verschiedene Aspekte der Thematik an. Schülerinnen und Schüler wählen nach Interesse"; vi) Großgruppenunterricht: „Eine Lehrkraft unterrichtet beide Religionsgruppen nach beiden Lehrplänen".

V. a. die Studien aus Baden-Württemberg betonen in besonderem Maße die Chancen des Team-Teaching (vgl. z. B. Schweitzer et al., 2006, S. 81–86), wobei die Ergebnisse von Gennerich & Mokrosch, 2016 (zumindest für Niedersachsen) nahelegen, dass Team-Teaching in der Praxis – aus nachvollziehbaren pragmatischen und Kostengründen – keine besonders große Rolle spielt.[21] Die häufigste Form, die im konkreten kokoRU vor Ort praktiziert wird, dürfte wohl der Delegationsunterricht sein (vgl. Gennerich & Mokrosch, 2016, S. 37), da so jede Schülerin und jeder Schüler die Möglichkeit hat, innerhalb eines bestimmten Zeitraumes von einer Lehrkraft ihrer bzw. seiner Konfession unterrichtet zu werden und die Schüler*innen somit sowohl die evangelische als auch die katholische Konfession authentisch vermittelt bekommen. In welchem Turnus der Wechsel dabei stattfindet, ist sehr unterschiedlich. Z. T. wird blockweise mehrfach im Halbjahr gewechselt (vgl. Kuld et al., 2009, S. 154), z. T. erst nach zwei Jahren (Letzteres kommt aber wohl nur im Langenhagener Modell vor; vgl. Aschmutat-Hesse & Geißler, 1998, S. 4); am häufigsten dürfte ein jährlicher Wechsel in der Doppeljahrgangsstufe sein, wobei der Zeitpunkt des Wechsels z. T. im Winter und z. T. im Sommer liegt (vgl. Kuld et al., 2009, S. 28).

Der Religionsunterricht im Klassenverband[22] stößt tatsächlich auf breite Zustimmung innerhalb der Lehrerschaft (vgl. Feige et al., 2000, S. 316; Gennerich & Mokrosch, 2016, S. 75; Pohl-Patalong et al., 2016, S. 219). Allerdings gibt es hier durchaus schulartspezifische Unterschiede: Lehrer*innen am Gymnasium sind hier zurückhaltender, während die Lehrkräfte an Berufsbildenden Schulen, Grundschulen oder Förderschulen stark für eine solche Organisationsform eintreten (vgl. Feige et al., 2005, S. 58f.).

---

21 Dennoch könnten sich 52 % Team-Teaching in der Studie Feige et al. (2000, S. 317) vorstellen. Es ist in der Literatur durchaus umstritten, ob Team-Teaching zwangsläufig zu besseren Unterrichtsergebnissen führt oder nicht (vgl. Gennerich und Mokrosch, 2016, S. 105).

22 Dabei ist allerdings nicht immer deutlich, ob die Lehrer damit jeweils ein didaktisches Konzept verbinden, welches mit kokoRU vergleichbar wäre oder eher einen ökumenisch-nivellierenden Unterricht anstreben; häufig scheint eher Letzteres der Fall zu sein (vgl. Gennerich und Mokrosch, 2016, S. 75).

Unterrichtsmethoden und -materialien

Als häufige Methoden wurden beobachtet: Kirchenbesuche, Stationenlernen, gegenseitiges Erzählen, Einladen von Experten etc. (vgl. Gennerich & Mokrosch, 2016, S. 131). Eine wichtige methodische Herangehensweise, v. a. im Grundschulbereich, ist das Singen, wodurch (häufig am Anfang einer Unterrichtsstunde) ein Gemeinschaftsgefühl hergestellt werden kann (vgl. z. B. Caspary, 2016, S. 181).

Es ist umstritten, ob es sinnvoll ist, Schüler*innen zu „Experten" ihrer eigenen Konfession zu machen, v. a. vonseiten einer anderskonfessionellen Lehrkraft. Einerseits kann so sichergestellt werden, dass deren Perspektive ausreichend berücksichtigt wird, andererseits sind aufgrund fehlender konfessioneller Prägungen möglicherweise keine weiterführenden Beiträge zu erwarten; in jedem Fall ist vor einem solchen Vorgehen also die Situation in der vorliegenden Lerngruppe zu bedenken (vgl. Kießling et al., 2018, S. 118; Kuld et al., 2009, S. 85f.).

Bei den Unterrichtsmaterialien wird häufig beklagt, dass hier noch keine breite Auswahl zur Verfügung stehe, sodass die Lehrer*innen häufig auf selbst erstellte Materialien zurückgriffen (vgl. Erzbistum Paderborn & Lippische Landeskirche, 2005, S. 20.24; Hütte & Mette, 2003, S. 76; Gennerich & Mokrosch, 2016, S. 48.77; Kuld et al., 2009, S. 162). Hier besteht der Wunsch vieler Lehrer*innen, (bei Fortbildungen) mehr Material an die Hand zu bekommen, was sie im Unterricht einsetzen könnten. Ein offiziell zugelassenes kokoRU-Religionsbuch existiert bisher ebenfalls nicht und scheint auch nicht allzu dringend gewünscht zu sein, gleichwohl aber mittelfristig sinnvoll (vgl. Kuld et al., 2009, S. 161f.).

Unterrichtsthemen

An dieser Stelle sollen keine Themenvorschläge berücksichtigt werden, die sich in der Literatur finden, sondern es werden die Themen genannt, die tatsächlich nach den vorliegenden Studien im kokoRU behandelt wurden. Themenübergreifend kann gesagt werden, dass die Lehrer*innen insgesamt eher die Gemeinsamkeiten als die Unterschiede betonen (vgl. Aschmutat-Hesse & Geißler, 1997, S. 6; Gennerich & Mokrosch, 2016, S. 124).

Die Themen können ganz grob danach unterteilt werden, ob sie konfessionsspezifisch sind oder nicht. Eine Mischkategorie wären Themen, die in beiden Konfessionen eine Rolle spielen, aber unterschiedlich akzentuiert werden (vgl. Platzbecker, 2019, S. 51). Schweitzer et al., 2006, S. 88–90 schlagen noch eine weitergehende Differenzierung vor, und zwar: Gemeinsamkeiten im christlichen Glauben, direkte Thematisierung von Gemeinsamkeiten und Unterschieden, konfessionell-kooperative Vertiefung allgemeiner Themen, konfessionell-kooperatives Lernen in Schulprojekten. Nicht-konfessionelle Themen sind z. B. biblische Geschichten, andere Religionen, die gemeinsamen christlichen Feste

(v. a. Ostern und Weihnachten), Schöpfung, Theologie und Naturwissenschaft. Konfessionsspezifische Inhalte sind Maria, Heilige (häufig Elisabeth von Thüringen oder St. Martin), Martin Luther und Reformation, Erstkommunion, spezifisch konfessionelle Feste (z. B. Buß- und Bettag oder Fronleichnam) und Kirchenbesuche (vgl. Gennerich & Mokrosch, 2016, S. 129f.; Schweitzer & Biesinger, 2002, S. 113–159). Ein Beispiel für ein gemeinsames Thema, das unterschiedlich akzentuiert wird, wäre die Taufe. D. h. insgesamt: „Für das Unterrichten in katholisch-evangelischer Zusammenarbeit eignen sich nahezu alle ‚klassischen' Themen des Religionsunterrichts" (Schweitzer & Biesinger, 2002, S. 100).[23] Vor allem beim direkten Vergleich der Konfessionen in bestimmten Punkten bestehe die Gefahr, bei einer reinen Aufzählung stehen zu bleiben, ohne ein wirkliches Verständnis der Merkmale zu erreichen (vgl. Kuld et al., 2009, S. 41). Bei vielen Stundenthemen wurde das konfessionelle Potenzial nicht voll ausgeschöpft, selbst da, wo es leicht möglich gewesen wäre (vgl. Caspary, 2016, S. 190; Kuld et al., 2009, S. 30).

1.4.3. Die Lehrer*innen

Konfessionelles Selbstverständnis

Die meisten Lehrer*innen sehen ihre Identität als Religionslehrkraft in erster Linie als christlich und in zweiter Linie als konfessionell, was auch Auswirkungen darauf hat, wie sie sich Religionsunterricht vorstellen bzw. wie sie diesen tatsächlich unterrichten (vgl. Gennerich & Mokrosch, 2016, S. 146; Pohl-Patalong et al., 2016, S. 231).[24] Allerdings hat sich in den Studien z. B. beim Thema Bekreuzigen in mehreren Fällen gezeigt, dass die Lehrer*innen in ihrem Reden und Handeln tatsächlich viel konfessioneller geprägt sind, als es ihnen selbst bewusst ist (vgl. Kießling et al., 2018, S. 66). Das kann gerade dort zum Problem werden, wo die Lehrer*innen zu viel als allgemein christlich voraussetzen und deswegen die anderskonfessionellen Schüler*innen in ihrer Konfession nicht angemessen berücksichtigen und es so zu tendenziell konfessionell übergriffigen Unterrichtsszenarien kommt (vgl. Kuld et al., 2009, S. 40.56).

Gerade im Grundschulbereich, aber auch in der Sekundarstufe I fühlen sich manche Lehrer*innen im Bereich der anderen Konfession nicht genügend kompetent, was die Notwendigkeit von verbesserten Aus- und Fortbildungsmöglichkeiten deutlich macht (vgl. Erzbistum Paderborn & Lippische Landeskirche, 2005, S. 17; Schweitzer & Biesinger, 2002, S. 182).

23 Dort bezogen auf die Grundschule, aber sicherlich auch allgemein anwendbar.
24 Vgl. dazu auch die Lehrertypologie bei Gennerich und Mokrosch, 2016, S. 99f.

Einstellungen, Motive und Erfahrungen in Bezug auf den kokoRU

Da der kokoRU bisher noch nirgends flächendeckend und somit verpflichtend für alle Klassen eingeführt wurde, dürften häufig solche Lehrer*innen konfessionell-kooperativ unterrichten, die auch tatsächlich von dem Projekt und der Idee überzeugt sind oder zumindest einige Vorteile darin erkennen können. Entsprechend hoch ist deren Motivation. Sie speist sich in der Regel zum einen aus einer theologischen (d. i. meist ökumenischen) Idee, zum anderen aus der Freude an der kollegialen Zusammenarbeit (vgl. Gennerich & Mokrosch, 2016, S. 61; Schweitzer & Biesinger, 2002, S. 170f.).

Entsprechend wird kokoRU auch durchweg als erfolgreich sowie persönlich bereichernd erlebt (vgl. z. B. Gennerich & Mokrosch, 2016, S. 100; Kießling et al., 2018, S. 81; Kuld et al., 2009, S. 176f.). Dabei geben die Lehrer*innen an, viel für sich selbst gelernt zu haben, sowohl was die eigene, als auch was die fremde Konfession angeht (vgl. Aschmutat-Hesse & Geißler, 1997, S. 18; Gennerich & Mokrosch, 2016, S. 139). Außerdem ist vielen bewusster geworden, inwieweit sie selbst konfessionell geprägt sind (vgl. Kuld et al., 2009, S. 174). Daneben war die Zusammenarbeit mit den anderskonfessionellen Kolleginnen und Kollegen nur in seltenen Fällen problematisch (vgl. Gennerich & Mokrosch, 2016, S. 70f.; Schweitzer et al., 2006, S. 155). Dies könnte auch damit zusammenhängen, dass kokoRU nicht selten durch das persönliche Engagement einzelner Lehrer*innen an einer Schule entsteht und daher von einer guten Ausgangsbasis her erteilt wurde.

Aufgrund des hohen persönlichen Engagements ist es für die meisten Lehrer*innen auch kein Problem, dass die Vorbereitung auf kokoRU durchschnittlich mehr Zeit in Anspruch nimmt (u. a. durch die erforderliche Koordination mit einer zweiten Lehrkraft), als dies bei konfessionell getrenntem Religionsunterricht der Fall ist (vgl. Aschmutat-Hesse & Geißler, 1997, S. 18; vgl. auch Erzbistum Paderborn & Lippische Landeskirche, 2005, S. 24; Kuld et al., 2009, S. 142f.).

Eine Einschränkung bezüglich des Geltungsbereiches von kokoRU wird vielfach für Klasse 3 gemacht, da in dieser Zeit im katholischen Religionsunterricht eine bewusste Vorbereitung auf die Kommunion stattfindet, sodass viele Lehrkräfte der Meinung sind, dass hierfür eine konfessionell homogene Gruppe besser geeignet wäre (vgl. Kießling et al., 2018, S. 95; Schweitzer & Biesinger, 2002, S. 193).

Unterrichtsziele

In Bezug auf die Schüler*innen haben die Lehrer*innen häufig das zentrale Ziel, ihrer Schülerschaft eine christliche Grundbildung und einen Zugang zum Glauben zu ermöglichen, während eine konfessionelle Beheimatung insgesamt etwas weniger wichtig zu sein scheint (vgl. Aschmutat-Hesse & Geißler, 1997, S. 6.27;

Gennerich & Mokrosch, 2016, S. 65–68; Kießling et al., 2018, S. 90–93). Das darf jedoch nicht darüber hinwegtäuschen, dass auch etliche Lehrer*innen diesen Punkt als zentrales Ziel anstreben oder dies zumindest in zweiter Linie erreichen wollen (vgl. Kießling et al., 2018, S. 90–93). Grundsätzlich ist das Ziel, im kokoRU Gemeinsamkeiten zwischen den Konfessionen deutlich zu machen, für sie wichtiger, als Unterschiede aufzuzeigen.

Lehramtsstudierende

Schließlich soll noch ein kurzer Seitenblick auf die Lehramtsstudierenden geworfen werden. Auch bei ihnen ist ähnlich wie bei den Schüler*innen ein geringes konfessionelles Profil trotz konfessioneller Erfahrungen festzustellen (Riegel & Zimmermann, 2022, S. 96-101), und auch das konfessionelle Wissen erscheint ausbaufähig. Im Vergleich zu den erfahreneren Lehrer*innen ist bei den Studierenden eine deutlichere Zurückhaltung zu kokoRU zu verzeichnen. Zumindest die in den entsprechenden Studien befragten Studierenden sind zwar für Kooperationen offen, plädieren aber für den getrennten Unterricht als Normalfall. Auch der Unterricht im Klassenverband wird kritisch gesehen. Dies könnte mit der noch fehlenden praktischen Erfahrung begründet werden, wodurch man sich erst einmal an das hält, was man selbst aus eigener Anschauung kennt. Gleichwohl zeigt dies die Notwendigkeit, konfessionell-kooperatives Lehren und Lernen bereits in die Ausbildung zu integrieren (vgl. Feige et al., 2007, S. 56–61; Pemsel-Maier et al., 2011).

1.4.4. Die Schüler*innen

Religiöse Sozialisation

Die Schüler*innen werden durchgängig als gering bis gar nicht konfessionell sozialisiert wahrgenommen (vgl. Schweitzer et al., 2006, S. 141). Wenn überhaupt, wird eher eine allgemein-christliche Prägung attestiert. Dabei zeigt sich durchaus, dass viele Schüler*innen konfessionelle Erfahrungen gemacht, diese aber häufig nicht als solche wahrgenommen haben. Damit hängt auch die Tatsache zusammen, dass diese Erlebnisse nicht hinreichend mit ihrem übrigen Leben verknüpft sind und daher keine entsprechende Relevanz gewinnen (vgl. Gennerich & Mokrosch, 2016, S. 121; Pohl-Patalong et al., 2017, S. 27; Schweitzer et al., 2006, S. 45–47). Passend dazu zeigen sich immer wieder Verwechslungen zwischen den beiden Begriffen „Konfession“ und „Religion“ oder z. T. auch „Religion“ und „Nation“ (vgl. Kuld et al., 2009, S. 78). An diesen konfessionellen Erlebnissen kann aber angesetzt werden, um den Kindern das Thema „Konfessionen“ näherzubringen (vgl. Schweitzer & Biesinger, 2002, S. 112f.).

Sowohl beim Grad der Konfessionalisierung als auch beim konfessionskundlichen Wissen zeigen sich deutliche Unterschiede zwischen den Schulformen, wobei sich am Gymnasium im Durchschnitt sowohl das meiste Wissen als auch der höchste Grad an konfessionellem Bewusstsein finden lassen (vgl. Schweitzer et al., 2006, S. 24f.).

Einstellungen zum kokoRU

Der kokoRU wird von den Schüler*innen zumeist positiv gesehen; erwähnt werden dabei sowohl praktische Gründe (Klassenverband, mit Freunden zusammenbleiben können, vertrautes Klima etc.), als auch pädagogische und theologische (voneinander lernen, keine großen Unterschiede zwischen den Konfessionen, Toleranz etc.). Hierbei muss gleichwohl nach Schulformen differenziert werden, da sich am Gymnasium häufiger theologische Argumente finden als z. B. in der Hauptschule, wo eher pragmatische Argumentationen vorherrschen (vgl. Kuld et al., 2009, S. 75f.87f.; Pohl-Patalong et al., 2017, S. 150; Schweitzer et al., 2006, S. 57f.).

Interessanterweise finden sich bei den Schüler*innen häufiger als bei den Lehrer*innen auch kritische Stimmen, z. B. die Befürchtung, dass man in gemischten Gruppen nicht mehr so viel über die eigene Konfession lernen oder die Wahrheitsfrage nicht mehr gestellt werden kann. Es wird z. T. auch der Wunsch nach getrenntem Unterricht während der Zeit von Konfirmation und Firmung geäußert (vgl. Kuld et al., 2009, S. 76.88f.; Schweitzer et al., 2006, S. 58). Dazu ist aber auch einschränkend gesagt werden, dass gerade im Grundschulbereich – zumal wenn es sich um Schüler*innen der 1. oder 2. Klasse handelt, die nur kokoRU kennengelernt haben – nicht selten Verwechslungen oder widersprüchliche Aussagen vorliegen (vgl. Schweitzer & Biesinger, 2002, S. 44).

Der Lehrerwechsel führt häufig zuerst zu Irritationen, zumal wenn eine beliebte Lehrkraft nicht mehr unterrichtet, wird aber im Nachhinein geschätzt; dabei scheint den Schüler*innen der Sympathiewert der Lehrer*in insgesamt deutlich wichtiger als seine Konfession zu sein (vgl. Kuld et al., 2009, S. 74.84f.; Schweitzer & Biesinger, 2002, S. 51).

(Lern-)Fortschritte durch kokoRU

Es wird durchweg betont, dass es nur sehr schwer möglich sei, tatsächliche Lernfortschritte durch kokoRU zu messen, da nie sichergestellt werden könne, ob entsprechende Veränderungen nicht auch auf andere Einflüsse zurückgehen könnten, die außerhalb des Religionsunterrichts liegen (vgl. z. B. Schweitzer et al., 2006, S. 35).

Dennoch wird durchgehend davon berichtet, dass das Wissen um konfessionskundliche Themen als auch die eigene konfessionelle Prägung zugenommen hätten (vgl. Gennerich & Mokrosch, 2016, S. 72; Kuld et al., 2009, S. 132f.; Schweitzer & Biesinger, 2002, S. 57). Große Lernfortschritte werden allerdings nicht beobachtet (vgl. Gennerich & Mokrosch, 2016, S. 138; Schweitzer et al., 2006, S. 44; Schweitzer & Biesinger, 2002, S. 182). Zudem wird darauf hingewiesen, dass entsprechende konfessionell-kooperative Lernprozesse in der Grundschule eher zu gelingen scheinen als in der Sekundarstufe (vgl. Schweitzer et al., 2006, S. 160). Betont wird außerdem fast durchgängig, dass solche Lernprozesse sich in längeren Zeiträumen als ein Schuljahr ereignen (vgl. z.B. Schweitzer et al., 2006, S. 44).

Auch in Bereichen, die nicht direkt mit dem Religionsunterricht zu tun haben, wie Klassenzusammenhalt, Dialogkompetenz etc., berichten die Lehrer*innen von Fortschritten der Schüler*innen, wobei auch hier natürlich eingeschränkt werden muss, dass einerseits nicht klar gesagt werden kann, ob dafür der kokoRU ausschlaggebend war (vgl. Gennerich & Mokrosch, 2016, S. 102), und andererseits, ob die Aussagen der Lehrkräfte wirklich die Realität oder nur ihr Wunschdenken spiegeln.

Ein weiteres wichtiges Ergebnis ist es, dass es kaum zu Überforderungen, Verwirrungseffekten oder negativen Begleiterscheinungen wie Streit oder Abwertungen aufgrund der Konfession gekommen ist (vgl. Gennerich & Mokrosch, 2016, S. 73f.; Schweitzer et al., 2006, S. 39).

1.4.5. Die Schulleiterinnen und Schulleiter

Sofern Schulleiter*innen mit in die Untersuchung einbezogen wurden, was nur in wenigen Studien der Fall ist, zeigen sich recht ähnliche Befunde: Der kokoRU wird begrüßt, wobei schulorganisatorische Gründe eine zentrale Rolle bei der Bewertung dieser Unterrichtsform spielen, aber wider Erwarten meist andere Begründungen, z. B. pädagogischer Art, noch wichtiger sind. Daneben wird immer wieder die Ökumene genannt. Weitergehend wird die Meinung vertreten, dass sich der Religionsunterricht so besser in den Kanon der übrigen Fächer einreiht (vgl. Kuld et al., 2009, S. 186–195; Schweitzer et al., 2006, S. 162–164).

1.4.6. Die Eltern

Die Studien zum kokoRU in Baden-Württemberg haben auch die Elternperspektive mit in die Untersuchung einbezogen. Das Interesse der Eltern am Religionsunterricht ihrer Kinder ist oft nur bei den Eltern von Grundschulkindern in höherem Maße vorhanden. Z. T. ist aber selbst in der Grundschule nicht bekannt, dass der Religionsunterricht konfessionell-kooperativ stattfindet (vgl. Erzbistum Paderborn & Lippische Landeskirche, 2005, S. 24; vgl. auch Hütte & Mette, 2003, S. 230; Schweitzer & Biesinger, 2002, S. 196). Wo sich die Eltern jedoch zum kokoRU äußern, wird er (fast) ausnahmslos begrüßt, zumal sich für viele Eltern ein getrennter Unterricht aufgrund der ihrer Meinung nach geringen Unterschiede zwischen den Konfessionen kaum rechtfertigen lässt. Den Eltern ist vielfach die Konfession der Lehrkraft eher gleichgültig, da für sie v. a. die Unterrichtsqualität zählt. Wichtig sind den Eltern v. a., dass ihre Kinder im Religionsunterricht christliche Grundwerte vermittelt bekommen, während konfessionelle Inhalte eher weniger wichtig sind (vgl. Kießling et al., 2018, S. 85; Kuld et al., 2009, S. 197–199).

1.5. *Pädagogische Grundanliegen und didaktische Grundzüge des konfessionell-kooperativen Religionsunterrichts*

1.5.1. Begründungen für den kokoRU

Wenn über die für ein Bundesland oder eine Einzelschule passende Organisationsform des Religionsunterrichts diskutiert wird, werden jeweils schulorganisatorische, pädagogische und/oder theologisch-religionspädagogische Gründe herangezogen. Sie werden im Folgenden kurz dargestellt.

Schulorganisatorische Gründe

Besonders aus der Perspektive der Schulleitungen scheinen schulorganisatorische Gründe eine nicht unwesentliche Rolle bei der Einführung von kokoRU zu spielen. Z. T. versprechen sie sich dadurch Einsparungen an Personal sowie eine leichtere und flexiblere Stundenplangestaltung (vgl. Kießling et al., 2018, S. 21). Aber auch die Lehrer*innen selbst weisen auf schulorganisatorische Erleichterungen hin, nicht zuletzt im Grundschulbereich, wo kokoRU dann häufig auch Unterricht der Klassenlehrer*in bedeutet. Das eröffnet Möglichkeiten zur flexiblen Stundenplangestaltung in der Klasse, sodass z. B. schulorganisatorisch auch größere Stundenblöcke für Religions-Projekte zu Verfügung gestellt werden können (vgl. Hütte & Mette, 2003, S. 71; Kuld et al., 2009, S. 140f.).

Es muss jedoch zugleich klar gesagt werden, dass in keiner Studie für eine Mehrzahl der Befragten schulorganisatorische Gründe der Hauptgrund für die Einführung von kokoRU waren und somit ein durchaus verbreitetes Vorurteil zumindest auf dieser Datengrundlage nicht gestützt werden kann.

Pädagogische Gründe

Gerade im Grundschulbereich, aber auch in allen anderen Schulformen wird sehr häufig darauf hingewiesen, dass kokoRU die Möglichkeit biete, im Klassenverband zu unterrichten – auch mit muslimischen, konfessionslosen oder weiteren nicht-christlichen Schüler*innen, die sich seltener von gemeinsamem als von getrenntem Religionsunterricht abmelden. Somit wird die Gemeinschaft innerhalb der Klasse gestärkt und es kann im Religionsunterricht auf ein bereits bestehendes, vertrautes Klassenklima Bezug genommen werden, wohingegen häufiger davon berichtet wird, dass Lerngruppen, die aus mehreren Klassen zusammengewürfelt würden, recht lange bräuchten, um zusammenzufinden, was oft zu Unterrichtsstörungen führe. Der Erhalt der Klassengemeinschaft wird sowohl von Lehrer*innen als auch von Schüler*innen positiv empfunden. Für Lehrer*innen stehen eher die Vorteile für den Unterricht im Vordergrund, während die Schüler*innen die vertraute Atmosphäre betonen oder die Möglichkeit, mit Freunden zusammenbleiben zu können. Diese Erfahrung von Gemeinschaft kann dann durchaus auch theologisch fruchtbar gemacht werden (vgl. Gennerich & Mokrosch, 2016, S. 133; Hütte & Mette, 2003, S. 70; Kuld et al., 2009, S. 135–137).

Besonders in der Anfangsphase sowohl der Grundschule als auch der Sekundarstufe I bietet kokoRU durch den Erhalt des Klassenverbandes zudem den Vorteil, dass eine gerade im Aufbau befindliche Gruppe nicht durch die vorübergehende Trennung gestört wird, weshalb auch deutschlandweit der Religionsunterricht in Klasse 1 zumindest für eine gewisse Zeit gemeinsam unterrichtet wird (vgl. Hütte & Mette, 2003, S. 150; Schweitzer et al., 2006, S. 146).

Zudem findet durch kokoRU eine Einübung in – auch außerhalb des Religionsunterrichts – wichtige Kompetenzen wie Pluralitätsfähigkeit, Differenzkompetenz etc. statt (vgl. Gennerich & Mokrosch, 2016, S. 31f.; Kuld et al., 2009, S. 206; EKD, 2014, S. 56).

Theologische Gründe

Für viele Lehrer*innen ist die aktive Mitarbeit an der Ökumene ein wichtiger Grund für ihre Beteiligung am kokoRU. Von kirchlicher Seite wird in diesem Zusammenhang allerdings angemahnt, dass es zwar große Fortschritte in der Ökumene gebe, diese aber nicht für einen gemeinsam verantworteten Religionsunterricht ausreichten (vgl. DBK, 2016, S. 28f.). Für viele Lehrerkräfte erscheint es hingegen eher unverständlich, einen nach Konfessionen getrennten Religionsunterricht anzubieten, zumal die (theologischen) Unterschiede häufig kaum noch als signifikant wahrgenommen werden (vgl. Feige et al., 2005, S. 63f.; Kuld et al., 2009, S. 137f.). Auch für die Schüler*innen überwiegen die Gemeinsamkeiten deutlich gegenüber den Unterschieden; es begegnet eine breite Entkonfessionalisierung und viele pflegen einen bewusst eigenen Religionsstil, der durchaus quer zu konfessionellen Grenzen liegt (vgl. Gennerich & Mokrosch, 2016, S. 30f.;

Schweitzer et al., 2006, S. 16). Im kokoRU ist es dabei möglich, den Hiatus zwischen dem Abnehmen eines persönlichen Gottesglaubens und der vorhandenen Bereitschaft zur Reflexion von Religiosität zu bearbeiten (vgl. Gennerich & Mokrosch, 2016, S. 26). Die Schüler*innen sollen im kokoRU für den Eigenwert und die Vielfalt religiöser Weltdeutungen sensibilisiert werden. „Folglich zielt konfessionelle Kooperation weder auf die Festigung noch auf die Nivellierung konfessioneller Identitäten und Differenzen, sondern auf ein produktives Neuerschließen christlicher Weltdeutungsweisen im dialogischen Begegnungsraum der Ökumene" (Lindner & Simojoki, 2018, S. 92).

Daneben ist aber auch das kulturgeschichtliche Argument wichtig, dass gelebtes Christentum immer nur in Konfessionen greifbar ist und daher auch die Ausbildung einer eigenen konfessionellen Identität nur in der Auseinandersetzung damit geschehen kann. Entsprechend sollen die Schüler*innen zur Ausbildung eines persönlichen verantworteten Standpunkts im Hinblick auf Religion und Glaube befähigt werden, was sowohl die Vertiefung des Vertrauten als auch die Konfrontation mit dem Fremden beinhaltet (vgl. Woppowa, 2015b, S. 9).

Auf dem Weg dahin sind der gegenseitige Austausch und die Möglichkeit, voneinander zu lernen, wichtige Argumente für den kokoRU. Dabei werden sowohl Einheit als auch Verschiedenheit erfahrbar gemacht (vgl. Bayer-Wied, 2011, S. 399). Dadurch wird außerdem eine konfessionelle Kompetenz bei den Schüler*innen gefördert, d. h. „die Fähigkeit, Gemeinsamkeiten und Unterschiede der beiden Konfessionen zu benennen und in diesen eigene Prägungen oder Lebenselemente einordnen zu können" (Hoppe, 2008, S. 97). Die Schüler*innen werden somit dazu angeleitet – so jedenfalls Hoppe –, ihre Konfessionszugehörigkeit als verbindlich wahrzunehmen (vgl. Hoppe, 2008, S. 97).

Zudem betont Caspary, dass kokoRU theologischer sei als Religionsunterricht in einer konfessionell homogenen Lerngruppe (vgl. Caspary, 2016, S. 64).[25] Entsprechend wird auch nicht allgemein geteilt, dass religiöse Identitätsbildung in homogenen Gruppen besser gelingen könne (Kießling et al., 2018, S. 83).

1.5.2. Didaktische Überlegungen zum kokoRU

Mehrfach wird in der Literatur darauf hingewiesen, dass eine Didaktik des kokoRU bisher immer noch ein Desiderat darstellt (vgl. z. B. Platzbecker, 2019, S. 53; Schröder & Biesinger, 2016, S. 85). Daher können im Folgenden auch nur einige Linien aufgezeigt werden, die weniger eine Didaktik des kokoRU darstellen als Vorarbeiten und Hinweise, wie eine konfessionell-kooperative Didaktik zu gestalten wäre.

25 Sie betont aber auch a.a.O., dass in einem religiös homogenen, d. h. konfessionellen Religionsunterricht die performative Seite der Religion eher zum Tragen komme.

Zunächst ist umstritten, ob erst eine grundlegende christliche Bildung vermittelt werden soll, auf welcher dann aufbauend die eigene Konfession reflektiert und vertieft werden kann (so z. B. Bayer-Wied, 2011, S. 400), oder ob umgekehrt die konfessionelle Prägung zuerst erfolgen soll, bevor den Schüler*innen allgemein-christliche Überzeugungen nahegebracht werden (vgl. Gennerich & Mokrosch, 2016, S. 128). Einige möchten dies auch auf die Schulformen verteilen, d. h. allgemein-christliche Bildung in der Grundschule und verstärkt konfessionelle Bildung in der Sekundarstufe (vgl. Gennerich & Mokrosch, 2016, S. 146).

Unumstritten ist hingegen, dass es um Dialog geht und nicht um die Einebnung von Unterschieden auf den kleinsten gemeinsamen Nenner. Daher soll zwar die Lehrkraft einen eigenen Standpunkt beziehen, sie muss aber auch andere Standpunkte wertschätzen (vgl. Gennerich & Mokrosch, 2016, S. 39). Die konfessionellen Begegnungen im Unterricht sollen „authentisch" sein, was dann erreicht werde, „wenn eine Konfession von den ihr angehörigen Interaktionspartnern so dargestellt wird, dass die Anderskonfessionellen sie verhältnismäßig vollständig und unverzerrt wahrnehmen können, und wenn die Darstellungsweise außerdem so geartet ist, dass keine direkt oder indirekt abqualifizierenden Impulse bezüglich der anderen Konfession mitkommuniziert werden" (Kuld et al., 2009, S. 60; vgl. auch DBK, 2016, S. 32). Das führt zu einer Multiperspektivität, die die Fähigkeit zum Perspektivwechsel anbahnt, wodurch die Schüler*innen erkennen, in welchem Zusammenhang der zur Diskussion stehende Standpunkt relevant ist, und ihren eigenen Standpunkt reflektieren können (vgl. Lindner & Simojoki, 2018, S. 93).

Ohne weiter auszuführen, wie dies im Rahmen eines kokoRU umzusetzen ist – was darauf hindeutet, dass hier keine Unterschiede zum klassisch-konfessionellen Religionsunterricht gesehen werden –, wird v. a. in den Tübinger Studien die wichtige Rolle der Elementarisierung betont (vgl. Kuld et al., 2009, S. 206; Schweitzer & Biesinger, 2002, S. 17). Die entscheidende Herausforderung sei, wie eine wechselseitige Erschließung zwischen Person und Sache bzw. zwischen Lerninhalten und Lernenden erreicht werden kann; denn Kinder bringen ihre eigenen Zugänge zu Themen mit und die kindliche Verstehensweise muss sorgfältig wahrgenommen werden, um zu einer dialogischen Verknüpfung von Erfahrungen heute und Erfahrungen damals zu gelangen. Nur solche Inhalte und Themen sollten aufgenommen werden, für die ein Bezug zur Erfahrung der Kinder bereits gegeben sei oder angebahnt werden könne (vgl. Schweitzer & Biesinger, 2002, S. 161–163), was bei konfessionsspezifischen Inhalten eben nicht immer einfach ist (s. o. zum konfessionellen Bewusstsein der Schüler*innen).

Schweitzer et al. (2006, S. 97–101) weisen auf einige Grundlinien hin, die im kokoRU zu beachten seien: Es soll erreicht werden, dass die Schüler*innen die Konfessionen „in angemessener Form beschreiben können, sie miteinander in Beziehung bringen und sich selbst dazu ins Verhältnis setzen können." Dabei bestehe auf Seiten der Lernenden mehr Interesse an konkreten Beispielen und nicht an abstrakten Fragen nach den Merkmalen der Kirchen. Sie benennen als

„Kriteriologie konfessioneller Kooperation: (1) Der konfessionell-kooperative Religionsunterricht muss den Weltzugängen der Schüler und Schülerinnen gerecht werden. (2) Die Themen des konfessionell-kooperativen Religionsunterricht müssen lebensweltlich verankert sein. (3) Konfessionell-kooperativer Religionsunterricht darf sich nicht in Nebensächlichkeiten oder in Stofffülle verlieren. (4) Konfessionell-kooperativer Religionsunterricht braucht erfahrungs- und handlungsbezogene bzw. kreative Lernformen. (5) Guter konfessionell-kooperativer Religionsunterricht ist keine Konfessionskunde, sondern folgt der existenziellen Suche nach Wahrheit. (6) Konfessionell-kooperativer Religionsunterricht muss konfessionelle Prägungen und Positionen offenlegen und explizit thematisieren“ (Schweitzer et al., 2006, S. 100f.). Es wird außerdem darauf hingewiesen, dass häufig (scheinbar nebensächliche) Schüleräußerungen übergangen werden, die das Potenzial bergen, konfessionelle Differenzierung zu verdeutlichen.

Schambeck & Schröder (2017) liefern zwar kein didaktisches Konzept, geben aber wichtige Hinweise, wie eine konfessionell-kooperative Didaktik aussehen müsste. „Eine Didaktik konfessionell-kooperativer Lernprozesse versteht sich von einer Theologie ökumenischer Pluralität her“ (Schambeck & Schröder, 2017, S. 344). Sie „bringt konfessionelle Heterogenität als bildsame Differenz ins Spiel“ (Schambeck & Schröder, 2017, S. 346), aber „erschöpft sich nicht in Arbeit an der Differenz, sondern fördert Verständigungs- und Konvivenzfähigkeit“ (Schambeck & Schröder, 2017, S. 347). Wichtige anzustrebende Kompetenzen sind Wahrnehmungs- und Darstellungskompetenz, Deutungs- und Dialogkompetenz, Urteilskompetenz, Gestaltungskompetenz, Diversifikationskompetenz und Relationskompetenz (vgl. Schambeck & Schröder, 2017, S. 349). „Konfessionelle Stile und Prägungen in einem ökumenischen Horizont identifizieren, deuten, beurteilen und gestalten zu können, braucht authentische Sprechsituationen [...], ein Wissen um Vorurteile und um die Versuchung von Fremdzuschreibungen [...], den besonderen Respekt vor der Minderheitskonfession [...], das Ineinander von Positionalität und Austausch [...], Perspektivenwechsel und Korrelation“ (Schambeck & Schröder, 2017, S. 351–359). Das Lernen in konfessioneller Kooperation müsse zudem für multireligiöse Lernprozesse offenbleiben (vgl. Schambeck & Schröder, 2017, S. 359).

In einem weiteren Beitrag bezieht sich Schambeck (2017) auf die fächerverbindende Didaktik. Sie betont, dass konfessionell-kooperatives Lernen nicht nebenbei geschehe, d. h. es brauche im Unterricht einen Lernanlass, der didaktisch gestaltet wird. Damit das gelinge, seien auch spezifisch fachliche Lernphasen nötig, d. h. Unterrichtsphasen, in denen die jeweiligen konfessionellen Traditionen thematisiert werden; das könne (müsse aber nicht) in getrennten Lerngruppen erfolgen. Es seien eine Vielzahl von Organisationsformen denkbar, wobei das Wichtigste sei, die konfessionellen Perspektiven auf ein Thema zur Geltung zu bringen und sie nicht nur unverbunden nebeneinander zu stellen. D. h. man brauche einen multiperspektivischen Zugang, der zu einem Perspektivwechsel herausfordere. Diese Multiperspektivität sei dort wahrscheinlicher, wo gemischt-konfessionelle Lerngruppen und wahrnehmbare Wechsel von Lehrkräften stattfänden. Die Themen seien so zu wählen, dass sie repräsentativ für die jeweilige Konfession und das Kooperative der Konfessionen seien. Neben dieses Kriterium der Repräsentanz trete das Kriterium der Relevanz, d. h. inwieweit das Thema für die Lebensdeutung von Schüler*innen relevant sei oder zumindest werden könne (vgl. Schambeck, 2017).

Nach Kießling et al. (2018, S. 116–131) kann die Unterschiedlichkeit zu einer Dynamisierung des Unterrichtsgeschehens führen, die durch eine (vorausgesetzte) Homogenität so nicht zu erreichen sei. Die Schüler*innen sollen sich anhand ihrer eigenen Voraussetzungen mit dem Lerngegenstand auseinandersetzen, wodurch sich ein „mehrperspektivischer Zugriff" auf den Lerngegenstand ergebe, der so erst in seiner „Vielschichtigkeit deutlicher zutage tritt" (Kießling et al., 2018, S. 116). Das Gegenüber dürfe nicht vorschnell auf das scheinbar Gemeinsame reduziert werden, eher müssten „Unterschiede dauerhaft Unterschiede machen" (Kießling et al., 2018, S. 119). Kooperative Modelle dürften aber „auch nicht dazu benutzt werden, diese Differenzen unaufhörlich in den Mittelpunkt des Unterrichts zu stellen" (Kießling et al., 2018, S. 126). Denn die Modelle, die die Betrachtung der Unterschiede in den Mittelpunkt stellen, würden die Ausgangssituation der Schüler*innen verkennen, da der Religionsunterricht nicht (mehr) ein ergänzender Aspekt zu einer den Schüler*innen ohnehin zukommenden religiösen Bildung sei, sondern viel stärker voraussetzungslos gedacht werden müsse. „Konfessionelles Selbstbewusstsein und konfessionelle Sprach- bzw. Ausdrucksfähigkeit müssen in einem ersten Schritt vor allem als Lernziele des kooperativen Religionsunterrichts gefasst werden" (Kießling et al., 2018, S. 130), wobei sich die Konfessionalität des Unterrichts unter Umständen „anders als bisher Ausdruck verschafft" (Kießling et al., 2018, S. 130).

Nach Woppowa sollte sich religiöses Lernen im kokoRU als konfessorisches Lernen verstehen, mit dem Ziel der religiösen Orientierungs- und Positionierungsfähigkeit der Schüler*innen. Erst in einem weiteren Schritt könne auch eine konfessionelle Kompetenz zum Lernziel werden, was aber nicht in jedem Fall im Religionsunterricht verwirklicht werden könne (vgl. Woppowa, 2015a). Als Leitprinzip eines solchen Unterrichts schlägt Woppowa die „Perspektivenverschränkung" vor, d. h. es sollte eine angemessene mehrperspektivische Auswahl der Lerngegenstände geben, und die Unterrichtsinhalte wären dann aus unterschiedlichen konfessionellen Perspektiven zu erschließen. Dabei geschehe „Lernen durch und in Perspektivenübernahmen" (Woppowa, 2015b, S. 14; vgl. auch Woppowa, 2017a). Dieser Ansatz wird im Handbuch „Theologie für den konfessionell-kooperativen Religionsunterricht" (Schröder & Woppowa, 2022) verfolgt, das als Arbeitshilfe für Religionslehrkräfte in Bezug auf die Themen Bibel/Quellen des Christentums und ihre Auslegung, Ethik und Anthropologie, Gottesverständnis, Christologie, Ekklesiologie, Verständnis von (Kirchen-)

Geschichte, Verhältnis zu anderen Religionen nach theologischen Gemeinsamkeiten, Unterschieden und Besonderheiten fragt und im Blick auf Unterrichtsthemen didaktische Konkretionen für den Religionsunterricht anbietet.

2. Design, Methoden und Stichproben

Im Schuljahr 2019/20 wurde der konfessionell-kooperative Religionsunterricht (kokoRU) in NRW evaluiert. Unter einer Evaluation wird hierbei die methodisch kontrollierte Erhebung und Auswertung von Informationen verstanden, welche sich auf eine konkrete Bezugsnorm beziehen, die das zu evaluierende Phänomen kennzeichnet, und den Zweck verfolgen, die aktuelle Beschaffenheit dieses Phänomens im Horizont dieser Bezugsnorm zu beschreiben sowie ggf. Vorschläge zur Weiterentwicklung dieses Phänomens zu formulieren (vgl. Kromrey, 2005). Im Folgenden beschreiben wir deshalb die Anlage dieser Evaluation (2.1.), die Konzepte, anhand derer die grundlegenden Evaluationsperspektiven in den einzelnen Befragungen erhoben wurden (2.2.), die Operationalisierung dieser Konzepte (2.3.), die Datenerhebung (2.4.), die Methoden, anhand derer die Daten ausgewertet wurden (2.5.), und die Stichproben (2.6.).

2.1. Anlage der Evaluation

Das Ziel der Evaluation ist ein möglichst umfassender Einblick in den kokoRU in Nordrhein-Westfalen, um den Ist-Zustand mit dem Soll-Zustand abzugleichen. Letzteres ist insofern von Bedeutung, weil es bei der vorliegenden Evaluation nicht (nur) um einen explorativen Einblick in die Wirklichkeit dieser Organisationsform konfessionellen Unterrichtens und Lernens in einem Bundesland geht, sondern diese Organisationsform innerhalb eines vorgegebenen Bezugsrahmens eingeführt wurde.

Normativer Bezugsrahmen des kokoRU in NRW

Der rechtliche Rahmen für die Einführung des kokoRU in NRW ist im Runderlass des Ministeriums für Schule, Jugend und Kinder vom 20.06.2003 (ABl. NRW. S. 232)[26] geregelt. Demnach kann die „Konfessionelle Kooperation als Organisationsform des evangelischen und des katholischen Religionsunterrichts [...] in Schulen aller Schulformen“ (BASS-12-05 Nr. 1, Abs. 6.1) eingeführt werden. „Hierbei werden in einer Schule anstelle des Religionsunterrichts nach Nummer 5 gemischt-konfessionelle Lerngruppen für sowohl den evangelischen als auch den katholischen Religionsunterricht gebildet. Darin wird der Unterricht im

26 Vgl. https://bass.schul-welt.de/5125.htm.

Wechsel von Lehrerinnen und Lehrern für den evangelischen und für den katholischen Religionsunterricht mit kirchlicher Bevollmächtigung (§ 31 Absatz 3 SchulG) erteilt“ (ebd.).

Die Voraussetzungen für die Einführung des kokoRU sind, dass an einer Schule bereits ein Religionsunterricht in beiden Konfessionen eingeführt ist (BASS-12-05 Nr. 1, Abs. 6.2), eine entsprechende Vereinbarung zwischen der zuständigen Evangelischen Landeskirche und dem entsprechenden katholischen (Erz-)Bistum besteht (BASS-12-05 Nr. 1, Abs. 6.3), die Lehrpersonen eine kirchliche Fortbildung zum kokoRU besucht haben (BASS-12-05 Nr. 1, Abs. 6.6) und ein entsprechender Antrag auf Einführung des kokoRU durch die Schulleitung bei der zuständigen Schulaufsichtsbehörde gestellt wird (BASS-12-05 Nr. 1, Abs. 6.3).[27]

Beantragt werden kann die Einführung des kokoRU für die Jahrgangsstufen 1 und 2 und/oder 3 und 4 in der Grundschule und für die Jahrgangsstufen 5 und 6 und/oder 7 und 8 und/oder die Klassen danach bis zum Ende der Sekundarstufe I in weiterführenden Schulen (BASS-12-05 Nr. 1, Abs. 6.4). Dem Antrag sind beizulegen a) ein fachdidaktisches und fachmethodisches Konzept, das die Fachkonferenzen in Anlehnung an die vorliegenden Lehr- und Bildungspläne erarbeiten und in dem der Lehrerwechsel explizit ausgewiesen ist (BASS-12-05 Nr. 1, Abs. 6.4.2 und 6.4.3), und b) eine Stellungnahme der Schulkonferenz (BASS-12-05 Nr. 1, Abs. 6.4.4).

Genehmigt wird die Einführung des kokoRU durch die zuständige Schulaufsichtsbehörde, die zuvor jedoch das Einvernehmen der entsprechenden kirchlichen Behörden einholen muss (BASS-12-05 Nr. 1, Abs. 6.5). Faktisch sind es also Staat und Kirche zusammen, die prüfen, ob der Antrag einer Schule den formalen und inhaltlichen Kriterien für den kokoRU in NRW entspricht. Laut Runderlass gilt eine Genehmigung vorerst für drei Jahre (ebd.).

Geht man ins Detail, finden sich keine amtlichen Vorgaben zur konkreten Praxis des Lehrerwechsels. Vielmehr wird in verschiedenen Schreiben darauf hingewiesen, dass dieser in Anlehnung an die Gegebenheiten vor Ort gestaltet werden solle. Bedenkt man, dass sich jeder Antrag auf eine Doppeljahrgangsstufe bezieht, muss der Lehrerwechsel also innerhalb von zwei Jahren vollzogen werden. Ob dieser zum Jahreswechsel stattfindet, zum Halbjahr oder auf Projektbasis für eine begrenzte Zeit innerhalb des Jahres, liegt im Ermessen der Schule.

Auch die Regelungen zur Teilnahme an Fortbildungen erweisen sich als relativ liberal. Eigentlich sollte jede Lehrperson, die kokoRU erteilt, mindestens eine entsprechende Fortbildung besucht haben. Faktisch darf ein Antrag aber

27 Laut Rundschreiben der Bezirksregierungen vom März 2021 sind dem Antrag neben den genannten Dokumenten zusätzlich die schulinternen Lehrpläne/Curricula für evangelische und katholische Religionslehre, Angaben über die Konfessionsstruktur der Klassen/Jahrgangsstufen (optional) und eine Erklärung zur erfolgten Elterninformation beizulegen.

bereits gestellt werden, wenn mindestens eine evangelische und eine katholische Lehrkraft an der Schule eine solche Fortbildung absolviert haben. Außerdem geht es bei dieser Pflichtfortbildung vor allem um organisatorische Fragen, wie etwa die Erstellung des fachdidaktischen und fachmethodischen Konzepts.

Analog dazu bieten die kirchlichen Fortbildungsinstitute zwei unterschiedliche Fortbildungstypen an (vgl. https://www2.ifl-fortbildung.de/koko/). Typ A beinhaltet die eben skizzierte Fortbildung, deren Themenschwerpunkt neben organisatorischen Fragen auf der gemeinsamen Erstellung eines schulinternen konfessionell-kooperativen Curriculums liegt. Außerdem werden Fortbildungen des Typs B angeboten, die sich an Lehrpersonen richten, die bereits kokoRU erteilen und deren Themenschwerpunkt eine „Profilierung des Konfessionsbewusstseins der Lehrkräfte im Zusammenhang mit einer deutlichen fachdidaktischen und konfessionskundlichen Vertiefung der curricularen Angebote" (ebd.) ist. Für Lehrpersonen, die den kokoRU erteilen, aber noch nicht an einer Fortbildung des Typs A teilgenommen haben, wird der Typ B als obligatorisch ausgewiesen. Wie dieser Anspruch kontrolliert wird, ist nicht weiter erklärt. Antragstechnisch spielen die Fortbildungen des Typs B keine Rolle.

In den einschlägigen kirchlichen Vereinbarungen, die jeweils bi- bzw. trilateral zwischen der Lippischen Landeskirche bzw. der Evangelischen Kirchen im Rheinland bzw. von Westfalen einerseits und den (Erz-)Bistümern Aachen, Essen, Münster und Paderborn andererseits abgeschlossen wurden, inhaltlich jedoch wortgleich ausfallen, wird der konfessionelle Charakter des kokoRU besonders hervorgehoben. „Es ist festzuhalten, dass es sich auch bei einem so verstandenen konfessionell-kooperativen Religionsunterricht um konfessionellen Religionsunterricht im Sinne des Grundgesetzes handelt, da er rechtlich als Religionsunterricht der Religionsgemeinschaft gilt, der die unterrichtende Lehrkraft angehört." (z. B. VEWR 2017, S. 2) Gerade der Konfessionsbezug innerhalb gemischt-konfessioneller Lerngruppen soll ermöglichen, das Bewusstsein für die eigene Konfession und die Verständigung mit der anderen Konfession zu stärken. Der Lehrerwechsel garantiert dabei, dass „die Schülerinnen und Schüler im Laufe des bestimmten Zeitraums jeweils beide Konfessionen authentisch kennenlernen und reflektieren können." (ebd., S. 3) Weitere didaktische Konturen des kokoRU werden durch die kirchlichen Vereinbarungen nicht festgelegt. Es kann davon ausgegangen werden, dass der kokoRU in Nordrhein-Westfalen sich diesbezüglich am religionsdidaktischen Diskurs (s. o.) orientiert.

Konzeptuelles Modell der Evaluation

Um die Passung zwischen dem faktisch erteilten kokoRU und dem eben skizzierten Bezugsrahmen prüfen zu können, wurde die Evaluation in doppelter Hinsicht möglichst umfassend angelegt. Zum einen sollte sie sich auf alle Personen erstrecken, die in irgendeiner Art und Weise mit dieser Organisationsform eines konfessionellen Religionsunterrichts befasst sind. Deshalb wurden nicht nur die

Schüler*innen und Religionslehrer*innen befragt, sondern auch die Eltern und die Schulleitungen. Während die Eltern das soziale und häusliche Umfeld prägen, das wesentlich zum Horizont der Schüler*innen beiträgt, innerhalb dessen sie die Lerngelegenheiten des Unterrichts abwägen, sind Schulleitungen nicht nur für die Antragstellung verantwortlich, sondern bedingen auch die Rolle, die religiöse Bildung an der Schule einnimmt. Mit diesen vier Personengruppen dürften die wesentlichen Akteure erfasst sein, wenn es um den kokoRU geht.

Zum anderen sollte die Evaluation das gesamte Spektrum der Organisation, Durchführung und Wirkung der neu eingeführten Organisationsform inklusive möglicher Bedingungsfaktoren erfassen (vgl. Abb. 1).

Abbildung 1:
Das konzeptuelle Modell der Evaluation

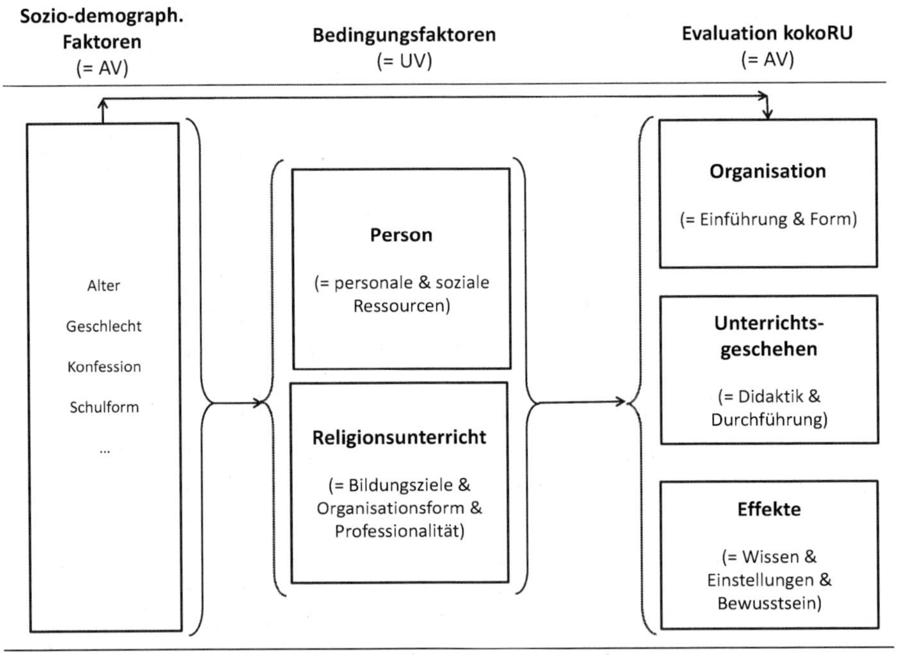

Ein erster Aspekt der Evaluation bezieht sich auf die organisatorischen Aspekte des kokoRU (vgl. Abb. 1). Diese Organisationsform musste eingeführt, beantragt und vor Ort installiert werden. Dabei sind nicht nur formal-rechtliche Aspekte zu beachten, sondern die vorliegenden Studien zum kokoRU verweisen darauf, dass sowohl die Schulleitungen als auch die Lehrerkräfte durch die Einführung besonders herausgefordert sind.

Weiterhin stellt der kokoRU besondere Anforderungen an seine Durchführung, d. h. das Unterrichtsgeschehen (vgl. Abb. 1). Als konfessionelles Lernen in einem konfessionell gemischten Setting eröffnet der kokoRU spezifische Lernerfahrungen. Außerdem sind mit seiner Einführung eigene Ziele verbunden, die in der Regel auf das Motto „Gemeinsamkeiten stärken – Unterschieden gerecht werden“ fokussiert sind. Die Durchführung stellt außerdem besondere Herausforderungen an die Lehrpersonen, die nicht nur ihre eigene Konfessionalität zur Kenntnis bringen sollen, sondern das auf eine Art und Weise zu tun haben, welche die Schüler*innen der jeweils anderen Konfession nicht vereinnahmt.

Schließlich implizieren die Zielsetzungen des kokoRU bestimmte Wirkungen, die sich sowohl auf das Wissen der Schüler*innen als auch auf deren Einstellungen und ihr Bewusstsein von den Konfessionen beziehen (vgl. Abb. 1). Alle drei Aspekte des kokoRU sollen in der Evaluation erfasst werden, wobei die konkrete Auswahl und Operationalisierung dieser Konzepte von der Personengruppe abhängt, die befragt wird.

Neben diesen Evaluationsperspektiven werden mögliche Faktoren erfasst, welche die Evaluation des kokoRU bedingen könnten. Es liegt auf der Hand, dass die antwortende Person mit ihren sozialen und personalen Ressourcen in der Wahrnehmung dieser Organisationsform konfessionsbezogenen Unterrichtens und Lernens eine wesentliche Rolle spielt (vgl. Abb. 1). So kann nicht nur angenommen werden, dass die Akzeptanz dieser Organisationsform auch auf der individuellen Religiosität der Befragten beruht, sondern vielleicht auch auf den eigenen Vorerfahrungen mit der jeweils anderen Konfession oder auf den individuellen Wertorientierungen.

Daneben könnte die allgemeine Einstellung dem Fach gegenüber eine Rolle für die Beurteilung des kokoRU spielen (vgl. Abb. 1). Je nachdem, welche Bildungsziele der Religionsunterricht erreichen soll und welche Organisationsform religiöser Bildung an der Schule man sich wünscht, könnte die Perspektive auf den kokoRU unterschiedlich ausfallen. Auch die professionelle Perspektive der handelnden Personen, welche im vorliegenden Fall die Schulleitungen und die Lehrpersonen sind, wird miterfasst; denn die neue Organisationsform berührt nicht nur das Rollenverständnis der Lehrkräfte in Religion, sondern rückt nochmals die Tatsache ins Bewusstsein, dass es sich bei diesem Fach um ein kirchlich rückgebundenes handelt. Wiederum wird die Auswahl und Operationalisierung dieser Aspekte durch die befragte Personengruppe bestimmt.

Schließlich werden noch sozio-demographische Daten erhoben, d. h. Angaben zum Geschlecht, zum Alter, zur Schulform etc. (vgl. Abb. 1).

Dieses konzeptuelle Modell gibt den begrifflichen Rahmen vor, an dem sich die Evaluation des kokoRU in NRW orientiert. Dabei ist zu beachten, dass dieser Rahmen passgenau auf die verschiedenen Personengruppen, welche die Evaluation erfasst, angewendet werden muss. Diese Adaption wird unter 2.2. detailliert beschrieben. Gleichzeitig ermöglicht dieses Modell, in den Fällen, in denen verschiedenen Personengruppen dieselbe Perspektive vorgelegt werden kann, diesen Aspekt vergleichend zwischen diesen Personengruppen zu analysieren. Das konzeptuelle Modell intendiert somit eine größtmögliche Kohärenz zwischen den Befragungen der einzelnen Personengruppen.

Designs der Evaluation

Bereits die Formulierung eines konzeptuellen Modells deutet an, dass sich die vorliegende Evaluation vor allem quantitativer Zugänge zum Feld bedient. Auch diese Entscheidung ist wesentlich durch das Ziel motiviert, einen möglichst umfassenden Eindruck vom kokoRU in NRW zu erhalten. Möglichst umfassend bedeutet in diesem Fall, dass die größtmögliche Anzahl von Teilnehmenden innerhalb der verschiedenen Personengruppen erreicht werden soll. Hierfür sind Fragebogen-Erhebungen ein geeignetes Mittel.

Sowohl die Befragung der Schulleitungen als auch die Befragung der Eltern werden als quantitativer Querschnitt ex-post-facto angelegt. Dabei handelt es sich um eine einmalige Befragung, die sich auf alle interessierenden Merkmale bezieht. Querschnitte sind dann opportun, wenn eine einmalige Bestandsaufnahme vorgenommen wird (vgl. Stein, 2014, S. 142). Da es sich bei der vorliegenden Evaluation um eine solche Bestandsaufnahme handelt und die Konzepte, die für beide Personengruppen zur Debatte gestellt werden (s. u.), keine Binnenentwicklung abbilden, kann in beiden Fällen auf ein längsschnittliches Design verzichtet werden. Letzteres wäre dann angezeigt, wenn der kokoRU in NRW ein Modellversuch wäre, bei dem es zu entscheiden gälte, ob sich die Zustimmung zu ihm oder die Einstellung ihm gegenüber bei den Schulleitungen oder den Eltern durch den Modellversuch selbst geändert hätte (vgl. z. B. Schweitzer und Biesinger, 2002).

Auch die Befragung der Lehrer*innen wird als quantitativer Querschnitt angelegt, und zwar aus den eben genannten Gründen. Allerdings soll hier neben der generellen Wahrnehmung zusätzlich die Prozessqualität der Organisation und dem Unterrichtsgeschehen des kokoRU detailliert erhoben werden. Deshalb wird bei dieser Personengruppe der Querschnitt durch qualitative Gruppendiskussionen ergänzt. Sie sind besonders geeignet, kollektive Orientierungen und Erfahrungen zu erfassen, denn in ihnen werden verschiedene Einsichten in das verhandelte Thema durch die Befragten diskutiert (vgl. Vogl, 2014). Diese Einsichten verleihen den generellen Erkenntnissen des Querschnitts eine zusätzliche Tiefenschärfe, die den detaillierten und problembewussten Erfahrungen der Lehrpersonen gerecht wird.

Schließlich beruht die Befragung der Schüler*innen auf einem komplexen Ineinander sowohl eines Querschnittdesigns, als auch eines Längsschnittdesigns und eines quasi-experimentellen Designs. Ein querschnittlicher Zugang ist überall dort angezeigt, wo die Einstellung der Kinder und Jugendlichen zum kokoRU sowie deren Erfahrungen mit diesem erfasst werden. Ein Längsschnitt wird dort notwendig, wo Veränderungen erhoben werden, denn dazu bedarf es eines Ausgangs- und eines Zielwertes. Soll zusätzlich garantiert werden, dass die gemessenen Veränderungen durch die Organisationsform des kokoRU bedingt sind, ist sogar ein quasi-experimentelles Design angezeigt (vgl. Stein 2014, S. 141), das einen Längsschnitt mit Versuchs- und Kontrollgruppe darstellt. Friedrich Schweitzer bemerkt zu Recht, dass solche experimentellen Designs im Zusammenhang mit dem kokoRU nicht ohne Weiteres schlüssig sind, weil sich der kokoRU kaum als ein in sich konsistentes Treatmeant bei sonst gleichbleibenden Unterrichtsbedingungen interpretieren lässt und gemessene Veränderungen innerhalb eines Jahres auch durch dritte, im Versuchsaufbau nicht berücksichtigte Faktoren zustande gekommen sein können (vgl. Schweitzer und Biesinger 2002, S. 53f). Allerdings stellt diese Organisationsform konfessionellen Lernens einen derart prominenten Unterschied zum herkömmlichen Religionsunterricht dar, dass sie als Stimulus indirekter Aufmerksamkeits- und Lerneffekte begriffen werden kann. Zumindest haben sämtliche Studien zum kokoRU, die Effekte dieser Organisationsform erheben, kein Problem damit, beobachtete Veränderungen dieser Organisationsform zuzuschreiben. Hier wird also implizit angenommen, dass der kokoRU das entscheidende Treatment ist. Um der Relativität solcher Annahmen gerecht zu werden, werden in der vorliegenden Evaluation die im quasi-experimentellen Design erhobenen Effekte des kokoRU als indirekte Effekte aufgefasst, d. h. als Veränderungen, die mit großer Wahrscheinlichkeit auch dadurch verursacht sind, dass die Befragten am kokoRU teilnehmen und dadurch eine größere Aufmerksamkeit für konfessionelle Belange – u. U. auch in ihrem Alltag – entwickelt haben (Details s. u.).

2.2. *Die Konzepte der einzelnen Befragungen*

Das konzeptuelle Modell ist für die einzelnen Befragungen auf die jeweilige Personengruppe hin anzupassen. Diese Adaptionen werden im Folgenden beschrieben.

*Befragung der Schüler*innen*

Die Befragung der Schüler*innen geht auf alle drei Aspekte zum kokoRU ein, d. h. sie erhebt die Erfahrungen der Kinder und Jugendlichen sowohl mit der Organisation dieses Unterrichts, wie auch mit dessen Durchführung und bestimmt mögliche Effekte (vgl. Abb. 2).

Da Schüler*innen mit der Einführung des kokoRU selbst nicht befasst sind, werden in organisatorischer Hinsicht ihre Erfahrungen mit der Organisationsform selbst erfasst (vgl. Abb. 2). Dazu gehört i) die Frage, ob sie mit dem konfessionell-kooperativen Lernsetting zufrieden sind, ii) die Frage, inwiefern die Begegnung mit Kindern oder Jugendlichen unterschiedlicher konfessioneller Zugehörigkeiten das Bewusstsein für diese Zugehörigkeiten verändert. Weil es für die Auftraggeber der Studie wichtig war, inwiefern sich bei i) und ii) Veränderungen im Jahresverlauf ergeben, wurden beide Variablen längsschnittlich untersucht.

Hinsichtlich des Unterrichtsgeschehens des kokoRU werden ebenfalls zwei Variablen unterschieden (vgl. Abb. 2). So eröffnet der kokoRU mit seinem gemischt-konfessionellen Setting iii) spezifische Lernerfahrungen. Auch bedarf es iv) einer Atmosphäre der Sicherheit in der Lerngruppe, sodass sich die Schüler*innen für diese Lernerfahrungen öffnen können. Alle diese Variablen werden als Bestandsaufnahme am Ende des Schuljahres als Querschnitt erhoben.

Abbildung 2:
*Die konzeptuelle Struktur des Fragebogens für die Schüler*innen*

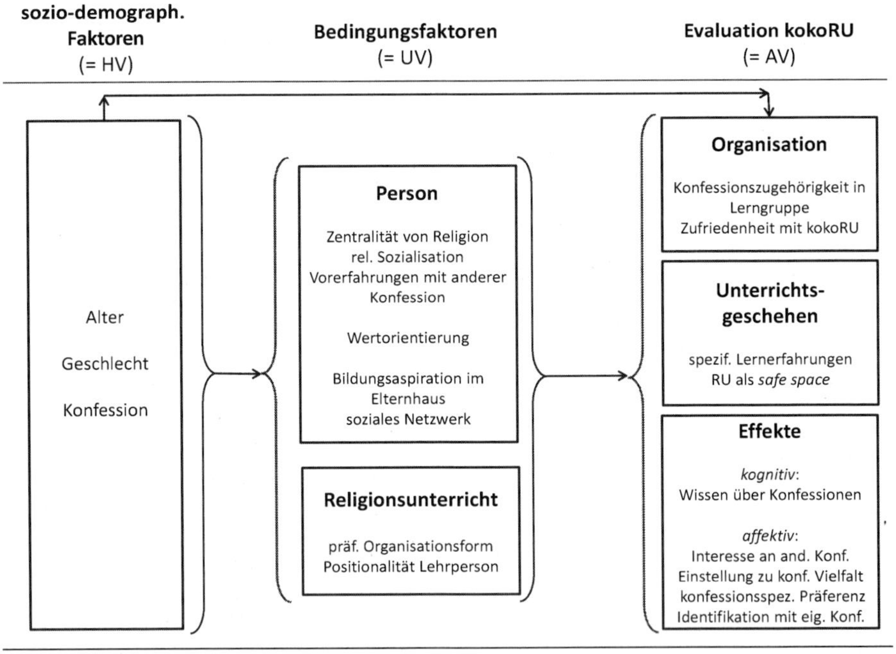

Bei der Bestimmung möglicher Effekte eines konfessionell-kooperativen Lernsettings wurde entschieden, mittelbare Effekte zu untersuchen. Als solche verstehen wir Wirkungen, die nicht notwendig bewusst im Unterricht angezielt werden, sich aber durch die besondere Organisationsform des Unterrichts einstellen können. Es handelt sich somit um informelle Lerneffekte, die durch den Besuch des kokoRU bei den Schüler*innen angestoßen werden können. Insofern die Konfessionalität sowohl das organisatorische als auch das didaktische Strukturprinzip des kokoRU ist, haben wir uns auf konfessionsspezifische Effekte konzentriert. Dabei wird zwischen kognitiven und affektiven Effekten unterschieden.

Die kognitiven Effekte werden über das v) basale Wissen über die Konfessionen erfasst (vgl. Abb. 2). Unter basalem Wissen werden grundlegende Informationen auf der Ebene des Allgemeinwissens verstanden, nicht die spezifischen Lerninhalte des kokoRU im Schuljahr 2019/20, die sich aufgrund der Vielzahl an Lerngruppen und schulspezifischer Curricula einer seriösen empirischen Erfassung entziehen. Diese Evaluation geht also nicht davon aus, dass das basale Wissen notwendigerweise im kokoRU selbst erworben wurde. Vielmehr wird erfasst, ob die besondere Betonung der Konfessionalität im didaktischen Setting des kokoRU dazu führt, dass die Schüler*innen eine größere Aufmerksamkeit für die konfessionellen Spuren in ihrem Alltag erwerben und deshalb ihr Allgemeinwissen über diese Konfessionen erweitern.

In affektiver Hinsicht wurde zwischen Einstellungen zur anderen Konfession und solchen zur eigenen Konfession unterschieden (vgl. Abb. 2). Die Einstellung zur anderen Konfession wurde gemessen als vi) Interesse, etwas über diese zu erfahren und mit Schüler*innen dieser Konfession gemeinsam zu lernen, und vii) wie man die Vielfalt der Konfessionen und Religionen einschätzt. Die Einstellung der eigenen Konfession gegenüber erfassen viii) Fragen dazu, welche Rolle man dieser für das eigene Leben zuschreibt (Präferenz), und ix) wie wichtig es einem ist, dieser Konfession anzugehören (Identifikation). Alle Effekte werden im Rahmen eines quasi-experimentellen Designs erfasst, d. h. es erfolgten eine Messung zu Beginn und eine zum Ende des Schuljahres, und zwar bei Schüler*innen, die den kokoRU besuchen (Untersuchungsgruppe), und solchen, die am herkömmlichen Religionsunterricht teilnehmen (Vergleichsgruppe).

Mögliche Bedingungsfaktoren der Evaluation werden bei den Schüler*innen zum einen auf der Ebene der Person erhoben (vgl. Abb. 2). Sie gliedern sich wiederum in drei Zugänge, nämlich die individuelle Religiosität, die personalen Ressourcen und die sozialen Ressourcen. Hinsichtlich der individuellen Religiosität wurden erfasst: x) die Bedeutung, die Religion im Leben der Schüler*in spielt (Zentralität), xi) die Erfahrungen mit Religion im Elternhaus (Sozialisation) und xii) mögliche Kontakte mit Religion über die eigene Konfession hinaus (Vorerfahrungen). Bei den personalen Ressourcen wurde xiii) die Wertorientierung erfragt. Die sozialen Ressourcen setzen sich zusammen aus xvi) dem Interesse, das die Eltern den schulischen Leistungen ihrer Kinder entgegenbringen (Bildungsaspiration), und xv) dem sozialen Netzwerk, auf das die Schüler*innen zurückgreifen können, wenn sie Hilfe brauchen. Mit dieser breiten Anlage ist es möglich, auch Einflussfaktoren auf die Wahrnehmung des kokoRU zu kontrollieren, die nicht religiös rückgebunden sind. Alle diese Bedingungsfaktoren werden im Sinn eines Querschnitts zu Beginn des Schuljahres erhoben.

Neben diesen, auf die Person bezogenen Bedingungsfaktoren, wurde zum anderen erfragt, welche allgemeine Einstellung die Schüler*innen dem Religionsunterricht gegenüber zeigen (vgl. Abb. 2). Mit Blick auf den kokoRU interessierte hier vor allem xvi) die Frage, welche Organisationsform des Religionsunterrichts die Schüler*innen sich wünschen. Außerdem wird im kokoRU von Seiten der Lehrperson erwartet, ihre Konfessionalität ins Spiel zu bringen. Deshalb wird gefragt, xvii) wie die Schüler*innen diese Positionalität der Lehrkraft erleben.

Anhand der sozio-demographischen Variablen lässt sich die untersuchte Gruppe der Schüler*innen näher bestimmen. Hier wurden die üblichen Variablen Alter, Geschlecht und Konfession erfasst. Auch hier erfolgte die Messung zu Beginn des Schuljahres.

Befragung der Lehrkräfte

Die Adaption des konzeptuellen Modells für die Lehrer*innen verzichtet hinsichtlich der Evaluation des kokoRU auf mögliche Effekte, bezieht sich somit ausschließlich auf die Erfahrungen mit der Organisation dieses Unterrichts und seines Unterrichtsgeschehens (vgl. Abb. 3).

Mit Blick auf die Organisation des kokoRU vor Ort werden zuerst seine formalen Vorgaben erfasst, nämlich i) wann der Lehrerwechsel stattfindet und ii) wie sich die Lerngruppen zusammensetzen (vgl. Abb. 3). Letzteres ist insofern von Bedeutung, weil im kokoRU zwar evangelische und katholische Schüler*innen zusammen lernen sollen, die Lerngruppe faktisch aber oft auch andere christliche, muslimische oder nicht religiös gebundene Kinder oder Jugendliche umfasst. Neben diesen formalen Vorgaben werden auch iii) die Motive seiner Einführung erhoben. Weiterhin bedarf die Einführung einer neuen Organisationsform des Unterrichtens der Qualifikation der Lehrpersonen, sodass iv) nach der Qualität und Nützlichkeit der Fortbildungen gefragt wird. Schließlich muss v) eine innovative Unterrichtsform vorbereitet werden. Wie die Lehrer*innen diese einschätzen, wird eigens gemessen. Alle diese Variablen wurden in einer querschnittlichen Bestandsaufnahme erfasst.

Die Evaluation des Unterrichtsgeschehens nimmt zwei Aspekte in den Blick (vgl. Abb. 3). Die vi) Erfahrungen der Lehrkräfte mit dem eigentlichen Unterricht sind für die Evaluation dieser Organisationsform ebenso von Belang wie vii) die Einschätzung, ob sich die spezifischen Lernchancen des konfessionell-kooperativen Settings haben realisieren lassen. Beide Aspekte des Unterrichtsgeschehens werden in einem Querschnitt in der Mitte des Schuljahres erhoben.

Mögliche Bedingungsfaktoren der Beurteilung des kokoRU gliedern sich im Fall der Lehrer*innen sowohl in Konzepte, die deren Person erfassen, als auch in solche, die sich auf deren Professionalität beziehen (vgl. Abb. 3). Bei der Person wird wiederum ein religiöser Aspekt erfasst, der sich bei den Lehrer*innen auf viii) deren konfessionsspezifischen Präferenzen, ix) ihrer Identifikation mit der eigenen Konfession und x) ihrer Identifikation mit der eigenen Kirche erstreckt. Alle drei Konzepte reagieren auf die besonderen Anforderungen an die Konfessionalität der Lehrpersonen im konfessionell-kooperativen Setting. Darüber hinaus werden als personale Ressourcen, die unabhängig von diesen konfessionsspezifischen Anforderungen sind, xi) die Berufszufriedenheit, xii) die Wertorientierung und xiii) die individuelle Religiosität gemessen. Letztere wird bewusst von den konfessionsspezifischen Konzepten unterschieden, insofern eine Lehrkraft auch religiös sein kann, ohne sich mit ihrer oder einer anderen Konfession zu identifizieren. Als Aspekt der sozialen Ressourcen der Befragten wird xiv) deren kirchliches Engagement erfasst. Wiederum ist diese Auswahl durch die besonderen Anforderungen an eine Religionslehrperson motiviert, und zwar unabhängig davon, ob sie kokoRU oder herkömmlichen Religionsunterricht erteilt.

Abbildung 3:
*Die konzeptuelle Struktur des Fragebogens für die Lehrer*innen*

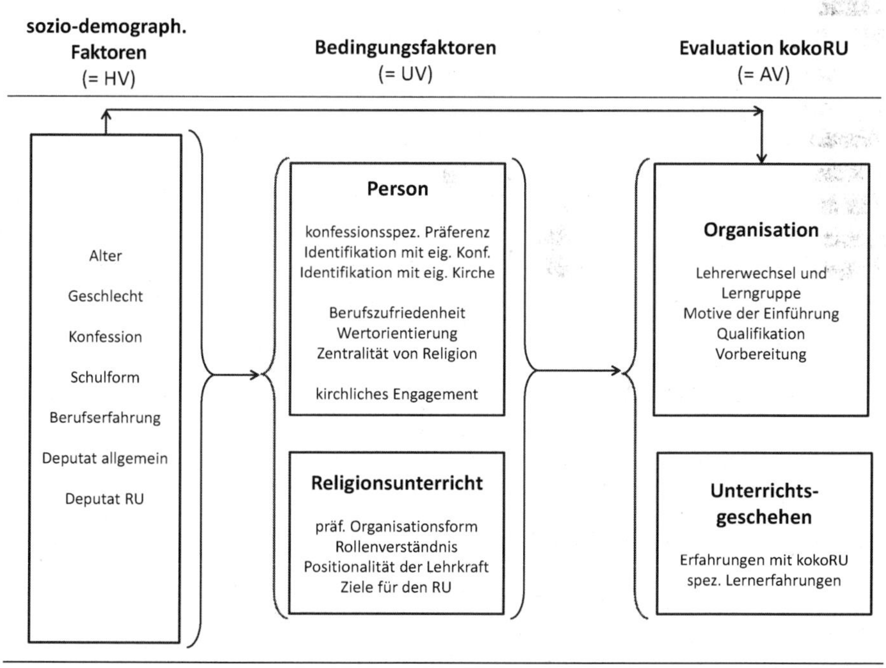

Die allgemeine Einstellung der Befragten dem Religionsunterricht gegenüber, die im Fall von Lehrpersonen identisch ist mit deren professionellem Selbstverständnis, wird anhand von vier Variablen gemessen (vgl. Abb. 3), nämlich xv) der präferierten Organisationsform dieses Unterrichts, dem xvi) Verständnis davon, welche Rolle(n) einer Lehrkraft im Religionsunterricht zukommen, xvii) der

Einschätzung von Positionalität im Religionsunterricht und xviii) der Präferenz möglicher Bildungsziele für den Religionsunterricht.

Die sozio-demographischen Variablen beziehen sich neben dem Alter, dem Geschlecht und der Konfessionszugehörigkeit auf professionelle Merkmale (Schulform, Berufserfahrung, Lehrdeputat) (vgl. Abb. 3). In der Summe erlauben diese Hintergrundvariablen einen differenzierten Einblick, wer auf den Fragebögen geantwortet hat.

Befragung der Eltern

Wie bereits die Lehrkräfte wurden auch die Eltern nach ihren Erfahrungen mit der Organisation und dem Unterrichtsgeschehen des kokoRU gefragt (vgl. Abb. 4). Konkret ging es darum, i) wie gut sich die Eltern über die neue Form, Religion zu erteilen, informiert fühlen, ii) welche Erfahrungen ihr Kind mit dieser Organisationsform macht, iii) welche Verbesserungsvorschläge sie haben und iv) wie zufrieden sie insgesamt mit dem kokoRU sind. Alle diese Aspekte repräsentieren organisatorische Facetten des kokoRU, wobei in den Fällen von iii) und iv), die als offene Fragen erhoben wurden, auch Aspekte des Unterrichtsgeschehens miterfasst werden.

Abbildung 4:
Die konzeptuelle Struktur des Fragebogens für die Eltern

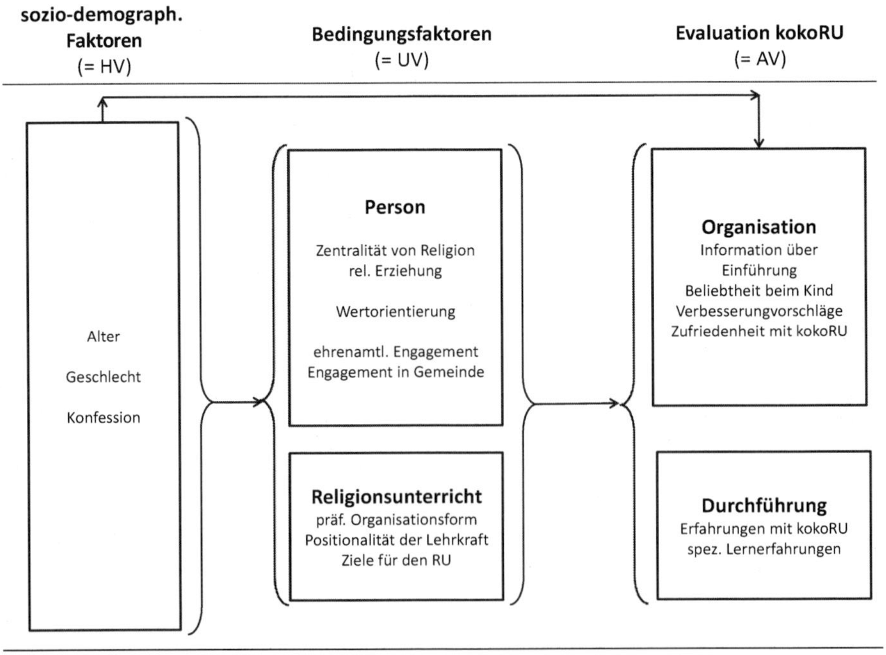

Auf das Unterrichtsgeschehen bezieht sich v) die Wahrnehmung charakteristischer Merkmale des kokoRU (Erfahrungen) und vi) seiner spezifischen Lernchancen (vgl. Abb. 4).

Um nachvollziehen zu können, wie die Beurteilung des kokoRU durch die Einstellungen der Eltern bedingt ist, wurden zwei mögliche Bedingungsfaktoren miterfasst, nämlich die Person der Befragten und deren allgemeine Einstellung zum Religionsunterricht (vgl. Abb. 4). Bei der Person wurde wiederum zwischen Religiosität, personalen Ressourcen und sozialen Ressourcen unterschieden. Die Messung der Religiosität erstreckt sich auf vii) die Zentralität von Religion und viii) wie sehr die Eltern ihre Kinder religiös erziehen. Als personale Ressourcen wurde ix) die Wertorientierung erhoben. Schließlich repräsentieren x) das ehrenamtliche Engagement und xi) das Engagement der Eltern in einer kirchlichen Gemeinde deren soziale Ressourcen.

Die generelle Einstellung der Eltern zum Religionsunterricht erfasst xii) dessen präferierte Organisationsform, xiii) die Präferenz möglicher Bildungsziele und xiv) eine Beurteilung des Anspruchs, dass die Lehrperson im Religionsunterricht Position zum Glauben bezieht (vgl. Abb. 4). Alle diese Konzepte sind bereits von den Befragungen der Schüler*innen und/oder der Lehrer*innen bekannt, was einen Vergleich der Einstellungen dieser Personengruppen erlaubt.

Schließlich wurden auch wenige Informationen zur Person selbst erfragt wie Alter, Geschlecht und Konfessions- bzw. Religionszugehörigkeit (vgl. Abb. 4).

Befragung der Schulleitungen

Aufgabe der Schulleitungen ist es, den kokoRU zu beantragen und an der eigenen Schule zu implementieren. Entsprechend erfasst die Evaluation des kokoRU durch die Schulleitungen lediglich organisatorische Aspekte, eine inhaltliche Beteiligung an der Ausgestaltung von kokoRU besteht nicht (vgl. Abb. 5). Dabei handelt es sich zum einen um formale Vorgaben, nämlich neben i) dem Zeitpunkt der Einführung vor allem um ii) den Zeitpunkt des Lehrerwechsels und iii) die Zusammensetzung der Lerngruppen. Zum anderen wird die Prozessqualität der Einführung des kokoRU im Fragebogen erfasst. Hierbei wird nach iv) den Motiven seiner Einführung und v) den Erfahrungen, die bei seiner Einführung gemacht wurden, gefragt. Außerdem hatten die Schulleitungen die Gelegenheit, Wünsche an die beiden für den kokoRU verantwortlichen Institutionen, nämlich vi) die Kirchen und vii) die Bezirksregierungen zu äußern.

Mögliche Bedingungsfaktoren des kokoRU beziehen sich im Fall der Schulleitungen ausschließlich auf die allgemeinen Einstellungen zum Religionsunterricht (vgl. Abb. 5). Hierbei wird auf bereits von anderen Personengruppen bekannte Konzepte zurückgegriffen, wie viii) die präferierte Organisationsform des Religionsunterrichts, ix) die Einschätzung der Schulleitungen zur Positionalität der Lehrkräfte und x) die präferierten Ziele des Religionsunterrichts. Darüber hinaus wurde als indirekter Indikator dieser Einstellung xi) das religiöse Leben an der Schule erfasst, insofern es das Umfeld dieses Fachs vor Ort definiert.

Abbildung 5:
Die konzeptuelle Struktur des Fragebogens für die Schulleitungen

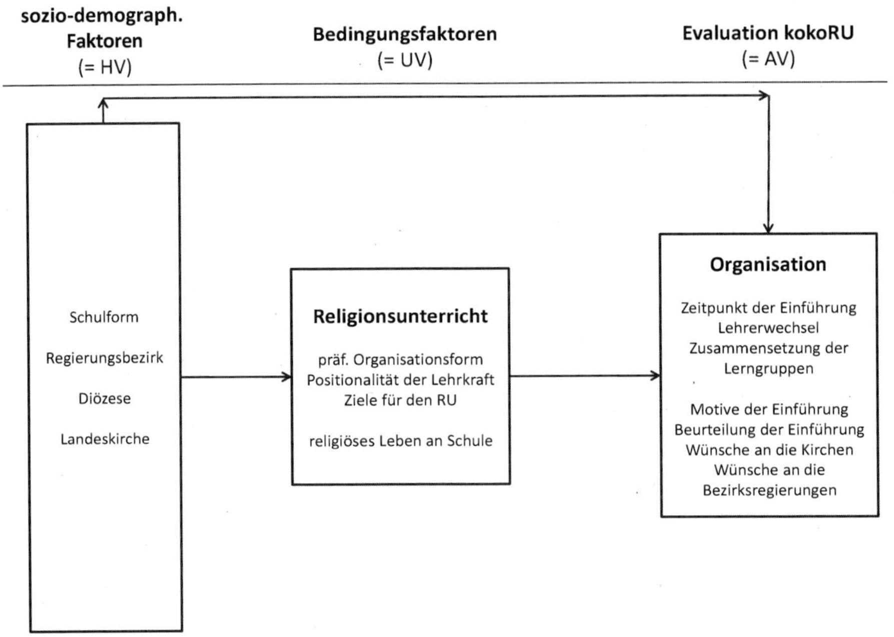

In sozio-demographischer Hinsicht wurde bei den Schulleitungen auf die Abfrage von Alter und Geschlecht verzichtet (vgl. Abb. 5). Zum einen ist diese der Anonymität der Befragten geschuldet, denn die Grundgesamtheit der Schulleitungen in den betreffenden Schulen ist sehr klein, sodass relativ leicht mit Kreuzvergleichen einzelne Personen identifiziert werden könnten. Zum anderen spielen diese Angaben bei Schulleitungsteams, die gemeinsam über die Einführung des kokoRU entschieden haben, keine Rolle. Dafür wurde erhoben, um welche Schulform es sich bei der befragten Schule handelt, in welchem Regierungsbezirk sie liegt und welche Diözese bzw. Landeskirche für sie zuständig ist.

2.3. *Operationalisierung der Konzepte und Try-Out*

Die Operationalisierung der eben beschriebenen Konzepte folgte der Prämisse, dass überall dort, wo bereits validierte bzw. in der religionspädagogischen Forschung bewährte Instrumente vorliegen, diese übernommen und ggf. adaptiert wurden. Dieses Vorgehen ermöglicht nicht nur einen Vergleich dieser Evaluation mit bereits vorliegenden Studien, sondern sichert auch die Qualität der Befunde. Eigene Konstruktionen wurden nur dort geleistet, wo kein passendes Instrument verfügbar war.

Ferner ging der Entwicklung der Fragebögen eine schriftliche Befragung sog. „Moderator*innen" voraus, d. h. Personen, die in der Organisation und Didaktik des kokoRU besonders geschult sind und sowohl die für die Antragsstellung der Schulen obligatorischen Fortbildungen anbieten, als auch die Schulen selbst in der Implementierung des kokoRU beraten. Ziel dieser Befragung war es, einen Einblick in die besonderen Herausforderungen bei der Ein- und Durchführung des kokoRU zu erlangen, um die entsprechenden Aspekte problembewusst in den Fragebögen der Evaluation abbilden zu können. Dazu wurden alle Moderator*innen im Mai und Juni 2019 eingeladen, einen Fragebogen mit offenen Fragen auszufüllen. 36 Personen nahmen diese Gelegenheit wahr, neun weitere Personen äußerten sich im alternativ angebotenen Telefoninterview. Von diesen 45 Moderator*innen sind 23 männlich und 22 weiblich, 27 katholisch und 18 evangelisch; 28 erteilen zusätzlich zu ihrer Tätigkeit als Moderator*in auch selbst kokoRU.

Auf der Grundlage beider Prämissen wurde folgendermaßen operationalisiert: Zur Erfassung der sozio-demographischen Variablen Alter, Geschlecht und Konfessions- bzw. Religionszugehörigkeit wurde auf die üblichen Kategorisierungen zurückgegriffen, wobei wir beim Geschlecht nach Rücksprache mit verschiedenen Lehrer*innen auf die Kategorie „divers" verzichtet haben. Die Konzepte Diözese, Landeskirche, Regierungsbezirk und Schulform wurden als kategoriale Variablen operationalisiert, wobei die in NRW zutreffenden Antwortoptionen die Kategorien bilden. Das Deputat und die Berufserfahrung der Lehrer*innen haben wir dagegen ordinal erfasst.

Viele Aspekte der Evaluation wurden anhand von Einzelitems erfasst. Der eingeklammerte Buchstabe hinter der Variablen in der folgenden Aufzählung gibt dabei das Skalenniveau an, wobei (k) für kardinal, (o) für ordinal und (i) für eine Intervallskala steht: Beliebtheit des kokoRU beim Kind (i), Berufszufriedenheit (i), Engagement in Gemeinde (i), ehrenamtliches Engagement (k), Identifikation mit der eigenen Konfession (i), Information über die Einführung des kokoRU (k), kirchliches Engagement (k), Konfessionszugehörigkeit in der Lerngruppe (k), Lehrerwechsel (k), religiöse Erziehung (o), Verhältnis zu den Kolleg*innen (k), Vorerfahrungen mit der anderen Konfession (o), Zeitpunkt der Einführung des kokoRU (k), Zufriedenheit mit dem kokoRU (i) und die Zusammensetzung der Lerngruppen (i).

Die für die Evaluation zentralen Instrumente mussten selbst entwickelt werden. Mögliche kognitive Lerneffekte im kokoRU wurden über elementares Wissen über beide Konfessionen gemessen, d. h. über die Kenntnis grundlegender Informationen auf der Ebene von Allgemeinwissen. Dazu wurden vier Aspekte erfragt, nämlich Wissen über den Kirchenraum, über kirchliche Feste, über kirchliche Ämter und über zentrale konfessionelle Glaubensgrundsätze. Beim Kirchenraum und bei den Ämtern waren jeweils fünf Bilder richtig zuzuordnen, bei den Festen sechs kirchliche (z. B. Pfingsten) und säkulare (z. B. Halloween) Festtage und bei den Glaubensgrundsätzen acht Aussagen, die entweder als typisch evangelisch (z. B. „Im Zentrum des evangelischen Gottesdienstes steht die Predigt") oder typisch katholisch (z. B. „Nur die Katholiken verehren Menschen wie den Nikolaus als heilig") angesehen werden. Bei allen diesen Items konnten die Schüler*innen wählen zwischen den Optionen „nur evangelisch", „nur katholisch", „evangelisch und katholisch" und „weder evangelisch noch katholisch", wobei die konkrete Formulierung im Fragebogen an die jeweilige Fragestellung angepasst war. Details zu den einzelnen Instrumenten werden im Rahmen der Auswertung beschrieben (s. u.).

Hinsichtlich der affektiven Effekte des kokoRU wurde gefragt, ob sich durch die Teilnahme am kokoRU das Interesse der Schüler*innen an der anderen Konfession und ihre Einstellung gegenüber konfessioneller Vielfalt verändert hat und wie sich der kokoRU auf ihre konfessionsspezifischen Präferenzen und ihre Identifikation mit der eigenen Konfession auswirkt. Für das Interesse an der anderen Konfession wurden vier Items formuliert, von denen sich zwei auf das kognitive Interesse beziehen („Ich möchte mehr lernen über das, was die SuS der anderen Konfession glauben" und „Es spielt keine Rolle, ob man etwas über die Kirche der anderen Konfession weiß"), und zwei auf den Kontakt mit Menschen der anderen Konfession („Ich finde es spannend, etwas mit SuS der anderen Konfession zu machen" und „Der Religionsunterricht ist interessanter, wenn auch SuS der anderen Konfession teilnehmen"). Die Einstellung zu religiöser Vielfalt bediente sich der klassischen Items, die bereits in der Würzburger Studie zur Religiosität Jugendlicher verwendet wurden (vgl. Ziebertz et al., 2003): „Nur in meiner Konfession lässt sich Gott wirklich finden" – „Die vielen Religionen machen die Welt bunter und interessanter" – „Alle Religionen zeigen einen Weg zu Gott" und „Die vielen Religionen führen zu Krieg und Streit unter den Menschen." Die konfessionsspezifische Präferenz bestand in der Grundschule aus den beiden Items „Ich bin froh, dass ich meiner Konfession angehöre" und „Meine Freunde sollen auch meiner Konfession angehören". In der Sekundarstufe I wurden zudem die beiden Items „Meine Kinder sollen einmal in meiner Konfession getauft werden" und „Die Person, die ich einmal heirate, soll auch meiner Konfession angehören" angeboten. Alle diese Variablen wurden in weiterführenden Schulen auf fünf-Punkt Likert-Skalen und in den Grundschulen auf drei-Punkt Likert-Skalen gemessen.

Auch zentrale Instrumente für das Unterrichtsgeschehen des kokoRU wurden in Anlehnung an vorliegende Studien selbst konstruiert. Die Erfahrungen mit dem kokoRU zielten auf die besondere Unterrichtssituation ab. Das Instrument enthält neun Items, die sich auf das Erleben von Konfessionalität beziehen („Bewusstwerden der eigenen Konfessionalität"), aber auch auf organisatorische („schafft Flexibilität") und pädagogische Aspekte („Stärkung der Klassengemeinschaft"). Letztlich versammelt dieses Instrument die Erfahrungen, die Lehrer*innen in vorausgegangenen Studien zum kokoRU berichtet haben. Davon abgesetzt wurde ein weiteres Instrument zu spezifischen Lernerfahrungen im kokoRU formuliert, das je drei Items zu den Aspekten des Perspektivenwechsels (z. B. „lernen, sich in andersgläubige Person hineinzuversetzen"), des Ausbildens eines eigenen Standpunkts („lernen, eigenen religiösen Standpunkt zu entwickeln"), des Dialogs über konfessionelle Gemeinsamkeiten und Unterschiede („lernen, über konfessionelle Unterschiede Gespräche zu führen") und des Bewusstwerdens der eigenen Konfessionalität („mit eigener Konfession vertraut werden") enthält. Schließlich wurden die Rollenprofile einer Lehrkraft in Anlehnung an die ReVikoR-Studie operationalisiert. Neun Items schlagen pädagogische (z. B. „staatliche Lehrkraft") und kirchliche (z. B. „Vermittler*in christlichen Glaubens") Rollenideale vor. Auch diese Variablen wurden auf fünf-Punkt bzw. drei-Punkt Likert-Skalen gemessen.

Die Evaluation der Implementierung des kokoRU gliederte sich in die Einführungsmotive, die Qualität der Fortbildungen und den Aufwand der Vorbereitung. Die Motive der Einführung wurden bei den Lehrer*innen auf allgemeiner Ebene kategorial in schulorganisatorische, pädagogische und theologische Motive sowie Elternwunsch eingeteilt. Diese vier Items wurden durch die spezifischen Motive, den Religionsunterricht aus der „Grauzone" herauszuholen, den Mangel an Religionslehrkräften und die geringe Anzahl von Schüler*innen einer Konfession ergänzt. Im Fall der Schulleitungen haben wir ein etwas differenzierteres Instrument gewählt, das zehn Items enthielt, die pädagogische (z. B. „Klassengemeinschaft erhalten"), organisatorische (z. B. „einfachere Organisation für die Schule") und kommunikative Motive (z. B. „Wunsch der Fachschaft") repräsentieren. Bei den Fortbildungen wurden die Lehrer*innen gefragt, wie viele sie besucht haben und für wie hilfreich sie diese empfunden haben. Hinsichtlich der Vorbereitung des kokoRU wurde erhoben, welche Informationsquellen (etwa das Gespräch mit Kolleg*innen oder Durchsicht von Unterrichtsmaterial) sich als hilfreich erwiesen haben, wie groß der Aufwand hinsichtlich verschiedener Facetten der Vorbereitung (z. B. Organisation, fachliche Vorbereitung etc.) war und ob sie sich alles in allem gut auf den kokoRU vorbereitet fühlen. Auch hier kamen, wo möglich, fünf-Punkt Likert-Skalen zum Einsatz.

Zentrale Instrumente für die Einstellung zum Religionsunterricht wurden vorliegenden religionspädagogischen Studien entnommen. Die präferierten Bildungsziele für den Religionsunterricht, die den Schulleitungen, den Lehrer*innen und den Eltern vorgelegt wurden, sind eine adaptierte Skala aus Feige et al. (2000). Aus Platzgründen konnte nicht das ganze Instrument verwendet werden. Stattdessen wurden pro empirischer Dimension nach Feige et al. (2000) die beiden Items mit der höchsten Ladung auf den jeweiligen Faktor verwendet. Auch die präferierte Organisationsform für den Religionsunterricht lehnt sich an diese Studie an. Auch hier haben wir nicht alle Items übernommen, weil diese für Eltern, Schulleitungen und Schüler*innen zu differenziert gewesen wären. Deshalb wurden die sechs charakteristischen Organisationsformen dieses Instruments durch je ein Item operationalisiert. Schließlich wurde die Frage nach der Positionalität der Lehrkraft, die allen Personengruppen angeboten wurde, der ReVikoR-Studie aus Schleswig-Holstein entnommen (vgl. Pohl-Patalong et al., 2016). Außerdem wurde bei den Schulleitungen das religiöse Leben an der Schule als Kontextfaktor des Religionsunterrichts erfragt. Hierbei ging es darum, ob an der Schule Gottesdienste unterschiedlichen Charakters gefeiert werden, Schulseelsorger*innen der verschiedenen Konfessionen bzw. Religionen vorhanden oder spirituelle Angebote wie Tage der Orientierung möglich seien.

Die Konzepte, die sich auf die Religiosität der Befragten beziehen und aus mehreren Items bestehen, konnten weitestgehend übernommen werden. Die Zentralität von Religion ist ein validiertes Instrument Stefan Hubers (vgl. Huber & Huber, 2012). Die Erfassung der religiösen Sozialisation bedient sich dreier Items, die bereits in der Siegener Kirchenraumstudie erfolgreich eingesetzt wurden (vgl. Riegel & Kindermann, 2017). Das Instrument zur Identifikation mit der eigenen Kirche wurde der Parteienforschung entlehnt (vgl. Spier et al., 2009). Es beinhaltet sechs Items auf einer fünf-Punkt Likert-Skala, bei denen die Befragten angeben können, wie stark es sie berührt, wenn die angebotenen Aussagen über ihre Kirche gemacht werden.

Bei den personalen Ressourcen wurde die Wertorientierung, die in den Fragebögen für die Schüler*innen, die Lehrer*innen und die Eltern enthalten ist, in Anlehnung an den Wertekreis von Shalom Schwartz (Schwartz, 1992) konstruiert, wobei auf die Items der Shell-Jugendstudien zurückgegriffen wurde. Für jede der vier grundlegenden Dimensionen dieses Wertekreises wurden drei Items angeboten. Die Dimension *Bewahrung/Tradition* repräsentieren die Items *in Sicherheit leben, stolz auf Deutschland sein* und *Recht und Ordnung respektieren.* Die gegenläufige Dimension *Offenheit für Wandel* wird durch die Items *Neues ausprobieren, in Harmonie mit der Natur leben* und *andere Meinungen achten* abgebildet. Ferner stehen die drei Items *die eigene Meinung durchsetzen, das Leben in vollen Zügen genießen* und *mächtig und einflussreich werden* für die Dimension der *Selbststeigerung.* Die hierzu antagonistische Dimension *Selbsttranszendenz* wird anhand der Items *sich für Schwache einsetzen, anderen helfen* und *auf eigene Wünsche verzichten* *können* operationalisiert. Insgesamt beinhaltet das Instrument zur Wertorientierung damit zwölf Items. Für die Erfassung des sozialen Netzwerks der Schüler*innen wurden jeweils drei Items für die klassischen Dimensionen des *bridgings* (z. B. „Wenn ich mir unbekannte Menschen treffe, bin ich neugierig, was sie wohl denken") und des *bondings* („Wenn ich einsam bin, habe ich Menschen, mit denen ich reden kann") in Anlehnung an Williams (vgl. 2006) herangezogen. Als soziale Ressource haben wir bei den Schüler*innen nach der Bildungsaspiration im Elternhaus gefragt, wobei hierfür auf ein bewährtes Instrument der Bildungsforschung zurückgegriffen wurde (vgl. Quellenburg, 2009).

Schließlich wurden verschiedene Aspekte in den Fragebögen durch offene Fragen erhoben. Dazu zählten die Verbesserungsvorschläge für den kokoRU, die Wünsche der Schulleitungen an die Bezirksregierungen und an die Kirchen, aber auch vertiefende Fragen an die Eltern zu dem, was die Kinder vom Religionsunterricht erzählen.

Im Fall der Schulleitungen, der Eltern und der Lehrpersonen konnten die üblichen Instrumente unverändert übernommen werden. In allen drei Fällen passt die Zielgruppe der Instrumentenkonstruktion mit den Befragten überein, was z. B. die Itemformulierung angeht. Bei den Fragebögen für die Schüler*innen ist das nicht selbstverständlich der Fall. Um der Entwicklung der Schüler*innen Rechnung zu tragen, haben wir zwei unterschiedliche Fragebögen entwickelt, von denen sich einer an die Jahrgangsstufen 3 bis 6 richtete, der andere an die Jahrgangsstufen 7 bis 10. In wenigen Fällen wurde bei der Itemformulierung für die jüngeren Jahrgänge auf grammatikalisch weniger anspruchsvolle Formulierungen zurückgegriffen. Zudem wurden die meisten Likert-Skalen hier als drei-stufige angeboten, wogegen wir bei den älteren die klassischen fünf-stufigen verwendet haben.

Ein formgerechter Try-Out der Fragebögen war nicht möglich, weil die Zeit zwischen dem Abschluss des Projektvertrags und dem Beginn der Datenerhebung weniger als fünf Monate betrug und in dieser Zeit nicht nur die Fragebögen erstellt, sondern auch die wissenschaftlichen Mitarbeiter eingestellt werden mussten. Um dennoch wenigstens die Funktionalität der Schüler*innen-Fragebögen zu t_1 abschätzen zu können, wurden diese erfahrenen Kolleg*innen aus der Schule zur Durchsicht gegeben und der Fragebogen für die jüngeren Jahrgänge zusätzlich in drei Religionsklassen der Jahrgangsstufe 4 getestet ($n = 39$). Diese Rückmeldungen, die sich vor allem auf Itemformulierungen bezogen, wurden in die Fragebögen eingearbeitet. Tatsächlich traten in der Datenerhebung lediglich in einigen Lerngruppen der Grundschule Schwierigkeiten beim Ausfüllen auf, während sowohl die Schüler*innen der weiterführenden Schulen als auch die Schulleitungen, die Lehrer*innen und die Eltern keine Probleme angetroffen haben dürften – zumindest wurde uns von diesen Gruppen keine Probleme rückgemeldet, die sich auf die Konstruktion der Fragebögen bezogen. Bei den wenigen Lerngruppen mit Schwierigkeiten handelte es sich durchgängig um Schulen aus sozialen Brennpunkten. Rückblickend zeigte sich hier, dass die drei

Lerngruppen des Try-Outs sämtlich aus Schulen stammen, deren Sprengel keine sozialen Brennpunkte beinhalten. In der Folge dieser Rückmeldungen wurde der Fragebogen für die jüngeren Jahrgänge zu t_2 nochmals vereinfacht.

2.4. *Datenerhebung*

Die Daten der Evaluation wurden im Schuljahr 2019/20 erhoben. Im August 2019 wurden die Schulleitungen befragt. Eingeladen haben wir sämtliche Schulen, die im Schuljahr 2019/20 kokoRU angeboten haben. Der entsprechende Fragebogen war online zugänglich und in der Zeit vom 15. August bis zum 17. Oktober 2019 freigeschaltet. Wahrgenommen haben diese Gelegenheit 228 Schulleitungen, was einem Rücklauf von 74 % entspricht.

Zu Beginn des Schuljahres folgte die erste Befragung der Schüler*innen. Wiederum haben wir alle Schulen, die im Schuljahr 2019/20 den kokoRU anbieten, angeschrieben, über die Evaluation informiert und gebeten, über die Religionslehrkräfte an die beteiligten Schüler*innen heranzutreten. Zusätzlich wurde eine Vergleichsgruppe von Schüler*innen gezogen, die am herkömmlichen katholischen bzw. evangelischen Religionsunterricht teilnahmen, denen ein – wo nötig angepasster – Fragebogen vorgelegt wurde. Diese Erhebung bildet den Prä-Test für die Teile der Evaluation, die als Längsschnitt oder als quasi-experimentelles Design angelegt sind (t_1). Der Fragebogen zu t_1 war vom 1. September bis zum 20. Dezember 2019 online zugänglich, um auch den Lerngruppen eine Teilnahme zu ermöglichen, die mit dem notwendigen Verwaltungsaufwand (z. B. Einholung der Einverständniserklärung der Erziehungsberechtigten) zu kämpfen hatten. Außerdem wurden am 15. September 2019 den Schulen, denen die technischen Voraussetzungen für eine Teilnahme am online-Verfahren fehlten, Klassensätze mit ausgedruckten Fragebögen zugesandt. Der Fragebogen sollte im Religionsunterricht ausgefüllt werden. Insgesamt liegen zu t_1 13.405 auswertbare Fragebögen vor. Eine Rücklaufquote kann nicht angegeben werden, weil die Größe der Grundgesamtheit, d. h. die Anzahl der Schüler*innen, die den kokoRU besuchen, nicht bekannt ist.

Die quantitative Befragung der Lehrer*innen fand in der Mitte des Schuljahres statt. Auch hier haben wir sämtliche Lehrpersonen eingeladen, welche im Schuljahr 2019/2020 kokoRU erteilt haben. Wiederum wurde eine Vergleichsgruppe gezogen, die aus Religionslehrer*innen besteht, die herkömmlichen Unterricht erteilten. Der online zugängliche Fragebogen war in der Zeit vom 1. Februar bis zum 20. April 2020 freigeschaltet. Dieser lange Erhebungszeitraum wurde gewählt, um allen Lehrpersonen die Möglichkeit zu geben, angesichts der anfallenden Aufgaben an der Schule einen für sie günstigen Zeitpunkt für die

Beantwortung des Fragebogens zu finden. Wahrgenommen wurde diese Gelegenheit von 406 Kolleg*innen, wobei 355 Befragte auf die Untersuchungsgruppe und 51 auf die Vergleichsgruppe entfallen. Der Rücklauf in der Untersuchungsgruppe kann nur geschätzt werden. Laut Auskunft von IFL Essen und PTI Villigst haben bis zum Schuljahr 2019/20 841 Lehrer*innen an der grundlegenden Fortbildung zum kokoRU teilgenommen. Nimmt man diese Zahl als Maßstab für die Grundgesamtheit, hätten 42 % aller möglichen Befragten an der Umfrage teilgenommen. Allerdings wird die Zahl derer, die einen kokoRU tatsächlich erteilen, wohl weitaus größer sein, weil pro Schule nur zwei Lehrperson an dieser grundlegenden Fortbildung teilnehmen müssen. Der tatsächliche Rücklauf dürfte also deutlich unter der 20 %-Marke liegen.

Neben der quantitativen Befragung wurde am 2. März 2020 eine sog. Regionalkonferenz in Düsseldorf angeboten, auf der Lehrer*innen die Gelegenheit hatten, ihre Erfahrungen mit dem kokoRU zu berichten und zu diskutieren. Zu dieser Konferenz haben wir offen eingeladen. Ihr Kern waren zwei Diskussionen in nach Schulform aufgeteilten Kleingruppen, die konfessionen- und genderbezogen möglichst ausgewogen besetzt wurden. Ging es in der ersten Runde vor allem um organisatorische Fragen bei der Ein- und Durchführung des kokoRU, standen in der zweiten Runde didaktische Fragen im Mittelpunkt. Jede Diskussion dauerte 60 Minuten und wurde mit einem Diktiergerät aufgenommen. Für jede Runde erhielten die Teilnehmenden einen schriftlichen Stimulus, sodass die Präsenz einer Moderator*in des Gesprächs im Raum nicht notwendig war. Insgesamt liegen die Aufnahmen von sieben Gruppendiskussionen vor, von denen sich vier auf den kokoRU an der Grundschule und drei auf den kokoRU an weiterführenden Schulen beziehen. Zum Abschluss der Konferenz konnten die Lehrer*innen einen Brief an das Bildungsministerium in NRW schreiben, in dem sie gelingende Aspekte am kokoRU festhalten und Verbesserungsvorschläge unterbreiten. Insgesamt liegen 16 Briefe vor, die z. T. in Partnerarbeit verfasst wurden; ein Schluss auf die Verfasser*innen ist wegen ihrer Anonymisierung nicht möglich. An der Regionalkonferenz haben 22 Lehrkräfte teilgenommen, von denen 13 weiblich und 9 männlich sind. 13 Lehrpersonen erteilen Religion an Grundschulen und 9 an weiterführenden Schulen (v. a. Gymnasium). Wiederum 13 Teilnehmende gehören der katholischen Kirche an, 9 der evangelischen. 8 Teilnehmende sind in ihrer Funktion als Moderator*in zwar theoretisch mit dem kokoRU vertraut, haben selbst aber keine Unterrichtserfahrung in dieser Organisationsform. Eine zweite Regionalkonferenz, die für den 26. März 2020 geplant war, musste wegen des Corona-Lockdowns abgesagt werden.

Parallel zu den Lehrkräften haben wir auch die Eltern befragt, wobei neben einer Untersuchungsgruppe ebenfalls eine Vergleichsgruppe gezogen wurde. Die Werbung für die Teilnahme erfolgte zum einen über einen Elternbrief, den die Religionslehrer*innen an die Schüler*innen verteilt haben, zum anderen durch Plakate auf den Elternsprechtagen im Umfeld der Zwischenzeugnisse. In beiden Fällen konnten die Eltern über einen QR-Code direkt zum Fragebogen gelangen, der in der Zeit vom 1. Februar bis zum 20. April 2020 online zugänglich war. 1.177 Elternteile haben an der Umfrage teilgenommen. 859 von ihnen gehören der Untersuchungsgruppe an, 318 der Vergleichsgruppe.

Die zweite Befragung der Schüler*innen, die den Post-Test für den Längsschnitt und das quasi-experimentelle Design darstellt (t_2), wurde am Ende des Schuljahres 2019/20 erhoben. Sie musste unter den schulischen und öffentlichen Einschränkungen der Corona-Pandemie durchgeführt werden. Konkret bedeutete dies, dass man den Schulen den Aufwand einer weiteren Befragung parallel zum langsam wieder anlaufenden Unterricht unter den geltenden Hygiene-Regeln nicht zumuten konnte. Unter diesen Prämissen wurde entschieden, die weitere Befragung trotz Corona stattfinden zu lassen, jedoch die Ziehung der Stichprobe und die Ausfüllbedingungen an die aktuelle Situation anzupassen. Wurden beim Prä-Test alle Schulleitungen angeschrieben und um Mitarbeit gebeten, wurden beim Post-Test nur noch die Lehrer*innen per Mail über die Befragung informiert, die an einer Fortbildung zum kokoRU teilgenommen haben. Das schränkt den Wirkkreis der Erhebung wesentlich ein. Zusätzlich musste wegen des teilweisen Home-Schoolings darauf verzichtet werden, den Fragebogen im Religionsunterricht ausfüllen zu lassen. Stattdessen wurde vorgeschlagen, ihn als Hausaufgabe bzw. Aufgabe im Home-Schooling den Schüler*innen anzubieten. Weiterhin bedeutete diese Verlagerung der Erhebung, dass der Fragebogen für die jüngeren Jahrgänge verschlankt werden musste, um die Schüler*innen nicht zu überlasten. So wurden z. B. Teile des Wissens-Tests gestrichen und andere Teile um einige Items reduziert. Der Fragebogen war zwischen dem 1. Juni und dem 1. August 2020 freigeschaltet. Insgesamt haben 1.964 Schüler*innen auswertbare Antworten abgegeben.

Damit erfolgte die Datenerhebung der Evaluation des kokoRU in Nordrhein-Westfalen in sechs Etappen, denen ein Prolog vorausging:

1. Etappe: Befragung der Schulleitungen (Anfang des Schuljahres 2019/2020)
2. Etappe: Erste Befragung der Schüler*innen zu ihrem Wissen in Religion und ihren Einstellungen Religion gegenüber (Anfang des Schuljahres 2019/2020)
3. Etappe: Quantitative Befragung der Lehrpersonen zum kokoRU (Mitte des Schuljahres 2019/2020)
4. Etappe: Qualitative Gruppendiskussion von Lehrpersonen (März 2020)[28]
5. Etappe: Befragung der Eltern zum kokoRU (Mitte des Schuljahres 2019/2020)

28 Die Befunde der Gruppendiskussionen werden in dieser Publikation nicht berichtet. Sie wurden und werden anderweitig veröffentlicht (z. B. Riegel et al., 2021; Zimmermann et al., 2021a, 2021b).

6. Etappe: Zweite Befragung der Schüler*innen zu ihren Erfahrungen mit dem kokoRU (Ende des Schuljahres 2019/2020)

Dieses Szenario der Datenerhebung trägt dem umfassenden Ansatz der vorliegenden Evaluation Rechnung. Es erfasst alle Akteure des kokoRU und bezieht dort, wo es notwendig ist, neben der Untersuchungsgruppe eine Vergleichsgruppe in die Erhebung ein. Die Befragungen der Schüler*innen zu Beginn und zum Ende des Schuljahres entsprechen den Anforderungen eines Längsschnitts bzw. eines quasi-experimentellen Designs, bei denen die besondere Organisationsform konfessionell-kooperativen Unterrichtens und Lernens das entscheidende Differenzmerkmal bzw. das Treatment darstellt. Die Befragungen der Lehrer*innen und Eltern in der Mitte des Schuljahres garantiert, dass hinreichende Erfahrungen mit dem kokoRU vorliegen (können).

Stark beeinträchtigt wurde der umfassende Ansatz durch das Auftreten der Corona-Pandemie. Ihre Folgen für die Datenerhebung wurden bereits geschildert. Gleichzeitig gilt es zu bedenken, dass ab Mitte März 2020 der reguläre Schulbetrieb ausgesetzt und erst ab dem 20. April schrittweise unter strengen Hygiene-Regeln wieder einführt wurde. Sowohl im sog. Home-Schooling als auch im Schulbetrieb unter Corona-Bedingungen wurde oft – bei aller Unterschiedlichkeit von Schule zu Schule – kein Religionsunterricht angeboten bzw. es muss davon ausgegangen werden, dass der angebotene Religionsunterricht vom kokoRU im Regelbetrieb abweicht. Diese Einschränkung trifft vor allem die zweite Befragung der Schüler*innen. Bei den Befragungen der Lehrpersonen und der Eltern, die ab Februar 2020 stattgefunden haben, könnten in den Antworten gegen Ende der Erhebungszeit Pandemie-Eindrücke mitspielen.

2.5. Datenanalysen

Die Auswertung der quantitativen Daten geschah in mehreren Schritten. Zuerst erfolgten deskriptive Analysen, d. h. Häufigkeitsauszählungen und die Berechnung von Mittelwerten oder Medianen. In den Fällen, in denen drei-stufige und fünf-stufige Likert-Skalen gemeinsam ausgewertet werden mussten, wurden die fünf-stufigen zu drei-stufigen umkodiert. Konkret bedeutete dies, dass die beiden ablehnenden Kategorien und die beiden zustimmenden Kategorien zu einer Kategorie zusammengefasst wurden, während die Mittelkategorie unverändert übernommen wurde.

Statistische Zusammenhänge zwischen Teilgruppen der Stichprobe wurden mittels des Rangkorrelationskoeffizienten Spearmans ρ ausgewiesen, um der Tatsache Rechnung zu tragen, dass die vorgelegten Antwortskalen im strengen Sinn ordinal skaliert sind. Bei Intervall-Skalen wurde auf den Korrelationskoeffizienten Pearsons *r* zurückgegriffen. Statistische Unterschiede zwischen Teilgruppen der Stichprobe wurden bei intervallskalierten Variablen per *t*-Test oder einfaktorieller ANOVA berechnet, bei ordinalen Variablen mit Rangsummentests, bei kategorialen Variablen mit dem Chi-Quadrat-Test. In den wenigen Fällen, in denen in einer Zelle weniger als fünf Fälle angetroffen wurden, kam der Exakter Fisher-Test zum Einsatz.

Weil sämtliche in dieser Evaluation untersuchten Stichproben hinreichend groß sind, kann von der Signifikanz der Befunde nicht auf deren Bedeutung geschlossen werden. Deshalb wird neben der Signifikanz auch die Effektstärke der Befunde ausgewiesen. Dabei gelten die folgenden Grenzwerte (vgl. Cohen, 1988; Ellis, 2010): $|d| > ,20$: kleiner Effekt; $|d| > ,50$: mittlerer Effekt; $|d| > ,80$: starker Effekt bzw. $\eta^2 > ,01$: kleiner Effekt; $\eta^2 > ,06$: mittlerer Effekt; $\eta^2 > ,14$: großer Effekt bzw. Cramers $V > ,01$: kleiner Effekt; Cramers $V > ,03$: mittlerer Effekt; Cramers $V > ,05$: starker Effekt.

Strukturelle Zusammenhänge wurden faktoranalytisch herausgearbeitet. Um die charakteristischen Argumentationsmuster, anhand derer die Beteiligten den kokoRU wahrnehmen und einschätzen, herauszuheben, wurde als Methode eine Hauptkomponentenanalyse mit Varimax-Rotation und Kaiser-Normalisierung gewählt. Da eine skalare Messinvarianz bei diesen Analysen nicht gegeben ist, werden die Antworten der Befragten auf die Faktoren nicht aufsummiert, sondern als standardisierte Faktorwerte gespeichert. Dass die Ausprägung dieser Faktoren nicht intuitiv interpretierbar ist, kann im vorliegenden Fall vernachlässigt werden, denn die Ausprägungen der einzelnen Items, aus denen sich die Faktoren zusammensetzen, sind bekannt.

Die Frage nach den strukturellen Zusammenhängen stellt sich für diese Evaluation in doppelter Hinsicht: Zum einen ist von Interesse, welche latenten Antwortmuster innerhalb der einzelnen Instrumente wirken, die sich aus mehreren Items zusammensetzen. Hierfür ist die eben beschriebene Faktoranalyse einschlägig. Zum anderen stellt sich die Frage, in welchen strukturellen Zusammenhängen diese verschiedenen latenten Antwortmuster der Befragten in der Wahrnehmung des kokoRU stehen. Diese Frage wird mit einer Faktoranalyse zweiter Ordnung beantwortet, d. h. einer Faktoranalyse auf den Faktoren, die die Faktoranalysen innerhalb der Instrumente rekonstruieren konnte. Im Fall der Evaluierungsperspektiven, die entweder anhand eines Items erhoben wurden oder anhand von Instrumenten, deren theoretische Struktur keine Faktoranalyse erlaubt, werden die Items z-standardisiert. Sie haben damit dasselbe Format wie die faktoranalytisch rekonstruierten Faktoren und können somit in die Faktoranalyse zweiter Ordnung eingespeist werden. Die Auswahl der Faktoren und standardisierten Items, die schließlich in die Faktoranalyse zweiter Ordnung aufgenommen werden, wird per Korrelationsanalyse nach Pearson bestimmt. Variablen, die nicht mit mindestens $|r| > ,30$ mit mindestens einer anderen Variablen korrelieren, werden nicht in die Analyse aufgenommen, weil sie zu wenig Zusammenhang zeigen, um wirksam auf einen Faktor zu laden.

Eine Besonderheit der Auswertung der Schüler*innendaten besteht darin, dass für sie prinzipiell drei Stichproben zur Verfügung stehen. Ursprünglich war die Evaluation so angelegt, dass eine gematchte Stichprobe aus Prä- und Post-Test für diese Auswertung zur Verfügung steht. Durch die Einschränkungen der Corona-Pandemie (s. o.) unterscheiden sich die Stichproben aus Prä- und Post-Test aber stark und die gematchte Stichprobe bildet nochmals nur einen kleinen Teil des Post-Tests ab (s. u.). Sich nur auf diese gematchte Stichprobe zu beziehen würde nicht nur die Antworten vieler Befragter vernachlässigen, sondern auch die besonderen Einsichtsmöglichkeiten des Prä-Tests, der die Schüler*innenschaft im kokoRU wohl sehr gut abbildet (s. u.), nicht ausschöpfen. Deshalb wird in der Datenauswertung der Daten der Schüler*innen folgendermaßen verfahren:

- Querschnittliche Daten zum kokoRU, die ausschließlich im Post-Test erhoben wurden, werden auf der Stichprobe des Post-Tests analysiert.
- Längsschnittliche Daten zum kokoRU, die im Prä- und im Post-Test erhoben wurden, werden auf der gematchten Stichprobe analysiert, weil nur hier echte Längsschnitte möglich sind.[29] Zusätzlich werden die Ausgangswerte der Variablen auf der Stichprobe des Prä-Tests genannt, um abschätzen zu können, ob und ggf. wie stark die gematchte Stichprobe jeweils von der nahezu repräsentativen Stichprobe des Prä-Tests abweicht.
- Querschnittliche Daten zu den Bedingungsfaktoren, die ausschließlich im Prä-Test erhoben wurden, werden auf der Stichprobe des Prä-Tests analysiert.

Mit diesem gestuften Zugriff auf die drei Stichproben der Schüler*innenbefragten ist es möglich, die Aussagekraft der drei Samples auszuschöpfen, ohne die Qualität der statistischen Verfahren, die in der Analyse angewendet werden, zu korrumpieren.

Die qualitativen Daten, d. h. die Antworten auf die offenen Fragen in den Fragebögen wurden gemäß der qualitativen Inhaltsanalyse nach Mayring (vgl. 2000) untersucht. Dabei wurde sofort kategorisiert, weil diese Antworten in der Regel knapp und einfach strukturiert ausfielen. Paraphrase und Zusammenfassung waren nicht notwendig. Die Auswertung der Gruppendiskussionen muss hier nicht beschrieben werden, weil deren Befunde nicht Teil dieses Berichts

---

29 Im Working-Paper, in dem die auftraggebenden Kirchen über die Ergebnisse der Schüler*innenbefragung informiert wurden, haben wir zusätzlich die Daten der Stichprobe des Post-Tests mit denen des Prä-Tests verglichen. Mit diesem Ansatz konnten auch die Daten beider Tests gewürdigt werden, die nicht gematcht werden konnten. Allerdings erlaubt dieser Abgleich lediglich Trendprognosen und keine statistisch abgesicherten Befunde. Auch wenn im Working Paper diese Trends sprachlich entsprechend ausgewiesen wurden, bleibt die Problematik bestehen, dass solche Prognosen schnell als Befunde rezipiert werden. Deshalb haben wir in der vorliegenden Publikation auf diese Trendprognosen verzichtet.

sind (vgl. Zimmermann et al., 2021a; 2021b; Fabricius et al., 2022; Riegel et al., 2021).

2.6. *Die Stichproben der Evaluationsstudie*

Zur Beschreibung der Stichproben greifen wir hier nicht nur auf die sozio-demographischen Variablen zurück, sondern werten auch die Variablen zu den personalen und sozialen Ressourcen aus. Sie eröffnen einen präziseren Eindruck derjenigen, die eine Rückmeldung zum kokoRU gegeben haben. Das ist insofern von Bedeutung, weil sowohl bei den Schüler*innen als auch bei den Lehrer*innen und Eltern keine repräsentativen Samples vorliegen.

2.6.1. Die Stichprobe der Schüler*innenbefragung

Die Stichprobe der Schüler*innen setzt sich aus drei Stichproben zusammen, nämlich derjenigen, die auf den ersten Fragebogen geantwortet haben (W1), derjenigen, die auf den zweiten geantwortet haben (W2), und derjenigen, die auf beide Fragebögen geantwortet haben und deren Antworten sich matchen lassen (W1&2). Aufgrund der besonderen Situation, die durch den Corona-Lockdown im April 2020 und den ihm folgenden unregelmäßigen Schulbetrieb bis zum Ende des Schuljahres 2019/20 eingetreten ist, unterscheiden sich diese drei Stichproben stark.

W1: Die Stichprobe der ersten Welle zu Beginn des Schuljahres 2019/20 enthält die Daten des Prä-Tests. Diese Daten wurden in der Regel im Rahmen des Religionsunterrichts erhoben. Insgesamt besteht diese Stichprobe aus N_{W1} = 13.405 Datensätzen, von denen N_{U1} = 12.972 die Untersuchungsgruppe repräsentieren und N_{V1} = 433 die Vergleichsgruppe.

W2: Diese Daten, die zum Ende des Schuljahres 2019/20 erhoben wurden, entstanden wegen der Pandemie-Situation in der Regel als Hausaufgabe. Insgesamt besteht diese Stichprobe aus N_{W2} = 1.964 Datensätzen, von denen N_{U2} = 1.734 die Untersuchungsgruppe repräsentieren und N_{V2} = 230 die Vergleichsgruppe.

W1&2: Die gematchte Stichprobe besteht aus $N_{W1\&2}$ = 748 Datensätzen, von denen $N_{U1\&2}$ = 705 die Untersuchungsgruppe repräsentieren und $N_{V1\&2}$ = 43 die Vergleichsgruppe. Da die Vergleichsgruppe zu klein und zu selekt ist, wird sie in den weiteren Analysen nicht mehr berücksichtigt.

Alter

Das Alter der Schüler*innen ist in allen drei Stichproben zwar ähnlich zur Gauß-Glockenkurve verteilt, allerdings sind die mittleren Jahre überproportional vertreten, sodass das Alter in keiner Stichprobe normalverteilt ist. Der Alters-Median der Untersuchungsgruppe liegt sowohl in W1 als auch in W2 bei 12 Jahren, was darauf schließen lässt, dass zum Ende des Schuljahres tendenziell etwas mehr jüngere Jahrgänge teilgenommen haben. Der *IQA* = 3 gibt an, dass die Hälfte der Befragten beider Stichproben zwischen 9 und 15 Jahre alt ist. Da der Median der gematchten Stichprobe W1&2 zum Ende des Schuljahres bestimmt wurde, ist es schlüssig, dass er mit *Mdn* = 13 um ein Jahr höher liegt als der bei W1, der zum Beginn des Schuljahres erhoben wurde. Die Schüler*innen der Vergleichsgruppe sind etwas jünger als diejenigen der Untersuchungsgruppe.

Jahrgangsstufen

Tabelle 1:
Die Verteilung der Datensätze auf die Jahrgangsstufen

Samples	Untersuchungsgruppe				Vergleichsgruppe			
	Jgst. 3–6		Jgst. 7–10		Jgst. 3–6		Jgst. 7–10	
	n	%	n	%	n	%	n	%
W1	6.466	49,8	6.502	50,1	278	66,2	142	33,8
W2	783	45,2	951	54,8	149	65,1	80	34,9
W1&2	302	42,8	404	57,2	--	--	--	--

Legende: n = Anzahl; % = gültige Prozent

Eng mit dem Alter sollte die Zugehörigkeit zu einer Jahrgangsstufe verknüpft sein. Um der Entwicklung der Schüler*innen Rechnung zu tragen, wurden zwei Fragebögen entwickelt, von denen sich einer an die Jahrgangsstufen 3 bis 6 richtete, der andere an die Jahrgangsstufen 7 bis 10. In der Untersuchungsgruppe sind beide Jahrgänge nahezu ausgeglichen, mit einem leichten Übergewicht der älteren Schüler*innen zu W2 (vgl. Tab. 1). In der Vergleichsgruppe sind die jüngeren Jahrgänge deutlich überrepräsentiert. Sie machen jeweils etwa zwei Drittel der Stichprobe aus.

Geschlecht

Weibliche und männliche Befragte sind in beiden Wellen der Untersuchungsgruppe annähernd gleich verteilt. Lediglich bei den gematchten Daten ergibt sich ein kleines Übergewicht weiblicher Befragter (55 % zu 45 %). Offensichtlich haben mehr Schülerinnen, die den Prä-Test ausgefüllt haben, auch den Post-Test ausgefüllt, als das für Schüler zutrifft. In der Vergleichsgruppe haben sich zu allen Zeitpunkten der Erhebung mehr Schülerinnen als Schüler beteiligt, wobei erst die Verteilung zu t_2 als unausgewogen eingestuft werden muss (62 % zu 38 %).

Konfessionszugehörigkeit

Unter den im kokoRU in NRW vertretenen Konfessionen dominieren erwartungsgemäß katholische und evangelische Schüler*innen (vgl. Tab. 2). Sie stellen in allen drei Stichproben mit rund 75 % das Gros der Befragten dar. Ähnliches gilt für die Vergleichsgruppe zu W1. Im Post-Test liegt der Anteil katholischer Schüler*innen dagegen grenzwertig niedrig (16 %), was bei der Berechnung des Einflusses der Konfessionszugehörigkeit zu berücksichtigen ist, denn hierbei dürfte es sich im Wesentlichen um zwei Lerngruppen handeln.

Tabelle 2:
*Die Verteilung der Konfessions- und Religionszugehörigkeit bei den Schüler*innen*

Zugehörigkeit	W1		W2		W1&2	
Untersuchungsgruppe	n	%	n	%	n	%
evangelisch-landeskirchlich	4.650	35,9	624	36,5	251	35,5
evangelisch-freikirchlich	234	2,0	11	0,6	13	1,8
römisch-katholisch	5.398	41,6	651	38,0	280	39,7
christlich-orthodox	349	2,7	55	3,3	17	2,4
muslimisch	728	5,6	93	5,4	24	3,4
jüdisch	23	0,2	4	0,2	1	0,1
konfessions-/religionsfrei	1.237	9,5	229	13,4	103	14,6
sonstig	353	2,7	44	2,6	17	2,4
Gesamt	12.972	100	1.711	100	706	100

Legende: n = Anzahl; % = gültige Prozent

Zugehörigkeit Vergleichsgruppe	W1		W2		W1&2	
	n	%	n	%	n	%
evangelisch-landeskirchlich	157	37,2	136	59,7	--	--
evangelisch-freikirchlich	12	2,7	6	2,2	--	--
römisch-katholisch	145	34,4	37	16,4	--	--
christlich-orthodox	15	3,4	12	5,3	--	--
muslimisch	15	3,4	12	5,3	--	--
jüdisch	2	0,5	0	0,0	--	--
konfessions-/religionsfrei	46	11,6	18	8,0	--	--
sonstig	28	6,8	7	3,1	--	--
Gesamt	420	100	226	100	--	--

Legende: n = Anzahl; % = gültige Prozent

In beiden Gruppen kommen die konfessionell bzw. religiös nicht gebundenen Befragten auf einen durchschnittlichen Anteil von etwa 10 % in den jeweiligen Lerngruppen. Muslime, orthodoxe Christen, Juden und sonstig religiös Gebundene kommen zusammen durchschnittlich ebenfalls auf einen vergleichbaren Anteil. Sie alle nehmen als sogenannte „Gäste" am kokoRU teil, was den gängigen Regelungen zum konfessionellen Religionsunterricht entspricht.

Religiöse Sozialisation

Zur Erhebung der religiösen Sozialisation wurden die Schüler*innen gebeten anzugeben, wie oft sie zu Hause über Gott sprechen, vor dem Essen beten und gemeinsam aus der Bibel lesen. Am stärksten ausgeprägt ist das Gespräch der Eltern mit ihren Kindern über Gott. Knapp 17 % der Befragten geben an, dass das oft bis sehr oft geschieht, weitere 34 % erleben ein solches Gespräch gelegentlich. Tischgebete sprechen 12 % der Befragten oft bis sehr oft und weitere 15 % gelegentlich. Biblische Geschichten lesen oder hören die Schüler*innen zu Hause in 5 % der Fälle oft bis sehr oft und in weiteren 14 % gelegentlich. Diese Anteile bedeuten im Umkehrschluss, dass mit 49 % der Schüler*innen, die den kokoRU besuchen, praktisch die Hälfte keinerlei religiöse Sozialisation im Elternhaus erfährt. Würde man annehmen, dass für eine wirksame Sozialisation mindestens zwei der abgefragten drei religiösen Vollzüge vorliegen müssen, steigt dieser Anteil der nicht religiös Sozialisierten auf 73 %.

In der religiösen Sozialisation der Befragten spielen insbesondere das Alter und die Konfession eine Rolle. In beiden Fällen ergeben sich kleine Effektstärken.

So nimmt bei allen drei Items die religiöse Sozialisation im Elternhaus mit zunehmendem Alter ab. Das gilt sowohl für das Gespräch über Gott (ρ = –,24; p < ,05), als auch für das Tischgebet (ρ = –,17; p < ,05) und für das Lesen biblischer Erzählungen (ρ = –,23; p < ,05). Außerdem sprechen katholische Schüler*innen eher als evangelische mit ihren Eltern über Gott (ρ = ,21; p < ,05).

Vorerfahrungen mit Konfessionen und Religionen

Insgesamt können viele Schüler*innen, die den kokoRU besuchen, von Erfahrungen mit anderen Konfessionen und Religionen berichten. 60 % geben an, Freunde zu haben, die einer anderen Religion angehören als sie selbst. Wenn es um eine andere Konfession geht, sind es 24 %. Das wirft die Frage auf, inwieweit die Befragten die Begriffe Religion und Konfession richtig verstehen. Aber selbst wenn man von einem unklaren Verständnis ausgeht, liegt der Anteil derjenigen, die denken, Freunde nur aus ihrer eigenen Konfession zu haben, bei 14 %.

Ähnlich verteilt ist die Erfahrung der Schüler*innen mit direkten Begegnungen mit anderen Konfessionen und Religionen, denn 14 % haben noch nie die Kirche einer anderen Konfession besucht. An einem kirchlichen Fest einer anderen Konfession haben 37 % und an einem Gottesdienst einer anderen Konfession 34 % noch nie teilgenommen. Im Umkehrschluss haben etwa zwei Drittel der Befragten zumindest einige Erfahrungen mit ihrem konfessionellen Gegenüber im kokoRU gemacht. Vorerfahrungen mit nicht-christlichen Religionen hat jeweils ca. die Hälfte der Befragten. 58 % geben an, schon einmal einen nicht-christlichen Sakralbau besucht zu haben, und 46 % haben schon einmal an einem nicht-christlichen Ritual teilgenommen.

Je älter die Befragten sind, umso mehr Freunde aus anderen Konfessionen (ρ = ,22; p < ,05) bzw. anderen Religionen (ρ = ,30; p < ,05) haben sie und umso öfter haben sie bereits Kirchen einer anderen Konfession angeschaut (ρ = ,20; p < ,05). In allen drei Fällen erklärt das Alter mindestens 4 % der Varianz. Das Geschlecht und die Konfessionszugehörigkeit erweisen sich zwar ebenfalls auf allen Items als signifikant, jedoch ohne nennenswerte Effektstärke.

Zentralität von Religion

Mit der Zentralität wird die individuelle Bedeutung von Religion für die Schüler*innen erhoben. Das verwendete Instrument fragt fünf Aspekte ab, nämlich wie häufig man sich mit religiösen Fragen beschäftigt, wie stark man an Gott glaubt, wie oft man einen Gottesdienst besucht, betet und die Gegenwart Gottes im Alltag spürt (vgl. Huber & Huber, 2012).

Unter den Befragten denken 12 % oft oder sehr oft über religiöse Fragen nach, während dies etwa gleich viele gelegentlich (46 %) oder selten bis nie tun (42 %). Eine vergleichbare Verteilung zeigt das Item zur Erfahrung der Präsenz

Gottes im Alltag. Auch diese wird von relativ wenigen Schüler*innen sehr oft bis oft erlebt (18 %), während das Gros diese Erfahrung gelegentlich (39 %) bis selten oder nie macht (43 %).

Ein umgekehrtes Antwortmuster zeigt die Frage nach dem Glauben an die Existenz Gottes. Dies tun 44 % der Befragten stark bis sehr stark und weitere 35 % ein bisschen. Der kleinste Anteil entfällt auf jene, die gar nicht oder kaum an Gott glauben (21 %).

Bei den Fragen zur religiösen Praxis überwiegt in beiden Fällen die Kategorie, die für einen gering ausgeprägten Vollzug steht: 46 % der Schüler*innen besucht nie oder weniger als ein paar Mal im Jahr einen Gottesdienst, und 57 % beten nie oder weniger als ein paar Mal im Jahr. Ausgeprägte Vollzüge sind bei etwa einem Viertel der Befragten zu beobachten. 23 % der Kinder und Jugendlichen besuchen den Gottesdienst jede Woche, und 21 % geben an, mindestens einmal pro Woche zu beten.

Beeinflusst wird die individuelle Religiosität der Befragten durch das Alter. So sinkt mit dem Alter die Häufigkeit, mit der sich die Schüler*innen mit religiösen Fragen auseinandersetzen sowie der Glaube an Gott (jeweils: $\rho = -{,}27$; $p < {,}05$). Außerdem geben Schüler*innen, je jünger sie sind, eher an, Situationen zu erleben, in denen Gott in ihr Leben eingreift ($\rho = -{,}25$; $p < {,}05$). Insgesamt kann man auch beobachten, dass die individuelle Bedeutung von Religion für die Befragten mit zunehmendem Alter leicht sinkt. Beim Geschlecht und bei der Konfessionszugehörigkeit ergeben sich zwar ebenfalls signifikante Unterschiede, deren Effektstärke jedoch durchgängig zu klein ist, um auf spürbare Differenzen zu verweisen. Auch die Untersuchungs- und die Vergleichsgruppe unterscheiden sich praktisch nicht in dieser Hinsicht.

Wertorientierung

Um die Wertorientierung der Jugendlichen zu erfassen, wurde auf zwölf Items der Shell-Jugendstudien zurückgegriffen. Sie wurden nur den älteren Schüler*innen vorgelegt, weil der Fragebogen der jüngeren Schüler*innen sonst zu lang und zu komplex ausgefallen wäre.

Die Antworten der Jugendlichen lassen sich grob in drei Kategorien einteilen (vgl. Tab. 3). Große Zustimmung erfahren dabei vor allem zwei Werte, nämlich ein Leben mit Genuss und Spaß und ein Leben in Sicherheit. 75 % der Schüler*innen geben an, dass ihnen Spaß und Lebensfreude sehr wichtig seien. Weitere 18 % empfinden diesen Wert als eher wichtig, wodurch die beiden zustimmenden Kategorien insgesamt von über 90 % der Befragten angegeben werden. Ähnlich verhält es sich mit dem zweiten Item. Mit insgesamt 70 % geben etwas weniger befragte Schüler*innen an, ein sicheres Leben für sehr wichtig zu erachten. Im Vergleich zu dem erstgenannten Item liegt hingegen der Wert für die Antwortkategorie „ziemlich wichtig" etwas darüber, wodurch auch dieses Item insgesamt von ca. 92 % der Befragten Zustimmung erfährt.

Tabelle 3:
*Die Wertorientierung der älteren Schüler*innen (Jgst. 7–10)*

		1	2	3	4
	n	%	%	%	%
das Leben genießen, Spaß haben	6075	2,63	4,25	18,30	74,81
in Sicherheit leben	6079	3,34	4,29	22,21	70,16
die Natur schützen	6069	4,51	13,23	30,60	51,66
anderen helfen	6077	2,93	8,46	38,00	50,62
Recht und Ordnung respektieren	6069	2,95	12,21	39,30	44,54
Neues ausprobieren	6079	3,37	15,99	40,30	39,97
die eigene Meinung durchsetzen	6073	3,06	18,23	39,45	39,26
sich für Schwache einsetzen	6074	4,07	17,20	39,50	39,22
andere Meinungen achten	6072	5,78	14,99	43,13	36,10
auf eigene Wünsche verzichten können	6070	10,49	31,52	36,08	21,91
stolz auf Deutschland sein	6070	22,47	34,14	23,25	20,15
mächtig und einflussreich werden	6071	27,18	36,96	18,99	16,87

Legende: 1 = überhaupt nicht wichtig; 2 = eher nicht wichtig; 3 = eher wichtig; 4 = sehr wichtig

Es folgen in der Rangliste sieben Werte mit einer mittleren Zustimmung (vgl. Tab. 3): die Natur schützen, anderen helfen, Recht und Ordnung respektieren, Neues ausprobieren, die eigene Meinung durchsetzen, sich für Schwache einsetzen und andere Meinungen achten. Konzentriert man sich auf die Kategorie „sehr wichtig", pendeln diese Werte zwischen 52 % und 36 % Zustimmung. Zieht man jedoch auch die Kategorie „eher wichtig" hinzu, liegt keiner dieser Werte unter 78 %. Der Wert, anderen zu helfen, erreicht mit einer Zustimmung von 89 % sogar fast das Level der ersten beiden Werte dieser Rangliste.

Das Ende der Werteliste bilden der Verzicht auf eigene Wünsche, der Stolz auf Deutschland sowie die persönliche Bedeutung von Macht und Einfluss (vgl. Tab. 3). Alle drei Werte sind weniger als 22 % der befragten Schüler*innen sehr wichtig. Berücksichtigt man auch hier die Kategorie „eher wichtig", kommt der Verzicht auf eigene Wünsche zwar auf einen Anteil von 58 %, die anderen beiden Items liegen aber deutlich unter der 50 %-Marke.

Weder das Alter, noch das Geschlecht, noch die Konfessionszugehörigkeit bedingen Unterschiede in der Wertorientierung, die einen mindestens kleinen Effekt haben. Gleiches gilt für die Zugehörigkeit zur Untersuchungs- oder Vergleichsgruppe.

Bildungsaspiration im Elternhaus

Ein zentrales Element des sozialen Kapitals der Schüler*innen ist die elterliche Bildungsaspiration, d. h. das Interesse der Eltern an den schulischen Leistungen ihrer Kinder. In der vorliegenden Evaluation haben wir dazu auf ein etabliertes Instrument aus der Bildungsforschung zurückgegriffen und es um ein Item zum Interesse am Religionsunterricht ergänzt.

Insgesamt fühlen sich die meisten Schüler*innen durch ihr Elternhaus unterstützt. 77 % der Befragten geben an, dass ihre Eltern sich mit ihnen über schulischen Erfolg freuen; 63 % der Schüler*innen stimmen zu, dass ihren Eltern Zeugnisse und Schulnoten wichtig seien, und 62 % geben an, dass ihre Eltern sie fragen, wie es in der Schule war. Lediglich beim Religionsunterricht zeigt sich ein diametral anderes Bild. Hier stimmen 10 % sehr zu, dass sich ihre Eltern für das interessieren, was dort durchgenommen wird. Für weitere 14 % der Eltern gilt dies eingeschränkt. Umgekehrt geben 40 % der Befragten an, dass sich ihre Eltern gar nicht für das interessieren, was im Religionsunterricht gemacht wird, und weitere 27 % treffen auf ein sehr eingeschränktes Interesse ihrer Eltern in dieser Hinsicht.

Dabei interessieren sich Eltern, wie zu erwarten, umso stärker für das, was in der Schule geschieht, je jünger die Befragten sind. So helfen die Eltern jüngeren Schüler*innen deutlich häufiger als älteren beim Lernen (ρ = –,25; p < ,05) und interessieren sich deutlich häufiger für das, was im Religionsunterricht durchgenommen wurde (ρ = –,28; p < ,05). Das konnte erwartet werden. Alle anderen sozio-demographischen Variablen sind ohne Bedeutung für die Bildungsaspiration im Elternhaus.

Soziales Netzwerk

Das zweite Element des sozialen Kapitals bildet das soziale Netzwerk, das jedoch nur für die älteren Schüler*innen erhoben wurde. Gemeinhin wird bei sozialen Netzwerken zwischen dem sog. *bonding* und dem sog. *bridging* unterschieden. *Bonding* beschreibt Vollzüge, die ein Netzwerk zusammenhalten und die Solidarität innerhalb eines Netzwerks steigern. Beim *bridging* geht es dagegen um Vollzüge, die den Kontakt eines Netzwerks zu anderen Netzwerken pflegen.

Beim Blick auf die Verteilung der Antworten der Jugendlichen fällt auf, dass die drei Items, die für *bonding* stehen, stärker auf die Befragten zutreffen als die drei Items, die für *bridging* stehen. Am stärksten ist unter den Jugendlichen die Bekanntschaft mit Menschen ausgeprägt, die bei Problemen helfen: Auf 61 % trifft das sicher zu, auf weitere 22 % eher. Auch haben 57 % der Jugendlichen sicher einen Menschen, mit denen sie reden können, und weitere 23 % wahrscheinlich. Dass diese Anteile etwas niedriger liegen, wenn es um das Ausleihen von Geld geht, konnte erwartet werden. Aber auch hier geben mehr als 60 % der Befragten an, dass diese Konstellation sicher bzw. eher auf sie zutrifft.

Das Interesse an Menschen, die nicht zur eigenen Gruppe gehören, ist niedriger ausgeprägt. 37 % finden es sicher spannend, unbekannte Menschen kennenzulernen, weitere 27 % eher spannend. Ähnlich fällt die Verteilung aus, wenn es um die Neugierde geht, was Menschen denken, die man noch nicht kennt. Nochmals deutlich niedriger sind die Anteile beim Willen, sich in der Freizeit mit unbekannten Menschen zu treffen. 18 % der Jugendlichen treffen diesen Willen sicher bei sich an, 17 % eher.

Für die Ausprägung des sozialen Netzwerks spielen die sozio-demographischen Variablen ebenso wenig eine entscheidende Rolle wie die Zugehörigkeit zur Untersuchungs- oder Vergleichsgruppe.

Qualität der Daten

Fasst man die einzelnen Aspekte zusammen, ist die Untersuchungsgruppe der Schüler*innen ausgewogen besetzt, was das Alter, das Geschlecht, die Konfessionszugehörigkeit und den Besuch der Jahrgangsstufen 2 bis 6 bzw. 7 bis 10 angeht. Die Vergleichsgruppe ist in diesen Hinsichten weniger ausgeglichen besetzt, denn in ihr überwiegen jüngere Schülerinnen, die zudem im zweiten Erhebungszeitpunkt vor allem evangelisch sind.

In ihrer Religiosität erweisen sich die Befragten als ebenso durchschnittlich wie in ihrer Wertorientierung. Es gibt einen gewissen Anteil hochreligiöser Schüler*innen unter den Befragten, das Gros ist jedoch religiös und ein nennenswerter Anteil nicht religiös. Das entspricht in etwa dem, was auch der Religionsmonitor für ganz Deutschland ausweist (vgl. Pickel, 2019, S. 54–56). In der Wertorientierung dominiert der Wunsch nach einem Leben in Freude und Sicherheit. Diese Wertoptionen erhalten in der aktuellen Shell-Jugendstudie eine vergleichbare Zustimmung, auch wenn dort familiale Werte dominieren, die hier nicht abgefragt wurden (vgl. Hurrelmann et al., 2019, S. 103). Auch die schulische Unterstützung im Elternhaus entspricht dem, was man aus anderen Studien kennt (z. B. Stamm, 2005). Insofern alle diese Informationen in der ersten Erhebungswelle abgefragt wurden, kann davon ausgegangen werden, dass die Stichprobe zu W1 die Schülerschaft im kokoRU sehr gut abbildet – wenn man davon ausgeht, dass den kokoRU nicht andere Schüler*innen besuchen als den regulären Unterricht, was naheliegt, da es sich bei dieser Organisationsform in NRW nicht um einen Modellversuch handelt.

Für die beiden anderen Stichproben W2 und insbesondere W1&2 kann das nicht ohne Weiteres angenommen werden. Die Erhebung des Post-Test im Home-Schooling dürfte in mindestens dreifacher Hinsicht selektiv wirken: Erstens ist nicht mehr sichergestellt, dass prinzipiell alle Lehrpersonen, die kokoRU erteilen, die Anfrage auch erhalten haben. Zweitens ist damit zu rechnen, dass nur noch die Schulen teilnehmen konnten, bei denen Religionsunterricht im Home-Schooling erteilt wurde und es in dieser Teilstichprobe vor allem die motivierten Kolleg*innen waren, die eine derartige Hausaufgabe tatsächlich gestellt haben. Drittens liegt es nahe, dass es vor allem die motivierten Schüler*innen waren, die auf diesen Aufruf reagiert haben. Auch wenn sich also die Verteilungen der sozio-demographischen Merkmale in der Untersuchungsgruppe in W2 nur marginal von denen in W1 unterscheiden, können die Befunde nicht ohne Weiteres verallgemeinert werden. W1&2 ist eine echte Teilmenge von W2 und steht somit unter demselben Vorbehalt.

2.6.2. Die Stichprobe der Lehrkräftebefragung

Im Folgenden wird die Stichprobe der Lehrer*innen dargestellt. Da hier ein Querschnitt erhoben wurde, gibt es auch nur eine quantitative Stichprobe. Insofern die Befunde der Gruppendiskussionen nicht Gegenstand dieser Publikation sind, wird deren Stichprobe hier nicht beschrieben. Insgesamt 406 Lehrer*innen sind der Einladung gefolgt, per Fragebogen über ihre Erfahrungen mit kokoRU zu berichten. Dabei entfallen 355 Lehrer*innen auf die Untersuchungsgruppe und 51 auf die Vergleichsgruppe.

Alter

Blickt man auf das Alter der Untersuchungsgruppe, so sind rund 80 % zwischen 31 und 60 Jahren, wobei davon mit 28 % der größte Teil zwischen 41 und 50 Jahren ist. In der Vergleichsgruppe ist zwar ebenfalls die größte Gruppe (33 %) zwischen 41 und 50 Jahren, jedoch verschiebt sich die Altersstruktur insgesamt etwas nach oben, da der Anteil von Lehrer*innen zwischen 61 und 70 Jahren in der Vergleichsgruppe doppelt so groß ist wie in der Untersuchungsgruppe.

Geschlecht

Das Geschlecht ist in Untersuchungs- und Vergleichsgruppe ähnlich verteilt. In der Untersuchungsgruppe sind 84 % der Befragten weiblich und 16 % männlich. Eine Person bezeichnet sich als divers.

Konfessionszugehörigkeit

Auch bei der Konfessionszugehörigkeit zeigen sich kaum Unterschiede zwischen Untersuchungs- und Vergleichsgruppe: In beiden Fällen ist das Konfessionsverhältnis ausgeglichen.

Berufserfahrung

Rund zwei Drittel der Lehrer*innen der Untersuchungsgruppe arbeiten schon mehr als zehn Jahre als Lehrkraft (ohne Referendariat), wobei von diesen wiederum mehr als die Hälfte schon länger als 20 Jahre Lehrkraft ist. 18 % unterrichten zwischen fünf und zehn Jahren, 16 % weniger als fünf Jahre. In der Vergleichsgruppe ist der Anteil der erfahrenen Lehrer*innen etwas größer, denn rund 75 % arbeiten bereits länger als zehn Jahre als Lehrkraft.

Die Berufserfahrung und das Alter der Befragten korrelieren sehr stark positiv ($r = ,82$; $p < ,001$): Je älter die Kolleg*innen sind, umso länger unterrichten sie bereits. Das liegt zwar auf der Hand, soll hier aber eigens erwähnt werden. Für die Berechnung des Einflusses der Hintergrundvariablen bedeutet dies, dass die Berufserfahrung nur dann eigens berichtet wird, wenn sie einen Einfluss zeigt, der nicht bereits durch das Alter bedingt ist.

Schulformen

In der Untersuchungsgruppe sind Lehrer*innen aller Schulformen vertreten. Allerdings unterrichtet fast die Hälfte der Befragten an einer Grundschule (49 %). Danach folgen mit 16 % bzw. 17 % etwa gleichauf Gymnasien und Gesamtschulen. Wesentlich seltener sind Sekundar- (7 %), Real- (5 %), Haupt- (3 %) und Förderschulen (2 %) vertreten. Auch in der Vergleichsgruppe ist mit 47 % knapp die Hälfte an Grundschulen beschäftigt, während mit 25 % Lehrpersonen an Gymnasien hier einen etwas größeren Anteil darstellen und alle anderen Schulformen auf Werte zwischen 4 % und 8 % kommen.

Die Schulform und das Geschlecht der Befragten sind leicht konfundiert (Cramers V = ,36, $p < ,001$). Nur sechs der 199 antwortenden Kolleg*innen aus der Grundschule sind männlich, während es immerhin 60 Männer unter den 207 Befragten aus weiterführenden Schulen gibt. Dieser Zusammenhang ist nicht stark genug, dass sich beide Variablen in ihrem Einfluss auf die verschiedenen Einschätzungen der Befragten immer bedingen müssen. Es gilt jedoch, ihn im Blick zu behalten.

Unterrichtsdeputat

Fast die Hälfte der Lehrer*innen der Untersuchungsgruppe unterrichtet zwischen 26 und 30 Stunden pro Woche (45 %). Jeweils knapp 20 % unterrichten 16 bis 20 bzw. 21 bis 25 Stunden pro Woche. Zehn Stunden oder weniger unterrichten unter 5 %. Die durchschnittliche Wochenstundenzahl liegt bei 29. In der Vergleichsgruppe unterrichten 41 % mehr als 25 Stunden, wohingegen 15 % zwischen 11 und 15 Stunden unterrichten. Die übrige Verteilung entspricht weitgehend der in der Untersuchungsgruppe. Damit liegt die durchschnittliche Wochenstundenzahl der Vergleichsgruppe mit 21,5 deutlich unter der der Untersuchungsgruppe.

Wenn es um das Deputat in Religion geht, unterrichten 60 % der Lehrer*innen der Untersuchungsgruppe weniger als fünf Stunden in der Woche, und insgesamt 92 % unterrichten weniger als zehn Wochenstunden. Die durchschnittliche Wochenstundenzahl liegt bei 5,3. Angesichts des hohen Anteils grundständiger Religionslehrpersonen in der Stichprobe sind diese Zahlen plausibel, denn Religion ist nicht das einzige Fach dieser Kolleg*innen. In der Vergleichsgruppe unterrichten knapp 87 % weniger als zehn Wochenstunden und knapp 14 % zwischen 11 und 15 Wochenstunden, wohingegen kein*e Lehrer*in hier mehr als 15 Wochenstunden unterrichtet. Die durchschnittliche Wochenstundenzahl der Vergleichsgruppe liegt fast identisch bei 5,2.

Berufszufriedenheit

Hinsichtlich der Berufszufriedenheit wurden den Lehrpersonen drei Fragen vorgelegt, nämlich wie gerne sie Religion unterrichten, wie zufrieden sie mit ihrem Beruf sind und für wie erfolgreich sie sich einschätzen. Dabei kann festgehalten werden, dass die Befragten mehrheitlich sehr gerne in den Religionsunterricht gehen: Weit über die Hälfte unterrichten sehr gerne Religion (57 %), ein Drittel eher gerne (33 %) und weniger als 10 % haben „teils/teils" angegeben. Die Antwortoptionen „weniger gerne" und „gar nicht gerne" wurden nicht angeklickt.

Die Berufszufriedenheit ist demgegenüber etwas niedriger ausgeprägt, aber immer noch sehr hoch. Deutlich mehr als drei Viertel der Lehrkräfte sind mit ihrem Beruf sehr zufrieden oder eher zufrieden (78 %). 16 % sind zwiegespalten, aber nur 6 % sind weniger oder gar nicht zufrieden.

Ihre Einschätzung ihres beruflichen Erfolgs im Religionsunterricht konnten die Kolleg*innen per Note ausdrücken. Zwar halten sich nur 9 % für eine „sehr gute" Lehrkraft, dafür sind aber zwei Drittel davon überzeugt eine „gute" Religionslehrperson zu sein (63 %). Schlechter als „befriedigend" bewertet sich nur 1 %.

Die drei Variablen zur Berufszufriedenheit korrelieren wechselweise mit mittlerer bis großer Effektstärke ($,39 < \rho < ,59$; $p = ,001$). Die drei Facetten der Berufszufriedenheit bedingen sich also gegenseitig. Insgesamt kann also zur Berufszufriedenheit vermerkt werden, dass jeweils mindestens die Hälfte der befragten Lehrer*innen sehr gerne Religion unterrichtet, aktuell eher zufrieden ist und nach eigener Aussage guten Unterricht anbietet. Unterschiede hinsichtlich sozio-demographischer Merkmale oder der Zugehörigkeit zu Untersuchungs- oder Vergleichsgruppe finden sich keine.

Zentralität von Religion

Die individuelle Religiosität der Lehrer*innen wurde anhand der Zentralitätsskala Stefan Hubers erhoben (vgl. Huber & Huber, 2012). Außerhalb ihres Unterrichts und dessen Vorbereitung denken 70 % der Befragten sehr oft bzw. oft über religiöse Fragen nach. Da weitere 26 % dies gelegentlich tun, beschäftigen sich fast alle Lehrkräfte auch außerhalb des beruflichen Kontexts häufiger mit Fragen, die mit Religion zu tun haben.

Mit 85 % sind die allermeisten stark oder sehr stark von der Existenz Gottes überzeugt. Allerdings muss auch beachtet werden, dass immerhin 3 % kaum oder gar nicht an einen Gott glauben und 12 % sich zumindest unsicher sind. Ein häufiges oder sehr häufiges Eingreifen Gottes in ihr eigenes Leben erleben hingegen 44 % der Lehrer*innen und 5 % berichten, dass sie ein solches Eingreifen noch nie erlebt hätten.

Bei den Formen gelebter Religion wurden die Gottesdienstteilnahme und die Häufigkeit des Betens abgefragt. Ein (einigermaßen) regelmäßiger Gottesdienstbesuch wird von knapp der Hälfte angegeben, wobei 11 % jede Woche in den Gottesdienst gehen. 40 % gehen ein paar Mal im Jahr zum Gottesdienst, vermutlich v. a. zu Kasualien oder Festen des Kirchenjahres. 14 % besuchen den Gottesdienst noch seltener oder gar nicht. Beim Gebet findet sich eine etwas andere Verteilung: So beten jeweils knapp 30 % täglich bzw. mehrmals in der Woche. Ein Viertel betet ein- oder zweimal im Monat, 15 % seltener. Nur 2 % geben an, dass sie nie beten.

Unterschiede mit nennenswerter Effektstärke finden sich weder hinsichtlich der sozio-demographischen Merkmale nach der Zugehörigkeit zur Untersuchungs- oder Vergleichsgruppe.

Kirchliches Engagement

Die Hälfte der befragten Lehrkräfte ist ehrenamtlich im kirchlichen Bereich tätig. Dabei entfallen etwa gleich viele Antworten auf die Kinder- und Jugendarbeit (17 %), die Seelsorge (16 %) und die Liturgie (13 %). Wesentlich geringer ist der Anteil derer, die sich in Leitung und Verwaltung bzw. Caritas/Diakonie engagieren (je 5 %). 19 % der Befragten geben dabei *ein* Engagement an, weitere 14 % engagieren sich in zwei der abgefragten Bereiche. Allerdings geben auch 50 % der Befragten an, sich kirchlich nicht zu engagieren.

Von den sozio-demographischen Merkmalen erweisen sich das Geschlecht und die Konfessionszugehörigkeit als hinreichend effektiv. Männer geben mit insgesamt 10 % aller Befragten dreimal so häufig wie Frauen an, sich in Leitungs- und Verwaltungsposten innerhalb der Kirche zu engagieren (Exakter Fisher-Test, $p < ,05$). Außerdem engagieren sich Katholiken etwa doppelt so oft in der

Liturgie und etwa dreimal so oft in der Seelsorge, wogegen 16 % mehr evangelische Lehrer*innen als katholische angeben, überhaupt nicht aktiv zu sein (Exakter Fisher-Test, $p < ,05$).

Wertorientierung

Wie die Schüler*innen wurden auch die Lehrkräfte nach ihrer Wertorientierung gefragt. Es wurde dasselbe Instrument verwendet, allerdings mit einer fünf-Punkt Likert-Skala. Generell zeigen die Lehrer*innen eine eher altruistische Wertorientierung (vgl. Tab. 4). Fast allen ist es sehr wichtig oder eher wichtig, die Meinungen anderer zu achten, anderen zu helfen und sich für Schwache einzusetzen. Alle drei Werte sind etwa 97 % der Befragten sehr wichtig oder eher wichtig. Auf ein ähnliches Maß an Zustimmung kommt sonst nur noch der Wunsch, in Sicherheit zu leben.

Tabelle 4:
*Die Wertorientierung der Lehrer*innen der Untersuchungsgruppe (in Prozent)*

	1	2	3	4	5
andere Meinungen achten	74,17	23,18	2,32	0,33	0,00
Anderen helfen	73,84	23,51	2,32	0,33	0,00
in Sicherheit leben	69,21	26,82	3,64	0,33	0,00
sich für Schwache einsetzen	57,62	39,74	2,65	0,00	0,00
Recht und Ordnung respektieren	41,06	46,03	12,58	0,33	0,00
in Harmonie mit der Natur leben	40,73	48,34	10,26	0,66	0,00
Neues ausprobieren	30,46	50,00	16,89	2,65	0,00
auf eigene Wünsche verzichten können	12,91	39,07	42,05	5,96	0,00
das Leben in vollen Zügen genießen	11,59	34,44	38,41	13,91	1,66
die eigene Meinung durchsetzen	5,96	23,51	56,62	12,25	1,66
stolz auf Deutschland sein	1,99	11,92	31,13	32,78	22,19
mächtig und einflussreich werden	0,99	2,32	12,91	42,72	41,06

Legende: n = 302, 1 = sehr wichtig; 2 = eher wichtig; 3 = teils/teils; 4 = eher nicht wichtig; 5 = überhaupt nicht wichtig

Es folgen drei Werte mit einer Zustimmung von mindestens 80 %, nämlich Recht und Ordnung zu respektieren, in Harmonie mit der Natur zu leben und Neues auszuprobieren. Bei diesen drei Werten ist interessant, dass sie in theoretischer Hinsicht unterschiedlichen Wertmustern zuzuordnen sind. So können die Bewahrung einer Ordnung und das Ausprobieren von Neuem leicht miteinander in

Konflikt geraten. Für die überwiegende Mehrheit der Befragten sind diese Werte jedoch sehr wichtig oder eher wichtig.

Etwa die Hälfte der Lehrkräfte schätzt auch die Fähigkeit, auf eigene Wünsche verzichten zu können (52 %) und das Leben in vollen Zügen zu genießen (46 %). Bei beiden Aussagen fällt jedoch auf, dass die Rate derer, denen diese Werte sehr wichtig sind, gegenüber den bisher beschriebenen Werten stark einbricht. Es handelt sich bei beiden Optionen somit um Werte, die von den Lehrpersonen eher ambivalent beurteilt werden. Letzteres gilt auch für die Aussage, die eigene Meinung durchzusetzen. Hier bildet die Kategorie „teils/teils" den größten Anteil (57 %) und die Zustimmung (29 %) liegt deutlich vor der Ablehnung (14 %).

Die beiden letzten Items der Rangliste werden mehrheitlich abgelehnt. Das gilt für den nationalistischen Stolz auf Deutschland ebenso (55 %) wie – noch viel stärker ausgeprägt – für den Willen zu Macht und Einfluss (84 %). Beide Werte scheinen für die überwiegende Mehrheit der Befragten nicht attraktiv zu sein.

Unter den sozio-demographischen Variablen erweist sich lediglich das Alter in einem Fall als derart einflussreich, dass von einem nennenswerten Effekt gesprochen werden kann. So wollen die Befragten ihr Leben umso stärker in vollen Zügen genießen, je jünger sie sind ($\rho = -,46$; $p < ,05$). Schwächer fällt in zwei Fällen der Zusammenhang zwischen Wertorientierung und Stundendeputat aus: Je geringer dieses Deputat ausfällt, umso stärker wollen die Befragten in Sicherheit leben ($\rho = -,24$; $p < ,05$), aber auch das Leben in vollen Zügen genießen ($\rho = -,22$; $p < ,05$).

Die Unterschiede in der Wertorientierung zwischen Untersuchungsgruppe und Vergleichsgruppe erbringen keine nennenswerten Effektstärken, sodass beide Gruppen eine vergleichbare Orientierung aufweisen. Aus diesem Grund müssen die Antworten der Vergleichsgruppe auch nicht eigens als Tabelle ausgewiesen werden.

Qualität der Daten

Die beiden Gruppen innerhalb der Stichprobe der Lehrer*innen bestehen vorwiegend aus weiblichen Personen, die in der Regel auf eine solide Unterrichtserfahrung zurückgreifen können. Da etwa die Hälfte der Befragten Religion in der Grundschule erteilen, dürfte das durchschnittliche Stundendeputat von fünf Stunden Religionsunterricht plausibel sein. Die Zentralität ist im Sample im Vergleich zum repräsentativen Religionsmonitor etwas höher ausgeprägt (vgl. Pickel, 2019, S. 54–56), was bei der befragten Berufsgruppe aber naheliegt. Auch der dezidiert altruistische Schwerpunkt in der Wertorientierung konnte bei Religionslehrer*innen erwartet werden. Alle diese Ausprägungen deuteten darauf hin, dass die gezogenen Samples die Grundgesamtheit von Religionslehrkräften ziemlich gut abbilden.

Einzig die durchweg hoch ausgeprägte Berufszufriedenheit liegt über dem, was man hätte erwarten können. Zumindest weisen Studien bis zum Anfang dieses Jahrtausends, die die Berufszufriedenheit in verschiedenen Ländern und Kontexten gemessen haben, durchweg eine niedrigere Zufriedenheitsquote aus (Überblick bei: Bieri, 2002, S. 89–92). Und eine 2016 veröffentlichte Forsa-Umfrage im Auftrag des VEB ergab, dass 7 % der Befragten sehr gerne und 72 % eher gerne Lehrer*in sind, aber auch 16 % weniger bis gar nicht gerne.[30] Allerdings berichten die von Feige et al. (2005, S. 44f.) befragten Religionslehrpersonen aus Baden-Württemberg ebenfalls von nur wenigen Belastungen ihres Berufsalltags im Religionsunterricht. Man kann also vermuten, dass Religionslehrpersonen grundsätzlich zu einer etwas höheren Berufszufriedenheit tendieren als ihre Kolleg*innen aus anderen Fächern. Inwiefern die Möglichkeit, am kokoRU teilzunehmen, vor allem zufriedene Kolleg*innen anspricht, kann hier nicht abgeschätzt werden. Zumindest die Personen, die an den Gruppendiskussionen auf der Regionalkonferenz teilgenommen haben, wussten durchaus Kritikpunkte zu berichten. Die hohe Berufszufriedenheit der befragten Lehrer*innen sollte bei der Interpretation der Befunde also im Blick behalten werden.

Die Rücklaufquote dieser Befragung liegt wahrscheinlich unter 20 % und damit z. T. deutlich unter der Quote anderer Studien zum kokoRU (z. B. Kuld u. a., 2008, 170: 57 %; Gennerich & Mokrosch, 2016, S. 51: 34 %). Über die Gründe für diesen vergleichsweise geringen Rücklauf kann hier nur spekuliert werden. Vielleicht erachteten sich viele Lehrer*innen, die kokoRU erteilen, noch nicht kompetent genug in diesem neuen Unterrichtssetting, um bereits eine Einschätzung dieser Organisationsform abgeben zu wollen. Vielleicht fühlten sich viele Kolleg*innen aber auch durch die Befragung kontrolliert. Immerhin wurde auch die Einhaltung der Vorgaben erhoben. Denkbar ist zudem, dass die Vielzahl an Erhebungen in den verschiedensten Fächern zu einer Abneigung gegen diese Erhebungsform geführt hat, zumal die Lehrpersonen bereits die Befragung der Schüler*innen am Schuljahresbeginn moderieren mussten. Schließlich werden einige Kolleg*innen auch deshalb nicht mitgemacht haben, weil sie bereits an der Belastungsgrenze arbeiten. Was letztlich dazu geführt hat, dass wahrscheinlich weniger als 20 % der angefragten Kolleg*innen geantwortet haben, kann auf der Grundlage der zur Verfügung stehenden Daten jedoch nicht wirklich abgeschätzt werden.

30 Vgl. https://www.vbe.de/fileadmin/user_upload/VBE/Service/Meinungsumfragen/2016_02_11_Berufszufriedenheit_Auswertung.pdf.

2.6.3. Die Stichprobe der Elternbefragung

Insgesamt haben 1.177 Eltern an der Umfrage teilgenommen. 859 (73 %) von ihnen gehören der Untersuchungsgruppe an, 318 Personen (27 %) der Vergleichsgruppe.

Alter

In der Untersuchungsgruppe ist der größte Anteil mit 56 % der Befragten zwischen 40 und 50 Jahre alt, gefolgt von den 30- bis 40-Jährigen, die mit 31 % fast ein Drittel der Befragten ausmachen. Mit 11 % macht die Gruppe der 50- bis 60-Jährigen den drittgrößten Anteil aus. Insgesamt sind lediglich 1 % unter 30 oder über 60. Allerdings betreffen diese Anteile nur die gültigen Antworten. Immerhin 18 % der Eltern haben nicht auf die Frage nach ihrem Alter geantwortet. Die antwortenden Elternteile der Vergleichsgruppe sind etwas jünger. Dort liegt der Anteil der 40- bis 50-Jährigen bei 51 %, der Anteil der 30- bis 40-Jährigen bei 41 %. 7 % geben an, zwischen 50 und 60 zu sein, ca. 2 % sind unter 30.

Geschlecht

Bezüglich des Geschlechts zeichnet sich eine deutlich aktivere Teilnahme von Müttern gegenüber Vätern ab. Über 80 % aller Befragten geben an, weiblich, ca. 19 % männlich zu sein. 4 Teilnehmer*innen (0,6 %) antworteten, sie seien divers. Auch hier gilt, dass 18 % der Eltern keine Angabe zu ihrem Geschlecht gemacht haben. Die Auswertung der Vergleichsgruppe zeigt fast identische Werte mit nur marginalen Unterschieden.

Konfessions- und Religionszugehörigkeit

Im Hinblick auf die Religionszugehörigkeit der Befragten zeigt sich ein starker Überhang christlicher Konfessionen. Die Hälfte (50 %) der Befragten gibt an, katholisch zu sein, ein Drittel (33 %) evangelisch und 1 % orthodox. Insgesamt sind somit 84 % der Befragten Christen. 11 % der Befragten sind ohne Religion und 2 % gehören einer freikirchlichen Gemeinde an. Die übrigen 3 % setzen sich aus Muslimen, Juden und Sonstigen zusammen. Der Anteil derer, die hier nicht geantwortet haben, liegt wiederum bei 18 %.

Bei der Auswertung der Vergleichsgruppe fällt eine starke Verschiebung innerhalb der christlichen Konfessionen auf. Dort liegt der Anteil der evangelischen Christ*innen mit 46 % deutlich über dem Anteil der Katholik*innen (38 %). Die Werte muslimischer, freikirchlicher und orthodoxer Religionen ist gegenüber der Untersuchungsgruppe leicht erhöht, während der Anteil der Menschen ohne Religionszugehörigkeit etwas niedriger ausfällt.

Zentralität von Religion

Gemessen anhand der Zentralitätsskala (vgl. Huber & Huber, 2012), denken 32 % der Elternteile der Untersuchungsgruppe oft bzw. sehr oft über religiöse Fragen nach. 48 % tun dies gelegentlich, 16 % „selten“ und 5 % „nie“. Deutlich stärker ausgeprägt ist der Glaube an Gott. 20 % sind sehr stark von seiner Existenz überzeugt, weitere 32 % stark. Kaum von dieser Existenz überzeugt sind 10 % und 8 % gar nicht.

Bei der religiösen Praxis dominieren die Mittelkategorien. Demnach besuchen 5 % der Befragten „jede Woche“ einen Gottesdienst und weitere 17 % „ein, zweimal im Monat“. Mit 43 % ist der Anteil derer mit Abstand am größten, die diesen ein paarmal im Jahr besuchen. Etwas über 22 % tun dies weniger häufig und 12 % nie. Darüber hinaus geben 26 % der Befragten an, mehrmals in der Woche bzw. täglich zu beten. Ein- bis zweimal im Monat beten laut eigenen Angaben 20 %, weniger als ein-, zweimal im Monat 36 % und 19 % der befragten Eltern beten nie.

Vergleichbar ist auch die Verteilung der Erfahrung, dass Gott in das eigene Leben eingreift. 23 % der Befragten geben an, dass sie „sehr oft“ oder „oft“ ein solches Gefühl haben. Ein Drittel (33 %) meint, dass Gott gelegentlich in ihr Leben eingreife. 24 % beantworten die Frage mit „selten“, 20 % mit „nie“.

Einen spürbaren Effekt auf die Zentralität von Religion hat nur die Konfessions- bzw. Religionszugehörigkeit, der per einfaktorieller Varianzanalyse mit Games-Howell Post-Hoc-Test geprüft wurde. Wenig überraschend ist die individuelle Religiosität evangelischer und katholischer Eltern viel stärker ausgeprägt als diejenige konfessionsfreier Eltern, und zwar auf allen fünf Dimensionen. Darüber hinaus sind katholische Eltern etwas stärker davon überzeugt als evangelische Eltern, dass es Gott oder etwas Göttliches gibt ($F(3; 41,81) = 36,84$, $p < ,001$). Außerdem besuchen Erstere etwas häufiger einen Gottesdienst als Letztere ($F(3; 45,41) = 29,79$, $p < ,001$).

Religiösen Erziehung und Sozialisation der Kinder

Um ein differenziertes Bild dessen zu gewinnen, was die Eltern ihren Kindern im Hinblick auf die Weitergabe des Glaubens bieten, wurden sowohl sozialisatorische wie auch erzieherische Aspekte erfragt. Bei den sozialisatorischen Aspekten geht es darum, inwiefern die Kinder durch den Alltag in der Familie mit Religion in Kontakt kommen. Hierzu wurden das Tischgebet, das Sprechen über Gott und den Glauben sowie das Vorlesen aus der Bibel als Indikatoren herangezogen. Eine Erziehung ist dagegen ein willentlicher Vorgang, den die Eltern mehr oder weniger bewusst ihren Kindern angedeihen lassen. Eine solche Erziehung wurde anhand von zwei Instrumenten erhoben, wobei das erste schlicht erfragt, ob die Eltern ihre Kinder religiös erziehen, und das zweite im Fall einer positiven Antwort im ersten Instrument den Eltern verschiedene Erziehungsziele zur Beurteilung vorlegt.

Was die religiöse Sozialisation angeht, geben über die Hälfte der Befragten (54 %) an, nie ein Tischgebet zu sprechen. Sehr oft oder oft geschieht dies in 13 % der befragten Familien. Ansonsten wird ein Tischgebet gelegentlich (15 %) oder selten (18 %) gesprochen. Auch aus der Bibel bekommen nur wenige Kinder vorgelesen. In insgesamt 5 % der befragten Elternhäuser geschieht dies oft oder sehr oft und in weiteren 24 % gelegentlich. Mehr als zwei Drittel der Kinder und Jugendlichen (71 %) kommen aus Sicht der Eltern zu Hause dagegen selten oder nie mit der Bibel in Kontakt. Anders sieht das Bild aus, wenn es um Gespräche über Gott und den Glauben geht. Hier stellt die Kategorie „gelegentlich" mit 46 % den größten Anteil in der Stichprobe. Knapp ein Viertel der Befragten spricht oft oder sehr oft über Gott und den Glauben (24 %), entsprechend 30 % selten oder nie.

Gefragt, ob sie ihre Kinder religiös erziehen, antworten 21 % der Befragten klar mit „ja" und 42 % mit „eher ja". Im Umkehrschluss findet in einem Drittel der befragten Familien eher keine (24 %) oder gar keine religiöse Erziehung statt (13 %).

Tabelle 5:
Ziele religiöser Erziehung im Elternhaus (in Prozent)

Mir ist wichtig, dass mein Kind ...	1	2	3	4	5
... etwas über meinen Glauben weiß	52,1	38,2	7,9	1,4	0,4
... etwas über andere Religionen weiß	50,6	39,5	8,5	1,2	0,2
... selbst entscheidet, was es glauben kann und will	50,1	33,3	13,9	2,5	0,2
... über die Beziehung zu Göttlichem Halt findet	39,5	37,9	18,5	3,2	0,9
... durch die religiösen Werte besser weiß, wie es sich verhalten soll	26,1	39,9	23,6	9,2	1,2
... etwas über andere Konfessionen weiß	20,7	42,6	27,5	7,7	1,4
... durch die Gemeinde vor Ort unterstützt wird	18,3	28,4	35,1	15	3,2

Legende: n = 213; 1 = sehr wichtig; 2 = eher wichtig; 3 = teils/teils; 4 = eher nicht wichtig; 5 = überhaupt nicht wichtig

Den Eltern, die mit „ja" oder mit „eher ja" geantwortet haben, wurden anschließend sieben mögliche Ziele einer religiösen Erziehung vorgelegt, mit der Bitte, jeweils zu entscheiden, wie wichtig das vorgeschlagene Ziel für die eigene Erziehung ist (vgl. Tab. 5). Mit nahezu identischen Bedeutungswerten wollen die befragten Eltern vor allem, dass ihre Kinder sowohl etwas über ihren eigenen Glauben erfahren, wie auch etwas über andere Religionen. Beide Items kommen auf rund 90 %, wenn man die Kategorien „wichtig“ und „eher wichtig“ zusammenzählt. Mit 83 % folgt das Ziel religiöser Selbstbestimmung. Dass das Kind Halt in einer Beziehung zu Göttlichem findet, kommt auf 77 % zustimmender Antworten. Zusammen ergeben diese vier Formulierungen das Bild eines selbstbestimmten Glaubens in interreligiöser Perspektive.

Auf den beiden nächsten Rangplätzen folgen mit praktisch identischer Bedeutsamkeit die Ziele, dass das Kind anhand religiöser Werte lernt, sich richtig zu verhalten, und etwas über die andere Konfession weiß. In beiden Fällen erreicht die Zustimmung 66 % bzw. 63 %, was knapp zwei Dritteln der Stichprobe entspricht, aber auch einen Abstand von etwa 13 Prozentpunkten gegenüber den nächstwichtigeren Zielen religiöser Erziehung ausmacht.

Insofern derartig gelagerte Fragen stets zu hohen Zustimmungswerten neigen, fällt umso mehr auf, dass eines der vorgeschlagenen Ziele von weniger als der Hälfte der Befragten als sehr wichtig oder eher wichtig erachtet wird: Unterstützung des eigenen Glaubens durch die Gemeinde vor Ort (47 %). Offensichtlich ist die soziale Einbettung des Glaubens vielen Eltern weniger wichtig als die individuelle Überzeugung.

Effektive Unterschiede ergeben sich weder hinsichtlich der sozio-demographischen Merkmale noch der Zugehörigkeit zur Untersuchungs- oder Vergleichsgruppe. Allerdings liegt das auch daran, dass hinreichende Daten nur für evangelische und katholische Elternhäuser vorliegen.

Engagement in der Kirchengemeinde

Etwas mehr als zwei Drittel der Befragten geben an, dass sie sich in ihrer Kirchengemeinde engagieren, was auf die Besonderheit der Stichprobe verweist. Davon antwortet ein kleinerer Anteil von 21 %, dass sie dies häufiger tun, und ein etwas größerer Anteil von insgesamt 25 %, dass sie sich gelegentlich engagieren. 24 % der Befragten helfen selten freiwillig in ihrer Kirchengemeinde, weitere 30 % nie. Die Hintergrundvariablen sind ohne Bedeutung für dieses Engagement. Auch spielt es keine Rolle, ob der antwortende Elternteil der Untersuchungsgruppe oder der Vergleichsgruppe angehört.

Wertorientierung

Die Wertorientierung wurde auch bei den Eltern durch das bereits bekannte Instrument erhoben (vgl. Tab. 6). Demnach ist vier von fünf Befragten ein Leben in Sicherheit sehr wichtig (82 %). Bereits mit deutlichem Abstand folgen die beiden Werte, die Meinung anderer Menschen zu achten (66 %) und anderen zu helfen (63 %). Mit dem Respekt gegenüber Recht und Ordnung (54 %) landet das letzte Item, das von mindestens der Hälfte der Befragten als sehr wichtig eingestuft wird, auf dem vierten Platz. Knapp unter dieser Mittelmarke liegen die beiden Werte, dass man sich für Schwache einsetzt (49 %) und in Harmonie mit der Natur lebt (47 %). Die restlichen Wertoptionen des Instruments werden von maximal einem Drittel der Befragten als sehr wichtig für das eigene Leben erachtet. Dazu gehört, dass man etwas Neues ausprobiert (30 %) ebenso, wie die hedonistische Position, das Leben in vollen Zügen zu genießen (25 %), oder die eigene Meinung durchzusetzen (21 %). Wenn es darum geht, auf die eigenen Wünsche zu verzichten oder stolz auf Deutschland zu sein, erachtet das nur noch knapp jede/r Zehnte aus der Stichprobe für sehr wichtig (jeweils 12 %). Macht und Einfluss ist nur 3 % sehr wichtig.

Tabelle 6:
Die Wertorientierung der Eltern (in Prozent)

	1	2	3	4	5
in Sicherheit leben	82,3	15,4	1,9	0,3	0,1
andere Meinungen achten	65,6	29,8	4,3	0,3	0,1
Anderen helfen	62,6	33,7	3,7	0	0
Recht und Ordnung respektieren	54,1	38,5	6,9	0,5	0
sich für Schwache einsetzen	48,6	42,6	7,8	0,8	0,2
in Harmonie mit der Natur leben	46,3	40,9	11,2	1,3	0,4
Neues ausprobieren	30,4	47	20,6	1,9	0,2
das Leben in vollen Zügen genießen	25,7	31,5	35,2	6,3	1,3
die eigene Meinung durchsetzen	20,5	28,5	43,7	6	1,3
auf eigene Wünsche verzichten können	12,4	40,9	43,2	3,2	0,4
stolz auf Deutschland sein	11,6	23,4	37,1	18,1	9,8
mächtig und einflussreich werden	2,7	5,2	21,4	47,4	23,3

Legende: n = 1011; 1 = sehr wichtig; 2 = eher wichtig; 3 = teils/teils; 4 = eher nicht wichtig; 5 = überhaupt nicht wichtig

Dieses Bild ändert sich nicht wesentlich, wenn man neben der Kategorie „sehr wichtig“ auch die Kategorie „eher wichtig“ hinzuzieht. Dann kommen die fünf ersten Wertoptionen der Rangliste auf Zustimmungen von deutlich über 90 %. Allerdings steigt die relative Attraktivität der Werte „sich für Schwache einsetzen“, „in Harmonie mit der Natur leben“, „Neues ausprobieren“ und „auf eigene Wünsche verzichten“ deutlich, denn in allen fünf Fällen kommt die Kategorie „eher wichtig“ auf einen Anteil von mindestens 40 %.

Rundheraus abgelehnt wird von den befragten Elternteilen nur das Streben nach Macht und Einfluss, das von 47 % als eher nicht wichtig und weiteren 23 % als überhaupt nicht wichtig eingestuft wird. Ansonsten erreicht nur der Stolz auf Deutschland mit 28 % ablehnender Voten einen nennenswerten Anteil in diesem Bereich.

Einen relevanten Einfluss auf die Wertorientierung hat nur das Alter beim hedonistischen Item: Jüngeren Eltern ist wichtiger als älteren, das Leben zu genießen ($r = -,31$; $p < ,001$). Ansonsten ergeben sich keine weiteren Unterschiede mit nennenswerter Effektstärke.

Ehrenamtliches Engagement

Im Item zum ehrenamtlichen Engagement wurde sowohl die Mitarbeit in einem Verein (z. B. Sport, Musik, Kindergarten etc.) als auch in einer ehrenamtlichen Initiative (z. B. Flüchtlingsarbeit, Nachbarschaftshilfe etc.) explizit ausgewiesen. Über zwei Drittel der Eltern geben an, sich ehrenamtlich zu engagieren (73 %). Die restlichen 27 % sagen, dies nicht zu tun. Unterschiede durch die sozio-demographischen Merkmale ergeben sich nicht, auch nicht durch die Zugehörigkeit zur Untersuchungs- oder Vergleichsgruppe.

Qualität der Daten

Auf die Einladung, ihre Erfahrungen zum kokoRU mitzuteilen, haben vor allem Mütter zwischen 30 und 50 Jahren reagiert. Das konnte so erwartet werden. Dabei handelt es sich mehrheitlich um Teilnehmer*innen, die überdurchschnittlich religiös und ehrenamtlich engagiert sind. Dass solche Personen eher auf die Anfrage reagieren als solche, für die Religion eher keine Rolle spielt und die sich nicht sozial engagieren, ist zwar plausibel, bedeutet aber auch, dass die Stichprobe der Eltern kaum die Grundgesamtheit der Eltern, deren Kinder den kokoRU besuchen, repräsentiert.

2.6.4. Die Stichprobe der Schulleitungsbefragung

228 Schulleitungen haben die Gelegenheit wahrgenommen, den Fragebogen zum kokoRU auszufüllen, was einem Rücklauf von 74 % entspricht. Es sind alle Schularten beteiligt, diese sind jedoch sehr unterschiedlich verteilt. Mit 58 % kommen über die Hälfte der Antworten von Grundschulen, gefolgt von Gesamtschulen (17 %) und Gymnasien (14 %). Der Rest verteilt sich auf reine Haupt-, Real- und Förderschulen. Beim Vergleich mit der Verteilung aller Schulen, die im Schuljahr 2019/20 kokoRU anbieten (= Grundgesamtheit), zeigt sich, dass die

vorliegende Stichprobe die Grundgesamtheit hinsichtlich der Schularten sehr gut abbildet.

Fast die Hälfte der antwortenden Schulen befinden sich im Regierungsbezirk Arnsberg. Es folgen mit nahezu gleichen Anteilen die Regierungsbezirke Düsseldorf (17 %), Münster (16 %) und Detmold (16 %). Dass nur 4 % der Schulen dem Regierungsbezirk Köln angehören, ergibt sich aus der Tatsache, dass im Erzbistum Köln in diesem Zeitraum kein kokoRU angeboten wird, d. h. im Sample nur die Schulen im Regierungsbezirk Köln den kokoRU beantragen konnten, die nicht auf dem Gebiet der Erzdiözese liegen. Gleichzeitig spiegelt die Stichprobe die Verteilung der Schulen in der Grundgesamtheit ziemlich gut wider. Lediglich Schulen aus dem Regierungsbezirk Detmold sind etwas unterrepräsentiert und Schulen aus dem Regierungsbezirk Arnsberg etwas überrepräsentiert.

Wenn es um die kirchliche Rückbindung geht, muss zwischen den evangelischen Landeskirchen und den katholischen Bistümern unterschieden werden, die zusammen den kokoRU verantworten. Von den antwortenden Schulen befinden sich 69 % auf dem Gebiet der Evangelischen Kirche von Westfalen. 19 % der Schulen liegen auf dem Gebiet der Evangelischen Kirche im Rheinland und 4 % auf dem Gebiet der Lippischen Landeskirche, 8 % machen keine Angabe zur Zugehörigkeit. Bei der Zuordnung nach katholischen Bistümern liegen entsprechend die meisten der antwortenden Schulen auf dem Gebiet des Erzbistums Paderborn (50 %). Etwa gleich viele Schulen gehören zum Bistum Münster (20 %) und zum Bistum Essen (20 %), 7 % zum Bistum Aachen. Hier machen 3 % der Schulleitungen keine Angabe.

Angesichts der Tatsache, dass diese Stichprobe die Grundgesamtheiten, sofern Informationen über sie vorliegen, sehr gut abbilden, kann bei der Befragung der Schulleitungen von einem repräsentativen Sample gesprochen werden.

3. Die Befunde der Evaluation

In diesem Kapitel wird der empirische Befund der Evaluation berichtet. Dazu wird zuerst auf die einzelnen Befragungen eingegangen, um anschließend Querschnittsperspektiven zu eröffnen.

3.1. *Die Befunde aus der Befragung der Schüler*innen*

Um herauszufinden, wie die befragten Schüler*innen den kokoRU erleben, wurden sie sowohl zu seiner Organisation als auch zu seinem Unterrichtsgeschehen befragt. Außerdem wurden ihnen Testfragen gestellt, um mögliche Effekte dieser Organisationsform konfessionsbezogenen Lernens auf Wissen und Einstellungen zu erfassen. Entsprechend werden die folgenden Beschreibungen nach Befunden zur Organisation des kokoRU (3.1.1.), seines Unterrichtsgeschehens (3.1.2.) und seinen Effekten (3.1.3.) gegliedert. Außerdem werden die allgemeinen Einstellungen der Schüler*innen gegenüber dem Religionsunterricht beschrieben (3.1.4.) und übergreifende Zusammenhänge im Zugang zur Evaluation des kokoRU herausgearbeitet (3.1.5.). Es sei daran erinnert, dass die diesen Befunden zugrundeliegenden Daten am Ende des Schuljahres 2019/20 erhoben wurden und damit im Home-Schooling unter Coronabedingungen.

3.1.1. Befunde zur Organisation des kokoRU

Die Wahrnehmung der Organisation des kokoRU durch die Schüler*innen wurde anhand von zwei Variablen erhoben, nämlich der Zufriedenheit mit dieser Organisationsform und dem Bewusstsein über die Konfessionszugehörigkeiten in der Lerngruppe.

Zufriedenheit mit dem kokoRU

Die Zufriedenheit mit dem Religionsunterricht haben wir anhand von zwei Items erhoben. Zum einen wurde sowohl im Prä- wie auch im Post-Test direkt gefragt, wie gerne man grundsätzlich den Religionsunterricht besucht. Als Antwortoptionen stand eine sechs-stufige Likert-Skale von „gar nicht gerne“ bis „sehr gerne" zur Verfügung. Zum anderen wurde – allerdings nur im Post-Test – gefragt, ob man einem Freund bzw. einer Freundin empfehlen würde, mit in diesen Unterricht zu kommen. Die Antwortoptionen lauteten „eher nicht", „vielleicht" und „ziemlich sicher".

Die Antworten auf die sechs möglichen Kategorien der ersten Frage sind im Prä-Test auf der Stichprobe W1 relativ gleichmäßig verteilt (vgl. Tab. 7). 23 % besuchen diesen Unterricht sehr gerne, weitere 15 % bzw. 18 % gerne bzw. eher gerne. Damit entfallen 56 % der Antworten auf die Hälfte der Antwortskala, die zumindest tendenziell zufrieden mit dem Religionsunterricht ist. Im gematchten Datensatz W1&2 erweisen sich die Befragten im Prä-Test als etwas zufriedener, wobei die Differenz eher gering ist. Im Post-Test auf W1&2 wird der Anteil zufriedener Schüler*innen größer. 18 % der Schüler*innen geben an, diesen Unterricht sehr gerne zu besuchen, weitere 32 % optieren für „gerne" und nochmals 27 % für „eher gerne". In der Summe sind damit 77 % der Befragten am Ende des Schuljahres zumindest tendenziell zufrieden mit ihrem Religionsunterricht. Im Detail erweist sich die Differenz in der Zufriedenheit zwischen Post- und Prä-Test als signifikant ($t(653) = 6{,}24$; $p < {,}001$). Am Ende des Schuljahres sind die Befragten der gematchten Stichprobe zufriedener mit dem kokoRU ($m = 4{,}24$; $SD = 1{,}38$) als zum Beginn dieses Schuljahres ($m = 3{,}83$; $SD = 1{,}63$), wobei die Effektstärke dieser Differenz klein ist ($d = {,}24$).

Tabelle 7:
Die Zufriedenheit mit dem kokoRU (Untersuchungsgruppe)

		1	2	3	4	5	6
	n	%	%	%	%	%	%
Prä-Test W1	12032	14,1	12,1	17,6	17,8	15,2	23,2
Prä-Test W1&2	692	12,4	11,7	16,9	21,4	17,6	19,9
Post-Test W1&2	692	7,0	5,0	11,4	26,9	31,8	17,9

Legende: 1 = gar nicht gerne; 2 = nicht gerne; 3 = eher nicht gerne: 4 = eher gerne; 5 = gerne; 6 = sehr gerne

Die Einladung an einen Freund bzw. eine Freundin in den eigenen Religionsunterricht, die nur zum Schuljahresende erhoben wurde, würden bei 1.505 Antworten 28 % eher nicht aussprechen, 37 % vielleicht und 35 % ziemlich sicher.

Die Zufriedenheit mit dem Religionsunterricht nimmt im Prä-Test mit steigendem Alter relativ stark ab ($\rho_{W1} = -{,}31$; $p < {,}05$). Dieser Zusammenhang wird im Post-Test zwar auch signifikant, ohne jedoch eine vergleichbare Effektstärke zu erreichen ($\rho_{W2} = -{,}16$; $p < {,}5$). Alle anderen Zusammenhänge mit den sozio-demographischen Merkmalen sind signifikant, aber ohne nennenswerten Effekt. Signifikante Unterschiede zwischen Untersuchungs- und Vergleichsgruppe finden sich keine.

Bewusstsein über Konfessionszugehörigkeiten

Der kokoRU lebt u. a. davon, dass konfessionelle Zugehörigkeiten transparent werden. Deshalb wurden die Schüler*innen gefragt, inwiefern sie diese Zugehörigkeit bei ihren Mitschüler*innen und den Religionslehrpersonen an ihrer Schule kennen. Die Antwortoptionen in beiden Fällen lauteten: „bei keinem", „bei Einigen", bei der Mehrzahl", „von allen" und „weiß ich nicht".

Wenn es um die Konfessionalität der Mitschüler*innen geht, waren sich im Prä-Test auf W1 17 % der Befragten sicher, diese Zugehörigkeit bei mindestens der Mehrzahl in der Lerngruppe zu kennen, und weitere 30 % gaben an, die Konfessionalität von einzelnen Mitschüler*innen zu kennen. Auf der gematchten Stichprobe liegt der Anteil derjenigen, die bei allen die Konfessionalität kennen, vergleichbar (13 %), wogegen der Anteil von „bei der Mehrzahl" deutlich höher liegt (42 %). Im Post-Test gibt niemand mehr an, die Konfessionalität bei allen zu kennen. Der Anteil derjenigen, die das bei der Mehrzahl tun, bleibt etwa gleich (39 %). Dafür steigt der Anteil derjenigen, der die Konfessionalität einzelner Mitschüler*innen kennen, von 40 % im Prä-Test auf 49 % im Post-Test. Auch der Anteil derjenigen, die bei keinem die Konfessionalität zu kennen glauben, verdoppelt sich auf 12 % im Post-Test. Diese Unterschiede sind signifikant (Chi-Quadrat (6) = 122,92; $p < ,001$), der Effekt des Unterschieds ist mittel (Cramers $V = ,33$). Dieser Befund ist unter der Prämisse zu interpretieren, dass viele Schüler*innen während des Untersuchungszeitraumes etwa ein halbes Jahr regulären kokoRU erlebt haben, bevor sie bis fast ans Ende des Schuljahres ins Home-Schooling gegangen sind. Einige von ihnen könnten den kokoRU auch bereits im Vorjahr besucht haben, denn es finden sich auch Schulen in der Stichprobe, die diese Organisationsform des Religionsunterrichts schon im Schuljahr 2018/19 eingeführt haben.

Auch bei der Kenntnis der Konfessionalität der Religionslehrpersonen an der Schule ändern sich die Anteile zwischen Prä- und Post-Test. Am Beginn des Schuljahres glauben 6 % der Befragten der großen Stichprobe zu W1, von allen Lehrkräften die Konfessionalität zu kennen, und weitere 10 %, sie von der Mehrzahl des Religionskollegiums zu kennen. 30 % kennen die Konfessionalität von einzelnen Lehrpersonen, 16 % von keiner. Die Daten des Prä-Tests auf W1&2 liegen bei vergleichbaren Anteilen. Zum Post-Test verschlechtert sich die Kenntnis der Konfessionalität der Religionslehrkräfte an der Schule bei 33 % der Befragten, bleibt bei 41 % gleich und verbessert sich bei 26 %.

Einen hinreichenden Effekt auf die Kenntnis der Konfessionszugehörigkeit zeigt nur das Alter der Schüler*innen, wenn es um die Konfession der Lehrkräfte geht. Vor allem im Post-Test nimmt diese Kenntnis mit zunehmendem Alter deutlich zu ($\rho_{W2} = ,32$; $p < ,05$). Im Prä-Test gibt es einen vergleichbaren Zusammenhang, der jedoch sehr schwach ausfällt ($\rho_{W1} = ,12$; $p < ,05$). Unterschiede zwischen Untersuchungs- und Vergleichsgruppe ergeben sich nicht.

3.1.2. Befunde zum Unterrichtsgeschehen des kokoRU

Auch hinsichtlich des Unterrichtsgeschehens des kokoRU wurden zwei Aspekte erhoben, nämlich die Wahrnehmung spezifischer Lernchancen und die Empfindung, inwiefern es der Lehrperson gelingt, den Religionsunterricht als sog. *safe space* zu gestalten.

Spezifische Lernchancen des kokoRU

Der kokoRU ist durch ein spezifisches didaktisches Lehr- und Lernarrangement gekennzeichnet, das die Auseinandersetzung mit und das Gespräch zwischen den beiden großen christlichen Konfessionen bewusst in den Mittelpunkt des Unterrichtsgeschehens rückt. In der Regel gehören die Standpunktfähigkeit, die Fähigkeit zum Perspektivenwechsel und die Dialogfähigkeit zu den Kompetenzen, die in dieser Hinsicht besonders gefördert werden können. In der Evaluation wurden den Schüler*innen zu jeder dieser Fähigkeit je drei Items vorgelegt, die einschlägige Aktivitäten beschreiben. Die Schüler*innen konnten angeben, ob sie solche Lernerfahrungen „nie", selten", „gelegentlich", „häufig" oder „sehr häufig" erlebt haben.

Der Blick auf die Verteilung der Antworten zeigt, dass die Befragten vor allem Aktivitäten erinnern, die sich auf die Standpunktfähigkeit beziehen (vgl. Tab. 8). 59 % meinen, häufig bis sehr häufig ihre Meinung begründet zu haben; 46 % sagen, oft bis sehr oft überlegt zu haben, wie ihr eigener Standpunkt in einer Sache ist, und 29 % berichten, dass sie häufig bis sehr häufig von ihrem eigenen Glauben erzählt haben. Einen vergleichbaren Anteil weist sonst nur noch das Item auf, dass man sich in einen anderen Menschen hineinversetzt (30 %), welches auf die Kompetenz des Perspektivenwechsels abzielt. Die restlichen Lernerfahrungen wurden nur von weniger als einem Fünftel der Befragten oft bzw. sehr oft in ihrem Unterricht erlebt.

Es sind besonders zwei Erfahrungen, welche die Schüler*innen fast ausschließlich selten oder nie erlebt haben (vgl. Tab. 8): eine Diskussion darüber, welcher Glaube der richtige sei, und in einer Diskussion die Position des Gegenübers vertreten zu haben. Bei allem Vorbehalt, dass erinnerte Erfahrungen nicht das tatsächliche Unterrichtsgeschehen widerspiegeln, kann festgehalten werden, dass eine Diskussion über die Richtigkeit von Glaubensüberzeugungen eher selten im kokoRU stattgefunden zu haben scheint. Darüber hinaus ist das Vertreten einer anderen Position in einer Diskussion eine kaum gewählte, weil sehr anspruchsvolle Aufgabe.

Unter den Hintergrundvariablen bedingt lediglich das Alter nennenswerte Unterschiede, während Geschlecht und Konfession in der Wahrnehmung kokoRU-spezifischer Lernerfahrungen keine Rolle spielen. Vor allem das Erzählen vom eigenen Glauben ($\rho = -,43$; $p < ,05$) und das Erklären des eigenen Glaubens einer Person gegenüber, die nicht dieser Konfession angehört (ρ = –,39, p < ,05), wird umso stärker berichtet, je jünger die Befragten sind. In beiden Fällen erklärt das Alter mindestens 15 % der Varianz, was einen bemerkenswerten Effekt darstellt. Die Unterschiede zwischen Untersuchungs- und Vergleichsgruppe weisen keine hinreichende Effektstärke auf.

Tabelle 8:
Die Häufigkeit spezifischer Lernerfahrungen im kokoRU (Untersuchungsgruppe)

	1	*2*	*3*	*4*	*5*
	%	*%*	*%*	*%*	*%*
Meine Meinung begründet	9,7	10,9	20,0	30,8	28,7
Überlegt, wie mein eigener Standpunkt zu einer Sache ist	15,4	14,8	23,5	27,3	19,0
Vom eigenen Glauben erzählt	16,8	20,3	33,4	21,4	8,0
In einen Menschen hineinversetzt, der [andere Konfession] ist	26,9	25,1	30,1	11,3	6,6
Herausgefunden, was jemand sagen würde, der nicht [eigene Konfession] ist	41,9	18,6	22,8	12,5	4,2
Miteinander diskutiert, warum sich ev. und kath. unterscheiden	32,0	20,6	29,8	14,6	3,1
Anderen erklärt, was Mitglieder der eigenen Konfession glauben	41,7	27,1	18,1	10,3	2,8
Gesprochen, welcher Glaube der richtige ist	63,0	19,6	12,1	3,00	2,2
In einer Diskussion so gesprochen, als wäre ich [andere Konfession]	74,5	13,7	7,5	2,8	1,5

Legende: n = 910; 1 = nie; 2 = selten; 3 = gelegentlich; 4 = oft; 5 = sehr oft

Der kokoRU als safe space

Um kontroverse Positionen im Religionsunterricht wirksam zu besprechen, bedarf es einer vertrauensvollen Unterrichtsatmosphäre. Die Schüler*innen müssen sich darauf verlassen können, dass in und außerhalb der Lerngruppe vertrauensvoll mit ihren Beiträgen umgegangen wird, wenn sie sich authentisch äußern sollen. Das Instrument, anhand dessen erhoben wird, inwiefern der kokoRU einem *safe space* entspricht, wurde aus der TIMMS-2007-Studie entnommen (vgl. Bos et al., 2009). Um die Komplexität der Erhebung für die jüngeren Jahrgänge zu reduzieren, wurden lediglich die drei Antwortoptionen „stimmt eher nicht", „teils/teils" und „stimmt eher" angeboten.

Tabelle 9:
Die Häufigkeit der Erfahrung eines safe space im kokoRU (Untersuchungsgruppe)

	1	*2*	*3*
	%	%	%
Der Lehrkraft ist es wichtig, dass wir ehrlich zueinander sind.	5,1	13,5	81,
Die Lehrkraft korrigiert uns, wenn wir im Unterricht etwas Falsches sagen.	5,8	15,2	79,0
Die Lehrkraft passt auf, dass niemand schlecht über einen Mitschüler oder eine Mitschülerin spricht.	5,7	13,4	81,0
Es fällt mir leicht, mich zu melden und etwas zum Unterricht beizutragen.	9,1	31,5	59,4
Ich traue mich, im Unterricht etwas von meinem Glauben zu erzählen.	14,6	30,00	55,4
Wenn jemand etwas von sich erzählt, kann es sein, dass das auf dem Pausenhof weitererzählt wird.	65,7	20,9	13,5
Manchmal lästern wir über das, was andere erzählen.	62,4	25,9	11,7

Legende: n = 1611; 1 = stimmt eher nicht; 2 = teils/teils; 3 = stimmt eher

Die Antworten der Schüler*innen zeigen deutlich, dass sich die Lehrpersonen im kokoRU mehrheitlich um einen fairen Umgang miteinander kümmern (vgl. Tab. 9). Jeweils 81 % meinen: Es trifft für ihre eigenen Lehrpersonen zu, dass es ihnen wichtig ist, dass man ehrlich zueinander ist, und dass sie aufpassen, dass niemand schlecht über Mitschüler*innen spricht. Die anderslautenden Erfahrungen, dass Inhalte aus dem Unterricht auf dem Pausenhof erzählt werden oder dass die Schüler*innen übereinander lästern, machen nur 14 % bzw. 12 %, während jeweils etwa zwei Drittel diese Erfahrungen praktisch nicht machen. In der Folge trifft es für über die Hälfte der Befragten zu, dass sie sich trauen, sich im Unterricht zu melden (59 %) oder vom eigenen Glauben zu erzählen (55 %).

In diesem Umfeld erlauben die Antworten zur Tatsache, inwiefern die Lehrperson die Schüler*innen bei Fehlern korrigiert, einen interessanten Einblick in die Praxis des kokoRU: Zum einen scheint es den Lehrpersonen mehrheitlich nicht egal zu sein, was die Kinder und Jugendlichen antworten, denn 79 % sagen, es treffe zu, dass die Lehrperson korrigierend ins Unterrichtsgeschehen eingreift. In den meisten Fällen scheint die fachliche Richtigkeit ein hohes Gut im konfessionell-kooperativen Lernsetting zu sein. Zum anderen scheint sich das korrigierende Eingreifen der Lehrkraft nicht negativ auf die positive Unterrichtsatmosphäre auszuwirken. Das zeigen nicht nur die hohen Zustimmungswerte zu den einschlägigen Aussagen, sondern das bestätigen auch die relativ hohen Korrelationen der Korrekturaussage mit derjenigen, es sei der Lehrperson wichtig, dass niemand schlecht über Mitschüler spricht (ρ =,40; p < ,001). Korrigierendes Eingreifen, um sachliche Richtigkeit herzustellen, und eine Unterrichtsatmosphäre im Sinn des *safe space* schließen sich somit nicht gegenseitig aus.

Einen nennenswerten Effekt auf diese Erfahrungen zeigt lediglich das Alter, wenn es um negative Kommentare im Unterricht geht: Je älter die Befragten sind, umso häufiger erleben sie, dass es ihren Lehrkräften wichtig ist, dass diese Kommentare ausbleiben (ρ = ,27; p < ,05). In diesem Fall erklärt das Alter immerhin 7 % der Varianz. Die anderen sozio-demographischen Merkmale ergeben ebensowenig nennenswerte Effekte, wie die Tatsache, ob die Schüler*innen der Untersuchungs- oder der Vergleichsgruppe angehören.

3.1.3. Befunde zu den Effekten des kokoRU

Der kokoRU stellt die Konfessionalität in den Mittelpunkt der unterrichtlichen Auseinandersetzung. Es geht ihm nicht nur darum, die Gemeinsamkeiten und Unterschiede der beteiligten Konfessionen herauszuarbeiten, sondern auch um ein konfessionelles Bewusstsein der Schüler*innen. In dieser Evaluation wurde deshalb auch untersucht, ob der Besuch des kokoRU entsprechende Effekte bei den Schüler*innen bewirkt. Dabei wird zwischen kognitiven und affektiven Effekten unterschieden. Die kognitiven Effekte werden über das elementare Wissen über beide Konfessionen erfasst, d. h. über die Kenntnis grundlegender Informationen auf der Ebene von Allgemeinwissen. Bei den affektiven Effekten erfragen wir, ob sich das Interesse der Schüler*innen an der anderen Konfession und ob sich ihre Einstellung gegenüber konfessioneller Vielfalt verändert und wie sich der kokoRU auf ihre konfessionsspezifischen Präferenzen und ihre Identifikation mit der eigenen Konfession auswirkt.

Wissen über die Konfessionen

Wenn es im Folgenden um die Effekte des kokoRU auf das Wissen der Schüler*innen über die Konfessionen geht, wird dabei nicht gemessen, was die Schüler*innen *im kokoRU* über diese Konfessionen gelernt haben. Um einen direkten Effekt zu bestimmen, müsste man zum einen präzise wissen, was in den einzelnen Lerngruppen der Stichprobe im Schuljahr 2019/20 durchgenommen wurde; zum anderen müsste man dann jeder Lerngruppe einen spezifischen Fragebogen vorlegen, der sich auf die behandelten Themengebiete bezieht. Das ist nicht möglich. Vielmehr geht es dieser Evaluation um die indirekten Effekte des kokoRU auf besagtes Wissen. Deshalb wird Allgemeinwissen zu beiden Konfessionen auf grundlegendem Niveau abgefragt. Außerdem kann man nicht davon ausgehen, dass dieses Allgemeinwissen notwendig ausschließlich im kokoRU selbst erworben wurde. Vielmehr wird unterstellt, dass die besondere Betonung der Konfessionalität im didaktischen Setting des kokoRU dazu führt, dass die Schüler*innen eine größere Aufmerksamkeit für Konfessionalität erwerben und deshalb ihr Allgemeinwissen über diese Konfessionen erweitern. Es geht also um ein informelles Lernen über die Konfessionen, das durch die Teilnahme am kokoRU angestoßen sein könnte. Dazu haben wir vier Aspekte erfragt, nämlich Wissen über den Kirchenraum, über kirchliche Feste, über kirchliche Ämter und über zentrale konfessionelle Glaubensgrundsätze.

Das Wissen zum Kirchenraum wurde über fünf Bilder erhoben, bei denen die Schüler*innen ermessen sollten, welcher Konfession der jeweils dargestellte Kirchenraum zugehört. Dabei wurden für jede Konfession jeweils eine Gesamtsicht auf den Raum und eine Teilansicht dieses Raums angeboten. Außerdem war auch ein nicht-christlicher Raum abgebildet. Außerdem haben wir zum Post-Test andere Bilder angeboten als zum Prä-Test, um Erinnerungseffekte auszuschließen. Zu jedem Bild sollten die Schüler*innen entscheiden, ob es sich um eine evangelische Kirche handelt, um eine katholische oder um keine Kirche. Auch die Option „weiß nicht“ war möglich.

Beim Wissen über kirchliche Feste wurden den Schüler*innen sechs Optionen geboten, bei denen sie einschätzen sollten, ob das jeweilige Fest in beiden Kirchen gefeiert wird, oder ob nur in der evangelischen bzw. der katholischen oder in keiner der beiden Kirchen. Außerdem war es noch möglich, die Antwort „weiß ich nicht“ zu geben. Die Liste dieser Feste wurde sowohl im Prä- als auch im Post-Test mit einer Ausnahme unverändert vorgelegt, sodass ein Vergleich auf Itemebene möglich ist. Die Ausnahme stellt der Ersatz des Pfingstfestes durch das Osterfest im Fragebogen für die jüngere Gruppe im Post-Test dar. Vor allem Grundschulen in sozialen Brennpunkten haben um diesen Austausch gebeten, weil das Pfingstfest im Leben ihrer Schüler*innen praktisch keine Rolle spiele.

Auch die Kenntnis der Ämter beider Kirchen wurde per Bilder-Test abgefragt, d. h. es wurden fünf Szenen aus dem Gottesdienst gezeigt, die sich so entweder nur in der evangelischen oder nur in der katholischen oder in beiden oder in keiner der beiden Kirchen ereignen können. Dieses Mal haben wir den älteren Jahrgängen zu beiden Erhebungszeitpunkten dieselben Bilder gezeigt. Im Fall der jüngeren wurde im Post-Test auf diese Bilder verzichtet, weil der Fragebogen unter Corona-Bedingungen markant gekürzt werden musste.

Das letzte Element der von uns durchgeführten Wissensabfragen ist die Kenntnis konfessionsspezifischer Überzeugungen. Dazu haben wir den Schüler*innen Aussagen vorgelegt, die entweder typisch evangelisch oder typisch katholisch sind oder aber auf beide Konfessionen zutreffen. Die Befragten wurden gebeten, die richtige Option anzukreuzen, konnten zusätzlich aber auch „weiß nicht“ wählen. Um das Anforderungsniveau auf das Alter der Schüler*innen abzustimmen, wurden der jüngeren Befragungsgruppe beim Prä-Test drei

Fragen weniger gestellt als der älteren. Weil der Post-Test aufgrund der komplexen Erhebungsbedingungen nochmals reduziert werden musste, haben wir diese Anzahl an Items nochmals auf fünf reduziert. Damit finden sich insgesamt fünf Antworten im Test, die allen Schüler*innen zu allen Erhebungszeitpunkten

Tabelle 10:
Konfessionsbezogenes Wissen auf Itemebene (Untersuchungsgruppe)

	W1	W2	W1&2				
					–	o	+
	%	%	nt_1	nt_2	%	%	%
Kirchenraum 1*	54,14	54,02	404	425	--	--	--
Kirchenraum 2*	60,39	44,27	485	191	--	--	--
Kirchenraum 3*	43,34	37,24	342	397	--	--	--
Kirchenraum 4*	51,10	38,11	423	364	--	--	--
Kirchenraum 5*	34,56	53,06	100	173	--	--	--
Fest 1	52,44	77,43	425	292	29,4	59,7	10,9
Fest 2	53,58	67,45	407	486	12,8	63,4	23,8
Fest 3	28,01	40,31	189	284	11,7	63,4	24,9
Fest 4	13,60	23,09	95	168	8,1	73,7	18,2
Fest 5	68,92	81,34	502	570	9,6	71,3	19,1
Fest 6	44,37	54,53	348	380	19,2	57,1	23,7
Amt 1**	33,87	37,49	241	142	22,7	68,4	8,9
Amt 2**	21,57	32,05	178	135	16,9	72,3	10,9
Amt 3**	47,13	53,96	319	212	27,4	60,0	12,5
Amt 4**	47,67	73,51	397	199	21,4	70,8	7,8
Amt 5**	29,47	38,01	200	148	17,5	72,1	10,3
Inhalt 1	20,14	31,19	174	227	9,6	73,4	17,0
Inhalt 2	59,34	68,92	478	279	34,3	59,2	6,5
Inhalt 3	73,24	85,66	543	594	10,9	71,0	18,1
Inhalt 4	34,59	42,23	250	381	12,5	56,7	30,8
Inhalt 5	25,20	27,05	173	205	13,8	68,0	18,2

Legende: W1: N= 12.654; W2: n = 1.566; W1&2: n = 718; – = Verschlechterung; o = gleiches Ergebnis; + = Verbesserung; * = Die Bilder zu W1 und W2 waren nicht identisch; ** = Die Daten zum Amt beziehen sich auf die älteren Jahrgänge, weil diese Frage im Post-Test der jüngeren Jahrgänge nicht mehr enthalten war.

vorgelegt wurden, nämlich (Itemwording aus dem Fragebogen für die jüngere Befragungsgruppe): i) Das wichtigste Fest bei allen Christen ist Weihnachten; ii) bei den Katholischen geht man zur Erstkommunion; iii) das Kreuz ist nur ein katholisches Symbol; iv) der Papst ist das Oberhaupt (sozusagen der Chef) der Evangelischen; v) nur die Katholiken verehren Menschen wie den Nikolaus als heilig.

In einem ersten Schritt wurde auf Itemebene geprüft, welcher Anteil an der Untersuchungsgruppe eine richtige Antwort gegeben hat (vgl. Tab. 10). Im Prä-Test variieren diese Anteile stark, was erwartet werden konnte. Dass 14 % den Buß- und Bettag als evangelisches Fest einstufen (Fest 4) und 28 % Fronleichnam als katholisches (Fest 3), dürfte nicht überraschen. Auch ist es naheliegend, dass 60 % der Schüler*innen erkennen, dass das Kreuz nicht nur ein katholisches Symbol ist (Inhalt 2). Die Varianz der Anteile richtiger Antworten nimmt im Post-Test nicht ab. Bemerkenswert ist jedoch, dass in allen 16 Fällen, in denen ein Vergleich zwischen Prä- und Post-Test möglich ist, die Anteile richtiger Antworten beim Post-Test höher liegt als beim Prä-Test – sofern man W1 mit W2 vergleicht. Dass diese Bilanz nur bedingt belastbar ist, zeigt der Blick auf die gematchte Stichprobe W1&2, bei dem sich nur noch neun Verbesserungen im Gesamtergebnis ergeben (vgl. Tab. 10). Überhaupt zeigt diese Stichprobe, dass die Quoten richtiger Antworten sich zum Teil fundamental verändern. Hatten etwa im Prä-Test 425 Schüler*innen das Bild eines Pastors der richtigen Kirche zugeordnet, waren es im selben Pool der Befragten beim Post-Test nur noch 292. Umgekehrt erkannten im Prä-Test 250 Befragte, dass der Papst nicht das Oberhaupt aller Christen ist, was im Post-Test 381 Schüler*innen richtig einstuften. Auch innerhalb der einzelnen Aufgabengruppen ist keine zuverlässige Tendenz zu beobachten. Zwar sank die Anzahl richtiger Antworten bei allen fünf Fragen zum Amt vom Prä- zum Post-Test, doch sind die Unterschiede sehr unterschiedlich ausgeprägt.

Geht man auf die Ebene individueller Lernprozesse, d. h. vergleicht man die Antworten einer Schüler*in bei Prä- und bei Post-Text, bleiben bei allen Aufgaben etwa zwei Drittel der Befragten stabil (vgl. Tab. 10). Zwischen 57 % (Inhalt 4) und 74 % (Fest 4) antworten entweder zu beiden Messzeitpunkten richtig oder zu beiden Messzeitpunkten falsch. Eine Verbesserung im Antwortverhalten findet manchmal eher wenig statt (z. B. Inhalt 2: 7 %), manchmal ist aber auch ein markanter Lernfortschritt zu verzeichnen (z. B. Inhalt 4: 31 %). In der Regel bewegen sich die Verbesserungsquoten zwischen 15 % und 20 %. Die Anzahl der Verschlechterungen verhält sich fast spiegelbildlich zu den Verbesserungen, d. h. in Aufgaben, in denen sich viele verbessert haben, haben sich nur wenige verschlechtert (z. B. Inhalt 4) und umgekehrt (z. B. Inhalt 2). Allerdings ergibt sich auch auf der Ebene individueller Lernfortschritte kein konsistentes Bild.

Alternativ zum Abgleich auf Itemebene können auch die Summenwerte verglichen werden, die die Schüler*innen bei den einzelnen Aufgabenfeldern erreichen. Ein Summenwert stellt dabei die Anzahl richtiger Antworten dar, die bei der Einstufung der Kirchenräume, der Feste, der Ämter oder der Inhalte pro Befragtem erreicht wurde (vgl. Tab. 11). Hier zeigt sich, dass in drei von vier Fällen der Mittelwert im Post-Test größer ist als im Prä-Test. In allen vier Fällen ist die Differenz signifikant mit mindestens kleiner Effektstärke. Bei den Festen, bei den Ämtern und bei den Inhalten haben sich die Leistungen verbessert, sodass von einem positiven Lerneffekt gesprochen werden kann. Der Effekt im Fall der Feste ist sogar mittelstark. Bei der Zuordnung der Kirchenräume ist dagegen ein Abfall des Wissens zu verzeichnen, dessen Effekt ebenfalls mittelstark ist. Im Unterschied zu den anderen drei Bereichen wurden hier zu beiden Messzeitpunkten unterschiedliche Bilder angeboten. Unter dieser Prämisse schneiden die Schüler*innen nach einem über einem halben Jahr kokoRU und weniger als einem halben Jahr Religionsunterricht unter Corona-Bedingungen schlechter ab als zu Beginn dieses Jahres.

Tabelle 11:
Konfessionsbezogenes Wissen auf Summenebene in Prozent (Untersuchungsgruppe W1&2)

	Kirchenraum		Feste		Ämter(+)		Inhalte	
	t_1	t_2	t_1	t_2	t_1	t_2	t_1	t_2
0	11,7	16,3	8,7	1,2	15,7	6,5	5,2	3,0
1	12,6	27,2	11,4	5,9	26,3	15,2	22,2	12,8
2	16,6	36,8	21,0	13,5	25,0	29,8	41,6	38,4
3	26,6	19,7	23,5	27,9	21,5	24,4	24,8	37,7
4	20,6	0,0	22,6	26,6	8,6	15,2	6,2	8,2
5	11,9	0,0	11,6	18,9	2,9	8,9	0,0	0,0
6	--	--	0,9	5,9	--	--	--	--
m	2,67	1,59	2,79	3,53	1,89	2,53	2,04	2,35
SD	1,52	0,98	1,48	1,32	1,30	1,34	0,96	0,91
	$t(668) = -17{,}93^*$		$t(668) = 12{,}70^*$		$t(668) = 4{,}02^*$		$t(668) = 6{,}83^*$	
d	–,69		,49		,21		,27	

Legende: n = 699; 0 bis 6 = Anzahl richtiger Antworten pro Schüler*in in gültigen Prozent; m = Mittelwert; SD = Standardabweichung; (+): Die Ämter wurden nur bei den älteren Jahrgängen ausgewertet, weil sie nicht mehr Teil des Post-Tests der jüngeren Jahrgänge waren (n = 407). *: $p < {,}001$; d = Cohens d.

Die sozio-demographischen Merkmale spielen beim Wissen in vielfacher Art und Weise eine Rolle, wenn man ihre Rolle anhand der Summenwerte auf W1&2 bemisst.[31] Zuerst kann festgehalten werden, dass mit einer Ausnahme die Mittel-

31 Man beachte, dass die Ämter nur bei den älteren Jahrgängen berechnet werden können, damit hier keine Rolle des Alters bestimmt werden kann und die Bedeutung von Geschlecht und Konfessionszugehörigkeit nur für die älteren Jahrgänge gilt.

werte der älteren Jahrgänge signifikant höher ausfallen als diejenigen der jüngeren Jahrgänge. Im Prä-Test ordnen somit Jugendliche in allen drei Bereichen besser zu als Kinder. Im Post-Test ist das bei den Festen und den Inhalten der Fall. Lediglich bei der Zuordnung der Kirchenräume zu t_2 ergibt sich kein signifikanter Unterschied, performen beide Altersgruppen also vergleichbar. Ältere Schüler*innen haben demnach eine etwas größere Kenntnis konfessionsspezifischer Sachverhalte als jüngere. Weiterhin gilt, dass der Effekt der Differenz bei allen drei Aufgabengruppen zu t_1 mittelgroß ist (Kirchenraum: $t(716) = 10{,}03$; $p < {,}001$; $d = {,}76$; Feste: $t(716) = 9{,}66$; $p < {,}001$; $d = {,}73$; Inhalte: $t(716) = 7{,}55$; $p < {,}001$; $d = {,}57$), bei den beiden signifikanten Differenzen zu t_2 jedoch klein ausfällt (Feste: $t(716) = 5{,}88$; $p < {,}001$; $d = {,}44$; Inhalte: $t(716) = 5{,}82$; $p < {,}001$; $d = {,}44$). Insofern sich somit in zwei Fällen der Effekt der Unterschiede im konfessionsbezogenen Wissen zwischen älteren und jüngeren Schüler*innen abschwächt (Feste und Inhalte) und in einem Fall ganz verschwindet (Kirchenräume), kann festgehalten werden, dass sich die Wissensunterschiede zwischen den Altersgruppen im Verlauf des einen Jahres kokoRU nivellieren.

Das Geschlecht spielt nur für die Zuordnung der Feste zu t_2 ($t(714) = 3{,}08$; $p = {,}002$; $d = {,}23$) und der Ämter zu t_1 ($t(404) = 2{,}19$; $p = {,}029$; $d = {,}22$) eine kleine Rolle. In beiden Fällen schneiden die Schülerinnen etwas besser ab als die Schüler. Dabei stellt sich dieser geschlechtstypische Effekt bei den Festen im Lauf des Jahres ein, während er sich im Fall der Ämter – bei den älteren Jahrgängen – im Jahresverlauf ausgleicht.

Die Konfessionszugehörigkeit der Befragten ist nur bei der Zuordnung der Kirchenräume von Bedeutung, wobei hier in beiden Fällen die evangelischen Schüler*innen etwas besser performen als die katholischen. Beide Differenzen stehen für einen kleinen Effekt ($t(569) = 3{,}14$; $p = {,}002$; d = ,26 bzw. $t(569) = 4{,}31$; $p < {,}001$; $d = {,}36$), der trotz kokoRU erhalten bleibt.

Da es in W1&2 keine belastbare Vergleichsgruppe gibt, kann die Bedeutung der Zugehörigkeit zu Untersuchungs- und Vergleichsgruppe nicht ausgewertet werden. Die berichteten Unterschiede der sozio-demographischen Merkmale können damit auch durch die Faktoren bedingt sein, die nicht im kokoRU liegen.

Wegen der großen Bedeutung des Alters für den kognitiven Effekt, werden abschließend noch die Summenscores auf alle vier Themenfelder im Prä-Post-Abgleich untersucht.

Interesse an der anderen Konfession

Neben dem Wissen erfasst die Evaluation auch mögliche Effekte des kokoRU auf die Einstellungen der Schüler*innen. Der erste dieser Aspekte ist das Interesse an der jeweils anderen Konfession und wie sich dieses durch den kokoRU verändert hat. Zwei Items beziehen sich dabei auf das kognitive Interesse (Kognitiv 1: „Ich möchte mehr lernen über das, was die SuS der anderen Konfession glauben" und Kognitiv 2: „Es spielt keine Rolle, ob man etwas über die Kirche der anderen

Konfession weiß"), zwei auf den Kontakt mit Menschen der anderen Konfession (Kontakt 1: „Ich finde es spannend, etwas mit SuS der anderen Konfession zu machen" und Kontakt 2: „Der Religionsunterricht ist interessanter, wenn auch SuS der anderen Konfession teilnehmen"). Als Antwortoption wurde den Schüler*innen eine fünf-Punkt Likert-Skala vorgelegt, die von „stimme gar nicht zu" bis zu „stimme sehr zu" reicht.

Ein Indikator für die Ausprägung des Interesses an der anderen Konfession zum Beginn des Schuljahres sind die Mittelwerte dieser vier Variablen auf W1; denn diese Stichprobe bildet die vermutete Grundgesamtheit der Schüler*innen, die den kokoRU besuchen, relativ gut ab. Demnach ist das Interesse, etwas über den Glauben der Mitschüler*innen der anderen Konfession zu erfahren, mittelprächtig ausgeprägt ($m = 2{,}89$; $SD = 1{,}27$). Das ablehnende Item kommt auf einen leicht positiven Mittelwert $m = 3{,}31$; $SD = 1{,}30$), was bedeutet, dass in der Untersuchungsgruppe im Prä-Test eher egal ist, ob man etwas über die andere Konfession weiß. Eher unentschieden sind die Schüler*innen auch in der Frage, ob es spannend ist, etwas mit Schüler*innen der anderen Konfession zu machen ($m = 3{,}16$; $SD = 1{,}33$). Wenn es allerdings darum geht, dass der Religionsunterricht interessanter ist, wenn auch die Schüler*innen der anderen Konfession teilnehmen, antworten die Befragten tendenziell zustimmend ($m = 3{,}30$; $SD = 1{,}29$).

Für die Bestimmung einer möglichen Veränderung dieses Interesses im Verlauf des Schuljahres 2019/20 muss auf die gematchte Stichprobe W1&2 zurückgegriffen werden (vgl. Tab. 12). Ein Blick auf die Mittelwerte zu t_1 zeigt, dass sie sämtlich in der Nähe der entsprechenden Mittelwerte aus W1 liegen, lediglich der Mittelwert von Kontakt 2 ist um 0,1 Punkte höher. Die Ausgangsbedingungen in W1&2 entsprechen damit also in etwa denen in der Gesamtstichprobe.

Die Verteilung der Antworten auf die Antwortoptionen zeigt, dass das Interesse vieler Schüler*innen an der anderen Konfession nicht besonders ausgeprägt ist (vgl. Tab. 12). So finden sich viele Antworten auf der Mittelkategorie und auch die Mittelwerte bewegen sich deutlich im ambivalenten Bereich um die Skalenmitte. Die Ausnahme von dieser Ambivalenz bildet das Item, dass der Religionsunterricht mit der Anwesenheit von Schüler*innen der anderen Konfession interessanter wird (Kontakt 2), denn hier liegt der Mittelwert zu beiden Messzeitpunkten im zustimmenden Bereich der Skala.

Alle Mittelwerte verändern sich vom Prä- zum Post-Test in allen vier Fällen in die Richtung, die der kokoRU anzielt (vgl. Tab. 12). Allerdings bewirken lediglich die beiden Veränderungen der Kontakt-Items einen kleinen Effekt ($d = -{,}26$ bzw. $d = -{,}23$), während die beiden Veränderungen im kognitiven Interesse ohne praktische Bedeutung bleiben. In der Gruppe der Schüler*innen, deren Daten sich haben matchen lassen, steigt somit das Interesse, mit Schüler*innen der anderen Konfession in Kontakt zu kommen, im Verlauf des einen Jahres kokoRU – sofern diese Differenz durch den kokoRU bedingt ist, was sich angesichts einer fehlenden Vergleichsgruppe nicht empirisch ermessen lässt.

Tabelle 12:
Interesse an der anderen Konfession (Untersuchungsgruppe W1&2)

	Kognitiv 1 „Ich möchte mehr lernen über das, was die SuS der anderen Konfession glauben."		Kognitiv 2[(+)] „Es spielt keine Rolle, ob man etwas über die Kirche der anderen Konfession weiß."		Kontakt 1 „Ich finde es spannend, etwas mit SuS der anderen Konfession zu machen."		Kontakt 2 „Der Religionsunterricht ist interessanter, wenn auch SuS der anderen Konfession teilnehmen."	
	t_1	t_2	t_1	t_2	t_1	t_2	t_1	t_2
1	17,1	10,3	10,3	10,0	13,4	6,3	11,7	4,3
2	17,1	13,1	18,1	24,0	10,3	8,2	10,3	5,4
3	32,0	34,0	28,3	31,5	38,7	30,2	28,1	28,1
4	18,0	21,9	18,2	13,8	17,5	27,7	20,9	25,2
5	13,2	13,9	22,3	13,9	17,8	20,8	26,5	30,1
n	700	669	698	669	702	669	700	669
m	2,93	3,17	3,25	2,97	3,17	3,52	3,41	3,77
SD	1,27	1,18	1,29	1,20	1,24	1,13	1,31	1,11
	$t(653) = -4{,}20$***		$t(650) = 4{,}62$***		$t(654) = -6{,}52$***		$t(652) = -5{,}97$***	
d	–,16		,18		–,26		–,23	

Legende: 1 = stimme gar nicht zu; 2 = stimme eher nicht zu; 3 = teils/teils; 4 = stimme eher zu; 5 = stimme sehr zu; n = Anzahl gültiger Antworten; [(+)]: Da dieses Items negativ formuliert ist, steht ein höherer Mittelwert für ein geringeres kognitives Interesse; m = Mittelwert; SD = Standardabweichung; ***: $p < {,}001$; d = Cohens d.

Unter den sozio-demographischen Merkmalen bewirken das Alter und das Geschlecht kleine Effekte, die Konfessionszugehörigkeit nicht. Beim Alter sind es stets die älteren Jahrgänge, die ein größeres Interesse zeigen als ihre jüngeren Mitschüler*innen. Das gilt in drei von vier Fällen bei den beiden Kontakt-Items und bei Prä- und Post-Test beim kognitiven Item, dass man mehr über die andere Konfession wissen will. In der Summe bleiben die Differenzen aus dem Prä-Test damit im Verlauf eines Jahres kokoRU auch beim Post-Test erhalten.

Das Geschlecht erweist sich in drei Fällen als effektiv. Wenn es darum geht, etwas über die andere Konfession wissen zu wollen, sind die Schülerinnen sowohl im Prä-Test ($t(696) = 2{,}78$; $p < {,}001$; $d = {,}21$) als auch im Post-Test ($t(695) = 3{,}65$; $p < {,}001$; $d = {,}28$) interessierter als die Schüler. Außerdem finden es die Schülerinnen im Post-Test etwas spannender als die Schüler, im Religionsunterricht etwas mit Altersgenossen der anderen Konfession zu machen ($t(695) = 3{,}48$; $p = {,}001$; $d = {,}27$).

Einstellung gegenüber konfessioneller und religiöser Vielfalt

Ein weiterer Aspekt möglicher emotionaler Effekte des kokoRU bezieht sich auf die Einstellung der Schüler*innen zu konfessioneller bzw. religiöser Vielfalt. Hier hat die Evaluation auf die klassischen Items der Religiositätsforschung zur theologischen (Theologie 1: „Nur in meiner Konfession lässt sich Gott wirklich finden“ und Theologie 2.: „Alle Religionen zeigen einen Weg zu Gott“) und kulturellen Bedeutung religiöser Vielfalt (Kultur 1: „Die vielen Religionen machen die Welt bunter und interessanter“ und Kultur 2: „Die vielen Religionen führen zu Krieg und Streit unter den Menschen“) zurückgegriffen. Wiederum reichten die Antwortoptionen von „stimme gar nicht zu“ bis „stimme sehr zu“. Wegen der durch die Corona-Bedingungen notwendigen Vereinfachung des Fragebogens für die jüngeren Jahrgänge konnten diese Items im Post-Test nur noch den älteren Jahrgängen vorgelegt werden.

Auch im vorliegenden Fall dienen die Mittelwerte dieser vier Items auf W1 zur Bestimmung der Ausgangslage, während die Werte auf W1&2 mögliche Effekte des kokoRU andeuten. Den exklusiven Anspruch des Items Theologie 1 lehnen die Schüler*innen in W1 mehrheitlich ab (m = 2,48; SD = 1,30), während sie dem inklusiv formulierten Item Theologie 2 mehrheitlich zustimmen (m = 3,56; SD = 1,30). Außerdem erleben sie die religiöse Vielfalt eher als Bereicherung (Kultur 1: m = 3,77; SD = 1,30) denn als Bedrohung (Kultur 2: m = 2,89; SD = 1,32), wobei sie bei der Frage, ob religiöse Vielfalt zu Krieg und Streit führt, im Durchschnitt unentschieden sind.

Beim Blick auf W1&2 ist anzumerken, dass die Mittelwerte der theologischen Items deutlich über bzw. unter den Mittelwerten aus W1 liegen (vgl. Tab. 13). Die gematchte Stichprobe ist also noch etwas inklusiver, wenn es um religiöse Vielfalt geht, als die Gesamtstichprobe. Bei den kulturellen Items ist diese Differenz nicht so ausgeprägt. Hier erleben die Schüler*innen aus W1&2 religiöse Vielfalt etwas weniger als Bereicherung (m = 3,60 zu m = 3,77) und decken sich mit den Schüler*innen aus W1 in der Einschätzung des Kriegs- und Streitpotenzials dieser Vielfalt.

Unter diesen Prämissen kann festgehalten werden, dass sich die Mittelwerte bei allen vier Items zwischen Prä- und Post-Test so verändern, wie es vom Zielspektrum des kokoRU erwartet wird (vgl. Tab. 13). Die Ablehnung einer exklusiven Position steigt ebenso leicht wie die Akzeptanz einer inklusiven. Zudem wird religiöse Vielfalt etwas stärker als Bereicherung erfahren, während die Ambivalenz in der Frage des Kriegs- und Streitpotenzials religiöser Vielfalt erhalten bleibt. Allerdings erweist sich nur die Veränderung in der Frage, ob religiöse Vielfalt das Leben bereichert, als hinreichend effektiv (d = –, 27). Auch wenn es sich nur um einen kleinen Effekt handelt, scheint der kokoRU doch das Gefühl, dass religiöse Vielfalt eine Bereicherung ist, etwas zu verstärken. Betrachtet man die Mittelwerte, steigt diese Einschätzung immerhin von m = 3,60 auf m = 3,96.

Tabelle 13:
Einstellung gegenüber religiöser und kultureller Vielfalt (Untersuchungsgruppe W1&2)

	Theologie 1[(+)] „Nur in meiner Konfession lässt sich Gott wirklich finden."		Theologie 2 „Alle Religionen zeigen einen Weg zu Gott."		Kultur 1 „Die vielen Religionen machen die Welt bunter und interessanter."		Kultur 2[(+)] „Die vielen Religionen führen zu Krieg und Streit unter den Menschen."	
	t_1	t_2	t_1	t_2	t_1	t_2	t_1	t_2
1	33,8	19,6	9,2	3,1	9,3	3,1	17,4	5,4
2	20,3	12,4	7,0	2,5	10,4	1,4	18,0	7,4
3	27,2	11,4	19,9	10,0	22,7	10,6	35,8	21,7
4	8,9	4,0	23,0	15,3	22,3	14,1	13,6	8,4
5	6,8	2,4	38,3	18,9	32,5	20,8	12,4	7,0
n	697	358	699	358	689	358	689	358
m	2,33	2,14	3,76	3,89	3,60	3,96	2,85	3,08
SD	1,24	1,17	1,30	1,15	1,30	1,14	1,24	1,14
	n.s.		*n.s.*		$t(352) = -4{,}99^{***}$		$t(353) = -2{,}42^{*}$	
d	--		--		–,27		–,13	

Legende: 1 = stimme gar nicht zu; 2 = stimme eher nicht zu; 3 = teils/teils; 4 = stimme eher zu; 5 = stimme sehr zu; n = Anzahl gültiger Antworten; [(+)]: Da dieses Items negativ formuliert ist, steht ein höherer Mittelwert für eine negativere Einstellung; m = Mittelwert; SD = Standardabweichung; ***: $p < {,}001$; *: $p < {,}05$; d = Cohens d. Die Items wurden zu t_2 nur den älteren Jahrgängen vorgelegt, sodass sich der Mittelwertvergleich nur auf diese Jahrgänge bezieht.

Von den sozio-demographischen Variablen lässt sich ein Alterseffekt nicht bestimmen, weil die Items nur dem älteren Jahrgang vorgelagen. Die Konfession spielt für die Einstellung gegenüber religiöser und kultureller Vielfalt keine Rolle. Das Geschlecht ergibt dagegen in fünf der acht Fälle einen kleinen Effekt. So lehnen Schüler das exklusive Item Theologie 1 zu t_2 etwas weniger stark ab als die Schülerinnen ($t(355) = -3{,}01$; $p = {,}003$; $d = -{,}32$). Dem inklusiven Item Theologie 2 stimme die Schülerinnen dagegen sowohl im Prä- ($t(695) = 3{,}27$; $p = {,}001$; $d = {,}25$) als auch im Post-Test ($t(355) = 2{,}47$; $p = {,}014$; $d = {,}26$) stärker zu als die Schüler. Gleiches gilt für das Erleben religiöser Vielfalt als bereichernd, und zwar wiederum im Prä- ($t(694) = 4{,}41$; $p < {,}001$; $d = {,}34$) wie im Post-Test ($t(355) = 4{,}18$; $p < {,}001$; $d = {,}45$).

Konfessionsspezifische Präferenz

Der dritte Aspekt konfessionsspezifischer Einstellungen bezieht sich auf die Bedeutung der eigenen Konfession in wichtigen Momenten des eigenen Lebens. Zum einen geht es hier darum, wie gerne man selbst evangelisch bzw. katholisch ist (Präferenz 1). Zum anderen geht es um die Bedeutung der Konfession der Freunde (Präferenz 2), der späteren Partnerin bzw. des Partners (Präferenz 3) und der eigenen Kinder (Präferenz 4). Weil die letzten beiden Aspekte für die Kinder der Stufen 3 bis 7 wohl noch zu weit weg sind, wurden sie nur den älteren Befragten vorgelegt. Das Antwortspektrum reichte wiederum von „stimme gar nicht zu" bis „stimme sehr zu".

Die durchschnittlichen Präferenzen zu Beginn des Schuljahres 2019/20 werden wiederum auf W1 erhoben. Demnach ist die Mehrheit der Schüler*innen gerne bis sehr gerne evangelisch bzw. katholisch (m = 3,80; SD = 1,25). Interessanterweise gibt es auch eine Tendenz dazu, dass die eigenen Kinder der eigenen Konfession angehören sollen (m = 3,48; SD = 1,33), wogegen sowohl die Konfession der Freunde (m = 2,04; SD = 1,27) als auch die der bzw. des zukünftigen Partner*in (m = 2,37; SD = 1,32) für die Mehrheit der Befragten eine eher untergeordnete Rolle spielt.

Tabelle 14:
Konfessionelle Präferenz (Untersuchungsgruppe W1&2)

	Präferenz 1 eigene Konfession		Präferenz 2 Konfession der Freunde		Präferenz 3$^{(+)}$ Konfession der Partner*in		Präferenz 4$^{(+)}$ Konfession der eigenen Kinder	
	t_1	t_2	t_1	t_2	t_1	t_2	t_1	t_2
1	8,5	4,7	54,6	51,9	39,1	18,0	7,6	4,3
2	5,7	4,6	15,9	20,1	16,7	9,2	7,1	4,0
3	23,8	30,5	17,4	16,6	27,8	15,9	28,3	16,0
4	23,7	24,0	3,3	2,1	9,6	5,0	24,8	14,1
5	35,7	29,2	6,0	2,4	4,9	1,8	20.1	11,4
n	699	668	698	668	399	358	358	358
m	3,74	3,74	1,87	1,74	2,23	2,27	3,46	3,49
SD	1,25	1,11	1,19	1,00	1,21	1,16	1,27	1,18
	n.s.		$t(649) = 3{,}09^{**}$		*n.s.*		*n.s.*	
d	--		,12		--		--	

Legende: 1 = stimme gar nicht zu; 2 = stimme eher nicht zu; 3 = teils/teils; 4 = stimme eher zu; 5 = stimme sehr zu; n = Anzahl gültiger Antworten; m = Mittelwert; SD = Standardabweichung; $^{(+)}$: Diese Items wurden nur den älteren Jahrgängen vorgelegt; **: p < ,01; d = Cohens d.

Die Stichprobe W1&2 bildet in ihren Ausgangswerten die Stichprobe W1 sehr gut ab, insofern die Unterschiede der jeweiligen Mittelwerte sehr gering sind (vgl. Tab. 14). Ferner kann festgehalten werden, dass sich auch die Mittelwerte von Prä- und Post-Test sehr stark ähneln. Die einzige signifikante Differenz (Präferenz 2) hat keinerlei erklärende Effektstärke. In der Summe verändert sich die konfessionelle Präferenz der Schüler*innen in dem Jahr, in dem sie am kokoRU teilnehmen, also nicht.

Mögliche Effekte des Alters lassen sich nur für die ersten beiden Präferenz-Items testen, weil die anderen beiden nur den älteren Jahrgängen vorgelegt wurden. Tatsächlich ergibt sich ein mittlerer Effekt für die Bedeutung der Konfessionalität der Freunde: Jüngeren Schüler*innen ist sie etwas wichtiger als älteren Schüler*innen ($t(696) = -7{,}36$; $p < {,}001$; $d = -{,}56$).

Relativ bedeutsam für die konfessionelle Präferenz erweist sich das Geschlecht; denn hier ergeben sich sechs nennenswerte Effekte, die sämtlich klein ausfallen. So sind Schüler*innen zu t2 etwas froher, evangelisch oder katholisch zu sein, als Schüler (t(664) = 3,03; p = ,003; d = ,24). Auch ist es Schülerinnen der älteren Jahrgänge zu beiden Messzeitpunkten etwas wichtiger als Schülern, dass die eigenen Kinder einmal der gleichen Konfession angehören (t1: t(398) = 2,33; p = ,020; d = ,24; t2: t(355) = 1,98; p = ,048; d = ,21). Umgekehrt legen die Schüler zu beiden Messzeitpunkten etwas mehr Wert darauf, dass ihre Freunde derselben Konfession angehören (t1: t(394) = –2,58; p = ,010; d = –,20; t2: t(664) = –2,73; p = ,007; d = –,21). Außerdem ist es den Schülern in den älteren Jahrgängen etwas wichtiger, dass ihre zukünftige Partner*in derselben Konfession angehört (t(355) = –2,03; p = ,043; d = –,22).

Die Konfessionszugehörigkeit ergibt dagegen keinerlei bedeutsame Effekte und spielt somit für die konfessionellen Präferenzen in W1&2 keine Rolle.

Identifikation mit der eigenen Konfession

Der letzte Aspekt bei den Einstellungen betrifft die Identifikation mit der eigenen Konfession. Konkret wurden die Schüler*innen anhand eines Items gefragt, wie wichtig es ihnen sei, dass sie evangelisch bzw. katholisch sind. Die sechs-Punkt Likert-Skala, die das Antwortspektrum definiert, reicht von „gar nicht wichtig“ bis „sehr wichtig“.

Blickt man auf W1, um einen Ausgangspunkt möglicher Effekte zu definieren, ist 41 % der Befragten am Beginn des Schuljahres ihre Konfession sehr wichtig oder wichtig. 31 % bewegen sich im ambivalenten Bereich der Skala, während 28 % angeben, dass ihnen ihre eigene Konfession nicht wichtig oder gar nicht wichtig sei. Damit bewegt sich der Mittelwert der Skala im ambivalenten Bereich.

Die gematchte Stichprobe liegt in der Verteilung der Identifikationskategorien zu t_1 etwas unter diesen Werten; denn hier ist es 38 % wichtig bis sehr wichtig, evangelisch bzw. katholisch zu sein, und 32 % ist das nicht wichtig oder gar nicht wichtig. Allerdings bewegt sich der Mittelwert ebenfalls im ambivalenten Bereich der Skala, denn er liegt mit $m = 3{,}67$ nahezu im Skalenmittelpunkt ($SD = 1{,}78$). Im Post-Test verschiebt sich diese Verteilung etwas in Richtung größerer Identifikation, wobei vor allem der ambivalente Bereich von 31 % auf 44 % anwächst, während der Bereich positiver Identifikation praktisch gleich bleibt. Im Mittelwert bedeutet das eine Steigerung auf $m = 3{,}97$ ($SD = 1{,}42$). Diese Veränderung des Mittelwertes ist allerdings nicht signifikant, sodass das Jahr kokoRU keinen Einfluss auf die Identifikation mit der eigenen Konfession hat.

Hinsichtlich des Alters ergibt sich ein mittlerer Effekt beim Prä-Test ($t(696) = -7{,}58$; $p < {,}001$; $d = -{,}58$), insofern sich die jüngeren Jahrgänge sehr viel stärker mit der eigenen Konfession identifizieren ($m = 4{,}24$) als die älteren ($m = 3{,}28$). Beim Post-Test ergibt sich diese Differenz nicht mehr, was vor allem darauf zurückzuführen ist, dass sich die älteren Jahrgänge hier signifikant stärker mit ihrer eigenen Konfession identifizieren ($m = 3{,}90$) als im Prä-Test ($t(236) = -5{,}63$; $p < {,}001$). Hierbei handelt es sich um einen kleinen Effekt ($d = -{,}37$). Wenn sich der kokoRU auf die ganze gematchte Stichprobe also als einflussfrei für die Identifikation mit der eigenen Konfession erweist, kann das Ergebnis für die Teilstichprobe der älteren Jahrgänge relativiert werden. Hier ergibt sich eine signifikante Verstärkung der Identifikation im Verlauf des Schuljahres 2019/20.

Das Geschlecht und die Konfession erweisen sich dagegen als ohne Bedeutung für diese Identifikation.

3.1.4. Einstellungen gegenüber dem Religionsunterricht

Im Fall der Schüler*innen wurden zwei Perspektiven erfragt, die die allgemeine Einstellung dem Religionsunterricht gegenüber im Kontext der Debatte um den kokoRU offenlegen, nämlich die präferierte Organisationsform und die Frage, wie sie das Verhalten einer Lehrkraft beurteilen, die im Religionsunterricht ihre eigene religiöse bzw. konfessionelle Position zu erkennen gibt.

Präferierte Organisationsform

Insofern der kokoRU sichtbar in die Organisation des Religionsunterrichts an der Schule eingreift, wurde im Rahmen dieser Evaluation auch gefragt, welche Organisationsform des Religionsunterrichts die Schüler*innen sich wünschen. Es wurden vier mögliche Formen des Religionsunterrichts angeboten, nämlich der herkömmliche Religionsunterricht („nur evangelische oder nur katholische Schüler jeweils getrennt in einer Klasse“), der kokoRU („die evangelischen und die katholischen Schüler zusammen in einer Klasse“), Religion im Klassenverband („alle Schüler deiner Klasse, wie auch in Mathe oder Deutsch“) oder kein

Religionsunterricht („gar kein Religionsunterricht"). Aus dem Item-Wording wird ersichtlich, dass die Evaluation ausschließlich die Organisationsform abgefragt hat, nicht jedoch mögliche didaktische Konzepte, die in der religionspädagogischen Diskussion mit derartigen Organisationsformen verbunden sind. Im Fragebogen waren die Schüler*innen eingeladen, diese Organisationsformen zu ranken, d. h. die beliebteste Option auf Platz 1 zu setzen, die zweitbeliebteste auf Platz 2 etc.

Die Verteilung der Organisationsformen auf die vier Rangplätze ergibt ein relativ klares Bild (vgl. Abb. 6). Mit 54 % wird ein Religionsunterricht im Klassenverband von einer Mehrheit der Befragten bevorzugt, wenn es darum geht, welche Organisationsform auf Rang 1 gesetzt wird. Es folgt der kokoRU mit 23 % vor der Option, gar keinen Religionsunterricht erteilt zu bekommen mit 15 %. Den herkömmlichen Religionsunterricht wünschen sich 8 %. Damit dominieren im Post-Test die Stimmen, die ein gemeinschaftliches Lernen über Konfessions- und Religionsgrenzen hinweg bevorzugen.

Abbildung 6:
Zustimmung zu den Organisationsformen in Prozent (Untersuchungsgruppe)

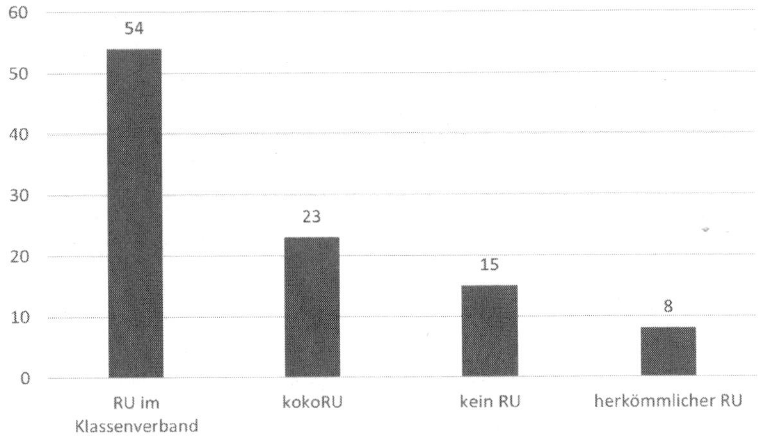

Die sozio-demographischen Variablen beeinflussen diese Verteilung nicht nennenswert. Zwischen Untersuchungs- und Vergleichsgruppe ergibt sich ein signifikanter Unterschied, insofern die Schüler*innen der Vergleichsgruppe ein bisschen stärker für den herkömmlichen Religionsunterricht votieren (Exakter Fisher Test, $p < ,05$).

Positionalität der Lehrperson im kokoRU

Der kokoRU lebt davon, dass die Lehrperson Position bezieht, denn sie gilt als ein zentraler Ankerpunkt sog. konfessionell authentischer Erfahrungen. Wie die Befragten ein derartiges Verhalten bei ihren Lehrpersonen erlebt haben, wurde in der Evaluation in Anlehnung an ein Instrument der ReVikoR-Studie aus Schleswig-Holstein erhoben (vgl. Pohl-Patalong et al., 2017).

Zunächst fällt auf, dass die ersten drei Items eine recht ähnliche Verteilung mit jeweils hoher Zustimmung, mittlerer Unentschlossenheit und niedriger Ablehnung aufweisen (vgl. Tab. 15). Insgesamt 70 % der befragten Schüler*innen geben an, dass sie es gut finden, wenn die Lehrperson im Religionsunterricht die Gemeinsamkeiten der Konfessionen verdeutlicht. 63 % geben an, dass sie es gut finden, wenn die Lehrperson sagt, sie glaube an Gott. Zudem begrüßen es 59 %, wenn die Lehrperson die Unterschiede zwischen Evangelischen und Katholischen deutlich macht.

Die letzten drei Items dieser Auflistung erhalten mit Abstand die geringste Zustimmung (vgl. Tab. 15). Wenn es um das Beten, Singen und Meditieren geht, sind die Anteile von Zustimmung, Unentschlossenheit und Ablehnung weitgehend ausgeglichen. Kritik gegenüber der Kirche von Seiten der Lehrkraft wird von 22 % der Schüler*innen begrüßt, aber auch von 33 % abgelehnt. Praktisch keine Akzeptanz findet es bei den Befragten, wenn sie die Lehrperson von ihrem eigenen Glauben überzeugen will. Das wird von 67 % abgelehnt und nur 8 % erachten eine solches Verhalten als gut.

Tabelle 15:
Die Einschätzung der Positionalität der Lehrkraft im kokoRU (Untersuchungsgruppe)

Wenn die Lehrkraft ...	*1* %	*2* %	*3* %
die Gemeinsamkeiten zwischen evangelisch und katholisch deutlich macht.	4,2	25,7	70,1
sagt, dass sie an Gott glaubt.	3,1	33,7	63,1
die Unterschiede zwischen evangelisch und katholisch deutlich macht.	7,3	33,4	59,3
mit dir das Beten, Meditieren und Segnen ausprobiert.	31,8	38,8	29,4
kritisch gegenüber der Kirche ist.	32,5	45,8	21,7
dich von ihrem Glauben überzeugen will.	67,1	24,7	8,2

Legende: n = 1500; 1 = schlecht; 2 = teils/teils; 3 = gut

Sowohl die sozio-demographischen Merkmale als auch die Zugehörigkeit zur Untersuchungs- oder Vergleichsgruppe ergeben zahlreiche signifikante Unterschiede. Keiner dieser Unterschiede weist jedoch eine mindestens kleine Effektstärke auf.

3.1.5. Strukturelle Zusammenhänge

Nach dem Blick auf der Ebene einzelner Items werden in einem zweiten Schritt strukturelle Zusammenhänge auf der Ebene latenter Antwortmuster über mehrere Items hinweg rekonstruiert. Dazu werden zuerst die Instrumente, die ihre Frageperspektive anhand mehrerer Items erhoben haben, auf Faktoren innerhalb der Antworten untersucht, dann latente Zusammenhänge innerhalb dieser Faktoren gesucht. Um konsistente Daten miteinander zu vergleichen, wird für die Rekonstruktion struktureller Zusammenhänge in den Antworten der Schüler*innen nur auf die gematchte Stichprobe W1&2 zurückgegriffen, wobei sich sämtliche Berechnungen ausschließlich auf die Untersuchungsgruppe beziehen.

Organisation des kokoRU

Hinsichtlich der Organisation des kokoRU wurde gefragt, i) welche Konfessionszugehörigkeit ihre Mitschüler*innen haben und ii) wie zufrieden sie mit dem kokoRU sind. i) bildet in der Befragung der Schüler*innen eine kategoriale Variable, die nicht sinnvoll standardisiert werden kann. Sie fällt damit für die Rekonstruktion struktureller Zusammenhänge aus. Die Zufriedenheit – ii) – wurde sowohl im Prä- als auch im Post-Test erhoben, um Veränderungen in der Zufriedenheit erfassen zu können. In diesem Sinn wird eine neue Variable berechnet, bei der vom Wert des Post-Tests der Wert des Prä-Tests abgezogen wird, um die Bilanz der Zufriedenheit zu ermitteln. Positive Werte stehen für eine Verbesserung in der Zufriedenheit, negative Werte für eine Verschlechterung. Um diese Bilanz der Zufriedenheit in der Rekonstruktion struktureller Zusammenhänge berücksichtigen zu können, wird sie z-standardisiert (s. o.).

Unterrichtsgeschehen des kokoRU

Die Evaluation des Unterrichtsgeschehens des kokoRU hat die i) spezifischen Lernerfahrungen und ii) die Erfahrung des kokoRU als *safe space* umfasst. Beide Aspekte wurden ausschließlich im Post-Test erhoben.

Tabelle 16:
Faktoranalyse der für den kokoRU spezifischen Lernerfahrungen

	1	2
eigenen Standpunkt überlegt	0,765	
eigene Meinung begründet	0,739	
herausgefunden, was die andere Konfession glaubt	0,623	0,266
in einen Menschen anderer Konfession hineinversetzt	0,611	0,269
über richtigen Glauben gesprochen		0,713
in einer Diskussion andere Perspektive vertreten		0,680
diskutieren über konfessionelle Unterschiede	0,275	0,605
eigene Konfession erklärt	0,338	0,591
vom eigenen Glauben erzählt	0,337	0,538
Eigenwert	3,01	1,32
Erklärte Varianz: 48,05 %		

Legende: Hauptkomponentenanalyse; Varimax-Rotation mit Kaiser-Normalisierung. Die Analyse ist in 3 Iterationen konvergiert. *KMO* = ,748.

Das Instrument zu den spezifischen Lernerfahrungen bestand aus drei Items, von denen je drei die Fähigkeit zu einem eigenen Standpunkt, die Fähigkeit zum Perspektivenwechsel und die Fähigkeit zum Dialog über den Glauben beinhalteten. Die entsprechende Faktoranalyse mündet in zwei empirische Faktoren. Auf den ersten Faktor laden zwei Items der Standpunktfähigkeit und zwei zum Perspektivenwechsel. Als gemeinsamen Nenner könnte man die individuelle Erkenntnis der Schüler*in nominieren, denn in drei von vier Items geht es darum, dass den Befragten etwas klar wird. Lediglich das Item, dass man die eigene Meinung begründet, passt nicht unmittelbar zu dieser Erkenntnislogik, setzt diese jedoch voraus. Dieser Faktor wird deshalb „Erkenntnis über Konfessionalität“ genannt. Im zweiten Faktor dominieren die drei Items, in denen es um die Diskussion über Konfession und Glauben geht. Auch die beiden restlichen Items dieses Faktors beinhalten ein diskursives Element, denn in ihnen geht es ums Erklären und ums Erzählen. Der zweite Faktor wird deshalb „Diskussion über Konfessionalität“ gelabelt.

Die sieben Items zur Erfahrung des kokoRU als safe space gliedern sich in der Faktoranalyse zu drei Faktoren (vgl. Tab. 17), wobei die Passung zu den Daten noch hinreichend ist (KMO = ,622). Der erste Faktor enthält die beiden Items, in denen der safe space verraten wird. Es geht in ihnen um das Weitererzählen und Lästern aufgrund der Informationen, die man im Religionsunterricht erfahren hat. Entsprechend wird dieser Faktor „safe space – lästern“ genannt. Im zweiten Faktor finden sich die drei Items wieder, in denen die Lehrkraft im Sinn des safe space aktiv wird. Offensichtlich wird die korrigierende Funktion der Lehrperson in diesem Zusammenhang von den Befragten nicht nur inhaltlich, sondern auch zwischenmenschlich verstanden. Wegen der zentralen Rolle, die der Lehrkraft in diesem Faktor für den safe space zukommt, wird er mit „safe space – Lehrkraft“ überschrieben. Die letzten beiden Items, die den dritten Faktor bilden, spielen auf Schüler*innenaktivitäten an. Es geht darum, dass es einem leichtfällt, sich zu melden und von seinem eigenen Glauben zu erzählen. Um der zentralen Rolle der Aktivität der Schüler*innen gerecht zu werden, wird dieser Faktor mit „safe space – Unterrichtsbeteiligung“ betitelt.

Tabelle 17:
Faktoranalyse zur Erfahrung des kokoRU als safe space

	1	2	3
Wenn jemand etwas von sich erzählt, kann es sein, dass das auf dem Pausenhof weitererzählt wird.	0,801		
Manchmal lästern wir über das, was andere erzählen.	0,769		
Die Lehrkraft korrigiert uns, wenn wir im Unterricht etwas Falsches sagen.	0,270	0,730	
Der Lehrkraft ist es wichtig, dass wir ehrlich zueinander sind.	−0,197	0,653	
Die Lehrkraft passt auf, dass niemand schlecht über einen Mitschüler oder eine Mitschülerin spricht.	−0,422	0,624	
Es fällt mir leicht, mich zu melden und etwas zum Unterricht beizutragen.	−0,102		0,824
Ich traue mich, im Unterricht etwas von meinem Glauben zu erzählen.		0,139	0,812
Eigenwert	1,91	1,23	1,13
Erklärte Varianz: 60,94 %			

Legende: Hauptkomponentenanalyse; Varimax-Rotation mit Kaiser-Normalisierung. Die Analyse ist in 4 Iterationen konvergiert. *KMO* = ,6,22.

Effekte des kokoRU

Der dritte Aspekt der Evaluation bezog sich auf mögliche Lerneffekte. In dieser Hinsicht wurde i) das konfessionsbezogene Wissen, ii) das Interesse an der anderen Konfession, iii) die Einstellung gegenüber konfessioneller und religiöser Vielfalt, iv) die konfessionsspezifische Präferenz und v) die Identifikation mit der eigenen Konfession erhoben. Weil die einschlägigen Fragen im Post-Test nur den älteren Jahrgängen vorgelegt wurden, können iii) und iv) nicht für die Rekonstruktion struktureller Zusammenhänge herangezogen werden.

Um den kognitiven Lerneffekt i) zu bestimmen, wurde eine neue Variable erzeugt. Dazu wurden zuerst die Summen richtiger Antworten zu den Kirchenräumen, Festen und Überzeugungen sowohl im Prä- als auch im Post-Test berechnet.[32] Dann wurde für jedes Instrument die individuelle Lernbilanz berechnet, indem für jede Schüler*in die Anzahl richtiger Antworten im Prä-Test von der Anzahl richtiger Antworten im Post-Test abgezogen wurde. Die Summe der drei Lernbilanzen zu den Kirchenräumen, den Festen und den Überzeugungen ergibt dann die individuelle kognitive Lernbilanz jeder Schüler*in. Ein positiver Wert steht für eine Verbesserung im Post-Test, gemessen an richtigen Antworten, ein negativer Wert für eine Verschlechterung. Insgesamt reicht die Bandbreite individueller Lernbilanzen von einer Verschlechterung um 13 Antworten bis hin zu einer Verbesserung um 9 Antworten. Der Median liegt bei $Mdn = 0$, was bedeutet, dass sich weniger als die Hälfte der Schüler*innen verschlechtert oder verbessert haben. Der Interquartilbereich ist $IQB = 4$. Damit liegt die Hälfte der Schüler*innen zwischen einer Verschlechterung um zwei Antworten und einer Verbesserung um zwei Antworten. Um den kognitiven Lerneffekt für die Rekonstruktion struktureller Zusammenhänge nutzen zu können, wurde diese Variable z-standardisiert. In der standardisierten Version liegt das Minimum bei $Min = -3{,}74$ und das Maximum bei $Max = 2{,}73$.

Das Interesse an der anderen Konfession wurde anhand von vier Items gemessen, die sowohl im Prä- als auch im Post-Test erhoben wurden, um Veränderungen im Interesse nachvollziehen zu können. Zu beiden Messzeitpunkten lädt das negativ formulierte Item, gemäß dem es keine Rolle spielt, ob man etwas über die andere Kirche weiß oder nicht, nicht hoch genug auf die anderen Items, um in der Analyse berücksichtigt zu werden. Die anderen drei Items bilden zu beiden Messzeitpunkten einen soliden Faktor ($KMO_{Prä} = {,}681$; $KMO_{Post} = {,}695$). Um die Veränderung im Interesse bestimmen zu können, werden zu beiden Messzeitpunkten der Mittelwert aus den drei Items dieses Faktors pro Schüler*in ermittelt, wobei sich die Veränderung aus der Differenz des Mittelwertes aus dem Post-Test und des Mittelwertes aus dem Prä-Test errechnet. Wiederum gilt, dass negative Werte für eine Verschlechterung des Interesses an der anderen Konfession stehen und positive für eine Verbesserung. Der Wertebereich der neuen Variablen erstreckt sich von $Min = -2{,}50$ bis $Max = 3{,}25$, wobei der Median bei $Mdn = {,}25$ liegt. Der Interquartilbereich von $IQB = 1{,}00$ zeigt, dass sich die Hälfte der Befragten zwischen einer leichten Verschlechterung von weniger als einer Interessenstufe ($x = {,}75$) und einer leichten Verbesserung von knapp über einer Interessenstufe ($x = 1{,}25$) bewegen. Wiederum wird die Variable z-standardisiert,

32 Das Instrument zu den Ämtern konnte in diese Bilanz nicht einbezogen werden, weil es im Post-Test nur den älteren Jahrgängen vorgelegen hat. Auch bei den Überzeugungen wurden nur die Items berücksichtigt, die beide Jahrgänge in beiden Tests bearbeitet haben.

um sie in die Rekonstruktion struktureller Zusammenhänge einspeisen zu können. In dieser Version erstreckt sich in Wertebereich von *Min* = –3,21 bis *Max* = 3,40.

Die Identifikation mit der eigenen Konfession v) haben wir durch ein Item erfasst, das zu beiden Messzeitpunkten angeboten wurde. Die Veränderung in dieser Identifikation wird durch die Differenz zwischen dem Wert beim Post-Test und den Wert beim Prä-Test ermittelt. Negative Werte stehen somit für eine Verminderung der Identifikation, positive für eine Verbesserung. Der Wertebereich der neuen Variablen reicht von *Min* = –5,00 bis *Max* = 5,00. Der Median liegt bei *Mdn* = 0, was bei einem Interquartilbereich von *IQB* = 2,00 bedeutet, dass sich die Hälfte der Befragten im Bereich der Verschlechterung um eine Kategorie und der Verbesserung um eine Kategorie befindet. Die standardisierte Variable erstreckt sich von *Min* = –2,82 bis *Max* = 2,65.

Personale Ressourcen

Als Bedingungsfaktoren, die mit Religion assoziiert sind, wurden die Zentralität von Religion, die religiöse Sozialisation und die Vorerfahrungen mit anderen Konfessionen und Religionen erfasst. Die Zentralität von Religion wurde anhand der Fünf-Item-Kurzskala von Stefan Huber erhoben. Alle fünf Items laden auf einen Faktor, der die Daten sehr gut repräsentiert (*KMO* = ,803). Dieser Faktor wird „Zentralität von Religion" genannt. Auch die drei Items, die zur Bestimmung der religiösen Sozialisation herangezogen wurden, laden auf einen Faktor, der die Daten hinreichend wiedergibt (*KMO* = ,675). Er wird entsprechend mit „religiöse Sozialisation" betitelt.

Tabelle 18:
Faktoranalyse der Vorerfahrungen mit anderen Konfessionen und Religionen

	1	2	3
Gottesdienste anderer Konfession besucht	0,847		–0,115
Kirchen anderer Konfession angeschaut	0,752	–0,130	
kirchliches Fest anderer Konfession besucht	0,727		0,161
an Fest anderer Religion teilgenommen		0,911	
Sakralraum anderer Religion besucht		0,866	0,805
Freunde anderer Konfession	0,152	–0,158	0,805
Freunde anderer Religion		0,311	0,731
Eigenwert	1,91	1,78	1,13
Erklärte Varianz: 68,84 %			

Legende: Hauptkomponentenanalyse; Varimax-Rotation mit Kaiser-Normalisierung. Die Analyse ist in 4 Iterationen konvergiert. *KMO* = ,523.

Die Vorerfahrungen mit anderen Religionen und Konfessionen, die anhand von sieben Items erhoben wurden, laden auf drei Faktoren, wobei der Data Fit wegen der klaren theoretischen Struktur dieser Faktoren gerade noch akzeptiert werden kann (KMO = ,532). Auf den ersten Faktor laden die drei Items, die konkrete Erfahrungen mit gelebter Konfessionalität beinhalten (vgl. Tab. 18). Entsprechend wird dieser Faktor „Vorerfahrungen mit anderer Konfession" benannt. Der zweite Faktor beinhaltet die beiden Items, die solche Erfahrungen mit einer nicht-christlichen Religion aussagen. Er heißt deshalb „Vorerfahrungen mit anderer Religion". Der dritte Faktor versammelt die beiden Items, bei denen es um einen persönlichen Kontakt mit Menschen anderer Konfessionen und Religionen geht. Er wird somit „Freunde anderer Konfession/Religion" betitelt.

Tabelle 19:
Faktoranalyse der Wertorientierung

	1	2
andere Meinungen achten	0,742	
Anderen helfen	0,738	0,103
sich für Schwache einsetzen	0,708	0,135
Recht und Ordnung respektieren	0,693	
die Natur schützen	0,664	0,106
auf eigene Wünsche verzichten können	0,645	−0,149
Neues ausprobieren	0,528	0,400
in Sicherheit leben	0,519	0,378
die eigene Meinung durchsetzen		0,776
mächtig und einflussreich werden	−0,247	0,685
das Leben genießen, Spaß haben	0,392	0,571
Eigenwert	3,88	1,59
Erklärte Varianz: 49,72 %		

Legende: Hauptkomponentenanalyse; Varimax-Rotation mit Kaiser-Normalisierung. Die Analyse ist in 3 Iterationen konvergiert. *KMO* = ,840.

Die personalen Ressourcen der Schüler*innen repräsentiert deren Wertorientierung. Im entsprechenden Instrument wurden den Befragten zwölf Werte vorgelegt, von denen das Item „stolz auf Deutschland sein" allerdings keine hinreichenden Korrelationen mit den anderen aufweist und deshalb nicht mit in die Analyse aufgenommen wird. Die restlichen elf Items gruppieren sich faktoranalytisch zu zwei latenten Mustern (vgl. Tab. 19). Orientiert man sich am Wertekreis von Shalom Schwartz (vgl. Schwartz et al., 2012), vereint der erste Faktor vor allem Werte aus den Bereichen der Selbstüberwindung und der Bewahrung, wobei mit dem Item „Neues ausprobieren“ auch ein Wert aus dem Spektrum dabei ist, das für Offenheit steht. In den Kategorien von Schwartz stehen die Items, die am stärksten auf den Faktor laden, für eine humanistische Grundeinstellung, gefolgt von Items, die für Universalismus bzw. Konformität stehen. Der Faktor wird deshalb „universal-konformistischer Humanismus“ genannt. Die drei Items des zweiten Faktors entsprechen bei Schwartz dem Sektor der Selbststärkung, wobei der Hedonismus in den Bereich der Offenheit für Neues hineinreicht. Der zweite Faktor wird deshalb „hedonistische Selbststärkung“ betitelt.

Als soziale Ressourcen wurde die Bildungsaspiration im Elternhaus erhoben. Das soziale Netzwerk, das ebenfalls zu den sozialen Ressourcen zählt, kann hier nicht ausgewertet werden, weil es nur im Fragebogen der älteren Jahrgänge erfasst wurde. Für die Bildungsaspiration wurde ein Instrument der TIMSS-Studie, das fünf Items umfasst, um das Item ergänzt, inwieweit sich die Eltern für den Religionsunterricht interessieren. Allerdings weist dieses Item keine hinreichende Korrelation mit den anderen Items auf, sodass es für die Faktoranalyse nicht berücksichtigt wird. Die restlichen fünf Items bilden einen Faktor, der gut zu den Daten passt (KMO = ,794). Er wird „Bildungsaspiration im Elternhaus“ genannt.

Einstellung gegenüber dem Religionsunterricht

Unter den Einstellungen gegenüber dem Religionsunterricht wurde nach der präferierten Organisationsform und der Beurteilung der Positionalität einer Lehrperson in diesem Unterricht gefragt. Das Instrument zur präferierten Organisationsform war bei den Schüler*innen so angelegt, dass es sich nicht sinnvoll standardisieren lässt. Es kann deshalb für die Bestimmung struktureller Zusammenhänge nicht verwendet werden.

Anders liegt der Fall bei der Einschätzung der Positionalität einer Lehrkraft. Von den sechs angebotenen Items weist die Kritik an der Kirche keine hinreichenden Zusammenhänge mit einem der anderen Items auf, um mit in die Analyse aufgenommen zu werden. Die restlichen fünf Items verteilen sich auf zwei in sich konsistente Faktoren (vgl. Tab. 20). Auf den ersten Faktor laden die beiden Aussagen, die das Kerngeschäft des kokoRU betreffen, nämlich die Erarbeitung der Gemeinsamkeiten und Unterschiede der betreffenden Konfessionen. Hier wird klar Position bezogen, wobei sich diese Positionalität an den Sachverhalten orientiert. Der Faktor wird deshalb „gegenstandsorientierte Positionalität“ überschrieben. Die restlichen drei Items laden auf den zweiten Faktor. Hier geht um den Versuch der Lehrkraft, die Schüler*innen vom eigenen Glauben zu überzeugen, um das Ausprobieren von Beten, Segnen und Meditieren im Unterricht und um das Erzählen vom eigenen Glauben. Interessanterweise wird die Ladung einer Aussage niedriger mit dem Grad der Freiheit, die sie den Schüler*innen lässt, sich gegenüber der Aussage frei zu positionieren. In allen drei Items ist es die gelebte Religiosität, die den gemeinsamen Nenner definiert, oder

– in den Begriffen des kokoRU – das gelebte Bekenntnis. Der Faktor wird deshalb „bekenntnisorientierte Positionalität" genannt.

Tabelle 20:
Faktoranalyse zur Positionalität der Lehrperson

	1	2
Wenn die Lehrkraft die Unterschiede zwischen evangelisch und katholisch deutlich macht.	0,859	
Wenn die Lehrkraft die Gemeinsamkeiten zwischen evangelisch und katholisch deutlich macht.	0,852	0,138
Wenn die Lehrkraft dich von ihrem Glauben überzeugen will.	–0,139	0,802
Wenn die Lehrkraft mit dir das Beten, Meditieren und Segnen ausprobiert.	0,230	0,673
Wenn die Lehrkraft sagt, dass sie an Gott glaubt.	0,350	0,591
Eigenwert	2,02	1,11
Erklärte Varianz: 62,61 %		

Legende: Hauptkomponentenanalyse; Varimax-Rotation mit Kaiser-Normalisierung. Die Analyse ist in 3 Iterationen konvergiert. *KMO* = ,645.

Übergreifende Strukturen in der Wahrnehmung des kokoRU

Die Rekonstruktion struktureller Zusammenhänge erfolgt durch eine Faktoranalyse zweiter Ordnung auf den bisher konstruierten Faktoren und z-standardisierten Items. Fünf dieser Variablen können dabei nicht berücksichtigt werden, weil sie nicht hinreichend stark mit einem anderen Faktor bzw. einem anderen Item korrelieren (| *r* | > ,30; s. o.). Dabei handelt es sich um die beiden Faktoren der Wertorientierung, um die Bildungsaspiration im Elternhaus, um die Erfahrung, dass über das, was im kokoRU gesprochen wird, gelästert wird und um die Veränderung in der Identifikation mit der eigenen Konfession. Die strukturellen Zusammenhänge in den Antworten der Schüler*innen sind damit unabhängig von den erhobenen personalen (Wertorientierung) und sozialen (Bildungsaspiration) Ressourcen der Befragten, sofern man die Religiosität als eigene Kategorie betrachtet. Auch die Veränderung in der Identifikation mit der eigenen Konfession spielt für die grundlegenden Zugänge zur Evaluation des kokoRU durch die Schüler*innen keine Rolle.

Die restlichen 13 Variablen verteilen sich auf fünf Faktoren, die einen insgesamt gerade noch hinreichenden Fit mit den Daten aufweisen (*KMO* = ,600). Der Blick auf die Faktorladungen zeigt, dass viele Variablen nennenswert auf zwei oder mehr Faktoren laden (vgl. Tab. 21). Gleichzeitig ist es aber nur die Diskussion über Konfessionalität, die auf zwei Faktoren so hoch lädt, dass die Differenz der beiden Faktorladungen kleiner ist als Δ = ,150. Insgesamt kann also von einer hinreichenden Trennschärfe zwischen den fünf rekonstruierten Faktoren ausgegangen werden, um von grundlegenden strukturellen Zugängen bei den Schüler*innen zur Evaluation des kokoRU zu sprechen.

Der erste Faktor besteht aus den beiden Faktoren zur Zentralität von Religion und zur religiösen Sozialisation, die beide sehr hoch auf ihn laden (vgl. Tab. 21). Dass beide Faktoren zusammen auf einen Faktor laden, konnte erwartet werden. Instruktiv ist jedoch, dass die Bereitschaft, sich im Unterricht zu beteiligen, ebenfalls auf diesen Faktor lädt. Offensichtlich steigt mit der individuellen Religiosität bzw. der Intensität der religiösen Erziehung auch die Neigung, im Religionsunterricht vom eigenen Glauben zu erzählen. Der erste Faktor wird deshalb „religiös motivierte Unterrichtsbeteiligung" benannt.

Tabelle 21:
*Strukturelle Zusammenhänge in der Evaluation des kokoRU durch die Schüler*innen (Faktoranalyse zweiter Ordnung)*

	1	*2*	*3*	*4*	*5*
religiöse Sozialisation	0,789				
Zentralität von Religion	0,774	0,220	0,163		
safe space-Unterrichtsbeteiligung	0,552		0,121	0,234	
gegenstandsorient. Positionalität	0,107	0,759	0,111		
Erkenntnis über Konfessionalität	0,341	0,671			−0,106
Freunde and. Konfession/ Religion		0,550		0,171	0,389
bekenntnisorient. Positionalität	0,217		0,843		
safe space-Lehrkraft	−0,266	0,510	0,575		−0,146
Vorerfahrungen mit and. Religion	−0,161		−0,108	0,762	−0,180
Vorerf. mit and. Konfession	0,285	0,192		0,660	0,143
Diskussion über Konfessionalität	0,105	−0,146	0,482	0,550	
kognitiver Lerneffekt					0,830
Zufriedenheitsbilanz	0,254	0,160	0,512		−0,538
Eigenwert	2,71	1,53	1,39	1,33	1,02
Erklärte Varianz: 61,41 %					

Legende: Hauptkomponentenanalyse; Varimax-Rotation mit Kaiser-Normalisierung. Die Analyse ist in 8 Iterationen konvergiert. *KMO* = ,600.

Auch der zweite Faktor besteht aus drei Variablen (vgl. Tab. 21). Er wird am stärksten durch die gegenstandsorientierte Positionalität geprägt, aber auch durch die für den kokoRU spezifische Lernerfahrung, sich der Tatsache von Konfessionalität bewusst zu werden. Positiv mit dieser Erkenntnis hängt zudem die Tatsache zusammen, dass man Freunde hat, die aus der anderen Konfession kommen oder gar einer anderen Religion angehören. Es sind somit die Sachorientierung und das Erleben konfessioneller Vielfalt im eigenen Freundeskreis, die das Erkennen konfessioneller Zusammenhänge befördern. Der zweite Faktor heißt deshalb „Erkenntnis durch Gegenstandsorientierung und Erfahrung".

Im dritten Faktor finden sich die beiden Faktoren einer bekenntnisorientierten Positionalität und der Aktionen einer Lehrperson, um den kokoRU als safe space zu erhalten (vgl. Tab. 21). Das ist insofern eine interessante Konstellation, als in den Augen der Schüler*innen die Thematisierung gelebter Religion im Unterricht stark mit einem fürsorglichen Verhalten der Lehrer*innen zusammenhängt. Der inhaltliche Kern des dritten Faktors bildet somit eine „fürsorgliche Thematisierung gelebter Religion".

Der vierte Faktor besteht wieder aus drei Variablen, darunter die beiden Faktoren, in denen es um Vorerfahrungen mit anderen Religionen bzw. der anderen Konfession geht (vgl. Tab. 21). Sie hängen in den Augen der Schüler*innen positiv zusammen mit der für den kokoRU spezifischen Lernerfahrung, über die Konfessionen ins Gespräch zu kommen. Damit steht der vierte Faktor für eine „erfahrungsorientierte Diskussion über Konfession".

Der letzte Faktor wird durch den kognitiven Lerneffekt geprägt (vgl. Tab. 21). Dieser hängt für die Schüler*innen negativ mit der Veränderung in der Zufriedenheit mit dem kokoRU zusammen. Zugespitzt formuliert, verbessern die Schüler*innen ihr konfessionsbezogenes Wissen umso stärker, je stärker ihre Zufriedenheit mit dem Fach im Verlauf des Schuljahres nachgelassen hat. Inwiefern beides ursächlich zusammenhängt, kann aufgrund der statistischen Daten nicht beurteilt werden, weshalb der Faktor „Zuwachs an Wissen & Unzufriedenheit" genannt wird.

Da es sich bei den fünf Faktoren um orthogonal rotierte Faktoren handelt, weisen sie untereinander keinerlei Korrelationen auf. Sie repräsentieren somit elementare Strukturen des Zugangs der Schüler*innen zur Evaluation des kokoRU, die unabhängig voneinander wirken. Weil eine skalare Messinvarianz nicht gegeben ist, wurden die Faktorladungen als Werte dieser Variablen zweiter Ordnung gespeichert. Sie sind standardisiert, d. h. haben einen Mittelwert von m = ,00 und eine Standardabweichung von SD = 1,00. Gemäß dem Shapiro-Wilk-Test auf Normalverteilung sind die Werte der religiös motivierten Unterrichtsbeteiligung, der fürsorglichen Thematisierung gelebter Religion und des Zuwachses an Wissen und Unzufriedenheit normalverteilt, die der anderen beiden Faktoren nicht. Die Spannweite der Werte, d. h. der Abstand zwischen dem kleinsten und dem größten Wert auf den fünf Faktoren ist nie größer als Δ = 5,3. Der Median liegt in vier Fällen um den Nullpunkt herum. Lediglich beim Faktor „Erkenntnis durch Gegenstandsorientierung und Erfahrung" liegt er mit Mdn = ,16 relativ deutlich im positiven Bereich.

Das Alter und die Konfessionszugehörigkeit bedingen keine signifikanten Effekte bei den fünf übergreifenden Zugängen der Schüler*innen zur Evaluation des kokoRU. Anders liegt der Fall beim Geschlecht, wo zwei mittelstarke Effekte beobachtet werden können. Beide beziehen sich auf die beiden Faktoren, in denen es um einen Zuwachs an Wissen geht. Zum einen ist der Erkenntnisgewinn, der durch eine gegenstandsorientierte und erfahrungsbasierte Auseinandersetzung mit Konfessionalität motiviert ist, bei Schülerinnen etwas höher als bei Schülern ($t(115) = 2{,}83$; $p = {,}006$; $d = {,}53$). Zum anderen ist der durch Unzufriedenheit mit dem Fach motivierte Wissenszuwachs bei Schülerinnen etwas stärker ausgeprägt als bei Schülern ($t(115) = 3{,}17$; $p = {,}002$; $d = {,}59$).

3.2. Befunde aus der Befragung der Lehrkräfte

Die Lehrkräfte wurden zur Mitte des Schuljahres 2019/20 zu ihren Erfahrungen mit dem kokoRU befragt, also weitgehend noch vor dem Corona-Lockdown. Gegenstand der Evaluation waren die Organisation dieser Form konfessionsbezogenen Lernens (3.2.1.) und seine Durchführung (3.2.2.). Zusätzlich werden die beiden Facetten der Bedingungsfaktoren berichtet, die für den kokoRU von besonderer Bedeutung sind, nämlich die Einstellung gegenüber dem Religionsunterricht (3.2.3.) und die konfessionsspezifischen Einstellungen der Lehrkräfte (3.2.4.). Den Abschluss dieses Kapitels bildet die Rekonstruktion übergreifender Zugänge zur Evaluation des kokoRU unter den befragten Lehrpersonen (3.2.5.)

3.2.1. Befunde zur Organisation des kokoRU

Zur Evaluation der Organisation des kokoRU wurden formale Merkmale wie der Lehrerwechsel und die Zusammensetzung der Lerngruppe erhoben, die Motive seiner Einführung, die Qualität der Fortbildungsmaßnahmen für das neue Format und der Aufwand der Vorbereitung des kokoRU. Diese Befunde werden im Folgenden berichtet.

Lehrerwechsel und Lerngruppe

Ein zentrales Element des kokoRU ist der Wechsel der Lehrkraft, um beide Konfessionen authentisch zur Sprache zu bringen. In NRW steht es den Schulen frei, diesen Wechsel nach den organisatorischen Anforderungen vor Ort zu regeln, sofern dieser innerhalb der Doppeljahrgänge stattfindet, für die der kokoRU beantragt wurde. Gemäß den Angaben der Lehrkräfte wechseln mehr als ein Drittel zum neuen Schuljahr, d. h. im Sommer (37 %) und 7 % während des Schuljahres. Fast ein Drittel (32 %) wechselt für ein bestimmtes Projekt, was bedeutet, dass die Lerngruppe durch eine Lehrperson einer Konfession unterrichtet wird und die Lehrperson der anderen Konfession für ein Projekt die Klasse übernimmt.

16 % der Befragten geben an, dass an ihren Schulen überhaupt kein Lehrkraftwechsel durchgeführt wird. Schließlich geben 8 % an, mit einem alternativen Modell zu arbeiten, das keiner der vorgegebenen Kategorien entspricht. In diesem Fall gab es die Möglichkeit zu einer Freitextantwort. Analysiert man diese Antworten, so zeigt sich, dass etliche Fälle mehr oder weniger der Kategorie „Wechsel für Projekt" entsprechen. Darunter fallen z. B. Lösungen, bei denen die Lehrperson der anderen Konfession für eine Unterrichtssequenz die Lerngruppe übernimmt. Etwa die Hälfte der Antworten im Freitextfeld entspricht solchen Modellen. Weitere häufiger genannte Positionen sind eine gemeinsame Vorbereitung, dann aber ein Unterrichten ohne Lehrkraftwechsel, sowie ein Lehrkraftwechsel in einem anderen Intervall, z. B. für ein Halbjahr in einem Zwei-Jahres-Zeitraum. Berücksichtigt man diese Antworten, ist festzuhalten, dass in über 80 % der Fälle kokoRU gemäß Erlass, d. h. mit Lehrkraftwechsel durchgeführt wird.

Wenn es um die Zusammensetzung der Lerngruppen im kokoRU geht, gibt über die Hälfte der Befragten an (58 %), dass alle Schüler*innen einer Klasse gemeinsam Religionsunterricht haben (vgl. Tab. 22). Damit besuchen in diesen Fällen auch die Schüler*innen den kokoRU, die weder evangelisch noch katholisch sind und sich nicht vom Religionsunterricht abgemeldet haben. In einem Viertel der Fälle werden nur die evangelischen und katholischen Schüler*innen einer Klasse, d. h. ohne Muslime, Konfessionslose etc., im kokoRU unterrichtet. Umgekehrt betrachtet, bedeutet dies, dass durch kokoRU in der überwiegenden Mehrzahl der Fälle der Klassenverband (jedenfalls der Tendenz nach) erhalten bleibt. 28 % berichten vom klassenübergreifenden Unterricht, der evangelische und katholische Schüler*innen eines Jahrgangs zusammenführt. Jahrgangsübergreifender Unterricht kommt jedoch nur in Ausnahmefällen (3 %) vor.

Tabelle 22:
Die Lerngruppen des kokoRU (Untersuchungsgruppe)

	n	*% von 337*
alle SuS im regulären Klassenverband	195	57,9
ev. und kath. SuS einer Klasse	83	24,6
ev. und kath. SuS einer Jahrgangsstufe	95	28,2
ev. und kath. SuS aus verschiedenen Jahrgangsstufen	11	3,3

Legende: n = 337. Es waren Mehrfachnennungen möglich.

Ergänzend wurde gefragt, inwiefern Schüler*innen am kokoRU teilnehmen, die weder evangelisch noch katholisch sind (vgl. Tab. 23). Fast alle Befragten haben Schüler*innen ohne Religionszugehörigkeit in ihrem Unterricht (93 %), und jeweils rund zwei Drittel beschulen Schüler*innen anderer Konfessionen (66 %) bzw. Religionen (62 %).

Tabelle 23:
Die Zusammensetzung der Lerngruppen des kokoRU (Untersuchungsgruppe)

	n	*% von 337*
SuS anderer christl. Konfessionen	207	65,5
SuS anderer Religionen	196	62,0
SuS ohne Religionszugehörigkeit	293	92,7
nur ev. und kath. SuS	21	6,2

Legende: n = 337. Es waren Mehrfachnennungen möglich.

Werden die Lehrer*innen nach dem Anteil der Schüler*innen in ihren Lerngruppen gefragt, die weder evangelisch noch katholisch sind, so beziffert über die Hälfte (56 %) diesen Anteil zwischen 5 % und 30 %. Gut ein Drittel (35 %) geht von weniger als 5 % aus und 9 % von mehr als 30 %.

Unter den Hintergrundvariablen spielen sämtliche Personenmerkmale keine Rolle für die Organisation des kokoRU vor Ort. Lediglich die Schulform erweist sich als bedeutungsvoll für die Organisation des Lehrerwechsels (Chi-Quadrat(4) = 36,9, p < ,001, n = 337). So gib etwa die Hälfte der befragten Grundschullehrkräfte an, nach Ende des Schuljahrs einen Lehrerwechsel durchzuführen. Von den Lehrpersonen an weiterführenden Schulen hingegen geben dies nur 24 % an. Auch bei denen, die keinen Lehrerwechsel durchführen, ist die Antwortquote aus weiterführenden Schulen (24 %) über dreimal so hoch wie in der Grundschule (7 %). Dabei handelt es sich beim Einfluss der Schulart auf die Organisation des Lehrerwechsels um einen moderaten Effekt (Cramers V = ,33). Die Effekte der Schulform auf die Zusammensetzung der Lerngruppen sind dagegen durchgängig zu klein, um eine praktische Bedeutung zu haben.

Motive der Einführung

Neben formalen Aspekten waren auch die Motive, weshalb eine Schule den kokoRU eingeführt hat, Gegenstand der Evaluation. Diese Motive geben Einblick in das Problembewusstsein vor Ort hinsichtlich der Organisation konfessionsbezogenen Unterrichtens und Lernens.

Mit 75 % erreicht der Punkt „schulorganisatorische Gründe“ den höchsten Anteil in den Bereichen „sehr wichtig“ und „eher wichtig“ (vgl. Tab. 24). Mit 70 % sind jedoch auch pädagogische Gründe eine wichtige Motivquelle. Etwas dahinter folgen theologische Gründe wie etwa eine ökumenische Orientierung, die für knapp 60 % sehr wichtig oder eher wichtig erscheinen. Kaum relevant ist hingegen der Elternwunsch, bei dem rund zwei Drittel verneinen, dass er eine wichtigere Rolle gespielt habe.

Ergänzend zu diesen eher allgemeinen Motiven wurde speziell nach drei Gründen gefragt, die in der Diskussion um den kokoRU immer wieder genannt werden (vgl. Tab. 24). Interessanterweise kommt keiner der genannten Gründe auf einen Anteil von mehr als zwei Dritteln in den Kategorien „sehr wichtig" sowie „eher wichtig", was angesichts der Bedeutung, die diese Gründe im Diskurs zum Thema einnehmen, verwundern mag. Gleichwohl sollte nicht übersehen werden, dass sehr viele Befragte alle drei Gründe als wichtig für die Einführung erachten: 62 % denken, dass der kokoRU auch eingeführt wurde, um den Religionsunterricht aus der „Grauzone" zu holen; 51 % gehen davon aus, dass die geringe Anzahl von Schüler*innen einer Konfession hierbei eine (eher) wichtige Rolle gespielt hat, und 46 % sehen im Mangel an Religionslehrer*innen einen bedeutsamen Grund zur Einführung des kokoRU.

Wiederum haben personale Merkmale wie Alter, Konfessionszugehörigkeit, Berufserfahrung oder Stundendeputat keinen effektiven Einfluss auf die Wahrnehmung der Motive, warum die eigene Schule den kokoRU eingeführt hat. Die einzige Ausnahme bildet das Geschlecht der Befragten, wenn es darum geht, dass der kokoRU wegen einer zu geringen Anzahl an Schüler*innen einer Konfession beantragt wurde ($t(317) = -2{,}53$; $p = {,}012$): Dieser Grund wird von den Lehrerinnen ($m = 3{,}42$) als wichtiger wahrgenommen als von den Lehrern ($m = 2{,}88$), wobei der Effekt des Geschlechts hier klein ist ($d = -{,}37$).

Tabelle 24:
Die Bedeutung möglicher Motive für die Einführung des kokoRU (Untersuchungsgruppe)

	1	*2*	*3*	*4*	*5*
	%	*%*	*%*	*%*	*%*
Allgemeine Gründe:					
Schulorganisatorische Gründe	4,7	9,4	10,9	28,7	46,3
Pädagogische Gründe	9,4	9,4	11,2	30,0	40,0
Theologische Gründe	10,0	11,3	20,6	30,6	27,5
Elternwunsch	30,0	34,7	18,1	14,4	2,8
Spezifische Gründe:					
RU aus der „Grauzone" herausholen	10,3	14,4	13,7	27,2	34,4
Geringe Anzahl and. Konfessionen	13,8	16,2	19,4	23,4	27,2
Mangel an Religionslehrkräften	15,6	20,0	16,6	20,5	25,3

Legende: n = 337; 1 = überhaupt nicht wichtig; 2 = eher nicht wichtig; 3 = teils/teils; 4 = eher wichtig; 5 = sehr wichtig

Auch die Schulform bewirkt bei der Bedeutung der allgemeinen Einführungsmotive zwei kleine Effekte: Sowohl die schulorganisatorischen Gründe ($t(318) = 3{,}29$; $p < {,}001$; $d = {,}39$) als auch der Elternwunsch ($t(318) = 2{,}32$; $p = {,}021$; $d = {,}26$) werden von den Befragten der Grundschule als etwas wichtiger erachtet als von ihren Kolleg*innen an weiterführenden Schulen.

Qualität der Fortbildungen

Der kokoRU wurde durch staatliche und kirchliche Maßnahmen vorbereitet, um die Lehrpersonen für die neue Organisationsform konfessionellen Unterrichtens und ihre spezifische Didaktik vorzubereiten. Im Fragebogen wurde gefragt, an wie vielen Fortbildungen man teilgenommen hat, wie zufrieden man mit ihnen war, wie man verschiedene Optionen der Qualifikation auf den kokoRU beurteilt und wie gut man sich auf diesen Unterricht insgesamt vorbereitet fühlt.

Über die Hälfte der Befragten hat genau eine Fortbildung besucht (56 %), fast ein Viertel darüber hinaus noch eine weitere Veranstaltung zum kokoRU (24 %). Allerdings antworten auch 11 % auf den Fragebogen, die an keiner Fortbildung teilgenommen haben. Inwiefern es sich hierbei um Kolleg*innen handelt, die sich schulintern haben qualifizieren lassen, kann den Daten nicht entnommen werden.

Tabelle 25:
Die Beurteilung verschiedener Qualifikationsoptionen auf den kokoRU (Untersuchungsgruppe)

	1	*2*	*3*	*4*	*5*
	%	%	%	%	%
Die Ausbildung an der Universität für den kokoRU ist mangelhaft.	3,1	11,7	46,9	27,8	15,4
Es gibt zu wenige Fortbildungen zu Themen des kokoRU.	5,3	23,8	30,5	25,9	14,5
Die kirchliche Unterstützung für den kokoRU ist ausreichend.	3,1	14,5	38,9	33,6	9,9
Es ist ausreichendes Unterrichtsmaterial für den kokoRU vorhanden.	11,1	35,8	35,2	15,4	2,5

Legende: n = 337; 1 = trifft überhaupt nicht zu; 2 = trifft eher nicht zu; 3 = teils/teils; 4 = trifft eher zu; 5 = trifft sehr zu

Insgesamt zeigt sich eine recht hohe Zufriedenheit mit dem Fortbildungsangebot. Knapp ein Drittel der Befragten war mit den besuchten Fortbildungen sehr zufrieden, fast 28 % eher zufrieden. Damit beurteilen ca. 60 % der Befragten diese Angebote als zumindest tendenziell hilfreich. Allerdings sagen damit auch 40 % der Befragten, dass sie verschiedene Aspekte dieser Fortbildungen als wenig unterstützend erlebt haben. Darunter sind 7 %, denen diese Angebote überhaupt nicht geholfen haben.

Ferner wurden die Lehrpersonen gebeten, einige Thesen zu beurteilen, die spezifische Aspekte aus der Diskussion um den kokoRU aufnehmen (vgl. Tab. 25). Dabei sagt knapp die Hälfte (43 %), dass es partiell stimme, dass sie im Studium mangelhaft auf diese Organisationsform des Religionsunterrichts vorbereitet wurden. Von den übrigen Befragten nehmen jedoch deutlich mehr eine kritische Haltung ein, denn 47 % erleben das Studium in dieser Hinsicht als (zumindest tendenziell) mangelhaft, während nur 15 % sich durch die Universität eher gut auf den kokoRU vorbereitet fühlen. Etwas positiver wird die Anzahl der Fortbildungen zu kokoRU-Themen beurteilt. Zwar stimmen etwas über 40 % der These zu, deren Anzahl sei zu gering. Allerdings lehnen sie auch knapp 30 % ab. Beim Unterrichtsmaterial sieht die Mehrheit der Befragten Nachholbedarf, denn nur 18 % erachtet die Versorgung in dieser Hinsicht als ausreichend. Deutlich positiv ist die Tendenz dagegen bei der kirchlichen Unterstützung für den kokoRU. Sie wird von knapp 44 % der Befragten als (eher) ausreichend beurteilt, während sich knapp 18 % eine stärkere kirchliche Unterstützung wünschen.

Zum Abschluss dieses Komplexes wurden die Lehrkräfte gefragt, ob sie sich gut auf den kokoRU vorbereitet fühlen. 78 % beantwortet diese Frage mit „ja". Das darf aber nicht darüber hinwegtäuschen, dass sich im Umkehrschluss auch fast ein Viertel der Lehrer*innen als unzureichend vorbereitet einschätzt.

Die Einschätzung der verschiedenen Aspekte der Qualifikation für den kokoRU wird durch die Hintergrundvariablen nicht nennenswert bedingt. Zwar finden sich viele signifikante Unterschiede, die jedoch sämtlich nicht einmal eine kleine Effektstärke aufweisen. Sie bleiben somit alle ohne praktische Bedeutung.

Vorbereitung

Zur Evaluation des Aufwands, der in die Vorbereitung des kokoRU geflossen ist, wurden die Erfahrungen mit verschiedenen Maßnahmen dieser Vorbereitung ebenso erfragt wie die Höhe des Aufwands für die Vorbereitung. Außerdem konnten die Lehrkräfte in einer offenen Frage Wünsche an das Staatsministerium und die beiden Kirchen äußern, wie sie in der Vorbereitung des kokoRU noch besser unterstützt werden könnten.

Als erster Aspekt der Vorbereitung auf den kokoRU wurde gefragt, wie hilfreich die Lehrkräfte verschiedene Maßnahmen in dieser Hinsicht erlebt haben (vgl. Tab. 26). Noch vor den Fortbildungen – die, wie bereits oben geschildert, der Tendenz nach ebenfalls positiv gesehen werden – war die informelle Absprache im Kollegium für die Befragten der hilfreichste Aspekt: 83 % fanden dies sehr oder eher hilfreich und nur rund 3 % eher nicht oder gar nicht hilfreich. Bei den weiteren Maßnahmen muss beachtet werden, dass sie von einem markanten Teil der Befragten nicht wahrgenommen wurden. So haben rund 80 % der Lehrkräfte im Vorfeld Unterrichtsmaterial zum kokoRU durchgesehen, wobei sie dieses Material mehrheitlich als hilfreich bewerteten. Eine schulinterne Fortbildung hat weniger als die Hälfte mitgemacht; hat sie jedoch stattgefunden, wird auch diese überwiegend positiv beschrieben. Das Selbststudium wissenschaftlicher Texte spielte für ca. 80 % eine Rolle, wobei diese Art der Vorbereitung insgesamt eher kritisch gesehen wird. Zwar erachtet knapp ein Drittel solche Texte als – zumindest eher – hilfreich. Im Umkehrschluss bleibt jedoch etwa die Hälfte der Befragten unentschlossen oder beurteilt solche Texte als (eher) nicht hilfreich. Es kann damit festgehalten werden, dass die Befragten neben den staatlichen und kirchlichen Fortbildungen vor allem den informellen Austausch im Kollegium als gute Vorbereitung auf den kokoRU wahrgenommen haben.

Tabelle 26:
Die Beurteilung möglicher Maßnahmen der Vorbereitung auf den kokoRU (Untersuchungsgruppe)

	1	*2*	*3*	*4*	*5*	*x*
	%	%	%	%	%	%
informelle Absprachen im Kollegium	0,9	1,8	12,5	23,3	59,6	1,8
Fortbildungen auf regionaler Ebene	2,4	5,5	23,3	30,9	30,0	8,9
Durchsicht von Unterrichtsmaterialien	1,5	6,4	23,5	31,5	16,8	20,5
Schulinterne Fortbildungen	0,9	3,1	12,3	17,2	13,1	53,2
Selbststudium wiss. Texte	4,3	17,1	28,4	22,6	6,1	21,4

Legende: n = 327; 1 = gar nicht hilfreich; 2 = eher nicht hilfreich; 3 = teils/teils; 4 = eher hilfreich; 5 = sehr hilfreich; x = gab es bei mir nicht

Tabelle 27:
Aufwand an Vorbereitung des kokoRU (Untersuchungsgruppe)

	1	*2*	*3*	*4*	*5*
	%	%	%	%	%
Organisatorische Vorbereitung	3,4	17,1	21,1	38,8	19,6
Kommunikation mit Schulakteuren	4,0	23,3	29,2	30,1	13,4
Religionsdidaktische Vorbereitung	3,7	21,7	28,6	33,9	17,1
Fachliche Vorbereitung	3,1	23,0	37,9	26,7	9,3
Anpassung eigener Einstellung	23,0	32,9	20,8	16,2	7,1

Legende: n = 337; 1 = sehr gering; 2 = eher gering; 3 = teils/teils; 4 = eher groß; 5 = sehr groß

Die Lehrkräfte wurden darüber hinaus gefragt, für wie hoch sie ihren Aufwand hinsichtlich verschiedener Aspekte in der Vorbereitung des kokoRU einschätzen (vgl. Tab. 27). Zunächst lässt sich feststellen, dass die meisten der Befragten sich relativ leicht auf den kokoRU einlassen konnten, denn nur wenige berichten von einem (eher) großen Aufwand, wenn es darum geht, die eigene Einstellung an das neue Format anzupassen. Als aufwändig wird dagegen die organisatorische

Vorbereitung des kokoRU empfunden, die für 58 % mit sehr großem oder eher großem Aufwand verbunden war. Ebenfalls ein eher größerer Aufwand wird sowohl der Kommunikation mit den verschiedenen Akteuren innerhalb der Schule als auch der religionsdidaktischen Vorbereitung attestiert (44 % bzw. 51 % bei „sehr groß" und „eher groß" sowie je knapp 30 % bei „teils/teils"). Fachlich hingegen scheinen sich die Lehrkräfte einigermaßen sicher zu fühlen, sticht doch hier v. a. der hohe Wert (38 %) für teils/teils heraus.

Neben den Antworten auf die beiden berichteten geschlossenen Frageformate konnten die Lehrkräfte in Freitextfeldern Wünsche an das für die Schulen zuständige Ministerium (MSB) und die Bezirksregierungen einerseits sowie an Kirchen und Fortbildungsinstitute andererseits richten, wie sie im Hinblick auf kokoRU zusätzlich unterstützt werden möchten. Von MSB und Bezirksregierungen wünschen sich die Lehrkräfte eine ganze Reihe von Maßnahmen, wobei vieles Einzelmeinungen sind. Drei Punkte werden jedoch durchgängig bzw. von einer größeren Anzahl von Lehrkräften genannt: Zunächst wird immer wieder ein Abbau bürokratischer Hürden gefordert, z. B. in Bezug auf einen erneuten Antrag, aber auch im Hinblick auf die Flexibilisierung des Lehrkraftwechsels. Exemplarisch seien folgende Antworten genannt:

> „Die Formalitäten reduzieren (z. B. halte ich eine erneute Antragsstellung für überflüssig)."
> „Keine starre Festlegung von Wechseln."
> „Keine starre Festlegung mit Festlegung von Wechseln zwischen evangelischen und katholischen Kolleginnen. Ist stundenplantechnisch oft schwierig zu regeln bzw. bringt Unruhe und unnötige Lehrerwechsel für die Kinder."

Noch etwas häufiger wird angeführt, dass mehr Lehrkräfte eingestellt werden sollten; zumeist wird dies nicht weiter begründet, in manchen Fällen wird diese Forderung jedoch damit begründet, dass durch mehr Lehrkräfte kokoRU leichter zu verwirklichen sei (Stichwort Lehrkraftwechsel). Exemplarische Antworten sind:

> „Mehr Religionslehrer an Schulen."
> „Mehr Lehrkräfte einstellen."
> „Versorgung der Schule mit L mit dem Fach ev. Rel."

Der weitaus größte Anteil an Voten entfällt aber auf den Wunsch nach Hilfen für die inhaltliche Ausgestaltung. Genannt werden z. B.:

> „Konkretes Unterrichtsmaterial."
> „Die Handreichungen hinsichtlich gemeinsamer Ziele und Kompetenzen überarbeiten und zur Verfügung stellen."
> „Schulbücher, die für kokoRU ausgelegt sind."

Schließlich werden auch die Fortbildungen immer wieder thematisiert. In wenigen Fällen geht es dabei um organisatorische Aspekte, wie etwa die zu weite Anfahrt. Häufiger werden dagegen inhaltliche Aspekte angesprochen, wie eine stärkere Unterstützung für den konkreten Unterricht oder die Möglichkeit zu mehr kollegialem Austausch:

> „Regelmäßige Fortbildungen in der Nähe."
> „Praktische Fortbildungen, die in verschiedenen Jahrgängen genutzt werden können."
> „Fortbildungsveranstaltungen zu konkreten Unterrichtsvorhaben mit konfessionell geprägten Themen."

Letzteres findet sich auch sehr häufig in den Wünschen an die Kirchen und Fortbildungsinstitute: mehr Fortbildungen, die tiefer in die Thematik gehen („Fortbildungen zu speziellen Themen anbieten, die konfessionell-kooperativ interessant sind"), sowie „passende Unterrichtsmaterialien" und „Beispiele aus der Praxis" für den Unterricht. Über die Hälfte der Voten geht in diese Richtung.

Neben vielen weiteren Vorschlägen, die eher Einzelmeinungen zu sein scheinen, taucht ein Thema zumindest hin und wieder auf. Es wird eine stärkere Präsenz der „Kirchen" vor Ort gewünscht, wobei mit „Kirche" Unterschiedliches verbunden wird:

> „Mehr Präsenz in der Schule, gerne regelmäßiger Kontakt von beiden Konfessionen, derzeit meist nur auf unsere Nachfrage hin."
> „Regelmäßigen Kontakt zu der Schule pflegen und nicht nur von unserer Seite aus angesprochen werden."
> „Die katholische Kirche könnte uns bei Gottesdiensten unterstützen. Wir dürfen nicht mal den Kirchenraum benutzen, sondern sind immer in der ev. Kirche."

Schließlich fällt noch auf, dass sich einige lobende Äußerungen bei der offenen Frage zu den Verbesserungsmöglichkeiten finden. Demnach sind einige der Befragten mit den Angeboten der beiden Kirchen zufrieden, sei es, dass sie sich durch geeignetes Unterrichtsmaterial hinreichend unterstützt erleben, sei es, dass sie die Fortbildungen als passend zum kokoRU einschätzen.

Unter den Personenmerkmalen bedingt die Berufserfahrung die Beurteilung der universitären Vorbereitung auf den kokoRU insofern, als diese Vorbereitung umso kritischer gesehen wird, je kürzer die Befragten Religionsunterricht erteilen (ρ = –,22). Darüber hinaus erbringt das Geschlecht der Befragten bei zwei Einschätzungen einen kleinen Effekt: In beiden Fällen erachten die Lehrerinnen das Selbststudium ($t(254) = -2{,}24$; p = ,026; d = –,39) und das Studium von Unterrichtsmaterial ($t(257) = -2{,}66$; p = ,008; d = –,46) als etwas hilfreicher als die Lehrer.

Darüber hinaus erweist sich die Schulform bei vier Items als ausschlaggebend, wobei der Effekt jeweils klein ist. So erachten Lehrkräfte aus der Grundschule die regionalen Fortbildungen ($t(296) = 2{,}03$; p = ,043; d = ,24) ebenso als etwas hilfreicher im Vergleich zu ihren Kolleg*innen aus weiterführenden Schulen als die informellen Absprachen im Kollegenkreis ($t(319) = 2{,}31$; p = ,022; d = ,26). Umgekehrt wissen die Lehrer*innen aus weiterführenden Schulen die schulinternen Fortbildungen etwas mehr zu schätzen ($t(150) = -2{,}82$; p = ,006; d =

–,46). Dieser Effekt ist beinahe mittelstark. Außerdem stufen sie das Angebot der Universitäten bzgl. kokoRU etwas kritischer ein ($t(312) = -3,59$; $p < ,001$; $d = -,40$).

3.2.2. Befunde zum Unterrichtsgeschehen des kokoRU

Neben der Organisation des kokoRU spielen für die Evaluation dieser Organisationsform auch die Erfahrungen der Lehrpersonen mit seiner Durchführung eine Rolle. Zwei Aspekte wurden in dieser Hinsicht erhoben, nämlich die Erfahrungen im kokoRU selbst sowie die Möglichkeit, spezifische Lernerfahrungen, die für dieses didaktische Setting charakteristisch sind, anzubieten.

Erfahrungen im kokoRU

Ein zentraler Aspekt der Evaluation des Unterrichtsgeschehens des kokoRU sind die bisherigen Erfahrungen der Lehrkräfte mit dieser Organisationsform. Zum Zeitpunkt der Befragung wurde der kokoRU ein halbes Jahr praktiziert, was genug Zeit bedeutet, diese Unterrichtsform zu etablieren und erste Erfahrungen zu sammeln, was gut läuft und was weniger gut. Dabei wurden organisatorische Effekte (z. B. mehr Flexibilität) ebenso erfragt wie pädagogische (z. B. stärkt Klassengemeinschaft) und inhaltliche (z. B. stärkt Gemeinsamkeiten im Glauben). Als Antwortoption hatten die Lehrkräfte eine fünf-Punkt Likert-Skala von „trifft gar nicht zu" bis „trifft sehr zu".

Drei Aspekten stimmen rund zwei Drittel oder mehr der Befragten voll und ganz oder eher zu (vgl. Tab. 28): Der kokoRU stärkt die Gemeinsamkeiten im Glauben (71 %) und die Klassengemeinschaft (67 %) und ermöglicht eine größere Flexibilität im Umgang mit organisatorischen Problemen (64 %). Für rund die Hälfte der Befragten bedeutet die Kooperation im kokoRU eine Entlastung, und weitere 19 % sind sich in dieser Hinsicht unsicher.

Ein sehr gemischtes Bild ergibt sich bei den Aspekten, dass der kokoRU bei der Lehrkraft neue Erkenntnisse über andere Konfessionen mit sich bringt, zu weniger Abmeldungen beim Religionsunterricht führt, die Motivation bei den Schüler*innen steigert und bei der Lehrperson ein stärkeres Bewusstwerden der eigenen Konfessionalität bewirkt (vgl. Tab. 28). In allen vier Fällen sind Zustimmung und Ablehnung bestenfalls gleich stark ausgeprägt.

Klar negativ wird die Erfahrung beschieden, dass man durch den kokoRU die Kolleg*innen der anderen Konfession besser kennenlernt (vgl. Tab. 28). Diese Erfahrung teilt nur 20 % der Befragten. Allerdings könnte dieser niedrige Wert auch dadurch begründet sein, dass man sich im Fachkollegium schon vor der Einführung des kokoRU sehr gut untereinander kannte. Dann würde die Kooperation in diesem Fach nicht zu neuen Einsichten führen.

Zu diesem Befund passt, dass sich das Verhältnis zu den Kolleg*innen der anderen Konfession für rund drei Viertel der Befragten nicht geändert hat (ohne Tabelle). Gleichzeitig berichten 19 % von einer Verbesserung des Verhältnisses, wohingegen eine Verschlechterung praktisch nicht vorgekommen ist.

Tabelle 28:
Erfahrungen im kokoRU (Untersuchungsgruppe)

	1	*2*	*3*	*4*	*5*
	%	*%*	*%*	*%*	*%*
stärkt Klassengemeinschaft	6,9	13,2	13,2	28,6	38,1
schafft Flexibilität/Hilfe für organisatorische Probleme	6,0	13,5	16,7	34,9	28,9
stärkt Gemeinsamkeiten im Glauben	2,8	7,6	18,6	42,4	28,6
führt zu Entlastung	9,1	21,7	18,6	31,4	19,2
vermittelt neue Erkenntnisse über andere Konfession	9,1	29,3	24,2	24,5	12,9
weniger Abmeldungen vom RU	23,3	26,7	19,5	18,5	12,0
steigert Motivation der Schüler*innen	13,8	30,2	19,2	27,0	9,8
stärkt Bewusstsein der eigenen Konfession	15,7	28,9	18,2	27,7	9,4
lernt konfessionsverschiedene Kolleg*innen besser kennen	19,8	34,0	26,1	13,2	6,9

Legende: n = 337; 1 = trifft gar nicht zu; 2 = trifft eher nicht zu; 3 = teils/teils; 4 = trifft eher zu; 5 = trifft sehr zu

Unter den Personenmerkmalen ergeben das Geschlecht und die Konfession kleine Effekte. So empfinden Lehrerinnen die Entlastung in der Praxis ebenso etwas stärker als Lehrer ($t(315) = -2{,}44$; $p = {,}015$; $d = -{,}39$) wie die Stärkung der Gemeinsamkeiten im Glauben ($t(315) = -3{,}28$; $p = {,}026$; $d = -{,}52$). Gleichzeitig gilt, dass katholische Kolleg*innen die Entlastung als etwas größer empfinden als evangelische ($t(315) = 2{,}62$; $p = {,}009$; $d = {,}29$).

Die Schulform erweist sich in fünf Fällen als einflussreich, wobei der Effekt jedes Mal klein ist und in allen fünf Fällen die Lehrkräfte der Grundschule einen höheren Mittelwert aufweisen als ihre Kolleg*innen aus weiterführenden Schulen. Demnach werden in der Grundschule sowohl die Entlastung ($t(316) = 4{,}59$; $p = {,}001$; $d = {,}59$) als auch die gesteigerte Flexibilität ($t(316) = 2{,}91$; $p = {,}041$; $d = {,}33$) etwas stärker empfunden. Ebenso ist dort die Erfahrung etwas stärker, dass durch den kokoRU die Klassengemeinschaft gestärkt wird ($t(316) = 2{,}39$; $p = {,}017$; $d = {,}29$), sich die Gemeinsamkeiten im Glauben vertiefen ($t(316) = 3{,}14$; $p = {,}002$; $d = {,}35$) und man die Kolleg*innen der anderen Konfession besser kennenlernt ($t(316) = 2{,}56$; $p = {,}011$; $d = {,}29$).

Zur Vergleichsgruppe ergeben sich vier signifikante Unterschiede mit hinreichender Effektstärke, wobei zu beachten ist, dass die Vergleichsgruppe nach Erwartungswerten gefragt wurden. Demnach erwarten Kolleg*innen, die keinen kokoRU erteilen, im Vergleich mit der Untersuchungsgruppe sehr viel stärker, dass man durch die Einführung dieser Organisationsform Neues über die andere Konfession lernt ($t(366) = 6{,}91$; $p < {,}001$; $d = 1{,}05$). Hierbei handelt es sich um einen großen Effekt. Stärker, als es die Erfahrungen der Untersuchungsgruppe ergeben, fallen auch die Erwartungen aus, dass durch den kokoRU die Gemeinsamkeiten im Glauben der Schüler*innen gestärkt werden ($t(366) = 1{,}99$; $p = {,}048$; $d = {,}30$), die Motivation der Schüler*innen steigt ($t(366) = 2{,}11$; $p = {,}038$; $d = {,}29$), man die Kolleg*innen der anderen Konfession besser kennenlernt ($t(366) = 2{,}75$; $p = {,}006$; $d = {,}42$) und man sich seiner Konfessionalität stärker bewusst wird ($t(366) = 2{,}33$; $p = {,}002$; $d = {,}36$). Dass die Erwartungen stärker ausfallen als das, was dann tatsächlich erlebt wird, liegt nahe. Der sehr starke Unterschied zwischen der Hoffnung, durch den kokoRU etwas Neues über die andere Konfession zu lernen, und der tatsächlichen Erfahrung bleibt dennoch bemerkenswert.

Spezifische Lernerfahrungen

Neben allgemeinen Erfahrungen wurde zusätzlich gefragt, inwiefern Lernerfahrungen, die sich dem spezifischen didaktischen Setting der konfessionellen Kooperation verdanken, in den Augen der Lehrkräfte tatsächlich eintreten. Wie oben gesehen, gehören die Standpunktfähigkeit, die Fähigkeit zum Perspektivenwechsel und die Dialogfähigkeit zu den Kompetenzen, die in dieser Hinsicht besonders gefördert werden können. In der Evaluation wurden den Lehrpersonen zu jeder dieser Fähigkeit je drei Items vorgelegt, die einschlägige Aktivitäten beschreibt. Das Antwortspektrum war eine fünf-Punkt Likert-Skala von „trifft gar nicht zu“ bis „trifft sehr zu“.

Bei der Durchsicht der Verteilungen fällt zuerst auf, dass die beiden entschiedenen Positionen auf der zur Verfügung gestellten Skala eher selten genutzt werden (vgl. Tab. 29). Dass eine Lerngelegenheit „voll und ganz zutrifft“, geben 15 % der Befragten an, wenn es um das Führen von Gesprächen über konfessionelle Unterschiede geht, und 12 % im Fall, dass die Schüler*innen lernen, die Sichtweise der anderen Konfession anzunehmen. Bei allen anderen Lernmöglichkeiten gilt, dass sie für weniger als 10 % der Befragten voll und ganz zutreffen. Umgekehrt sehen jeweils 26 % der Befragten ganz und gar nicht, dass der kokoRU die Schüler*innen anregt, einen Wechsel der Konfession in Betracht zu ziehen und den eigenen Glauben zu hinterfragen. Weitere 24 % sehen nicht, dass die Schüler*innen Probleme haben, Unterschiede zwischen den Konfessionen zu erkennen. Ansonsten gilt auch hier, dass alle anderen Lernmöglichkeiten für stets weniger als 10 % der Befragten ganz und gar nicht zutreffen.

Insgesamt kann also festgehalten werden, dass die spezifischen Lernmöglichkeiten des kokoRU für die überwiegende Mehrheit der Befragten nicht so deutlich zutage treten. Dafür spricht auch, dass in vielen Fällen die Kategorie „teils/teils" den größten Anteil im Antwortspektrum hat, in einigen Fällen sogar mit deutlich über 30 %. Daraus könnte man ableiten, dass aus der Perspektive der Lehrkräfte die genannten Lernerfahrungen im kokoRU vorkommen, allerdings nicht durchgängig bei allen Schüler*innen.

Vor diesem Hintergrund kann festgehalten werden, dass bei sechs Lerngelegenheiten der Anteil der Befragten, die diesen Effekt bei ihren Schüler*innen beobachten, größer ist als der Anteil der Befragten, die diesen Effekt nicht beobachten können (vgl. Tab. 29). Am deutlichsten ist diese Divergenz ausgeprägt

- beim Gespräch über konfessionelle Unterschiede,
- bei der Fähigkeit, die Sichtweise anderer Konfessionen einzunehmen, und
- bei der Fähigkeit, sich in andersgläubige Personen hineinzuversetzen.

Tabelle 29:
Die Verwirklichung spezifischer Lernerfahrungen im kokoRU (Untersuchungsgruppe)

	1	*2*	*3*	*4*	*5*
	%	*%*	*%*	*%*	*%*
kommen über konfessionelle Unterschiede ins Gespräch	3,2	11,1	24,1	46,7	14,9
lernen, die Sichtweise der anderen Konfession einzunehmen	2,9	7,9	30,8	46,3	12,1
lernen, sich in eine Person mit einem anderen Glauben hineinzuversetzen	3,5	9,2	37,8	42,5	7,0
werden mit eigener Konfession besser vertraut	5,4	18,1	37,4	34,3	4,8
werden sich des eigenen Glaubens bewusst	2,2	15,6	44,8	32,0	5,4
entwickeln eigenen religiösen Standpunkt	5,4	16,8	40,3	29,2	8,3
können eigenen Glauben begründen	7,0	25,7	35,6	27,3	4,4
haben Probleme mit Perspektivenwechsel zwischen den Konfessionen	9,9	34,4	28,0	21,6	6,1
fühlen sich in ihrer eigenen Konfession stärker zu Hause	8,5	27,3	48,3	14,0	1,9
Schwierigkeiten im Gespräch über konfessionelle Unterschiede	24,1	41,9	20,3	9,9	3,8
werden unsicher, woran sie glauben	25,7	49,5	17,2	5,1	2,5
denken über Konfessionswechsel nach	26,3	50,2	16,8	5,1	1,6

Legende: n = 315; 1 = trifft gar nicht zu; 2 = trifft eher nicht zu; 3 = teils/teils; 4 = trifft eher zu; 5 = trifft sehr zu

In all diesen Fällen kann von einem wahrgenommenen Lerneffekt gesprochen werden, denn der Anteil der Zustimmung ist deutlich größer als der Anteil der

Ablehnung, und in allen drei Fällen sehen diesen Effekt mindestens die Hälfte der Befragten als zumindest teilweise eingelöst. Etwas weniger deutlich effektiv beurteilen die Befragten den kokoRU, wenn es darum geht, dass die Schüler*innen

- lernen, einen eigenen Standpunkt zu entwickeln,
- ein Bewusstsein für den eigenen Glauben schaffen und
- mit der eigenen Konfession vertraut werden.

Hier ist die Divergenz zwischen Zustimmung und Ablehnung nicht so deutlich wie bei den zuerst genannten Lerngelegenheiten, aber immer noch mit positivem Saldo auf der Zustimmung.

Ziemlich ausgeglichen ist die Einschätzung der Fähigkeit, den eigenen Glauben zu begründen. Hier sehen etwa gleich viele der Befragten einen entsprechenden Effekt bzw. sehen diesen nicht. Bei allen anderen Aussagen überwiegt die Erfahrung, dass sich der Effekt nicht einstellt. Besonders ausgeprägt ist das, wenn es darum geht,

- den Wechsel der Konfession in Betracht zu ziehen,
- den eigenen Glauben zu hinterfragen und
- die Unterschiede zwischen beiden Konfessionen nicht zu erkennen.

Bei der Beheimatung in der eigenen Konfession überwiegt die ambivalente Einschätzung deutlich.

Unter den Personenmerkmalen ergibt sich nur ein kleiner Effekt, denn mit dem Alter nimmt die Wahrnehmung etwas ab, dass die Schüler*innen Probleme mit dem Perspektivenwechsel haben ($\rho = -,24$). Darüber hinaus ergeben sich vier kleine Effekte, wenn man die Schulform beachtet. In allen vier Fällen liegt der Mittelwert der Kolleg*innen an weiterführenden Schulen etwas über dem der Lehrer*innen an Grundschulen. Das gilt für Probleme mit dem Perspektivenwechsel ($t(312) = -2,71$; $p = ,007$; $d = -,31$) ebenso wie für Schwierigkeiten im Gespräch über konfessionelle Unterschiede ($t(313) = -2,97$; $p = ,003$; $d = -,37$), die Verunsicherung des eigenen Glaubens ($t(313) = -2,16$; $p = ,031$; $d = -,24$) und das Nachdenken über einen Konfessionswechsel ($t\,(313) = -2,26$; $p = ,024$; $d = -,25$).

Im vorliegenden Fall ist auch ein Abgleich mit der Vergleichsgruppe möglich, wobei zu beachten ist, dass dort danach gefragt wurde, wie wahrscheinlich man es erachtet, dass die angebotenen Lernchancen eintreten. In allen Fällen liegen die Mittelwerte der Vergleichsgruppe über denen der Untersuchungsgruppe, in acht Fällen sind diese Unterschiede signifikant mit hinreichender Effektstärke. Ein mittelstarker Effekt tritt auf, wenn es um die Ausbildung eines eigenen religiösen Standpunkts geht ($d = ,52$), die Bewusstwerdung des eigenen Glaubens ($d = ,63$), das Gefühl, sich in der eigenen Konfession zu Hause zu fühlen ($d = ,62$), und die Fähigkeit, den eigenen Glauben gegenüber Mitschüler*innen zu begründen ($d = ,71$). Fast schon stark ist der Effekt bei der Vermutung, dass sich im kokoRU auch die Frage stellen könnte, die Konfession zu wechseln ($d = -,77$). Es fällt auf, dass die Vergleichsgruppe vor allem dort eine größere Wirksamkeit des kokoRU erwartet, wo es um die eigene Konfessionalität geht. Dass die konkrete Erfahrung mit dieser Organisationsform die Erwartungen dann erdet, konnte erwartet werden.

Verbesserungsvorschläge

Neben den vorgegebenen Alternativen hatten die Lehrkräfte in einem Freitextfeld die Gelegenheit, Vorschläge zur Verbesserung des kokoRU zu äußern. Zumeist entsprechen diese Vorschläge dem, was sich bereits in der Auswertung der Verbesserungsvorschläge zur Organisation des kokoRU als meistgenannte Punkte herauskristallisiert hat:

- der Wunsch nach mehr Lehrern, u. a. deshalb, da häufig regional eine Konfession stark unterbesetzt ist,
- der sehr häufig geäußerte Wunsch nach besserem Unterrichtsmaterial und mehr Fortbildungen,
- der Wunsch nach mehr Flexibilität, z. B. verbunden mit einer Kritik am verbindlichen Lehrerwechsel.

Alle diese Themen klingen exemplarisch in der folgenden Äußerung an:

> „Ich habe das Thematisieren konfessioneller Unterschiede für die Kinder als sehr verwirrend und zeitintensiv erlebt. Zeit, die man im RU vieeeel sinnvoller nutzen könnte. Das Konzept engt den Unterricht ein, um rechtlichen Vorgaben in Zeiten des Lehrermangels zu folgen. Meine Kollegen haben die gleiche Erfahrung gemacht. Insgesamt wird den kokoRU-Vorgaben deshalb in der Praxis nicht immer Folge geleistet.“

Es werden aber auch zwei Aspekte genannt, die bisher noch keine Rolle in den offenen Rückmeldungen gespielt haben. Zum einen wird mehrfach darauf hingewiesen, dass in der didaktischen Konzeption des kokoRU die Lebenswelt der Kinder und Jugendlichen stärker berücksichtigt werden müsse. Da diese mehrheitlich nicht mehr konfessionell sozialisiert seien, laufe der kokoRU dort ins Leere, wo er das konfessionelle Bewusstsein der Schüler*innen adressiere. In manchen Aussagen wird in dieser Hinsicht empfohlen, das Konfessionelle im Unterricht zugunsten eines allgemein Christlichen stark abzuschwächen:

> „Es müssten die Schüler*innen stärker in den Blick genommen werden, da sie zum großen Teil keinerlei religiöses, geschweige denn konfessionelles Vorwissen mitbringen. Zudem hat der RU weder im Schulsystem noch bei den SuS einen sonderlich hohen Stellenwert.“
>
> „... sich von einem engen konfessionellen Verständnis von Religionsunterricht verabschieden und das Christliche an sich den Schüler*innen nahebringen.“
>
> „Das Problem liegt meiner Meinung nach nicht in der Organisation des Religionsunterrichts, sondern in einem gesellschaftlichen Trend. Die Schüler*innen wissen in den wenigsten Fällen, woran sie glauben bzw. was der Kern des christlichen Glaubens ist. Bezogen auf Bibelarbeit zeigt sich zudem, dass die Antworten der Schüler*innen

immer gleich sind, egal, welcher Konfession sie angehören. Daher müsste man überlegen, den RU komplett neu zu denken, um dieser Entwicklung der Areligiösität gerecht zu werden.“

Zum anderen wünschen sich einige Befragte eine stärkere Zusammenarbeit untereinander, wenn es um den kokoRU geht. In manchen Äußerungen richtet sich dieser Wunsch auf das Fachkollegium vor Ort, in anderen Aussagen wird jedoch auch die Gelegenheit angeregt, sich über die einzelne Schule hinaus stärker zu vernetzen:

„enge Zusammenarbeit mit allen Religionskollegen“
„Absprachen bezüglich des schulinternen Curriculums umsetzen, neue Wege gehen“
„mehr Fortbildungen und regelmäßiger Meinungsaustausch mit anderen Schulen, die kokoRU eingeführt haben“

Ferner soll erwähnt werden, dass einige Befragte schrieben, dass ihrer Ansicht nach aktuell keine Verbesserungen notwendig seien bzw. es noch zu früh sei, jetzt schon Verbesserungen vorzuschlagen, weil die neue Organisationsform erst dabei sei, sich einzuspielen:

„Ich bin mit der Qualität an unserer Schule sehr zufrieden. Wichtig scheint mir die gedeihliche Beziehung der Lehrkräfte beider Konfessionen, sowie die Bereitschaft zu aktiver Zusammenarbeit und kollegialem Austausch.“
„Wir arbeiten mit kokoRU seit zwei Schuljahren und es läuft gut. Wir haben nur zu wenig evangelische Kollegen. Ansonsten bin ich mit der Organisation erst mal zufrieden. Am Ende des Schuljahres werden wir mit den Kollegen nochmals evaluieren.“

Gesamturteil über den eigenen Unterricht

Abschließend wurden die Lehrkräfte gebeten, ihren eigenen kokoRU nach Schulnoten zu bewerten und anzugeben, ob sie wieder zum herkömmlichen konfessionellen Religionsunterricht zurückkehren wollen.

Bei der Beurteilung des eigenen kokoRU zeigt sich eine hohe Zufriedenheit mit der eigenen Leistung. Über zwei Drittel bewerten ihren Unterricht als „sehr gut“ (6 %) oder „gut“ (63 %). Da zudem mehr als ein Viertel den eigenen Unterricht als „befriedigend“ einstuft (28 %), bleibt im Umkehrschluss zu sagen, dass nur 3 % den eigenen Unterricht in der unteren Hälfte des Notenspektrums ansiedeln. Dabei fällt auf, dass Lehrerinnen ihren Unterricht etwas besser beurteilen als Lehrer ($t(310) = -3{,}16$; $p = {,}002$; $d = -{,}50$) und Befragte aus der Grundschule etwas besser als ihre Kolleg*innen aus weiterführenden Schulen ($t(311) = 2{,}92$; $p = {,}002$; $d = {,}33$).

Vor die Wahl gestellt, kokoRU beizubehalten oder zum alten System zurückzukehren, wünscht sich nur eine kleine Minderheit von 17 % eine Rückkehr, wohingegen 83 % kokoRU beibehalten möchten. Unterschiede hinsichtlich der Hintergrundvariablen ergeben sich nicht.

3.2.3. Einstellung gegenüber dem Religionsunterricht

Neben der Organisation und dem Unterrichtsgeschehen wird hier auch die Einstellung der Lehrkräfte gegenüber dem Religionsunterricht dargestellt. Das gehört gemäß dem konzeptuellen Modell dieser Befragung zwar zu möglichen Bedingungsfaktoren des kokoRU. Der Lehrkraft kommt für die Gestaltung des kokoRU aber eine entscheidende Rolle zu – und damit der Art und Weise, wie sie sich selbst in ihrer berufsspezifischen Professionalität sieht. Erfragt wurde in dieser Evaluation die präferierte Organisationsform, das Rollenideal, die Einschätzung von Positionalität einer Lehrkraft im Religionsunterricht und die Präferenz möglicher Bildungsziele dieses Unterrichts.

Präferierte Organisationsform

Die erste Frage der allgemeinen Einstellungen gegenüber dem Religionsunterricht im Fragebogen bezieht sich auf dessen Zukunft. Die Befragten hatten die Gelegenheit, die sechs Optionen „konfessionell-kooperativer RU", „konfessioneller RU", „interreligiöser RU", „religionskundlicher RU", „verbindlicher Ethikunterricht" und „kein Religions-/Ethikunterricht" zu ranken, d. h. jeder Option einen Rangplatz zwischen 1 und 6 zuzuweisen.

Abbildung 7:
Zustimmung zu den Organisationsformen in Prozent von Rang 1 (Untersuchungsgruppe)

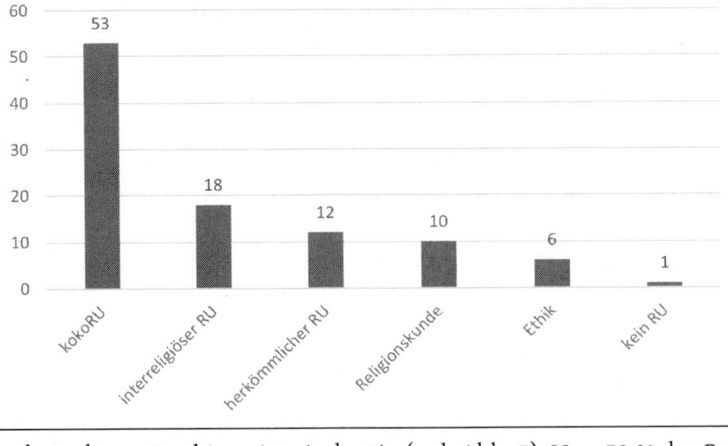

Das Ergebnis dieses Rankings ist eindeutig (vgl. Abb. 7): Von 53 % der Befragten wird der kokoRU auf Platz 1 gesetzt, ist also das attraktivste Modell unter den angebotenen Alternativen. Mit großem Abstand folgt der interreligiöse Religionsunterricht (18 %), der alle religiös gebundenen Schüler*innen einer Klasse umfasst. Wieder mit deutlichem Abstand folgen der konfessionelle Religionsunterricht in der herkömmlichen Form (12 %) und ein religionskundlicher Unterricht (10 %). Die beiden anderen Modelle, die beide auf jegliche religiöse Bildung an der Schule verzichten, erhalten nahezu keine Zustimmung der Befragten – was angesichts der Tatsache, dass Religionslehrkräfte befragt wurden, erst mal nicht überrascht.

Das beschriebene Bild ändert sich nicht grundlegend, wenn man die folgenden Platzierungen ebenfalls berücksichtigt. In der Summe bleibt die große Attraktivität des kokoRU unter den Befragten erhalten, denn weniger als 10 % der Befragten stufen ihn schlechter als Platz 3 ein. Allerdings verstärkt sich bei diesem Blick der Eindruck, dass für die Befragten die Alternative zum kokoRU nicht der herkömmliche konfessionelle Religionsunterricht wäre, sondern ein Unterricht mit interreligiöser Perspektive. Zählt man die Anteile der ersten drei Plätze zusammen, wird er von 77 % der Befragten als zukunftsfähig erachtet, während der entsprechende Anteil beim herkömmlichen Religionsunterricht bei 58 % liegt. Damit rangiert der konfessionelle Religionsunterricht nur knapp vor dem religionskundlichen Modell (50 %).

Die Hintergrundvariablen bedingen zwei kleine Effekte, wenn es um das Ranking der Organisationsformen geht. So ist der herkömmliche konfessionelle Religionsunterricht bei den Männern etwas beliebter als bei den Frauen ($t(308) = -2{,}22$; $p = {,}017$; $d = -{,}35$). Und der interreligiöse Religionsunterricht wird von evangelischen Lehrpersonen etwas höher gerankt als von katholischen ($t(308) = 2{,}54$; $p = {,}011$; $d = {,}29$).

Die Frage zur präferierten Organisationsform wurde auch den Kolleg*innen der Vergleichsgruppe vorgelegt. Die Zugehörigkeit zu einer der beiden Gruppen ergibt beim Ranking des herkömmlichen konfessionellen Religionsunterrichts einen kleinen Effekt ($t(359) = -2{,}47$; $p = {,}014$; $d = -{,}38$): Diese Organisationsform wird von Angehörigen der Vergleichsgruppe etwas höher gerankt als von denjenigen, die den kokoRU gerade erteilen. Auf das Ranking der anderen Optionen hat die Zugehörigkeit zur Untersuchungs- oder Vergleichsgruppe keinen Einfluss.

Rollenideal

Als Lehrperson ist man Rollenerwartungen ausgesetzt, die sowohl von staatlicher wie auch von kirchlicher Seite aus definiert werden. Um die eigenen Schwerpunkte der Befragten zu erfassen, wurden die Lehrer*innen gefragt, wie wichtig verschiedene rollenbezogene Metaphern und Beschreibungen für ihr eigenes Selbstverständnis sind. Antworten konnten die Lehrkräfte auf einer fünf-Punkt Likert-Skala von „gar nicht wichtig“ bis „sehr wichtig“.

Die beiden Rollenbilder, die mit Abstand die größte Zustimmung bekommen, sind die Lehrperson, die zu eigenständiger Urteilsbildung befähigt und die Schüler*innen in ihre Persönlichkeitsentwicklung begleitet (vgl. Tab. 30). Etwas weniger Zustimmung bekommt die Lehrperson mit staatlichem Bildungsauftrag und nochmals mit deutlichem Abstand dahinter liegen die beiden Rollenideale, die den christlichen Glauben vermitteln und ein Beispiel für gelebte Religion geben. Dieses Szenario bleibt im Wesentlichen erhalten, wenn man nicht nur die Kategorie „sehr wichtig" berücksichtigt, sondern zusätzlich auch die Kategorie „eher wichtig".

Tabelle 30:
Die Ausprägung des Rollenideals (Untersuchungsgruppe)

	1	*2*	*3*	*4*	*5*
	%	*%*	*%*	*%*	*%*
Lehrperson, die zu eigenständiger Urteilsbildung und kritischer Auseinandersetzung anregt	0,0	0,0	2,3	25,7	72,0
Begleitung für die Persönlichkeitsentwicklung der Schüler*innen	0,0	0,0	3,9	25,4	70,7
staatliche Lehrkraft, die dem Bildungs- und Erziehungsauftrag verpflichtet ist	0,7	0,7	6,5	34,5	57,7
Vermittler*in des christlichen Glaubens	0,7	4,6	16,0	36,8	42,0
authent. Beispiel für gelebte Religion	1,6	5,5	19,5	33,2	40,1
Vermittler*in des evangelischen bzw. katholischen Glaubens	1,3	8,5	24,8	36,2	29,3
Moderator*in unterschiedlicher religiöser Vorstellungen	1,0	5,2	21,8	46,3	25,7
Vertreter*in der Kirche	4,9	17,3	25,7	32,9	19,2
wertneutrale Wissensvermittler*in	9,8	21,8	31,6	22,5	14,3

Legende: n = 315; 1 = gar nicht wichtig; 2 = eher nicht wichtig; 3 = teils/teils; 4 = eher wichtig; 5 = sehr wichtig

Die restlichen Rollenideale werden skeptischer gesehen. Dabei fällt auf, dass sich nur wenige Lehrkräfte als wertneutrale Vermittler*in von Wissen sehen, und nur knapp mehr als die Hälfte sich als Vertreter*in der Kirche (vgl. Tab. 30). Beide Items landen mit Abstand am Ende der Rangliste. Aber auch das deutlich konfessionell geprägte Rollenideal einer Vermittler*in eines evangelischen bzw. katholischen Glaubens bekommt weniger Zustimmung als das allgemeiner formulierte Ideal einer Vermittlung eines christlichen Glaubens. In der Summe dominiert unter den Befragten damit ein Rollenideal, dass dezidiert pädagogisch ausgerichtet ist auf der Grundlage eines christlichen – und damit nicht dezidiert konfessionell geprägten – Glaubens.

Das Rollenideal ist sowohl durch das Geschlecht als auch durch die Konfessionszugehörigkeit bedingt, wobei alle Effekte klein sind. Lehrerinnen sehen sich etwas stärker als Begleiterinnen in der Persönlichkeitsentwicklung ($t(304)$

= −2,148; *p* = ,014; *d* = −,39) und als Vermittlerin eines christlichen Glaubens (*t*(304) = −2,36; *p* = ,019; *d* = −,37). Evangelische Lehrkräfte können dem Ideal einer wertneutralen Wertvermittlung (*t*(304) = −2,39; *p* = ,017; *d* = −,27) und der Befähigung zur Urteilsbildung (*t*(304) = −2,95; *p* = ,003; *d* = −,34) etwas mehr abgewinnen als ihre katholischen Kolleg*innen. Schließlich sehen sich Lehrkräfte aus weiterführenden Schulen etwas stärker als Lehrpersonen, die zur Urteilsbildung anhalten, als solche aus Grundschulen (*t*(305) = −3,44; *p* = ,001; *d* = −,39), was erwartet werden konnte.

Signifikante Unterschiede in der Einschätzung der Rollenideale zwischen Untersuchungs- und Vergleichsgruppe ergeben sich nicht.

Positionalität der Lehrperson im Religionsunterricht

Da das konfessionell-kooperative Lernsetting von der Positionalität der Lehrperson lebt, wurden auch die Lehrkräfte gefragt, wie sie diese einschätzen. Es wurde das gleiche Instrument wie bei den Schüler*innen verwendet, wobei eine fünf-Punkt Likert-Skala von „gar nicht gut" bis „sehr gut" die Antwortoptionen definiert hat.

Tabelle 31:
Die Einschätzung der Positionalität der Lehrkraft im kokoRU (Untersuchungsgruppe)

	1	*2*	*3*	*4*	*5*
Wenn die Lehrkraft ...	*%*	*%*	*%*	*%*	*%*
die Gemeinsamkeiten zwischen evangelisch und katholisch deutlich macht.	0,0	0,3	5,9	32,7	61,1
sagt, dass sie an Gott glaubt.	0,0	0,6	8,5	31,1	59,8
die Unterschiede zwischen evangelisch und katholisch deutlich macht.	0,8	4,0	16,7	33,0	45,5
von eigenen Erfahrungen mit Gott erzählt.	0,6	4,2	17,5	32,7	45,1
mit den SuS das Beten, Meditieren und Segnen ausprobiert.	2,3	9,2	27,1	30,7	30,7
kritisch gegenüber der Kirche ist.	1,2	11,8	50,0	26,5	10,5
die SuS von ihrem Glauben überzeugen will.	37,9	36,0	21,6	3,7	0,8

Legende: n = 307; 1 = gar nicht gut; 2 = eher nicht gut; 3 = teils/teils; 4 = eher gut; 5 = sehr gut

Fast alle Befragten finden es gut, wenn Gemeinsamkeiten zwischen den beiden großen christlichen Konfessionen im Unterricht herausgearbeitet werden (94 %; vgl. Tab. 31). Fast ebenso groß ist die Zustimmung, dass sich die Lehrperson im Religionsunterricht zu ihrem Glauben an Gott bekennt. In beiden Fällen liegt der

Anteil der befragten Lehrpersonen, die die Aussage nicht wenigstens als „eher gut“ einschätzen, unter 10 %.

Es folgen drei Aussagen, denen die Befragten ebenfalls mehrheitlich zustimmten, bei denen es aber auch einen bemerkenswerten Anteil von Antworten gibt, die auf die Kategorie „teils/teils“ entfallen (vgl. Tab. 31). Darunter befinden sich das Erzählen von eigenen Erfahrungen mit Gott, das Ausprobieren von Beten, Meditieren, Segnen etc. und das Herausarbeiten von Unterschieden zwischen den Konfessionen. In allen diesen Fällen pendelt die Zustimmungsrate zwischen 75 % und 61 %.

Ambivalent fällt das Urteil der Befragten aus, wenn es um eine kritische Haltung der Kirche gegenüber geht, denn exakt die Hälfte votiert hier für „teils/teils“ (vgl. Tab. 31). Im Rest der Stichprobe überwiegt die Anerkennung dieser Haltung (37 %) deutlich gegenüber deren Ablehnung (13 %).

Dezidiert kritisch wird dagegen die Position eingeschätzt, inwiefern eine Lehrperson die Schüler*innen von ihrem eigenen Glauben überzeugen soll (vgl. Tab. 31). 74 % der Befragten lehnen ein solches Unterfangen ab und weitere 22 % äußern sich unentschlossen. Zusammengefasst geht die durchschnittliche Meinung der Befragten also dahin, dass die Lehrkraft im Religionsunterricht authentisch ihren Glauben bekennen und von diesem erzählen soll, dabei aber immer der Glaube der Schüler*innen zu respektieren ist. Dabei liegt der Schwerpunkt der Mehrheit eher auf der Betonung der Gemeinsamkeiten beider Konfessionen als auf der Herausarbeitung von Unterschieden zwischen diesen.

Die Einstellung zur Positionalität ist in mehrfacher Hinsicht durch sozio-demographische Variablen bedingt. So schwindet mit dem Alter etwas die Skepsis gegenüber dem Versuch, die Schüler*innen vom eigenen Glauben zu überzeugen (ρ = ,24; p < ,001). Zudem stehen Lehrer der Kritik an der Kirche etwas offener gegenüber als Lehrerinnen (t(303) = 2,11; p = ,036; d = ,33). Letztere können dafür dem Beten und Segnen im Unterricht etwas mehr abgewinnen (t(303) = −3,89; p < ,001; d = −,62). Hierbei handelt es sich um einen mittleren Effekt. Die Konfessionszugehörigkeit bewirkt sogar vier signifikante Unterschiede. So stimmen evangelische Lehrpersonen der Thematisierung der Unterschiede zwischen den Konfessionen etwas stärker zu (t(303) = −2,71; p = ,007; d = −,31), wogegen katholische Lehrkräfte etwas weniger skeptisch sind, wenn man die Schüler*innen vom eigenen Glauben überzeugen möchte (t(303) = 3,42; p = ,001; d = ,39), kritisch gegenüber der Kirche ist (t(303) = 3,70; p < ,001; d = ,42) und im Unterricht betet und segnet (t(303) = 2,74; p = ,007; d = ,31).

Die Schulform zeigt zwei erwartbare Effekte. So steht die Kritik an der Kirche bei Lehrpersonen aus der Sekundarstufe höher im Kurs (t(304) = −4,82; p < ,001; d = −,55), während Lehrkräfte der Grundschule dem Beten und Segnen im Religionsunterricht deutlich positiver gegenüberstehen (t(304) = 6,94; p < ,001; d = ,79). In beiden Fällen ist die Effektstärke mittel, im zweiten sogar fast stark.

Der Abgleich mit der Vergleichsgruppe ergibt, dass Lehrpersonen, die keinen kokoRU erteilen, etwas weniger skeptisch gegenüber dem Versuch sind, die

Schüler*innen vom eigenen Glauben zu überzeugen ($t(353) = 2{,}77$; $p = {,}006$; $d = {,}43$). Sonst zeigen sich keine signifikanten Unterschiede.

Bildungsziele des Religionsunterrichts

Schließlich gehören Bildungsziele für den Religionsunterricht zum professionellen Selbstverständnis von Lehrkräften. In der Evaluation des kokoRU in NRW wurden 13 solcher Ziele vorgelegt, die anhand einer fünf-stufigen Likert-Skala (von „gar nicht angemessen“ bis „sehr angemessen“) in ihrer Passung zum Religionsunterricht eingestuft werden konnten.

Tabelle 32:
Präferenz von Bildungszielen für den Religionsunterricht (Untersuchungsgruppe)

	1	*2*	*3*	*4*	*5*
	%	*%*	*%*	*%*	*%*
Orientierung zur Identitätsbildung anbieten	0,0	0,0	3,6	21,6	74,8
allgemeine Wertvorstellungen vermitteln	0,0	1,0	3,3	23,5	72,2
den christlichen Glauben mit menschlichen Erfahrungen in Beziehung setzen	0,0	0,3	2,9	26,5	70,3
interreligiöse Dialogfähigkeit fördern	0,0	0,7	5,9	24,5	69,0
Perspektiven Andersgläubiger sehen lernen	0,3	0,0	5,9	31,7	62,1
christliche Grundbildung vermitteln	0,0	0,0	10,1	29,7	60,1
Geschlechtergerechtigkeit anbahnen	0,0	2,3	13,7	26,5	57,5
Lebens- als Glaubensfragen erschließen	0,3	1,6	9,8	31,4	56,9
Urteilsfähigkeit gegenüber der Kirche fördern	1,0	2,3	11,4	42,5	42,8
Zugänge zur Bibel zu schaffen	0,0	0,7	12,7	43,8	42,8
Ansätze zu theologischem Fachwissen vermitteln	1,0	8,8	19,0	41,2	30,1
Formen gelebter Religion einüben	2,0	7,2	25,2	39,2	26,5
in der Kirche beheimaten	2,0	17,0	38,2	32,4	10,5

Legende: n = 306; 1 = gar nicht angemessen; 2 = eher nicht angemessen; 3 = teils/teils; 4 = eher angemessen; 5 = sehr angemessen

Sechs Items werden von mindestens 90 % der Befragten befürwortet (vgl. Tab. 32): Der Religionsunterricht soll

- Orientierung zur Identitätsbildung anbieten,
- allgemeine Wertvorstellungen vermitteln,
- christlichen Glauben mit menschlichen Erfahrungen in Beziehung setzen,

- interreligiöse Dialogfähigkeit fördern,
- Perspektiven Andersgläubiger darstellen und
- eine christliche Grundbildung vermitteln.

Auch die folgenden Aussagen erachten mindestens 80 % der Befragten für angemessen: Im Religionsunterricht sollen

- Geschlechtergerechtigkeit angebahnt,
- Lebens- als Glaubensfragen erschlossen,
- Zugänge zur Bibel geschaffen und
- eine Urteilsfähigkeit gegenüber der Kirche gefördert werden.

Mit 71 % Zustimmung wird auch das Bildungsziel, im Religionsunterricht theologisches Wissen zu vermitteln, mehrheitlich als angemessen eingestuft (vgl. Tab. 32). Gleiches gilt für die Idee, im Religionsunterricht Formen gelebter Religion einzuüben, was 66 % der Befragten als angemessen einschätzen. In beiden Fällen finden sich aber auch mit knapp 10 % Antworten, die beide Ziele als (eher) nicht angemessen für den schulischen Religionsunterricht erachten. Noch deutlicher fällt diese Skepsis aus, wenn es um die Beheimatung der Schüler*innen in der Kirche geht (19 %). Dieses Ziel ist auch das einzige der vorgelegten Liste, dem weniger als die Hälfte der Befragten zustimmen (43 %).

Die Personenmerkmale ergeben einige Effekte. Lehrerinnen stufen die Ziele, die Schüler*innen in der Kirche zu beheimaten ($t(303) = -3{,}07$; $p = {,}002$; $d = -{,}49$) und allgemeine Werte zu vermitteln ($t(303) = -4{,}03$; $p < {,}001$; $d = -{,}64$) höher ein als Lehrer. In beiden Fällen ist der Effekt mittelstark. Umgekehrt schätzen Lehrer die Befähigung der Schüler*innen zu Urteilsfähigkeit stärker als Lehrerinnen ($t(303) = 3{,}13$; $p = {,}002$; $d = {,}50$). Katholischen Lehrpersonen ist die Vermittlung gelebter Formen von Religiosität etwas wichtiger ($t(303) = 2{,}10$; $p = {,}037$; $d = {,}24$), evangelischen die Vermittlung von theologischem Fachwissen ($t(303) = -2{,}70$; $p = {,}007$; $d = -{,}31$) und allgemeinen Werten ($t(303) = -3{,}08$; $p = {,}002$; $d = -{,}35$) sowie die Förderung einer interreligiösen Dialogfähigkeit ($t(303) = -2{,}24$; $p = {,}026$; $d = -{,}26$) und die Fähigkeit, sich in die Perspektive Andersgläubiger hineinzuversetzen ($t(303) = -2{,}12$; $p = {,}035$; $d = -{,}24$).

Die Schulform ergibt sieben signifikante Unterschiede, die fast alle mittelstark ausgeprägt sind – und angesichts der Bildungsprofile von Primar- und Sekundarstufe erwartbar sind. So ist es Lehrkräften aus der Grundschule wichtiger, dass im Religionsunterricht gelebte Religion gezeigt wird ($d = {,}58$) und die Schüler*innen in der Kirche beheimatet werden ($d = {,}42$). Dafür schätzen Lehrpersonen aus weiterführenden Schulen deutlich stärker die Vermittlung von Fachwissen ($d = -{,}55$) und Urteilsfähigkeit ($d = -{,}73$), sowie interreligiöser Dialogfähigkeit ($d = -{,}49$), der Fähigkeit, die Perspektive Andersgläubiger zu verstehen ($d = -{,}37$) und die Schülerinnen in ihrer Identitätsbildung zu begleiten ($d = -{,}29$).

Unterschiede zwischen Untersuchungs- und Vergleichsgruppe sind keine anzutreffen.

3.2.4. Konfessionsspezifische Einstellungen

In der religionspädagogischen Diskussion spielt die Konfessionalität der Lehrkraft für das Gelingen des kokoRU eine zentrale Rolle, denn letztlich ist es die Lehrkraft, welche die konfessionelle Signatur ins Unterrichtsgeschehen einschreibt. Und gerade im kokoRU ist diese konfessionelle Signatur von besonderer Bedeutung, denn in der Auseinandersetzung mit beiden konfessionellen Profilen entstehen die spezifischen Lernchancen dieser Organisationsform. Die konfessionsspezifischen Einstellungen der Kolleg*innen stellen somit einen Maßstab für die innere Passung zum Modell des kokoRU zur Verfügung. Im Detail wurden die konfessionsspezifischen Präferenzen, die Identifikation mit der eigenen Konfession und die Identifikation mit der eigenen Kirche erfasst.

Konfessionsspezifische Präferenz

Die konfessionsspezifische Präferenz ist als inhaltliches Maß angelegt, inwieweit die Befragten Positionen zustimmen, die charakteristisch für ihre eigene bzw. die andere Konfession sind. Als charakteristische Aussagen für eine evangelische Lesart des Christentums wurden formuliert:
i) „Das Christsein wird durch ein persönliches Verhältnis zu Jesus bestimmt."
ii) „Besonders die Bibel ist Quelle und Maßstab des christlichen Lebens und Glaubens."
iii) „Gemeinde und Kirche sind für den persönlichen Glauben unbedingt wichtig, aber nicht heilsnotwendig."
iv) „Christen sind in ihrem Verhältnis zu Gott durch nichts und niemanden vertretbar."
Die für eine katholische Lesart charakteristischen Items lauten:
i) „Die Realpräsenz Jesu in der Eucharistie bildet die Mitte der Kirche."
ii) „Kirchliche Feste, Bräuche und Frömmigkeitsformen (z. B. Fronleichnam, Buß- und Bettag) gehören selbstverständlich zum Vollzug des Glaubens."
iii) „Ein oberstes Bischofsamt ist für die Konstitution als wahre Kirche Jesu Christi unverzichtbar."
iv) „Die Existenz der Kirche Christi in getrennten Konfessionen ist schmerzhaft, aber letztlich doch die einzige Möglichkeit des Christseins."
Zusätzlich wurde mit „Die Gleichheit aller Christen verwirklicht sich im allgemeinen Priestertum aller Gläubigen" ein Item aufgenommen, das in beiden Lesarten seinen Platz hat (ökumenisch).

Die Befragten konnten bei jeder Aussage anhand einer fünf-Punkt Likert-Skala angeben, wie stark sie auf die eigene Überzeugung zutrifft. Eine starke Präferenz der eigenen Konfession drückt sich demnach durch hohe Zustimmungswerte bei Aussagen aus, die typisch für diese Konfession sind, und niedrige Zustimmungswerte, die typisch für die andere Konfession sind. Es liegt auf der

Hand, dass ein solches Maß davon abhängt, welcher Konfession man angehört. Deshalb werden die Daten getrennt für evangelische und katholische Befragte ausgewertet.

Konzentriert man sich auf die absolute Zustimmung, ist diese bei den evangelischen Befragten am größten bei der Position, Christen seien im Verhältnis zu Gott durch nichts vertretbar (44 %; vgl. Tab. 33). Es folgen die Positionen zum allgemeinen Priestertum aller Gläuigen (34 %) und die Bibel sei eine besondere Quelle für Leben und Glauben (26 %). Fasst man beide zustimmenden Kategorien zusammen, kommen die Positionen der Unvertretbarkeit der Christen vor Gott, der Gleichheit aller Christen, der Bibel als besondere Quelle und dass die Kirche nicht heilsnotwendig sei alle auf einen Anteil von über 60 %. In der Summe beschreiben diese Items ein klares evangelisches Profil innerhalb des christlichen Glaubens. Dazu passt auch, dass nur 3 % der evangelischen Befragten ein oberstes Bischofsamt und nur knapp 13 % die Eucharistie als Mitte der Kirche zumindest eher für ihre eigene Glaubenshaltung als zutreffend erachten.

Tabelle 33:
Die konfessionsspezifische Präferenz evangelischer Lehrkräfte (Untersuchungsgruppe)

	1	*2*	*3*	*4*	*5*
	%	*%*	*%*	*%*	*%*
Evangelisch iv)	2,8	6,9	22,8	24,1	43,4
Ökumenisch	4,1	13,1	17,2	31,7	33,8
Evangelisch ii)	1,4	9,7	26,9	36,6	25,5
Evangelisch i)	3,4	17,2	23,4	35,9	20,0
Katholisch ii)	2,8	11,0	38,6	31,0	16,6
Evangelisch iii)	4,1	10,3	21,4	49,7	14,5
Katholisch iv)	29,0	34,5	21,4	10,3	4,8
Katholisch i)	35,2	26,9	24,8	9,7	3,4
Katholisch iii)	51,7	26,2	18,6	3,4	0,0

Legende: n = 145; 1 = trifft gar nicht zu; 2 = trifft eher nicht zu; 3 = teils/teils; 4 = trifft eher zu; 5 = trifft sehr zu

Das Alter hat in drei Fällen einen kleinen Effekt auf die Ausprägung dieser Überzeugungen, denn mit dem Alter steigt sowohl die Bedeutung der Bibel als Maßstab für das Leben (ρ= ,24; p = ,003) als auch die Überzeugung, dass Christen durch niemanden vor Gott vertreten werden können (ρ= ,25; p = ,003), sowie die Bedeutung von Festen und Bräuchen für den eigenen Glauben (ρ= ,32; p < ,001). Das Geschlecht wirkt sich mit mittlerem Effekt auf die Einschätzung aus, dass die Konfessionen letztlich die einzige Möglichkeit sind, Christentum zu leben; denn sie wird von Männern weniger stark abgelehnt als von Frauen (t(143) = 2,39; p = ,018; d = ,52).

Zum ersten Mal hat auch das Deputat in Religion einen Effekt auf die Verteilung: Je mehr Wochenstunden die Befragten erteilen, umso wichtiger ist die Bibel als Maßstab für das Leben (ρ= ,26; p = ,002) sowie das allgemeine Priestertum als Garant der Gleichheit aller Gläubigen (ρ= ,23; p = ,008), und umso mehr Wert wird darauf gelegt, dass Gemeinde und Kirche nicht heilsnotwendig sind (ρ= ,23; p = ,008). Darüber hinaus bewirkt die Schulform fünf signifikante Unterschiede, von denen zwei eine mittelstarke Effektstärke ausweisen und drei eine kleine. So lehnen Lehrkräfte aus der Grundschule die Verbindlichkeit eines obersten Bischofsamtes stärker ab als ihre Kolleg*innen aus weiterführenden Schulen ($t(143)$ = 2,76; p = ,006; d = ,46) und befürworten stärker die Bibel als Maßstab des täglichen Lebens ($t(143)$ = –3,81; p < ,001; d = –,70), das allgemeine Priestertum als Garant der Gleichheit aller Gläubigen ($t(143)$ = –3,63; p < ,001; d = –,61), die Unvertretbarkeit der Gläubigen vor Gott ($t(143)$ = –2,83; p = ,005; d = –,47) und die Konfessionalität als authentischen Ausdruck des Christentums ($t(143)$ = –2,58; p = ,011; d = –,43).

Dieses Profil ist bei den katholischen Befragten leicht anders ausgeprägt (vgl. Tab. 34). Zuerst fällt auf, dass keine der vorgeschlagenen Positionen einen Anteil an völliger Übereinstimmung aufweisen kann, der größer ist als 25 %. Konzentriert man sich auf die völlige Übereinstimmung, ist diese am größten bei der Position, dass kirchliche Rituale Teil des Glaubens seien (25 %), gefolgt vom persönlichen Verhältnis zu Jesus (20 %) und der Bibel als besonderer Quelle für Leben und Glauben (18 %).

Tabelle 34:
Die konfessionsspezifische Präferenz katholischer Lehrkräfte (Untersuchungsgruppe)

	1	*2*	*3*	*4*	*5*
	%	*%*	*%*	*%*	*%*
Katholisch ii)	3,1	6,9	21,4	44,0	24,5
Evangelisch i)	1,3	15,7	26,4	37,1	19,5
Evangelisch ii)	1,9	6,9	30,2	42,8	18,2
Katholisch i)	6,9	14,5	32,7	28,9	17,0
Ökumenisch	5,0	15,7	33,3	30,2	15,7
Evangelisch iii)	1,9	13,8	20,8	51,6	11,9
Evangelisch iv)	7,5	10,7	42,8	27,7	11,3
Katholisch iii)	13,8	41,5	27,0	13,2	4,4
Katholisch iv)	40,3	38,4	13,2	6,3	1,9

Legende: n = 159; 1 = trifft gar nicht zu; 2 = trifft eher nicht zu; 3 = teils/teils; 4 = trifft eher zu; 5 = trifft sehr zu

Addiert man die Anteile der Kategorien „trifft voll und ganz zu“ und „trifft eher zu“, kommen drei Positionen auf einen Anteil von mindestens 60 % (vgl. Tab. 34):

die Rituale als Teil des Glaubens (69 %), die besondere Rolle der Bibel (61 %) und dass die Kirche nicht heilsnotwendig sei (64 %). Letzteres ist insofern bemerkenswert, weil die Lehre der katholischen Kirche hier eigentlich eindeutig ist. Allerdings finden auch zwei weitere charakteristische Marker römisch-katholischen Glaubens allenfalls die eingeschränkte Zustimmung der katholischen Befragten. Zum einen erachten nur 46 % die Eucharistie zumindest eher als Mitte des kirchlichen Lebens, zum anderen sind nur 18 % zumindest teilweise davon überzeugt, dass ein oberstes Bischofsamt unverzichtbar sei.

Unter den katholischen Lehrkräften ergeben sich nur drei signifikante Unterschiede mit hinreichender Effektstärke. So steigt mit dem Alter die Überzeugung, dass man als Christ gegenüber Gott durch niemanden vertreten werden könne ($\rho = ,23$; $p = ,003$). Außerdem wird die Aussage, dass man das Christsein nur innerhalb der Konfessionen authentisch leben könne, von Männern etwas weniger abgelehnt als von Frauen ($t(156) = 2,73$; $p < ,011$; $d = ,63$) und von Lehrpersonen aus weiterführenden Schulen etwas schwächer als von den Kolleg*innen der Grundschulen ($t(157) = -2,34$; $p = ,019$; $d = -,38$).

Abschließend soll ein Vergleich der Zustimmungswerte zwischen den Konfessionen testen, inwieweit die beiden Profile zwischen diesen tatsächlich differenzieren. Der entsprechende Test ergibt bei sechs von neun Aussagen signifikante Unterschiede mit hinreichendem Effekt. Dabei treffen die folgenden Aussagen auf die Überzeugungen evangelischer Lehrpersonen stärker zu als auf die katholischer: Das allgemeine Priestertum ist die Grundlage der Gleichheit aller Christen ($\mathrm{t}(302) = -3,26$; $\mathrm{p} = ,001$; $\mathrm{d} = -,37$), die Konfessionen sind der authentische Ausdruck des Christentums ($\mathrm{t}(302) = -3,01$; $\mathrm{p} = ,003$; $\mathrm{d} = -,35$), jeder Christ ist vor Gott nur durch sich selbst vertreten ($\mathrm{t}(302) = -6,05$; $\mathrm{p} < ,001$; $\mathrm{d} = -,70$). Der letzte Effekt ist sogar mittelstark. Umgekehrt identifizieren sich die befragten Katholiken stärker damit, dass Feste und Bräuche zum christlichen Leben gehören ($\mathrm{t}(302) = 2,84$; $\mathrm{p} = ,005$; $\mathrm{d} = ,33$), dass es eines obersten Bischofsamts bedürfe ($\mathrm{t}(302) = 7,15$; $\mathrm{p} < ,001$; $\mathrm{d} = ,82$) und dass die Realpräsenz Christi in der Eucharistie die Mitte der Kirche bilde ($\mathrm{t}(302) = 8,90$; $\mathrm{p} < ,001$; $\mathrm{d} = 1,02$). Die beiden letzten Effekte sind stark ausgeprägt.

Auf einen Abgleich von Untersuchungs- und Vergleichsgruppe wird hier verzichtet, weil die beiden Konfessionen in der Vergleichsgruppe auf weniger als jeweils 30 gültige Antworten kommen.

Identifikation mit der eigenen Konfession

Neben dem inhaltlichen Maß der konfessionsspezifischen Präferenz wurden die Lehrkräfte gebeten, auf einer Skala von 1 bis 10 (1 = „völlig unwichtig"; 10 = „sehr wichtig") anzugeben, wie wichtig es ihnen sei, ihrer jeweiligen Konfession anzugehören. Dabei ergeben sich signifikante Unterschiede zwischen den Konfessionen ($t(301) = -6,29$; $p < ,001$; $d = -,72$): So liegt der Mittelwert der evangelischen Befragten bei $m = 7,86$, während der der katholischen Lehrpersonen $m = 6,13$ ist.

Evangelische Befragte identifizieren sich mit ihrer Konfession also etwas stärker als ihre katholischen Kolleg*innen.

Diese Differenz drückt sich in der Verteilung der Antworten auf die zehn Antwortoptionen aus. Fast einem Drittel der evangelischen Lehrkräfte ist es sehr wichtig, evangelisch zu sein (31 %), rund zwei Drittel vergeben Werte zwischen 10 und 8 (67 %) und 82 % Werte zwischen 10 und 7. Hingegen haben nicht einmal 10 % Werte zwischen 4 und 1 angegeben. Bei den katholischen Lehrer*innen ist es hingegen 11 % sehr wichtig, katholisch zu sein. Auf die ersten drei Optionen entfällt ein Drittel der Antworten (33 %) und auf die ersten vier Optionen die Hälfte (50 %). Einem knappen Viertel ist es eher unwichtig, katholisch zu sein (23 % bei Werten zwischen 4 und 1). Will man das Ergebnis zusammenfassen, kann also konstatiert werden, dass sich die Evangelischen zumeist in recht hohem Maße mit ihrer Konfession identifizieren, während bei den Katholischen häufig eine mittlere Identifikation gegeben ist.

Die Identifikation mit der eigenen Konfession wird lediglich durch die Schulform mit kleiner Effektstärke bedingt, denn Lehrkräfte aus Grundschulen identifizieren sich etwas stärker mit dieser als ihre Kolleg*innen aus weiterführenden Schulen ($t(301) = -2{,}03$; $p = {,}037$; $d = -{,}24$).

Identifikation mit der eigenen Kirche

Das Instrument, das die Identifikation mit der Kirche misst, ist der Parteienforschung entlehnt (s. o.). Anhand von sechs Aussagen zum Verhältnis zur Kirche (z. B.: „Es ärgert mich, wenn jemand meine Kirche kritisiert", oder: „Wenn ich über meine Kirche spreche, sage ich eher ‚wir' als ‚sie'") konnten die Befragten angeben, inwiefern sie auf sie selbst zutreffen (fünf-Punkt Likert-Skala von „trifft überhaupt nicht zu" bis „trifft sehr zu").

Aufgeteilt nach Konfession, wurden die Lehrer*innen gebeten, Aussagen zuzustimmen bzw. sie abzulehnen, aus denen Rückschlüsse gezogen werden können, inwieweit sie sich mit ihrer eigenen Kirche identifizieren. Die Ergebnisse ähneln denen der Frage zur Identifikation mit der eigenen Konfession. Faktisch identifizieren sich die evangelischen Befragten in stärkerem Maße mit ihrer Kirche, als dies die katholischen Kolleginnen und Kollegen tun.

So bemerken 59 % der evangelischen Lehrkräfte an sich typisch evangelische Eigenschaften („trifft voll zu" bzw. „trifft eher zu"; vgl. Tab. 35). In diesem Sinn passt es, dass beim umgekehrt formulierten Item, mit den meisten Mitgliedern der evangelischen Kirche nichts gemeinsam zu haben, 57 % angeben, dass dieses (eher) nicht zutrifft. Mit 48 % findet sich zudem fast die Hälfte der Befragten in der Aussage wieder, dass Erfolge der evangelischen Kirche für sie ein Grund zur Freude sei. Immerhin noch 38 % sprechen im Zusammenhang der evangelischen Kirche von einem „wir" statt von einem „sie".

Tabelle 35:
Identifikation mit der eigenen Kirche der evangelischen Lehrkräfte (Untersuchungsgruppe)

	1	*2*	*3*	*4*	*5*
	%	*%*	*%*	*%*	*%*
Ich habe einige Eigenschaften, die typisch für Anhänger meiner Kirche sind.	4,8	6,9	29,7	42,1	16,6
Erfolge meiner Kirche sind für mich ein Grund zur Freude.	6,9	11,0	33,8	35,9	12,4
Wenn ich über meine Kirche spreche, sage ich eher „wir" als „sie".	13,8	20,0	28,3	25,5	12,4
Es ärgert mich, wenn jemand meine Kirche kritisiert.	9,7	30,3	44,8	12,4	2,8
Wenn meine Kirche in den Medien kritisiert wird, ist mir das peinlich.	23,4	37,2	27,6	10,3	1,4
Mit den meisten Mitgliedern meiner Kirche habe ich nicht viel gemeinsam.	9,7	46,9	37,2	5,5	0,7

Legende: n = 145; 1 = trifft gar nicht zu; 2 = trifft eher nicht zu; 3 = teils/teils; 4 = trifft eher zu; 5 = trifft sehr zu

Das Alter bedingt zwei kleine Effekte, insofern mit dem Alter die Einschätzung steigt, dass man typische Eigenschaften mit Mitgliedern der evangelischen Kirche teilt (ρ= ,37; p < ,001) und eher „wir" sagt als „sie", wenn man von der evangelischen Kirche spricht (ρ= ,34; p < ,001). Beide Zusammenhänge ergeben sich auch etwas schwächer bzgl. der Berufserfahrung (ρ= ,26; p = ,002 bzw. ρ= ,23; p = ,006). Das Geschlecht ergibt keine signifikanten Unterschiede mit hinreichender Effektstärke.

Das Stundendeputat in Religion erweist sich als einflussreich auf die Empfindsamkeit gegenüber medialer Kritik an der Kirche (ρ= ,25; p = ,005); denn je mehr Stunden Religion man in der Woche erteilt, umso stärker ärgert man sich über diese Kritik. Die Schulform bedingt die Identifikation mit der eigenen Kirche im Fall evangelischer Befragter nicht.

Im Fall der katholischen Befragten liegen die Anteile stets unterhalb von denen ihrer evangelischen Kolleg*innen (vgl. Tab. 36). Hier sind es 49 %, die an sich Eigenschaften entdecken, die typisch sind für Anhänger der katholischen Kirche sind, und 55 % lehnen die Aussage ab, dass sie nicht viel gemeinsam hätten mit den meisten Mitgliedern der katholischen Kirche. Für 46 % sind die Erfolge der katholischen Kirche ein Grund zur Freude, und 23 % der katholischen Befragten ist es peinlich, wenn ihre Kirche in den Medien kritisiert wird. Ärger löst diese Kritik jedoch nur bei 9 % der katholischen Befragten aus.

Tabelle 36:
Identifikation mit der eigenen Kirche der katholischen Lehrkräfte (Untersuchungsgruppe)

	1	*2*	*3*	*4*	*5*
	%	*%*	*%*	*%*	*%*
Erfolge meiner Kirche sind für mich ein Grund zur Freude.	9,5	20,9	32,9	26,6	19,1
Wenn ich über meine Kirche spreche, sage ich eher „wir“ als „sie“.	12,0	20,3	31,0	25,9	10,8
Ich habe einige Eigenschaften, die typisch für Anhänger meiner Kirche sind.	7,6	17,1	26,6	41,8	7,0
Wenn meine Kirche in den Medien kritisiert wird, ist mir das peinlich.	18,4	31,0	27,8	18,4	4,4
Mit den meisten Mitgliedern meiner Kirche habe ich nicht viel gemeinsam.	10,8	44,3	36,7	5,7	2,5
Es ärgert mich, wenn jemand meine Kirche kritisiert.	13,9	39,9	37,3	8,2	0,6

Legende: n = 158; 1 = trifft gar nicht zu; 2 = trifft eher nicht zu; 3 = teils/teils; 4 = trifft eher zu; 5 = trifft sehr zu

Es ergibt sich lediglich ein signifikanter Unterschied, der durch das Geschlecht bedingt ist und eine fast starke Effektstärke aufweist ($t(155) = 3{,}45$; $p = {,}001$; $d = {,}79$): Lehrer freuen sich stärker über Erfolge ihrer Kirche als Lehrerinnen. Weitere signifikante Effekte durch sozio-demographische Variablen ergeben sich nicht.

Unterschiede zwischen beiden Konfessionen zeigen sich in vier Fällen, wobei der Effekt jedes Mal klein ist. So ärgern sich evangelische Befragte stärker über Kritik an ihrer Kirche ($t(301) = -2{,}66$; $p = {,}009$; $d = -{,}30$), freuen sich stärker über deren Erfolge ($t(301) = -2{,}30$; $p = {,}022$; $d = -{,}36$) und meinen stärker, Eigenschaften mit den Mitgliedern ihrer Kirche zu teilen ($t(301) = -2{,}96$; $p = {,}003$; $d = -{,}34$), während sich katholische Befragte stärker über mediale Kritik an ihrer Kirche ärgern ($t(301) = 2{,}51$; $p = {,}012$; $d = -{,}29$).

3.2.5 Strukturelle Zusammenhänge

Die Rekonstruktion struktureller Zusammenhänge in den Antworten der Lehrpersonen erfolgt wiederum in zwei Schritten (s. o.): Erst werden die latenten Antwortmuster innerhalb der verwendeten Instrumente herausgearbeitet, dann die latenten Zusammenhänge zwischen diesen Faktoren. Die Evaluation des kokoRU bezog sich sowohl auf die Organisation dieses didaktischen Ansatzes als auch auf seine Durchführung. Außerdem wurden das professionelle Selbstverständnis und die konfessionsspezifischen Präferenzen als mögliche Bedingungsfaktoren erfasst.

Organisation des kokoRU

Hinsichtlich der Organisation wurden i) die Form des Lehrerwechsels, ii) die Zusammensetzung der Lerngruppe, iii) die Einführungsmotive, iv) die Qualifikation für diese Organisationsform und v) die Erfahrungen mit der Vorbereitung eines solchen Religionsunterrichts erfasst. i) und ii) sind dabei kategoriale Variablen, die sich nicht sinnvoll standardisieren lassen und deshalb für die Rekonstruktion struktureller Zusammenhänge nicht herangezogen werden können.

Als Einführungsmotive iii) wurden den Befragten sieben Gründe vorgelegt, wobei vier Formulierungen eher genereller Natur waren und drei auf spezielle Konstellationen eingingen. Das Item, dass der kokoRU eine gute Gelegenheit ist, den Religionsunterricht aus der sog. „Grauzone" herauszuholen, weist dabei keine hinreichenden Zusammenhänge zu den anderen Items auf, sodass es in der Analyse nicht berücksichtigt wird. Die restlichen sechs Items laden auf zwei klar unterscheidbare Faktoren, wobei der Data Fit grenzwertig niedrig ist (*KMO* = ,575).

Auf den ersten Faktor laden die pädagogischen und theologischen Gründe der Einführung sowie, mit deutlich niedrigerer Ladung, der Elternwunsch (vgl. Tab. 37). Es geht inhaltlich bei diesem Faktor somit um „pädagogisch-theologische Motive", die in den Augen der Befragten eng miteinander zusammenhängen. Der zweite Faktor versammelt die drei Items, in denen es um organisatorische Herausforderungen geht, die man mit dem kokoRU lösen kann. Dabei handelt es sich in den beiden dominanten Fällen um einen Mangel. Außerdem gehört auch der allgemeine Verweis auf schulorganisatorische Gründe zu diesem Antwortmuster. Es wird deshalb mit „organisatorische Gründe" betitelt.

Tabelle 37:
Faktoranalyse zu den Einführungsmotiven

	1	2
pädagogische Gründe	0,880	
theologische Gründe	0,865	
Elternwunsch	0,599	
Mangel an (Fach-)Lehrer*innen	–0,118	0,794
Anzahl von Schüler*innen einer Konfession		0,717
schulorganisatorische Gründe		0,603
Eigenwert	1,91	1,52
Erklärte Varianz: 57,09 %		

Legende: Hauptkomponentenanalyse; Varimax-Rotation mit Kaiser-Normalisierung. Die Analyse ist in 3 Iterationen konvergiert. *KMO* = ,575.

Die Evaluation der erfolgten Qualifikation iv) bezog sich (a) auf die Nützlichkeit der Fortbildungen zum kokoRU, (b) auf die Beurteilung von vier Aussagen zur Qualität der Qualifikation und (c) auf eine globale Einschätzung, für wie gut sie sich auf diese Organisationsform vorbereitet erachten. Die Nützlichkeit der Fortbildungen (a) wurde durch ein Item erfasst, das als z-standardisierte Variable in die Rekonstruktion struktureller Zusammenhänge eingehen kann. Die Qualität der Qualifikation für den kokoRU wurde anhand von vier Aussagen erfasst, die neben den Fortbildungen auch die universitäre Lehre, die Unterstützung durch die Kirchen und das Unterrichtsmaterial einbezogen. Alle vier Items laden auf einen Faktor, wobei die Passung zu den Daten hinreichend gut ist (*KMO* = ,644). Im Detail fällt auf, dass die beiden Items, die eine unzureichende Qualifikation zum Inhalt haben, positiv auf den Faktor laden und die beiden Items, die die Qualifikationsangebote für ausreichend erachten, negativ. Inhaltlich thematisiert der gemeinsame Faktor somit eine „unzureichende Qualifikation für den kokoRU". Die globale Einschätzung der Vorbereitung auf den kokoRU (c) erfolgte durch eine ja/nein-Frage, sodass eine Standardisierung keinen Sinn ergibt und diese Perspektive nicht für die Rekonstruktion struktureller Zusammenhänge genutzt werden kann.

Zur Evaluation des Aufwands, der in die Vorbereitung des kokoRU geflossen ist v), wurden (a) die Erfahrungen mit verschiedenen Maßnahmen dieser Vorbereitung ebenso erfragt wie (b) die Höhe des Aufwands für die Vorbereitung und die Unterstützungswünsche an (c) das Staatsministerium und (d) die beiden Kirchen. Da (c) und (d) in offenen Fragen erhoben wurden, sind sie für die weiteren Analysen nicht nutzbar. Zur Erfassung der Erfahrungen mit verschiedenen Maßnahmen der Vorbereitung (a) wurden den Lehrpersonen fünf Items vorgelegt. Das Item zu den informellen Gesprächen lädt nicht hinreichend stark auf mindestens eines der anderen Items, sodass es nicht in der Faktorenanalyse berücksichtigt werden kann. Die restlichen vier Items bilden zwei Faktoren, deren Passung zu den Daten jedoch grenzwertig niedrig ist (*KMO* = ,492). Weil beide Faktoren inhaltlich gut interpretierbar sind, werden sie dennoch beibehalten.

Tabelle 38:
Faktoranalyse zu den Maßnahmen zur Vorbereitung des kokoRU

	1	2
Selbststudium wissenschaftlicher Texte	0,828	
Durchsicht von Unterrichtsmaterial	0,756	–0,149
Fortbildung auf regionaler Ebene	0,162	0,837
schulinterne Fortbildungen	–0,255	0,753
Eigenwert	1,43	1,22
Erklärte Varianz: 66,11 %		

Legende: Hauptkomponentenanalyse; Varimax-Rotation mit Kaiser-Normalisierung. Die Analyse ist in 3 Iterationen konvergiert. *KMO* = ,492.

Den ersten Faktor bilden zwei Items, gemäß denen sich die Lehrpersonen in Eigeninitiative darum kümmern, dass sie den kokoRU kompetent erteilen können (vgl. Tab. 38). Es sind die Lektüre wissenschaftlicher Texte und die Durchsicht von Unterrichtsmaterial. Der Faktor wird deshalb „Vorbereitung in Eigeninitiative" genannt. Die anderen beiden Items thematisieren Fortbildungen, und zwar auf regionaler Ebene sowie schulinterner Ebene. Es geht bei diesem Faktor somit um „Vorbereitung durch Fortbildungen". Zusammen decken beide Faktoren wesentliche Quellen der Vorbereitung ab.

Die Höhe des Aufwands, den die Lehrpersonen für die Vorbereitung des kokoRU betrieben haben (b), wurde in fünf Items gemessen. Sie laden sämtlich auf einen Faktor, der einen tolerablen Data Fit aufweist (*KMO* = ,724). Die Lehrpersonen unterscheiden in der Evaluation des Aufwands für die Vorbereitung somit nicht verschiedene Aspekte, sondern subsummieren die abgefragten Aspekte in einer Bilanz. Sie wird „Aufwand für die Vorbereitung" genannt.

Unterrichtsgeschehen des kokoRU

Um das Unterrichtsgeschehen des kokoRU zu evaluieren, wurden die Lehrpersonen i) zu ihren Erfahrungen im kokoRU selbst befragt, sowie ii) zur Möglichkeit, spezifische Lernerfahrungen zu machen, die für dieses didaktische Setting charakteristisch sind. Abschließend konnten die Lehrpersonen iii) ein Gesamturteil über ihren kokoRU abgeben.

Tabelle 39:
Faktoranalyse zu den Erfahrungen im kokoRU

	1	2
Die konfessionelle Kooperation führt zur Entlastung in der Praxis.	0,799	
Die konfessionelle Kooperation schafft Flexibilität und hilft bei der Lösung organisatorischer Probleme (z. B. bei Lehrermangel).	0,741	
Die Klassengemeinschaft wird gestärkt.	0,658	0,249
Es gibt weniger Abmeldungen vom Religionsunterricht.	0,652	0,245
Die Gemeinsamkeiten im Glauben der Schüler*innen werden gestärkt.	0,579	0,344
Die Motivation der Schüler*innen ist gegenüber dem vorherigen RU stärker ausgeprägt.	0,530	0,473
Ich habe die konfessionsverschiedenen Kolleg*innen besser kennengelernt.	0,189	0,816
Ich habe viel Neues über die andere Konfession gelernt.	0,181	0,813
Ich bin mir meiner eigenen Konfessionalität bewusster geworden.		0,805
Eigenwert	3,77	1,41
Erklärte Varianz: 57,57 %		

Legende: Hauptkomponentenanalyse; Varimax-Rotation mit Kaiser-Normalisierung. Die Analyse ist in 3 Iterationen konvergiert. *KMO* = ,816.

Die Erfahrungen mit dem kokoRU i) wurden in neun Items erfasst, die auf zwei Faktoren laden (vgl. Tab. 39). Beim ersten Faktor fällt auf, dass die Items, die organisatorische Aspekte thematisieren, stark und eindeutig auf diesen Faktor laden, während pädagogische Aspekte zwar ebenfalls Bestandteil dieses Faktors sind, jedoch weniger stark mit ihm assoziiert sind. Insbesondere die Aussage, dass die Motivation der Schüler*innen im kokoRU größer ist, lädt fast gleichstark auf beide Faktoren. Es geht in diesem Antwortmuster somit vor allem um die organisatorischen Erfahrungen mit dem kokoRU, denen auch pädagogische Konsequenzen zugeschrieben werden. Der Faktor wird deshalb „Erfahrungen mit Organisation und pädagogischen Konsequenzen" genannt. Auf den zweiten Faktor laden drei Items nahezu gleich stark, die sämtlich einen Aspekt von Konfessionalität ansprechen. Egal, ob es um das Kennenlernen über Konfessionsgrenzen hinweg oder das Gewahrwerden der eigenen Konfessionalität geht, immer ist es die Konfessionalität, die den gemeinsamen Nenner des Faktors ausmacht. Er wird deshalb „Erfahrungen mit Konfessionalität" genannt.

Tabelle 40:
Faktoranalyse zu spezifischen Lernerfahrungen im kokoRU

	1	2
können eigenen Glauben begründen	0,806	
lernen, die Sichtweise der anderen Konfession einzunehmen	0,800	
werden sich des eigenen Glaubens bewusst	0,789	
entwickeln einen eigenen religiösen Standpunkt	0,761	
werden mit der Konfession besser vertraut, der sie formal angehören	0,749	
lernen, sich in eine Person mit einem anderen Glauben hineinzuversetzen	0,732	
kommen über konfessionelle Unterschiede ins Gespräch	0,724	
fühlen sich in ihrer eigenen Konfession stärker zu Hause	0,711	
werden unsicher, woran sie glauben		0,797
haben Probleme mit Perspektivenwechsel zwischen den Konfessionen		0,737
haben Schwierigkeiten im Gespräch über konfessionelle Unterschiede	−0,186	0,724
denken über Konfessionswechsel nach	0,350	0,567
Eigenwert	4,80	2,03
Erklärte Varianz: 56,94 %		

Legende: Hauptkomponentenanalyse; Varimax-Rotation mit Kaiser-Normalisierung. Die Analyse ist in 3 Iterationen konvergiert. *KMO* = ,884.

Der zweite Aspekt der Evaluation des Unterrichtsgeschehens des kokoRU waren die für dieses didaktische Setting spezifischen Lernerfahrungen ii). Die zwölf einschlägigen Items laden auf zwei Faktoren, welche die Struktur der Daten sehr gut abbilden (*KMO* = ,882). Entgegen den theoretischen Erwartungen bilden die beiden Faktoren nicht die charakteristischen Lernchancen ab, wie sie in der Religionspädagogik diskutiert werden und die die Items ansprechen (vgl. Tab. 40). Vielmehr laden auf den ersten Faktor sämtliche Items, die man als positive Lerneffekte des kokoRU verstehen kann. Dazu gehören die Ausbildung eines eigenen religiösen Standpunkts ebenso wie die Befähigung zum konfessionellen Perspektivenwechsel oder die stärkere Beheimatung in der eigenen Konfession. Dieser Faktor wird deshalb „positive Lerneffekte" genannt. Umgekehrt laden alle vier Items, die potenzielle Schwierigkeiten im konfessionell-kooperativen Lernsetting ansprechen, auf den zweiten Faktor. Das umfasst die Probleme mit dem Perspektivenwechsel und dem Dialog zwischen den Konfessionen, aber auch eine mögliche Verunsicherung im eigenen Glauben bis hin zu Gedanken, die Konfession zu wechseln. Dieser Faktor wird deshalb „negative Lerneffekte“ genannt, weil sie das abbilden, was in der Diskussion um den kokoRU als Gefahren dieser Organisationsform angesprochen werden.

Als Gesamturteil des eigenen kokoRU iii) wurden die Lehrpersonen gebeten, sich selbst eine Schulnote für diesen Religionsunterricht auszustellen. Da es sich hierbei um ein einzelnes Item handelt, kann keine Faktoranalyse gerechnet werden. Das Gesamturteil wird als z-standardisierte Variable in der Rekonstruktion struktureller Zusammenhänge berücksichtigt.

Einstellung gegenüber dem Religionsunterricht

Vier Instrumente wurden eingesetzt, um die Einstellung der Lehrpersonen gegenüber dem Religionsunterricht zu erfassen, nämlich die präferierte Organisationsform, ihr Rollenideal, ihre Einschätzung von Positionalität einer Lehrkraft im Religionsunterricht und ihre Präferenz möglicher Bildungsziele dieses Unterrichts.

Die präferierte Organisationsform des Religionsunterrichts wurde durch sechs Items erhoben, die auf einer Rangliste angeordnet werden sollten. Wegen des kategorialen Charakters dieser Items verbietet sich aus theoretischen Gründen eine Faktoranalyse. Allerdings sind auch die statistischen Grundlagen für eine solche Analyse nicht erfüllt. Deshalb werden alle sechs Items z-standardisiert, um sie als Einzelitem in die Rekonstruktion struktureller Zusammenhänge einzuspeisen.

Das Rollenideal wurde durch neun Items gemessen, von denen die Vorstellung, eine staatliche Lehrkraft zu sein, die dem staatlichen Bildungsideal verpflichtet ist, nicht hinreichend hoch auf eines der restlichen Items lädt, um faktoranalytisch berücksichtigt zu werden. Die anderen acht Items laden auf drei Faktoren, wobei die Passung zu den Daten zufriedenstellend ist (KMO = ,732).

Die vier Items, die den ersten Faktor bestimmen, beziehen sich sämtlich auf einen konfessionell geprägten Glauben, wie er im Rahmen kirchlicher Vollzüge gelebt wird (vgl. Tab. 41). Ein solcher Glauben soll im Rahmen des so insinuierten Rollenmodells den Schüler*innen vermittelt werden. Dieser Faktor wird deshalb „Rolle der Glaubensvermittlung“ genannt. Die beiden Items, die den zweiten Faktor bilden, spielen dagegen auf die Persönlichkeitsentwicklung der Schüler*innen an, einmal direkt und einmal indirekt, indem deren Befähigung zur Urteilsbildung thematisiert wird. Dieser Faktor wird deshalb mit „Rolle der Persönlichkeitsbildung“ überschrieben. Der dritte Faktor versammelt die beiden Items, die eine neutrale Funktion der Lehrperson beinhalten. Es geht zum einen um die Vermittlung von Wissen, zum anderen um die Moderation zwischen religiösen Vorstellungen. Weil das erste Item sehr viel stärker auf diesen Faktor lädt als das zweite, wird der Faktor „Rolle der konfessionellen Wissensvermittlung“ genannt.

Tabelle 41:
Faktoranalyse zu den Rollenmodellen einer Religionslehrkraft

	1	2	3
Vermittler*in des konfessionellen Glaubens	0,830		0,143
Vertreter*in der Kirche	0,816		
Vermittler*in des christlichen Glaubens	0,787	0,168	
authentisches Beispiel für gelebte Religion	0,686	0,259	
Lehrperson, die zu eigenständiger Urteilsbildung und krit. Auseinandersetzung anregt		0,823	
Begleitung für die Persönlichkeitsentwicklung	0,150	0,727	
wertneutrale Wissensvermittler*in			0,911
Moderator*in religiöser Vorstellungen	0,154	0,496	0,628
Eigenwert	1,68	1,55	1,09
Erklärte Varianz: 66,54 %			

Legende: Hauptkomponentenanalyse; Varimax-Rotation mit Kaiser-Normalisierung. Die Analyse ist in 4 Iterationen konvergiert. *KMO* = ,732.

Die Einschätzung der Positionalität einer Lehrperson im Religionsunterricht basiert auf sieben Items. Allerdings korreliert die Aussage, dass die Lehrperson kritisch gegenüber der Kirche ist, nicht hinreichend stark mit einem weiteren Item aus diesem Pool, was insofern schlüssig ist, weil es als einziges Item eine derart kritische Position thematisiert. Weiterhin korreliert es auch nicht negativ mit einer weiteren Aussage, was andeutet, dass sich Kirchenkritik und eine anderweitige Positionalität im Unterricht für die Befragten nicht notwendig ausschließen. Die restlichen sechs Items laden auf zwei Faktoren.

Insofern es allen sechs Items, die in die Faktorenanalyse eingespeist wurden, um Konfessionalität geht, kann diese nicht das Unterscheidungsmerkmal der beiden Faktoren sein (vgl. Tab. 42). Vielmehr ist es die Art und Weise, wie mit Konfessionalität umgegangen wird. In den ersten vier Items, die den ersten Faktor bilden, bekennt sich die Lehrperson zur Konfession, der sie angehört. Die Lehrkraft erscheint als eine Person, die einen Glauben hat und diesen im Unterricht zu erkennen gibt. Es handelt sich dabei somit um eine „bekenntnisorientierte Positionalität". Dass zu diesem Faktor auch die Aussage gehört, dass die Lehrperson die Schüler*innen von ihrem Glauben überzeugen will, deutet auf ein Doppeltes hin: Zum einen geschieht das Erzählen vom eigenen Glauben für die Befragten nicht absichtslos; offensichtlich erwarten sie sich davon durchaus eine gewisse Wirkung bei den Schüler*innen. Zum anderen scheint es sich dabei um eine Form des Überzeugens zu handeln, die die Grenzen religiöser Selbstbestimmung nicht überschreitet. Das Überzeugungs-Item ist Teil der Aussagen, die Unterrichtsaktivitäten beinhalten, wie sie z. B. im Ansatz einer performativen

Religionsdidaktik selbstverständlich als legitim für den Religionsunterricht erachtet werden.

Tabelle 42:
Faktoranalyse zur Positionalität der Lehrperson im kokoRU

	1	2
Wenn die Lehrkraft sagt, dass sie an Gott glaubt.	0,803	0,257
Wenn die Lehrkraft von eigenen Erfahrungen mit Gott erzählt.	0,799	0,210
Wenn die Lehrkraft die SuS von ihrem Glauben überzeugen will.	0,653	-0,511
Wenn die Lehrkraft mit den SuS das Beten, Meditieren und Segnen ausprobiert.	0,546	0,173
Wenn die Lehrkraft die Unterschiede zwischen evangelisch und katholisch deutlich macht.	0,138	0,754
Wenn die Lehrkraft die Gemeinsamkeiten zwischen evangelisch und katholisch deutlich macht.	0,280	0,711
Eigenwert	2,33	1,25
Erklärte Varianz: 59,71 %		

Legende: Hauptkomponentenanalyse; Varimax-Rotation mit Kaiser-Normalisierung. Die Analyse ist in 3 Iterationen konvergiert. *KMO* = ,6,79.

Die restlichen beiden Items beziehen sich auf die Herausarbeitung von Unterschieden und Gemeinsamkeiten der beiden Konfessionen (vgl. Tab. 42). Hier wird Konfessionalität als Erkenntnisgegenstand verhandelt, den es zu analysieren gilt. Der entsprechende Faktor wird deshalb „gegenstandsorientierte Positionalität" genannt.

Schließlich wurden den Lehrpersonen 13 potenzielle Bildungsziele vorgelegt mit der Bitte zu beurteilen, für wie angemessen sie diese für den Religionsunterricht erachten (vgl. Tab. 43). Das Item einer allgemeinen Wertebildung korreliert dabei nicht hinreichend mit einem der anderen Items und wird deshalb in der Faktoranalyse nicht weiter berücksichtigt. Die restlichen zwölf Items laden auf drei Faktoren.

Den ersten Faktor machen Aussagen aus, die den Kern religiösen Lernens betreffen, wobei im Detail die drei Items, die die stärkste konfessionelle Prägung aufweisen, auch am stärksten auf diesen Faktor laden. Es handelt sich somit um einen Faktor, der das „Zielspektrum konfessionellen Lernens" thematisiert. In den Items des zweiten Faktors spielt die Tatsache von Vielfalt eine große Rolle. In den beiden Aussagen, die am stärksten auf ihn laden, geht es um religiöse Vielfalt. Aber auch die Gender- und die Identitätsthematik der beiden anderen Items dieses Faktors sind erst wichtig, wenn man von einer Vielfalt an Optionen geschlechtlicher und persönlicher Entwicklungsperspektiven ausgeht. In diesem Sinn wird der Faktor „Zielspektrum pluralitätsbezogenen Lernens“ genannt. Schließlich versammelt der dritte Faktor zwei Items, die auf den ersten Blick vielleicht nicht als zusammengehörig erscheinen: den Willen zu theologischer Fachbildung und einer Urteilsfähigkeit gegenüber der Kirche. Auf den zweiten Blick spiegelt sich darin aber ein theologisches Grundinteresse, denn Kirche will ja gerade gelebten Glauben kritisch-konstruktiv reflektieren. Da das Fachwissen stärker auf den Faktor lädt als die Urteilsfähigkeit, wird der Faktor „Zielspektrum theologischen Lernens“ genannt.

Tabelle 43:
Faktoranalyse zu den Bildungszielen des Religionsunterrichts

	1	2	3
Formen gelebter Religion einüben	0,809		−0,186
Zugänge zur Bibel zu schaffen	0,697	0,122	0,210
in der Kirche beheimaten	0,681	−0,145	
christliche Grundbildung vermitteln	0,671	0,236	0,250
den christlichen Glauben mit menschlichen Erfahrungen in Beziehung setzen	0,623	0,298	
Lebens- als Glaubensfragen erschließen	0,544	0,219	
Perspektiven Andersgläubiger sehen lernen		0,827	
interreligiöse Dialogfähigkeit fördern		0,760	0,195
Geschlechtergerechtigkeit anbahnen		0,677	0,137
Orientierung zur Identitätsbildung anbieten	0,246	0,656	0,141
theologisches Fachwissen vermitteln	0,113		0,894
Urteilsfähigkeit gegenüber der Kirche fördern		0,423	0,613
Eigenwert			
Erklärte Varianz: 66,54 %			

Legende: Hauptkomponentenanalyse; Varimax-Rotation mit Kaiser-Normalisierung. Die Analyse ist in 4 Iterationen konvergiert. *KMO* = ,732.

Konfessionsspezifische Einstellungen

Die konfessionsspezifischen Einstellungen der Lehrpersonen wurden in drei Instrumenten erfasst, nämlich eines zu den konfessionsspezifischen Präferenzen, eines zur Identifikation mit der eigenen Konfession und eines zur Identifikation mit der eigenen Kirche.

Auf die konfessionsspezifische Präferenz beziehen sich acht Items im Fragebogen. Wurden die Antworten oben getrennt nach Konfession ausgewertet, kann eine faktoranalytische Untersuchung nach latenten Antwortmustern die

Antworten aller Lehrpersonen berücksichtigen, denn derartige Präferenzen sollten zwar konfessionsspezifisch ausgeprägt, nicht aber konfessionsspezifisch strukturiert sein. Diese Analyse ergibt zwei Faktoren, die eine zufriedenstellende Passung zu den Daten aufweisen (*KMO* = ,727).

Tabelle 44:
Faktoranalyse zur konfessionsspezifischen Präferenz

	1	2
Besonders die Bibel ist Quelle und Maßstab des christlichen Lebens und Glaubens.	0,749	
Die Gleichheit aller Christen verwirklicht sich im allgemeinen Priestertum aller Gläubigen.	0,676	−0,187
Gemeinde und Kirche sind für den persönlichen Glauben unbedingt wichtig, aber nicht heilsnotwendig.	0,597	0,138
Kirchliche Feste, Bräuche und Frömmigkeitsformen (z. B. Fronleichnam, Buß- und Bettag) gehören selbstverständlich zum Vollzug des Glaubens.	0,558	0,461
Das Christsein wird durch ein persönliches Verhältnis zu Jesus bestimmt.	0,555	0,360
Die Realpräsenz Jesu in der Eucharistie bildet die Mitte der Kirche.	0,195	0,838
Ein oberstes Bischofsamt ist für die Konstitution als wahre Kirche Jesu Christi unverzichtbar.		0,791
Christen sind in ihrem Verhältnis zu Gott durch nichts und niemanden vertretbar.	0,483	−0,596
Eigenwert	2,59	1,76
Erklärte Varianz: 54,43 %		

Legende: Hauptkomponentenanalyse; Varimax-Rotation mit Kaiser-Normalisierung. Die Analyse ist in 3 Iterationen konvergiert. *KMO* = ,727.

Inhaltlich deutet die Analyse an, dass die Prägnanz konfessionsspezifischer Profile schwindet (vgl. Tab. 44). Zum einen weisen drei der acht Items nur eine geringe Trennschärfe auf, denn sie laden auf beide Faktoren etwa gleich hoch. Zum anderen lädt das Item zu den Festen und Bräuchen, welches theoretisch zum katholischen Profil gehört, auf den Faktor, der die typisch evangelischen Aussagen beinhaltet. Dennoch weisen die Items mit hohen Faktorladungen deutlich auf das jeweilige Profil hin. Beim ersten Faktor sind das die Bibel als Maßstab von Glaube und Leben, das allgemeine Priestertum aller Gläubigen und die relative Heilsbedeutung der Kirche. Der erste Faktor wird deshalb „evangelisches Profil" genannt. Beim zweiten Faktor sind die bestimmenden Items die Rolle der Eucharistie und die Bedeutung des Papst-Amtes. In beiden Fällen handelt es sich um charakteristisch katholische Positionen, sodass dieser Faktor „katholisches Profil“ überschrieben wird.

Bei der Identifikation mit der eigenen Konfession handelt es sich wiederum um ein einzelnes Item, das in seiner z-standardisierten Version in die Rekonstruktion übergreifenden struktureller Zusammenhänge eingespeist wird.

Die Identifikation mit der eigenen Kirche wird durch ein Item gemessen, das diese Identifikation direkt abfragt und durch sechs weitere Items, die diese Identifikation inhaltlich operationalisieren. Alle sieben Items ergeben zwei Faktoren, die eine gute Passung zu den Daten aufweisen (*KMO* = ,825). Auf den ersten Faktor laden vor allem die beiden Items, die Gemeinsamkeiten thematisieren (vgl. Tab. 45). Dass die Aussage, es gebe nur wenige Gemeinsamkeiten, eine negative Ladung aufweist, passt ins Bild. Deutlich schwächer ausgeprägt sind die Ladungen der beiden Items, gemäß denen die Identifikation direkt abgefragt wird und man sich über Erfolge dieser Kirche freut. Das letzte Item, das einen empathischen Grundton ausdrückt, lädt auf den zweiten Faktor nahezu identisch.

Tabelle 45:
Faktoranalyse zur Identifikation mit der eigenen Kirche

	1	2
Mit den meisten Mitgliedern meiner Kirche habe ich nicht viel gemeinsam.	−0,769	0,153
Ich habe einige Eigenschaften, die typisch für Anhänger meiner Kirche sind.	0,734	0,358
Wie wichtig ist es Ihnen, dass Sie evangelisch bzw. katholisch sind?	0,658	0,327
Erfolge meiner Kirche sind für mich ein Grund zur Freude.	0,598	0,468
Wenn meine Kirche in den Medien kritisiert wird, ist mir das peinlich.		0,862
Es ärgert mich, wenn jemand meine Kirche kritisiert.	0,312	0,630
Wenn ich über meine Kirche spreche, sage ich eher „wir“ als „sie“.	0,442	0,563
Eigenwert	3,11	1,04
Erklärte Varianz: 59,32 %		

Legende: Hauptkomponentenanalyse; Varimax-Rotation mit Kaiser-Normalisierung. Die Analyse ist in 3 Iterationen konvergiert. *KMO* = ,825.

Letzteres ist insofern von Bedeutung, weil die beiden Leititems des zweiten Faktors gerade dieses emphatische Moment thematisieren. In beiden Fällen geht es um das Mitfühlen mit der eigenen Kirche. Dass sich dieses Mitfühlen auch in einem „wir“-Gefühl ausdrückt, passt theoretisch. Berücksichtigt man die Aussagen, die am höchsten auf die Faktoren laden, handelt es sich beim ersten Faktor somit vor allem um eine „Identifikation auf der Grundlage von Gemeinsamkeiten“ und beim zweiten um eine „Identifikation auf der Grundlage von Empathie“. Entsprechend lauten die Namen beider Faktoren.

Personale Faktoren

Schließlich wurden mit der Berufszufriedenheit, der Wertorientierung und der Zentralität von Religion noch personale Faktoren ermittelt, die ebenfalls für die Rekonstruktion struktureller Zusammenhänge fruchtbar gemacht werden können.

Die Berufszufriedenheit wurde anhand dreier Items abgebildet, die zusammen auf einen Faktor laden. Er hat eine hinreichende Passung zu den Daten (*KMO* = ,643) und wird entsprechend „Berufszufriedenheit“ genannt. Auch die Zentralität bildet einen Faktor mit guter Passung (*KMO* = ,793). Er wird entsprechend mit „Zentralität von Religion“ überschrieben.

Von den zwölf Items zur Wertorientierung erreicht die Aussage „in Sicherheit leben“ keine hinreichende Korrelation mit einem anderen Item. Die restlichen elf Items laden auf vier Faktoren, wobei die Passung zu den Daten hinreichend ist (KMO = ,665).

Tabelle 46:
Faktoranalyse zur Wertorientierung

	1	2	3	4
sich für Schwache einsetzen	0,796			
anderen helfen	0,687	0,107	−0,119	
Neues ausprobieren	0,684		0,249	−0,137
andere Meinungen achten	0,601	0,258	−0,227	0,172
stolz auf Deutschland sein	−0,186	0,698	0,232	−0,133
Recht und Ordnung respektieren	0,187	0,666	0,110	
in Harmonie mit der Natur leben	0,386	0,620	−0,274	0,152
die eigene Meinung durchsetzen	0,115		0,790	
mächtig und einflussreich werden	−0,166	0,279	0,694	−0,105
das Leben in vollen Zügen genießen	0,193	0,211	0,245	−0,758
auf eigene Wünsche verzichten können	0,283	0,161	0,183	0,730
Eigenwert	1,58	1,78	1,15	1,03
Erklärte Varianz: 59,48 %				

Legende: Hauptkomponentenanalyse; Varimax-Rotation mit Kaiser-Normalisierung. Die Analyse ist in 7 Iterationen konvergiert. *KMO* = ,665.

Die ersten vier Aussagen stehen für eine „altruistische Offenheit" (vgl. Tab. 46). Es geht darum, anderen zu helfen und sich für Schwache einzusetzen und in diesem Zusammenhang durchaus auch einmal etwas Neues auszuprobieren. Der zweite Faktor ist insofern contra-intuitiv, als er die beiden traditionalen Items des Stolzes auf Deutschland und des Respekts von Recht und Ordnung mit der ökosophischen Wertoption verbindet, in Harmonie mit der Natur zu leben. Da alle drei Items ungefähr gleich stark auf diesen Faktor laden, wird er „ökosophischer Traditionalismus" genannt. Der dritte Faktor spiegelt einen egozentrischen Willen zur Macht wider. Dieser Faktor wird deshalb mit „egozentrisches Machtstreben" überschrieben. Schließlich bilden zwei gegensätzliche Wertoptionen den vierten Faktor, denn er beinhaltet den hedonistischen Lebensgenuss und den Verzicht auf eigene Wünsche. Da der Hedonismus zwar das Leititem dieses Faktors bildet, jedoch negativ auf ihn lädt, wird er „Antihedonismus" genannt.

Übergreifende Strukturen in der Wahrnehmung des kokoRU

Mit der Rekonstruktion der latenten Antwortmuster auf der Ebene der verwendeten Instrumente ist es nun möglich, übergreifende strukturelle Zusammenhänge mit einer Faktorenanalyse zweiter Ordnung zu rekonstruieren. Dazu werden diejenigen Faktoren und standardisierten Variablen in eine Faktoranalyse eingespeist, die eine hinreichende Korrelation zu mindestens einer weiteren Variablen aufweisen (s. o.).

Erwartungsgemäß verfehlen angesichts dieses divergenten Spektrums verschiedener Perspektiven einige Variablen die Benchmark für den Zusammenhang mit anderen Variablen, um in die Analyse aufgenommen zu werden. Interessanterweise sind das zuerst sämtliche Variablen, die sich auf Organisationsformen des Religionsunterrichts beziehen. Für die Befragten sind derartige Organisationsformen somit offensichtlich relativ neutrale Gefäße, die zwar die äußere Form religiösen Lernens definieren, nicht jedoch dessen innere Gestalt. Auch die organisatorischen Motive für die Einführung des Religionsunterrichts spielen für übergreifende Strukturen keine Rolle. Hierin könnte ein erstes Desiderat der Rekonstruktion solcher Strukturen liegen: Die von uns befragten Religionslehrpersonen schreiben organisatorischen Aspekten in der Evaluation des kokoRU offensichtlich keine konstitutive Bedeutung zu.

Neben solchen organisatorischen Aspekten sind es vereinzelte Variablen aus den anderen Zugängen zur Evaluation, die ebenfalls nicht in der Faktoranalyse zweiter Ordnung berücksichtigt werden können. Namentlich sind das eine antihedonistische und die egozentrische Wertorientierung, eine Identifikation mit der eigenen Kirche anhand von Gemeinsamkeiten, die Berufszufriedenheit, die negativen Lerneffekte, die das kokoRU-spezifische Lernsetting bewirken könnte, das potenzielle Bildungsziel theologischen Lernens und die Lehrerrolle der konfessionsbezogenen Wissensvermittlung. Ein gemeinsamer Nenner, der diese Variablen zusammenhält – oder auch für Untergruppen dieser Variablen – findet sich nicht.

Die restlichen 25 Variablen bilden neun Faktoren, wobei die Passung zu den Daten gerade noch hinreichend ist (*KMO* = ,607). Der erste Faktor beinhaltet fünf Variablen, die sämtlich eine religiös-konfessionelle Orientierung beinhalten (vgl. Tab. 47). Es geht sowohl um die Zentralität von Religion für die Lehrpersonen wie auch um das konfessionelle Lernen als Ziel des Religionsunterrichts, eine am Bekenntnis orientierte Positionalität oder die Rolle der Lehrperson als Vermittlerin des Glaubens. Interessanterweise lädt auch das evangelische Profil auf diesen Faktor, das katholische jedoch nicht. Damit wird dieser Faktor vor allem von Befragten bestimmt, die auch einem evangelischen Profil zustimmen. In seinem inhaltlichen Kern geht es bei diesem Faktor um einen „kokoRU als bekenntnisorientiertes religiöses Lernen", das ganzheitlich auch die Person als Trägerin dieses Bekenntnisses umfasst.

Tabelle 47:
Faktoranalyse zweiter Ordnung zu den strukturellen Zusammenhängen

	1	2	3	4	5	6	7	8
Zentralität	,798					-,194	-,139	
Ziel konfessionellen Lernens	,753	-,147		,113		,263	,185	
evang. Profil	,738			-,135		-,142	-,148	,148
Rolle der Glaubensvermittlung	,735			,149			,184	
bekenntnisbezogene Position.	,689		-,211			,424		
Organisation und päd. Konsequ.		,819			-,167	,138		
Päd.-theologische Motive		,791		,129	,177	-,318		
positive Lerneffekte		,593		,213	,270	,162	,230	
Ziel pluralitätsbez. Lernens			,800					-,143
gegenstandsbezogene Position.			,752	,152	,161		,181	,120
Rolle Persönlichkeitsentw.	,124	,347	,556	-,389		,120	-,146	
Unzur. Qualifikation für kokoRU		-,225		-,745	,148			

Qualität eigener kokoRU	,149			,721				,188
Erfahrungen mit Konfessionalität				,103	,760		,254	,119
Aufwand Vorbereitung				-,296	,754			
Ökosoph. Traditionalismus			,116			,808		
Kath. Profil	,253		-,103	,240	,165	,634		
Vorbereitung Fortbildungen		,126		-,178			,808	
Nützlichkeit Fortbildungen					,273		,733	
Identifikation durch Empathie	,176		-,118			,265	,157	,746
Identifikation mit Konfession	,152		,318	,159		-,186	,147	,687
altruistische Offenheit	,157	,217	,314		-,265	,148	,309	-,569
Eigenwert	3,33	2,60	2,10	1,86	1,50	1,40	1,29	1,15
Erklärte Varianz: 66,28 %								

Legende: Hauptkomponentenanalyse; Varimax-Rotation mit Kaiser-Normalisierung. Die Analyse ist in 7 Iterationen konvergiert. *KMO* = ,625.

Der zweite Faktor besteht aus drei Items, wobei sich zwei Variablen auf die Erfahrungen im Religionsunterricht beziehen und eine auf die Einführungsmotive (vgl. Tab. 47). Der gemeinsame Nenner der beiden Leitvariablen des Faktors ist ein pädagogischer Zugang zum Geschehen. Der positive Lerneffekt ist dagegen eher lose mit diesem Faktor verbunden. Deshalb wird dieser Faktor „pädagogischer Blick auf den kokoRU“ genannt.

Im dritten Faktor sammeln sich Variablen, die die Vielfalt als Ausgangspunkt des Lernens nehmen (vgl. Tab. 47). Bei der gegenstandsbezogenen Positionalität werden die Gemeinsamkeiten und Unterschiede der Konfessionen herausgearbeitet. Das pluralitätsbezogene Lernen repräsentiert Bildungsziele, die Vielfalt in religiöser wie in personaler Hinsicht bearbeiten. In diesem Sinn passt auch das Rollenideal einer Lehrkraft, welche die Schüler*innen in ihrer Persönlichkeitsentwicklung begleitet, in diesen Faktor. Wegen der größeren Ladung der ersten beiden Variablen wird dieser Faktor mit „kokoRU als Bearbeitung von Vielfalt“ überschrieben.

Der vierte Faktor thematisiert die „Qualität des kokoRU“, insofern die Feststellung der mangelhaften Ausbildung negativ und die positive Einschätzung der Qualität des eigenen kokoRU positiv auf ihn laden (vgl. Tab. 47).

Der fünfte Faktor beinhaltet zwei Items, die sich auf die Vorbereitung auf den kokoRU beziehen und ein Item, das die neuen Erfahrungen mit der anderen Konfession durch den kokoRU anspricht (vgl. Tab. 47). Nimmt man beide Aspekte zusammen, geht es bei der Vorbereitung – in der Wahrnehmung der Befragten – vor allem darum, das konfessionelle Element, welchem im kokoRU eine neue Aufmerksamkeit zugeschrieben wird, in den Griff zu bekommen. Der sechste Faktor heißt deshalb „konfessionsbezogene Vorbereitung auf den kokoRU".

Auf den sechsten Faktor laden sowohl der ökosophische Traditionalismus als auch das katholische Profil (vgl. Tab. 47). Je traditioneller die Befragten denken, umso stärker stimmen sie den Items zu, die das katholische Profil definieren. Wegen den unterschiedlich ausgeprägten Faktorladungen wird dieser Faktor „traditionalistische Wertorientierung" genannt. Er ist für sich genommen ohne konkreten Bezug zum kokoRU, zeichnet sich aber als latente Struktur innerhalb der Wahrnehmungsmuster der Befragten ab.

Es folgt ein Faktor, der ebenfalls aus zwei Items besteht (vgl. Tab. 47). In diesem Fall geht es um die „Qualität der Fortbildungen zum kokoRU", die für die Vorbereitung genutzt wurden und deren Nützlichkeit durch die Befragten eingeschätzt wurde.

Schließlich bietet der achte Faktor eine interessante Konstellation (vgl. Tab. 47). Seine beiden Leititems sind die indirekte Identifikation mit der eigenen Konfession aufgrund des Mitfühlens mit der Kirche, die für diese Konfession steht, und die direkte Identifikation mit dieser Konfession. Diese Konstellation konnte so erwartet werden. Allerdings lädt auch eine altruistisch-offene Wertorientierung auf diesen Faktor – und zwar negativ. Je stärker sich die Befragten mit ihrer eigenen Konfession identifizieren, desto weniger sind sie bereit, anderen Menschen zu helfen und offen für Neues zu sein – und umgekehrt. Der Faktor wird deshalb „nicht-altruistische Konfessionalität" genannt.

Da es sich bei den acht Faktoren um orthogonal rotierte Faktoren handelt, weisen sie untereinander keinerlei Korrelationen auf. Es handelt sich somit um übergreifende Strukturen des Zugangs Lehrpersonen zur Evaluation des kokoRU, die unabhängig voneinander wirken. Weil eine skalare Messinvarianz nicht gegeben ist, wurden die Faktorladungen als Werte dieser Variablen zweiter Ordnung gespeichert. Sie sind standardisiert, d. h. sie haben einen Mittelwert von m = ,00 und eine Standardabweichung von SD = 1,00. Gemäß des Shapiro-Wilk-Tests auf Normalverteilung sind die Werte von sechs der acht Faktoren normalverteilt. Die Ausnahme bilden die Faktoren „kokoRU als Bearbeitung von Vielfalt" und „Qualität der Fortbildungen zum kokoRU". Um einen Überblick über die Verteilung der Werte auf diesen Faktoren zu erhalten, werden in der Tabelle knapp wesentliche Eckdaten dieser Verteilung porträtiert (vgl. Tab. 48).

Das Alter bedingt einen kleinen Effekt, insofern mit dem Alter die Wahrnehmung des kokoRU als bekenntnisorientiertes religiöses Lernen leicht steigt (ρ= ,23; p = ,012). Die Berufserfahrung wirkt sich leicht auf die Auffassung aus, im kokoRU werde Vielfalt bearbeitet, die mit zunehmender Erfahrung leicht abnimmt (ρ= –,23; p = ,013). Gleiches gilt für das Wochendeputat der Befragten; denn auch hier gilt, dass, je mehr Stunden die Lehrer*innen pro Woche erteilen, umso weniger erachten sie den kokoRU als eine Bearbeitung von Vielfalt (ρ= –,23; p = ,013). Schließlich ergibt sich auch für das Wochendeputat an Religion ein leichter Zusammenhang mit der nicht-altruistischen Konfessionalität (ρ= ,25; p = ,007): Je mehr Religionsstunden die Befragten erteilen, umso stärker identifizieren sie sich mit ihrer Konfession und umso weniger sind sie bereit, anderen Menschen zu helfen. Wiederum ist dieser Effekt schwach ausgeprägt.

Tabelle 48:
Deskriptive Statistik der elementaren Perspektiven auf den kokoRU (Lehrpersonen)

	Min	*Max*	*Mdn*	*Skew*	*Kurt.*
kokoRU als bekenntnisorientiertes religiöses Lernen	–2,70	2,07	0,04	–0,171	–0,028
pädagogischer Blick auf kokoRU	–2,40	2,59	0,09	–0,218	–0,233
kokoRU als Bearb. von Vielfalt	–3,04	1,63	0,16	–0,832	0,836
Qualität des kokoRU	–2,70	2,82	–0,03	–0,110	–0,202
konfessionsbezogene Vorbereitung	–2,54	2,34	–0,03	–0,213	–0,175
trad. Wertorientierung	–3,02	2,85	–0,03	–0,039	0,330
Qualität der Fortbildungen	–2,77	1,74	0,07	–0,460	–0,215
nicht-altruistische Konfessionalität	–2,35	2,77	–0,04	0,032	–0,256

Legende: n = 146; Min = Minimum; Max = Maximum; Mdn = Median; Kurt. = Kurtosis

Das Geschlecht bewirkt zwei Effekte, die beide mittelstark ausgeprägt sind. Zum einen zeigen Lehrerinnen eine im Durchschnitt etwas stärker ausgeprägte traditionale Wertorientierung als Lehrer ($t(112) = 1{,}98$; $p = {,}048$; $d = {,}50$). Umgekehrt ist eine nicht-altruistische Konfessionalität bei Lehrern etwas stärker ausgeprägt als bei Lehrerinnen ($t(112) = –2{,}72$; $p = {,}008$; $d = –{,}68$).

Auch die Konfessionszugehörigkeit der Befragten bedingt die Wahrnehmung von zwei Faktoren. In beiden Fällen ist diese bei katholischen Lehrer*innen etwas stärker ausgeprägt als bei evangelischen. Es handelt sich hierbei zum einen um die Wahrnehmung des kokoRU als bekenntnisorientiertes religiöses Lernen ($t(113) = –2{,}10$; $p = {,}038$; $d = –{,}39$) und die traditionalistische Wertorientierung ($t(113) = –3{,}26$; $p = {,}001$; $d = –{,}61$). Ist der erste Effekt leicht ausgeprägt, handelt es sich beim zweiten Effekt um einen mittelstarken. Letzteres kann jedoch kaum verwundern, weil die Items, die ein katholisches Profil repräsentieren, Teil dieses Faktors sind.

Schließlich ergibt sich ein mittelstarker Effekt durch die Schulform, in der die Befragten Religion erteilen: Lehrpersonen aus der Grundschule schätzen die Qualität ihres kokoRU tendenziell besser ein als ihre Kolleg*innen aus weiterführenden Schulen ($t(113) = 3{,}12$; $p = {,}002$; $d = {,}58$).

3.3. Befunde aus der Befragung der Eltern

Im Fragebogen für die Eltern wurde sowohl nach ihren Erfahrungen mit der Organisation bzw. Einführung des kokoRU gefragt (3.3.1.) als auch nach ihren Erfahrungen mit dessen Durchführung (3.3.2.). Die Befunde zu beiden Facetten werden im Folgenden berichtet. Außerdem werden noch die allgemeinen Einstellungen der Eltern dem Religionsunterricht gegenüber beschrieben, weil sie einen zentralen Bedingungsfaktor der Wahrnehmung des kokoRU darstellen können (3.3.3.). Den Abschluss dieses Teilkapitels stellt wieder die Rekonstruktion übergreifender Strukturen in der Evaluation des kokoRU durch die Eltern dar (3.3.4.)

3.3.1. Befunde zur Organisation des kokoRU

Zur Evaluation des kokoRU durch die Eltern wurde nach der Zufriedenheit mit den Informationen über den kokoRU und seiner Einführung gefragt, seiner Beliebtheit beim Kind und nach der allgemeinen Zufriedenheit mit ihm. Außerdem konnten die Eltern in einer offenen Frage Verbesserungsvorschläge anbringen. Abschließend wurden die Eltern noch gebeten anzugeben, welche Zukunft sie sich für den kokoRU vorstellen können. Die Befunde zu diesem Fragenkomplex werden im Folgenden beschrieben. Bereits an dieser Stelle sei darauf hingewiesen, dass sich die Antworten in den offenen Fragen nicht immer streng auf die Organisation beziehen, sondern in Teilen auch das Unterrichtsgeschehen des kokoRU betreffen. Dennoch wird stets das gesamte Antwortspektrum beschrieben, denn es ist für die Evaluation auch von Interesse, was in welchem Kontext geäußert wird.

Information über den kokoRU

Informationen zum kokoRU können die Eltern auf zweierlei Wegen erreichen, nämlich direkt über Informationsmaterial und -veranstaltungen der Schulen und indirekt über das, was die Kinder vom Religionsunterricht erzählen. Beide Facetten der Information über den kokoRU werden im Folgenden dargestellt.

Der direkte Informationsfluss via Schule wurde in der Elternbefragung anhand dreier aufeinanderfolgender Fragen erfasst, die jeweils mit „ja“ oder „nein“ beantwortet werden konnten. Bei diesen Fragen ging es darum, ob i) die Eltern überhaupt informiert wurden, ob sie ii) mit dieser Information zufrieden waren und ob sie sich iii) mehr Informationen gewünscht hätten.

Demnach wurden zwei Drittel der befragten Eltern im Vorfeld der Einführung des kokoRU über diese Organisationsform konfessionsbezogenen Lernens informiert. Ein Drittel verneint die entsprechende Frage. Diejenigen der Eltern, die über den kokoRU informiert worden waren, wurden anschließend gefragt, ob sie mit diesen Informationen zufrieden waren. Das trifft mit 92 % auf den überwiegenden Teil zu. Lediglich 43 Elternteile antworten mit „nein“, was etwa 8 % entspricht. Diejenigen Eltern, die keine Information über den kokoRU erhalten haben, wurden gefragt, ob sie sich eine solche gewünscht hätten. Fast drei Viertel bejahen diese Frage (73 %), während 77 Elternteilen eine derartige Information über den kokoRU nicht fehlt, obwohl sie keine erhalten haben. In der Summe kann festgehalten werden, dass zwei Drittel der Eltern von ihren Schulen über den kokoRU informiert wurden und fast durchweg mit diesen Informationen zufrieden waren. Von den anderen Eltern hätten sich 77 % gewünscht, informiert zu werden.

Für die Einschätzung der Informationen zum kokoRU spielen weder das Alter, noch das Geschlecht oder die Religionszugehörigkeit der antwortenden Elternteile eine Rolle.

Neben direkten Informationen durch die Schulen können Eltern auch durch die Erzählungen ihrer Kinder vom Religionsunterricht etwas über diesen erfahren. Um diese Facette des Informationsflusses zu ermessen, wurde zuerst gefragt, wie oft die Kinder zu Hause vom Religionsunterricht erzählen. Als Antwortkategorien standen „nie“, „selten“, „manchmal“ und „häufig“ zur Verfügung. Falls die Kinder zu Hause etwas erzählen, wurden die Eltern in einer offenen Frage gebeten anzugeben, worum es in diesen Erzählungen geht.

Häufig scheint der Religionsunterricht in der Familie kein Thema zu sein, denn nur 5 % der Eltern kreuzen die Kategorie „häufig“ an. In 30 % der Fälle wird manchmal davon erzählt, selten in 43 % und nie in 22 %. Daraus lässt sich schließen, dass die meisten Kinder (knapp 80 %) zu Hause zwar vom kokoRU erzählen, aber eher selten.

Die Personenmerkmale der antwortenden Elternteile bedingen die Häufigkeit der Erzählungen des Kindes vom Religionsunterricht nicht. Allerdings geben die Eltern der Untersuchungsgruppe deutlich häufiger an, dass ihr Kind vom Unterricht erzählt, als die Eltern der Vergleichsgruppe ($t(1155) = 11{,}25$; $p < {,}001$). Hierbei handelt es sich fast um einen stark ausgeprägten Effekt ($d = {,}76$).

Die Gelegenheit, in einer offenen Frage zu beschreiben, was die Kinder erzählen, haben 189 Elternteile wahrgenommen. Aus der Analyse dieser Antworten resultieren 215 Kategorien. Fast die Hälfte der Antworten bezog sich auf Inhalte des kokoRU (49 %), es wird aber auch von Methoden (20 %) und besonderen

Aktionen wie z. B. Exkursionen (5 %) erzählt. Neben diesen Erzählungen, die das Unterrichtsgeschehen im kokoRU betreffen, äußern die Kinder laut ihren Eltern zuhause aber auch Lob (18 %) und Kritik (8 %), wobei das Lob mehr als doppelt so häufig genannt wird und damit deutlich überwiegt.

Unter den erzählten Inhalten des Religionsunterrichts werden besonders häufig die Themen „(Vor-) Weihnachtszeit", „Bibelgeschichten" und „Weltreligionen" genannt. Erklärt sich das Weihnachtsthema durch den Zeitpunkt der Befragung, fällt bei den anderen beiden Themen auf, dass sie eigentlich neutral sind im Hinblick auf die konfessionell-kooperativ zusammengesetzte Lerngruppe, denn in ihrem Umgang mit der Bibel und den Weltreligionen unterscheiden sich Evangelische und Katholiken heute eigentlich kaum noch. Allerdings hängt das Potenzial dieser Themen im Sinn des kokoRU auch stark von der Art und Weise ab, wie sie unterrichtet werden. So verweist die Erwähnung von „Erzählangeboten" im folgenden Zitat darauf hin, dass individuelle Zugänge bei jedem Thema die Möglichkeit eröffnen, sich der eigenen Position im Hinblick auf Glaube und Religion bewusst zu werden:

> „Meine Tochter erzählt von biblischen Geschichten, Gebeten und Erzählangeboten."

Wenn es um Unterrichtsmethoden geht, wird vor allem von Gruppenarbeiten berichtet. Hier könnte sich ein Gestaltungselement niederschlagen, das im kokoRU eine besondere Wertschätzung erfährt; denn Arbeiten in Gruppen erlaubt sowohl inhaltliche Auseinandersetzungen mit Kindern oder Jugendlichen der gleichen Konfession wie auch der anderen Konfession. Bei den besonderen Aktionen werden vor allem die Besuche von Kirchen und Moscheen genannt. Beides gehört heute zwar zum Standardrepertoire eines nicht nur kognitiv ausgerichteten Religionsunterrichts, der Besuch der Kirchen beider Konfessionen stellt jedoch auch einen Klassiker konfessionell-kooperativen Arbeitens dar, insofern sich in der Gestaltung von Kirchenräumen die Eigenart einer Konfession anschaulich ausdrückt.

Nach Aussagen der Eltern äußern die Kinder in ihren Erzählungen vom kokoRU auch Lob und Kritik, wobei die Formulierung der Antwort nicht immer klar erkennen lässt, ob es sich um die Einschätzung der Kinder oder der Eltern handelt, wie folgendes Beispiel zeigt.

> „Es gehören alle Kinder zusammen, keine unnötige Diskussion, ob katholisch oder evangelisch."

Auch beziehen sich viele lobende oder kritische Antworten auf Facetten des Unterrichts, die nichts mit der Organisationsform zu tun haben. Wo Letzteres aber gegeben ist, wird von den Kindern und Jugendlichen vor allem geschätzt, dass man nun auch im Religionsunterricht zusammenbleiben und gemeinsam lernen kann.

> „Mein Sohn macht gerne Religion. Er findet es toll, dass alle zusammen denselben Unterricht haben."

> „Findet es sehr gut, dass alle gemeinsam miteinander lernen!!!"

Manche Antworten deuten Lernchancen an, die durch die kooperative Organisationsform hervorgerufen wurden.

> „Umfrage an die Eltern, was typisch evangelisch oder typisch katholisch ist?!"
> „Das Thema war ‚Taufe' und es war spannend, dass es in der Klasse Kinder gibt, die nicht getauft sind. Das war neu für unser Kind."

Unter den kritischen Antworten beziehen sich einige darauf, dass der bisherige Unterricht die spezifischen Lernchancen dieser Organisationsform noch nicht eingelöst hat.

> „Er erzählt, dass er meist mehr über nicht-christliche Religionen lernt als über die evangelischen oder katholischen Glaubenswerte. Er hat noch nie im Religionsunterricht mit der Bibel gearbeitet."
> „Es ist ganz positiv, aber es wird auch nicht unbedingt ein Unterschied zum katholischen Religionsunterricht gesehen."
> „Mein Sohn empfindet den Unterricht als normal (evangelisch), also unverändert. Außer dass alle zusammen sind. Und langweilig!"

Eine einzige Antwort verweist darauf, dass die Auseinandersetzung mit der anderen Konfession der Interessenlage der Schüler*innen widersprechen kann.

> „Meine Tochter ist römisch-katholisch, ist gerade in den Kommunionvorbereitungen und würde gerne mehr über ihre Konfession, den Glauben erfahren und war nicht so sehr begeistert, etwas über Martin Luther zu hören."

Allerdings findet sich unter den insgesamt 189 abgegebenen Antworten keine weitere, die eine ähnlich ablehnende Haltung verbalisiert.

Beliebtheit beim Kind

In einem Item wurden die Eltern gefragt, wie gerne ihr Kind ihrer Einschätzung nach am Religionsunterricht teilnimmt. Da die Kinder den kokoRU besuchen, bildet dieses Item die Beliebtheit des kokoRU beim Kind ab. Als Antwortoptionen standen den Eltern eine fünf-Punkt Likert-Skala von „gar nicht gerne" bis „sehr gerne" zur Verfügung.

Über die Hälfte der Eltern gibt an, dass ihr Kind „sehr gerne" oder „gerne" den Religionsunterricht besucht (55 %), während 16 % es „eher gerne" oder „gar nicht gerne" tun. Damit entfällt knapp ein Drittel der Antworten auf die Mittelkategorie „teils/teils" (29 %). Insgesamt wird der kokoRU von den Eltern, die an der Befragung teilgenommen haben, als relativ beliebt bei ihren Kindern eingeschätzt.

Konfessionsgebundene Elternhäuser berichten von einer etwas größeren Beliebtheit des kokoRU bei ihren Kindern als Eltern, die keiner Konfession angehören ($F(2, 598) = 3{,}84$; $p = {,}022$). Die Effektstärke dieses Unterschieds ist mittelstark (η^2 = ,13). Schwach fällt dagegen der Effekt des Unterschieds zwischen Untersuchungs- und Vergleichsgruppe aus (*d* = ,21), wobei die Eltern, deren Kinder den herkömmlichen Religionsunterricht besuchen, etwas höhere Beliebtheitswerte rückmelden als die Eltern von Kinder aus dem kokoRU ($t(2004) = 3{,}05$; p = ,002).

Allgemeine Zufriedenheit mit dem kokoRU

Neben der Beliebtheit des kokoRU beim Kind wurden auch die Eltern um ein Globalurteil zu dieser Organisationsform gebeten, und zwar in Form einer Schulnote.

Fast die Hälfte der Befragten gibt ihm die Note 2 (48 %), ein weiteres Drittel beurteilt ihn als befriedigend (32 %). Alle anderen Notenwerte kommen auf einen Anteil von deutlich unter 10 %, wobei die beiden Notenwerte „sehr gut" (8 %) und „ausreichend" (7 %) etwa gleich stark ausgeprägt sind. Lediglich für knapp über 5 % der befragten Eltern habe der kokoRU nicht das Klassenziel erreicht. Als Notendurchschnitt ergibt sich damit ein Wert von m = 2,56.

Mütter vergeben eine etwas bessere Note für den kokoRU als Väter ($t(726)$ = –3,61; p < ,001), wobei die Effektstärke klein ausfällt (*d* = –,34). Gleiches gilt für konfessionsgebundene Elternteile im Vergleich mit konfessionsfreien ($F(2, 689)$ = 4,97; p = ,022). In diesem Fall handelt es sich jedoch um einen starken Effekt (η^2 = ,14).

Verbesserungsvorschläge

Parallel zu einer Note konnten die Eltern Verbesserungsvorschläge für den kokoRU unterbreiten. Aus den 304 Antworten resultieren 344 Kategorien. Dabei fällt auf, dass in 31 % dieser Fälle kein Verbesserungsvorschlag unterbreitet, sondern Lob und Anerkennung geäußert werden. Exemplarische Antworten sind:

> „Alles in Ordnung. Mein Kind findet den Unterricht toll!"
> „Ich bin überzeugt davon, dass es einen christlichen Glauben gibt und dass die Unterschiede in den Konfessionen marginal sein sollten! Ich finde gut, dass Kinder gemeinsam christliche Werte lernen und nicht künstliche Trennungen erfahren! Ich glaube an Gott, nicht an den katholischen, nicht an den evangelischen. Der Gott, an den ich glaube, möchte uns christliche Werte leben und verkünden sehen, und ich hoffe, dass der kokoRU ein Weg dorthin ist."
> „Ich halte religionsübergreifenden Unterricht für absolut sinnvoll, damit die Kinder selber in der Lage sind, zu beurteilen und zu entscheiden, nachzudenken, nachzufragen, offen und interessiert zu sein, um den für sie richtigen Weg zu finden. Deshalb sollte religionsübergreifender Unterricht die Regel und nicht die Ausnahme sein. Da meine Kinder relativ wenig über den Religionsunterricht erzählen, ist es schwierig, Verbesserungsvorschläge zu unterbreiten."

Von den tatsächlichen Verbesserungsvorschlägen beziehen sich die meisten auf inhaltliche Aspekte des Unterrichts (29 %), gefolgt von Hinweisen zur methodischen Umsetzung (13 %), zur Verbesserung des Informationsflusses (10 %) und zum Verhältnis der Konfessionen (und Religionen) in dieser Organisationsform (9 %). Schließlich finden sich noch wenige Aussagen, die sich auf die Lehrkraft beziehen (5 %) oder eine Rückkehr zur alten Form fordern (4 %). Letzteres betrifft 12 von 859 antwortenden Eltern(teilen), also etwa 1,5 % der Eltern.

Die Vorschläge, die die Inhalte und Methoden betreffen, sind in der Regel sehr allgemein gehalten oder beziehen sich auf partikulare Interessenlagen. Wenn es etwas gibt, das mehrere Äußerungen verbindet, ist es in inhaltlicher Hinsicht die Berücksichtigung auch nichtchristlicher Religionen (vgl. folgendes erstes Beispiel) und in methodischer Hinsicht eine Stärkung arbeitsteiliger Methoden (vgl. zweites Beispiel). Allerdings sind die Fallzahlen in beiden Fällen so gering, dass hier nicht von einer generellen Forderung der Eltern gesprochen werden kann.

> „Alle Religionen sollten einfließen dürfen, um Gemeinsamkeiten und auch Gegensätze zu erkennen verstehen."
> „Gruppenarbeit verstärken."

Die Antworten, die ein Informationsdefizit beklagen, sprechen meistens ausschließlich dieses Defizit an. Exemplarisch dafür sei das folgende Beispiel genannt:

> „Ich wusste vorher leider nichts, keine Informationen von Seiten der Schule. Eigentlich sehr schade für so ein gutes Projekt."

Einige Antworten zeigen aber auch, dass dieses Defizit zu eigenständigen Interpretationen der kooperativen Organisationsform führen. Im folgenden Beispiel wird der kokoRU etwa im Sinn eines interreligiösen Ansatzes gedeutet, der zwar prinzipiell für gut erachtet wird, dem aber auch die Gefahr unterstellt wird, dass er von – wahrscheinlich fundamentalistischen – „andersgelagerten" Gruppierungen genutzt werden könnte, um bei den Kindern und Jugendlichen für die eigene Sache zu werben:

> „Diese Form des Religionsunterrichtes ist nach meiner Meinung viel zu wenig bekannt. Hier sollten die Eltern schon beim Schulwechsel von der Grundschule zur weiterführenden Schule umfangreicher und aussagekräftiger informiert werden. Da die Klassen teilweise mehr nicht-christliche als christliche Schüler beinhalten und in den Familien Religion und Glauben häufig eine untergeordnete Rolle spielen, ist die Idee, die Schüler auf diese Weise an die Weltreligionen heranzuführen, sicherlich eine gute Idee. Dennoch bleibt der Gedanke, dass sich auch andersgelagerte Gruppen ‚einschleichen' und die Kinder auf abwegige Pfade bringen. Daher sollte sich dieser RU durch mehr Bekanntheit und ein dem Alter der Schüler angepasstes Lernkonzept in den Gedanken verankern."

Leicht umsetzbar sollte der folgende Vorschlag sein, der ebenfalls der Kategorie „Informationsfluss verbessern" zugeordnet wurde:

> „Das Informationsblatt mit einfachen Worten rausgeben, das jetzige schreckt von den ‚Wörtern' schon im Vorfeld ab."

Die Kategorie, die das Verhältnis der Konfessionen und Religionen im kokoRU repräsentiert, beinhaltet einen heterogenen Mix an Äußerungen. Ein Teil der Antworten bezieht sich auf die Ausarbeitung der Unterschiede zwischen beiden Konfessionen, wobei manchmal der allgemeine Zugriff als zu wenig differenziert erachtet wird (vgl. erstes Beispiel), in zwei Äußerungen aber auch der Blick auf die eigene Konfession als nicht komplex genug erscheint (vgl. zweites Beispiel):

> „Es müsste stärker über die Unterschiede gesprochen werden. Den Kindern fehlt das Verständnis."
> „Meine Töchter würden gerne mehr über ihre Religion (katholisch) erfahren und lernen."

Der größere Teil der Antworten schlägt jedoch vor, neben den beiden christlichen Konfessionen auch weitere Konfessionen oder Religionen im kokoRU zu berücksichtigen. Manchmal wird dieser Wunsch freundlich formuliert (vgl. erstes Beispiel), teilweise aber auch in einer Art und Weise, in der viele Emotionen mitschwingen (vgl. zweites Beispiel):

> „Ich fände es sehr schön, wenn nicht nur der Unterschied zwischen katholisch und evangelisch gemacht würde, sondern auch über die zahlreichen weiteren Konfessionen informiert würde."
> „Meine Tochter hasst Religion. Ich würde mir wünschen, dass Religion für Kinder aller Glauben unterrichtet wird. Die Kinder sollten vielmehr lernen, dass die Menschen an verschiedene Sachen glauben, und sie sollten lernen, dass das gut ist. Akzeptanz, Glaubensfreiheit und Meinungsfreiheit für weniger religiöse Kriege."

Eine Antwort dieser Kategorie soll hier kommentarlos wiedergegeben werden. Sie formuliert einen individuellen Standpunkt, der vielleicht die von den Eltern präferierte Organisationsform eines „interreligiösen Religionsunterrichts" veranschaulicht und die Folgen der Unzufriedenheit mit der aktuellen Organisationsform mit ausführt:

> „Im Religionsunterricht sollten sich die Schüler mit ALLEN Religionen befassen und nicht nur mit der katholischen und/oder der evangelischen Religion. Ich möchte, dass mein Kind auch andere Religionen und Kulturen kennen lernt. Meiner Meinung nach werden die Kinder viel zu einseitig unterrichtet. Ich finde diese Art von Religionsunterricht, wie er in Deutschland ist, absolut nicht zeitgemäß. Außerdem finde ich es bedenklich, die Kinder nach ihrem Glauben zu benoten, wie es leider sehr häufig passiert. Ich habe mein [Kind] aktuell im ersten Schuljahr zum Religionsunterricht gehen lassen, um uns ein Bild davon machen zu können. Wir haben nun mit unserem Kind gemeinsam entschieden, dass es ab dem zweiten Schuljahr nicht mehr in den Unterricht geht. Diese Entscheidung hat noch einige andere Gründe, die ich hier jetzt nicht alle aufführen kann. Schlussendlich kann ich nur sagen, dass der Lehrplan und auch die Art des Unterrichts dringend neu durchdacht und in die heutige Zeit geholt werden sollten."

Die Verbesserungsvorschläge, die sich auf die Kompetenz der Lehrpersonen beziehen, bleiben meistens sehr pauschal:

> „Bezogen auf unsere Klasse, müsste der Unterricht durch eine kompetentere Lehrkraft erteilt werden."
> „Bessere Lehrer."

Manchmal werden die Aspekte, worauf sich die Kritik bezieht, aber auch konkret in Beispielen benannt. Dann geht es entweder um eine als nicht passend erachtete Methodik (vgl. erstes Beispiel) oder aber darum, dass der Lehrerwechsel nicht, wie geplant, erfolgt und deshalb nur eine konfessionelle Perspektive angeboten wird (vgl. zweites Beispiel):

> „Es müsste von Lehrern unterrichtet werden, die sich auch damit befassen, was sie unterrichten. Außerdem sollten die Kinder bestärkt werden, sich selbstständig mit dem Thema Religion auseinanderzusetzen, anstatt stumpf Buchseiten abzuschreiben."
> „Meine Tochter hat seit 2 Jahren konstant bei einer evangelischen Lehrkraft Unterricht. Lediglich in der Erprobungsstufe war der Unterricht bei einer katholischen Lehrkraft – das aber außerhalb des kokoRU-Projekts!!"

In der Summe der wenigen Antworten dieser Kategorie zeichnet sich aber kein systematisches Kompetenzdefizit der Lehrpersonen im kokoRU ab. Es handelt sich durch die Bank um Einzelaussagen, die nicht geeignet sind, verallgemeinert zu werden.

Die letzte Kategorie an Verbesserungsvorschlägen enthält Äußerungen, die zum herkömmlichen konfessionellen Religionsunterricht zurückwollen. In der Regel wird dieser Vorschlag nüchtern unterbreitet (vgl. die ersten beiden Beispiele). In einem Fall schlägt sich aber auch das schlechte Image, in diesem Fall der katholischen Kirche, auf den Wunsch nieder (vgl. drittes Beispiel):

> „Ich würde Religionsunterricht nach Konfessionen getrennt unterrichten."
> „Ich persönlich präferiere den konfessionsbezogenen Religionsunterricht."
> „Sollte wieder getrennt werden. Wir haben uns für den evangelischen Glauben entschieden. Wir finden, dass katholische Religion nicht mehr zeitgemäß ist und ich diese Religionsform absolut nicht mag. Mir reichen die Skandale bei der katholischen Kirche ... (Kindesmissbrauch usw. ...)."

Abschließend sollen noch zwei Äußerungen angeführt werden, die keine Verbesserungsvorschläge des kokoRU darstellen, ihn aber mittelbar betreffen. Eine Aussage deutet an, dass diese Organisationsform nach Meinung eines Elternteils dazu herangezogen wird, um organisatorische Probleme vor Ort zu lösen:

> „Man bekommt das Gefühl, es liegt am Lehrermangel, dass es zusammengefasst wird."

Es ist nicht klar, was sich tatsächlich hinter dieser Beobachtung verbirgt. Sie verweist aber darauf, dass Eltern die Einführung des kokoRU auch als eine Antwort auf strukturelle Probleme vor Ort wahrnehmen können. Außerdem wird die offene Frage häufiger genutzt, um eine grundsätzliche Missbilligung des Religionsunterrichts auszudrücken. Wurde im oben kommentarlos zitierten Statement der Religionsunterricht noch prinzipiell akzeptiert und nur in seiner vorliegenden Form abgelehnt, finden sich im Datensatz mehrere Äußerungen, die diesem Fach generell die Daseinsberechtigung absprechen. Die folgende Aussage steht exemplarisch für diese Positionen:

> „Diese Unterrichtsform sollte vom Stundenplan genommen werden und Platz für ein sinnvolleres, lebensorientierteres Fach lassen oder ganz wegfallen und den Kindern dadurch kostbare Freizeit ermöglichen. Eltern, die ihre Kinder taufen lassen, sollten auch die Verantwortung der Weitergabe ihres Glaubens übernehmen."

Diese Aussagen deuten an, dass auch der herkömmliche Religionsunterricht für die Eltern keine plausible Alternative zum kokoRU ist, sondern für manche Befragte die Abschaffung des Fachs die beste Lösung darstellen würde.

Zukunft des kokoRU

Abschließend wurden die Eltern gefragt, wie es mit dem kokoRU im kommenden Schuljahr weitergehen könnte. Als denkbarere Entwicklungsperspektiven wurden ihnen die folgenden Items vorgelegt:

- die Weiterführung des kokoRU wie gehabt,
- die Ergänzung des kokoRU um säkulare Perspektiven,
- die Ergänzung des kokoRU um muslimische Perspektiven und
- die Rückführung des kokoRU auf den herkömmlichen konfessionellen Religionsunterricht.

Auf einer fünf-Punkt Likert-Skala wurden die Eltern zu jeder Perspektive gefragt, wie stark sie ihr zustimmen können.

In zwei der vier Fälle ergibt sich ein relativ deutlicher Befund (vgl. Tab. 49). Zum einen findet die Weiterführung des vorfindlichen kokoRU die mindestens tendenzielle Zustimmung („stimme voll zu" und „stimme eher zu") von fast zwei Dritteln der befragten Eltern (65 %), während sich mindestens tendenziell ablehnend nur 13 % äußern. Zum anderen fallen die Antworten zur Rückkehr zum herkömmlichen konfessionellen Religionsunterricht nahezu spiegelbildlich aus, denn diese lehnen 72 % der Eltern mindestens tendenziell ab und 14 % stimmen ihr mindestens tendenziell zu.

Weniger eindeutig fällt das Votum der Eltern zur Ergänzung des kokoRU um säkulare oder muslimische Perspektiven aus (vgl. Tab. 49). In beiden Fällen überwiegen zwar die zumindest tendenziell zustimmenden Antworten (52 % bzw. 48 %) deutlich gegenüber den Antworten, die die Ergänzung um solche Perspektiven zumindest tendenziell ablehnen (23 % bzw. 28 %). Es ist aber auch nicht so, dass sich in beiden Fällen eine ausgeprägte absolute Mehrheit für oder gegen die möglichen Erweiterungen ausspricht. Insgesamt hat man aber schon den Eindruck, dass es für sehr viele Befragte zumindest plausibel ist, dass der Religionsunterricht auch nicht-christliche Weltanschauungen thematisiert.

Tabelle 49:
Mögliche Zukünfte des kokoRU (Untersuchungsgruppe)

	1	*2*	*3*	*4*	*5*
	%	%	%	%	%
Weiterführung des kokoRU	4,7	7,9	22,9	34,1	30,5
Ergänzung des kokoRU um säkulare Perspektiven	10,1	13,2	25,1	24,9	26,7
Ergänzung des kokoRU um muslimische Perspektiven	15,4	12,5	23,9	22,5	25,7
Rückführung des kokoRU auf herkömmlichen konfessionellen RU	39,8	32,4	15,3	6,6	5,9

Legende: n = 158; 1 = stimme gar nicht zu; 2 = stimme eher nicht zu; 3 = teils/teils; 4 = stimme eher zu; 5 = stimme sehr zu

Das Alter spielt für die Einschätzung dieser Entwicklungsperspektiven keine Rolle. Beim Geschlecht erweisen sich Mütter als etwas weniger skeptisch als Väter, wenn es um die Rückkehr zum herkömmlichen Religionsunterricht geht ($t(726) = 3{,}16$; $p = {,}002$, $d = {,}30$). Ferner wünschen sich konfessionsfreie Eltern etwas stärker die Berücksichtigung säkularer Perspektiven im Religionsunterricht ($F(2, 689) = 9{,}08$; $p < {,}001$; $\eta^2 = {,}03$), wollen dafür aber noch weniger zurück zum herkömmlichen Religionsunterricht als konfessionsgebundene Eltern ($F(2, 689) = 5{,}98$; $p = {,}003$; $\eta^2 = {,}02$).

Da der Vergleichsgruppe diese Fragen nicht gestellt wurden, kann hier auch kein Abgleich mit der Untersuchungsgruppe berechnet werden.

3.3.2. Befunde zum Unterrichtsgeschehen des kokoRU

Neben der Organisation erfasst die Evaluation der Elternperspektive auf den kokoRU auch die Wahrnehmung dessen, was im Unterricht geschieht. Dazu wurden zwei Zugänge eröffnet, nämlich zum einen über einen offenen Fragenkomplex zur Wahrnehmung des kokoRU, zum anderen über geschlossene Frage zur Akzeptanz spezifischen Lernerfahrungen, die das didaktische Setting kooperativen Lernens eröffnet.

Wahrnehmung des kokoRU

Die Wahrnehmung des kokoRU durch die Eltern selbst wurde über drei Fragen erhoben, von denen sich die erste darauf bezog, inwieweit die Eltern überhaupt wissen, dass ihr Kind diese Organisationsform des konfessionellen Religionsunterrichts besucht. Dabei erweisen sich zumindest die Eltern, die an der Befragung teilnehmen, als im Durchschnitt gut informiert. Über die Hälfte beantwortet die entsprechende Frage klar mit „ja" (54 %) und weitere 13 % mit „eher ja". Immerhin etwa ein Drittel der Befragten wissen in der Folge nicht, dass ihr Kind diese besondere Organisationsform des Religionsunterrichts besucht.

Weiterführend wurden die Eltern gefragt, ob sie einen Unterschied zwischen dem vorherigen und dem jetzigen Religionsunterricht feststellen würden. Zwei Drittel der Befragten bejaht diese Frage (67 %), was bedeutet, dass ein Drittel der Eltern angibt, keinen Unterschied zwischen vorangegangenem und aktuellem Religionsunterricht zu erkennen (33 %).

Eltern, die Unterschiede erkannt haben, wurden in einer Folgefrage, die offen gestellt wurde, gebeten, diese zu beschreiben. 102 Antworten wurden gegeben. Diese haben wir kategorisiert, wobei einer Antwort ggf. auch mehrere Kategorien zugeordnet wurden. Aus dieser Analyse resultieren 118 Kategorisierungen. Demnach bezieht sich die Mehrzahl der Antworten auf die Inhalte, die sich geändert hätten oder aber auch anders angeboten würden (43 %). Knapp ein Viertel der Antworten spricht den konfessionsübergreifenden Charakter des Fachs an. Sechs Antworten sprechen den Lehrerwechsel an (5 %) und fünf Antworten gehen auf veränderte Methoden (4 %). Außerdem finden sich pauschales Lob (12 %) und entsprechende Kritik (11 %).

Geht man ins Detail, kann festgehalten werden, dass manche Äußerungen aus der Kategorie „Inhalte" allgemein eine Veränderung feststellen (vgl. erstes Beispiel), während andere konkret darauf verweisen, inwieweit sich die Inhalte verändert haben (vgl. zweites Beispiel).

> „Inhalte sind teilweise anders."
> „Im konventionellen Religionsunterricht ist fast ausschließlich die eigene bzw. christliche Religion Inhalt, während im kokoRU auch andere Religionen thematisiert werden."

Dabei fällt auf, dass viele Antworten dieser Kategorie dem pädagogischen Profil des kokoRU entsprechen, sofern man akzeptiert, dass „Religion" bei den Eltern, die in der Regel theologische Laien sein dürften, auch im Sinn von „Konfession" gemeint sein könnte.

> „Bisheriger konfessioneller Unterricht war eher spezifisch, in unserem Fall auf die katholische Religion, auf die katholische Kirche bezogen. Jetzt ist es ‚offener', d. h. andere Religionen werden angesprochen, Unterschiede und Gemeinsamkeiten verdeutlicht."

> „Ich habe den Eindruck, dass die Themen vielschichtiger sind und sich nicht nur auf eine Religionsform beschränken. Andere Religionen werden beleuchtet und deren Inhalte anschaulich beschrieben und erklärt."
> „Ich habe den Anschein, dass mehr auf die Unterschiede zwischen dem evangelischen und katholischen Unterricht eingegangen wird und diese auch im Unterricht veranschaulicht werden."
> „Andere Themen werden behandelt, der Unterricht ist auch mal aus einer anderen Perspektive möglich."
> „Ich kannte bisher in NRW nur den rein katholischen Religionsunterricht, den ich, selber evangelisch, sehr einseitig empfinde. Vom konfessionell-kooperativen Unterricht erhoffe ich mir eine offenere Betrachtungsweise der verschiedenen Religionen und Informationen darüber. Inwieweit sich das inhaltlich realisieren konnte, ist anhand der Erzählungen meiner Kinder leider noch nicht zu beurteilen."

Eine Äußerung der Inhaltskategorie fällt insofern aus dem Rahmen, weil sie den Horizont anspricht, innerhalb dessen der kokoRU diskutiert wird, ohne dass klar wird, wie die angesprochenen Kategorien zugeordnet werden können:

> „Weltoffene Religionskunde aller Kulturkreise versus christl. Religionen"

Auf der einen Seite wird mit der Gegenüberstellung zwischen „Religionskunde" und „christliche Religionen" die in der Religionspädagogik kontrovers diskutierte Fragestellung aufgeworfen, inwieweit der aktuelle Religionsunterricht konfessionsgebunden oder religionskundlich erteilt werden solle. Auf der anderen Seite lässt die Aussage offen, welche der beiden Kategorien auf den aktuellen Religionsunterricht zutrifft. Er könnte demnach sowohl als „weltoffene Religionskunde" erteilt werden, wie auch als „christliche Religionen", was wohl einem konfessionellen Unterricht entspricht, ohne dass klar wird, ob dieser herkömmlich oder kooperativ angelegt ist. Schließlich trägt das Adjektiv „weltoffen" noch eine Wertung in die knappe Aussage ein, ohne dass klar wird, ob die Alternative („christliche Religionen") damit automatisch als weniger offen gegenüber dem, was in der Welt geschieht, erachtet wird. Es handelt sich bei diesem Beispiel somit um eine Äußerung, die zu vielfachen Spekulationen einlädt. Unmittelbare Schlüsse auf den aktuell erteilten kokoRU lassen sich damit verantwortlich nicht aus ihr ableiten. Sie deutet aber darauf hin, dass die einschlägige religionspädagogische Diskussion nicht in einem luftleeren Raum stattfindet, sondern auch auf eine bei zumindest einigen Eltern vorfindliche Wahrnehmung trifft.

Auch unter der Kategorie „konfessionsübergreifender Unterricht" finden sich viele unspezifische Äußerungen, die jedoch den Kern dieser Organisationsform korrekt erfassen:

> „Katholisch und evangelisch zusammen."
> „In diesem Unterricht werden evangelische und katholische Kinder gemeinsam unterrichtet."

Eine Äußerung fällt durch eine besonders differenzierte Beschreibung der konfessionsübergreifenden Elemente auf, wobei die Wortwahl darauf schließen lässt, dass die verwendeten Begriffe kundig eingesetzt werden.

> „Nach meiner Wahrnehmung lernt mein Kind im konfessionell-kooperativen Religionsunterricht etwas über verschiedene Religionen/Konfessionen (nach meinem Kenntnisstand integriert der Unterricht Hintergründe zum evangelischen, zum katholischen Glauben, zum Judentum und zum Islam), während es im herkömmlichen konfessionsgebundenen Unterricht vor allem um die eigene Konfession geht. Auch geht es hier eher um Wissensvermittlung, während im herkömmlichen Reliunterricht auch die Ausübung des Glaubens eine Rolle spielt."

Diese Äußerung ist in doppelter Hinsicht interessant. Zum einen wird der kooperative Charakter des aktuellen Unterrichts nicht nur auf konfessionelle Gemeinsamkeiten und Unterschiede bezogen, sondern auch auf andere Religionen ausgeweitet. Diese interreligiöse Offenheit, in der auch die beiden christlichen Konfessionen zu ihrem Recht kommen, wird dezidiert abgegrenzt gegenüber dem herkömmlichen Unterricht, dem es „vor allem um die eigene Konfession ging". Im eigens für den kokoRU entworfenen Schulcurriculum sollen die zentralen Themen und Kompetenzen aus dem Kerncurriculum, zu denen auch Islam und Judentum gehören, natürlich trotzdem vorkommen. Da besteht eigentlich kein Unterschied zwischen kokoRU und konfessionell evangelischem oder katholischem RU. Zum anderen wird der kokoRU in der Äußerung stärker mit Wissensvermittlung assoziiert, während für den herkömmlichen Unterricht „auch die Ausübung des Glaubens" veranschlagt wird. Der kokoRU wird im gegebenen Fall somit als stärker kognitiv orientiert wahrgenommen als der herkömmliche Religionsunterricht, wobei das ebenso an der spezifischen Organisationsform liegen kann, wie an anderen Gründen (z. B. dem Unterrichtsstil der Lehrperson). Zuletzt sei noch darauf hingewiesen, dass im Beispiel keinerlei Wertung vorgenommen wird. Es werden Unterschiede beschrieben, ohne dass angedeutet wird, dass eine der beiden skizzierten Formen von Religionsunterricht mehr geschätzt wird als die andere.

Wertungen finden sich nur vereinzelt in den Antworten. Lobend wird dabei vor allem der pädagogische Effekt des kokoRU erwähnt, insofern er die Klassengemeinschaft erhält. In einer Aussage wird aber auch das gegenseitige Verständnis wertgeschätzt, welches aus dem kooperativen Unterrichtssetting erwachsen kann (vgl. zweites Beispiel):

> „Es ist ruhiger, weil der Klassenverband bestehen bleibt. Fällt seltener aus."
> „Ich sehe an gemeinschaftlichem Religionsunterricht viele Vorteile. Die Klassengemeinschaft wird gestärkt und das Verständnis füreinander und die jeweilige Religion und Kultur gefördert. Gegenseitige Akzeptanz und Respekt sind die Folge."

Allerdings können sich die pädagogischen Voraussetzungen aufgrund der kooperativen Organisationsform auch verschlechtern. So berichtet ein Elternteil, dass der kokoRU genutzt wurde, um größere Lerngruppen zu bilden:

> „Am Unterricht nehmen jetzt über 30 Kinder teil, vorher waren es unter 20. Dadurch wird der Geräuschpegel höher, die mündliche Teilnahme schwierig und die Kinder langweilen sich. Inhaltlich kann ich kaum Unterschiede feststellen."

Andere Äußerungen richten sich auf Defizite in der Umsetzung des Anliegens eines kooperativen Religionsunterrichts, denn die in ihnen angesprochenen Aspekte wären vom Konzept dieser Organisationsform eigentlich möglich, wenn nicht sogar erwünscht:

> „Im Unterricht wird nur oberflächlich auf die einzelnen Glaubensrichtungen eingegangen."
> „Es fehlt die spezifische Ausrichtung auf die Religion des Kindes. Sehr allgemein gehaltener Unterrichtsstoff."
> „Leider kommt das Thema Kirche und Glauben viel zu kurz. Unsere Tochter kommt dieses Jahr zur Firmung und man geht nicht einmal darauf ein, was das bedeutet oder für Konsequenzen hat!"

Insgesamt kann somit festgehalten werden, dass die genannten Merkmale der Eltern, die einen Unterschied zwischen dem herkömmlichen und dem konfessionell-kooperativen Religionsunterricht wahrnehmen, in der Regel dem Konzept des kokoRU entsprechen. Der kokoRU wird inhaltlich als vielfältiger und vielschichtiger erlebt, wobei in einigen Fällen neben die beiden christlichen Konfessionen auch Aspekte anderer Religionen treten. Dass diese Organisationsform nicht immer so umgesetzt wird, wie es sich die Eltern wünschen, konnte erwartet werden. Es finden sich aber keine Äußerungen unter den Daten, die die kooperative Organisationsform grundsätzlich in Frage stellen.

Für die Wahrnehmung des kokoRU durch die Eltern spielen die sozio-demographischen Variablen keine Rolle, denn die wenigen signifikanten Unterschiede weisen sämtlich nicht einmal kleine Effektstärken auf.

Akzeptanz spezifischer Lernchancen

Wie oben gesehen, eröffnet der kokoRU spezifische Lernchancen. Die Kinder und Jugendlichen lernen nicht nur die Gemeinsamkeiten und Unterschiede beider Konfessionen kennen, sondern können auch lernen, respektvoll mit Menschen unterschiedlicher Glaubensideale umzugehen und kompetent den Dialog zwischen den Konfessionen und Religionen zu führen. Um die Einschätzung dieser Lernchancen durch die Eltern zu erheben, wurden ihnen neun einschlägige Formulierungen vorgelegt mit der Bitte zu beurteilen, inwieweit sie diesen Lernchancen als Zielen des kokoRU zustimmen können. Das Antwortspektrum definiert eine fünf-Punkt Likert-Skala, die von „teile ich gar nicht" bis „teile ich voll und ganz" reicht.

Bei der Zusammenschau aller Antworten fällt zunächst auf, dass die meisten der aufgeführten Lernchancen von den Eltern als sinnvoll erachtet werden, denn mit einer Ausnahme liegen die Anteile der zustimmenden Antwortkategorien („teile ich voll und ganz" oder „teile ich eher") über 50 % (vgl. Tab. 50). Lediglich das Item, das einen möglichen Konfessionswechsel impliziert, wird mehrheitlich als unpassend empfunden (55 %).

Mit 87 % erhält das Lernziel, dass die Schüler*innen im kokoRU die Gemeinsamkeiten zwischen den Konfessionen kennenlernen, mit Abstand die größte Zustimmung der Eltern (vgl. Tab. 50). Mit 78 % liegt das Ziel, einen eigenen religiösen Standpunkt zu entwickeln, etwas hinter dem zuerst genannten Item, findet aber immer noch eine sehr große Zustimmung. Die folgenden drei Items werden mit knapp über 70 % Zustimmung etwa als gleich wichtig erachtet. Es handelt sich hierbei um die Lernchancen,

- die Unterschiede zwischen der katholischen und der evangelischen Konfession kennenzulernen,
- mit anderen über konfessionelle Unterschiede ins Gespräch zu kommen,
- und begründen zu können, woran man glaubt.

Tabelle 50:
Akzeptanz spezifischer Lernchancen des kokoRU durch die Eltern (Untersuchungsgruppe)

	1	*2*	*3*	*4*	*5*
	%	*%*	*%*	*%*	*%*
Gemeinsamkeiten der Konfessionen kennenlernen	1,4	2,2	9,0	34,9	52,5
religiösen Standpunkt entwickeln	2,4	4,1	15,1	27,8	50,5
über konfessionelle Unterschiede sprechen	3,2	8,0	16,7	31,0	41,1
Unterschiede zwischen Konfessionen kennenlernen	3,3	8,5	17,6	29,9	40,6
begründen, woran man glaubt	4,7	6,5	16,3	34,8	37,6
Sichtweise anderer Konfession einnehmen	7,7	12,2	14,1	30,3	25,7
nachdenken, ob man in der anderen Konfession besser aufgehoben ist	26,2	28,7	24,1	10,5	10,5

Legende: n = 859; 1 = teile ich gar nicht; 2 = teile ich eher nicht; 3 = teils/teils; 4 = teile ich eher; 5 = teile ich voll und ganz

Schließlich erreicht auch die Lernchance, die Sichtweise der anderen Konfession einzunehmen, eine Zustimmung von 56 %.

Insgesamt kann also festgehalten werden, dass die antwortenden Eltern das pädagogische Profil des kokoRU mehrheitlich schätzen. Nur das Item, das absichtlich so formuliert wurde, dass es die theoretische Zielsetzung dieser Organisationsform übersteigt, wird von den meisten Eltern abgelehnt.

Das Alter der Eltern hat keinen Einfluss auf die Akzeptanz der beschriebenen Lernchancen. Beim Geschlecht ist die Akzeptanz bei den Müttern in drei Fällen signifikant höher ausgeprägt als bei den Vätern, wobei die Effekte in allen drei Fällen klein sind. Diese Unterschiede betreffen die Ausbildung eines eigenen religiösen Standpunkts ($t(710) = 2{,}71$; $p = {,}007$, $d = {,}26$), das Nachdenken über einen

Konfessionswechsel ($t(690) = 2,34$; $p = ,019$, $d = ,23$) und das Gespräch über konfessionelle Unterschiede ($t(714) = 2,81$; $p = ,005$, $d = ,27$). Die Konfessionszugehörigkeit spielt in drei Fällen eine kleine Rolle. Dabei stehen die konfessionell nicht gebundenen Eltern denen gegenüber, die entweder evangelisch oder katholisch sind – und immer sind es die konfessionsfreien Eltern, die eine etwas schwächere Akzeptanz aufweisen. Da betrifft das Ziel, dass die Schüler*innen begründen können, an was sie glauben ($F(2, 675) = 6,72$; $p = ,001$; $\eta^2 = ,02$), dass sie Gemeinsamkeiten der Konfessionen kennen ($F(2, 681) =12,49$; $p < ,001$; $\eta^2 =, 04$) und dass sie lernen, ins Gespräch über konfessionelle Unterschiede zu kommen ($F(2, 679) =12,72$; $p < ,001$; $\eta^2 = ,04$).

Einen Unterschied zwischen der Untersuchungs- und der Vergleichsgruppe gibt es nur in der Akzeptanz der Lernchance, die Unterschiede zwischen den Konfessionen zu kennen ($t(1096) = 6,29$; $p < ,001$). Bei Eltern aus der Vergleichsgruppe, deren Kindern den herkömmlichen Religionsunterricht besuchen, ist diese Lernchance akzeptierter als bei Eltern, deren Kinder im kokoRU sind. Der Effekt dieses Einflusses ist klein ($d = ,41$).

3.3.3. Einstellung zum Religionsunterricht

Die allgemeinen Einstellungen dem Religionsunterricht gegenüber wurden anhand von drei Aspekten erhoben, nämlich der bevorzugten Organisationsform des Religionsunterrichts, der Einschätzung der Positionalität von Religionslehrpersonen im Religionsunterricht und der Beurteilung möglicher Bildungsziele für denselben.

Präferierte Organisationsform des Religionsunterrichts

Bezüglich der Organisationform des Religionsunterrichts wurden die Eltern gebeten, eine Rangliste zu erstellen, indem sie die Unterrichtsformen „konfessioneller Religionsunterricht“, „konfessionell-kooperativer Religionsunterricht“, „interreligiöser Religionsunterricht“, „religionskundlicher Unterricht“, „verbindlicher Ethikunterricht“ und „kein Religionsunterricht“ in absteigender Reihenfolge sortieren. Rang 1 stellt somit die bevorzugte Organisationsform dar, Rang 6 die am wenigsten bevorzugte. Im Fragebogen wurden den eben genannten Titeln kurze Kommentare zur Seite gestellt, die knapp erklären, was der jeweilige Titel für die Organisation des Religionsunterrichts bedeutet. Die Didaktik, die in der religionspädagogischen Diskussion mit diesen Titeln verbunden ist, wird durch diese kurzen Kommentare nicht abgebildet. Die Frage richtet sich damit rein auf die Organisationsform des Religionsunterrichts.

Abbildung 8:
Zustimmung zu den Organisationsformen in Prozent von Rang 1 und 2 (Untersuchungsgruppe)

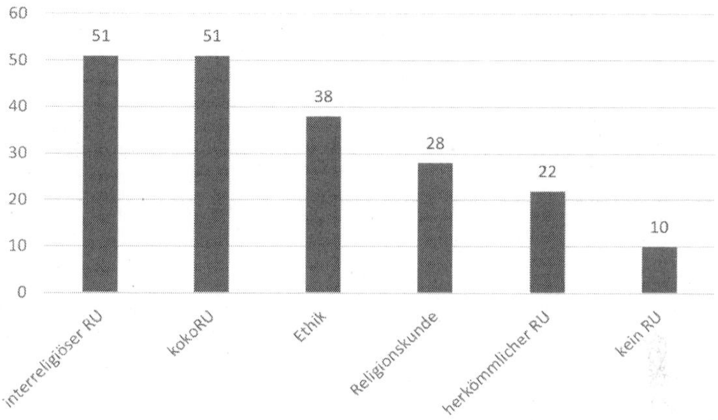

Orientiert man sich bei der Interpretation der Daten an den Rangplätzen 1 und 2 (vgl. Abb. 8), genießen interreligiöser Unterricht und der kokoRU die größte Attraktivität unter den befragten Eltern (jeweils 51 %). Mit deutlichem Abstand folgt der verbindliche Ethikunterricht mit 38 %. Wieder mit etwas Abstand auf den Plätzen vier und fünf finden sich der religionskundliche Unterricht (28 %) und der konfessionelle Religionsunterricht (22 %). Dass gar kein Religions- oder Ethikunterricht an der Schule angeboten wird, erachten nur 10 % der Befragten als so attraktiv, dass sie diese Option auf Rang 1 oder 2 setzen.

Das Bild ändert sich nicht wesentlich, wenn man die Rangplätze 1 bis 3 als Kriterium heranzieht. Dann erweist sich der interreligiöse Unterricht mit 72 % als etwas beliebter als der kokoRU mit 69 %. Auch der Abstand zwischen dem religionskundlichen Unterricht (49 %) und dem konfessionellen Religionsunterricht (33 %) wird größer. Das Ende der Rangliste bildet nach wie vor, abgeschlagen mit 18 %, die Option, weder einen Religions-, noch einen Ethikunterricht anzubieten.

Letzteres wird eindrücklich dadurch bestätigt, dass 60 % der befragten Eltern diese Option auf den letzten Rang ihrer Rangliste setzen. Das ist der mit Abstand höchste Anteil auf dem letzten Platz der Rangliste. Interessanterweise folgt mit 18 % der konfessionelle Religionsunterricht. Bei allen anderen vorgeschlagenen Formen liegt der Anteil der Eltern, die diese Form am wenigsten geeignet für den Religionsunterricht an öffentlichen Schulen erachten, unter 10 %.

Diese Reihung wird zusätzlich bestätigt, wenn man die Mittelwerte der Rangreihungen berechnet. Hierbei liegen der interreligiöse Religionsunterricht (m = 2,68; SD = 1,43) und der konfessionell-kooperative Religionsunterricht (m = 2,68; SD = 1,49) faktisch gleichauf, gefolgt von der verbindlichen Ethik (m = 3,03; SD = 1,54) und der Religionskunde (m =3,46; SD = 1,39). Das Ende dieser Reihung bilden der konfessionelle Religionsunterricht (*m* = 4,11; *SD* = 1,59) und die Option, gänzlich auf den Religionsunterricht zu verzichten (*m* = 5,00; *SD* = 1,50).

Das Alter und das Geschlecht beeinflussen die Reihung der Organisationsformen nicht, die Konfessionszugehörigkeit in allen Fällen, wobei es sich stets um kleine Effekte handelt ($,0 2 < \eta^2 < ,05$). Dabei unterscheiden sich in fünf Fällen die konfessionsgebundenen von den konfessionsfreien Eltern, nämlich beim konfessionellen Religionsunterricht ($F(2, 689) = 6,65$; $p = ,001$), beim kokoRU ($F(2, 689) = 18,26$; $p < ,001$), beim interreligiösen Religionsunterricht ($F(2, 689) = 5,40$; $p =,005$), beim Ethikunterricht ($F(2, 689) = 13,12$; $p < ,001$) und bei der Abschaffung jeglichen Religionsunterrichts ($F(2, 689) = 12,86$; $p < ,001$). Erwartungsgemäß ranken evangelische und katholische Eltern die drei Formen des Religionsunterrichts etwas höher und die konfessionsfreien Eltern den Ethikunterricht und die Abschaffung jeglichen Religionsunterrichts. Von dieser Aufteilung weicht lediglich die Akzeptanz der Religionskunde ab. Auch hier ergibt sich zwar ein signifikanter Unterschied ($F(2, 689) = 4,84$; $p = ,008$), der eine kleine Effektstärke aufweist ($\eta^2 = ,02$). Allerdings unterscheiden sich nur die konfessionsfreien Eltern von den evangelischen, insofern Erstere die Religionskunde im Durchschnitt leicht besser reihen als Letztere. Die katholischen Eltern liegen zwischen beiden Mittelwerten, ohne sich jedoch von einem der beiden anderen Mittelwerten signifikant zu unterscheiden.

Der Abgleich der Antworten von Untersuchungs- und Vergleichsgruppe ergibt keine Unterschiede mit hinreichender Effektstärke.

Positionalität im Religionsunterricht

Eine weitere Frage bezieht sich darauf, wie es die Eltern beurteilen, wenn die Lehrperson im Religionsunterricht Position bzgl. des Glaubens bezieht. Hierzu wurde dasselbe Instrument verwendet wie bereits bei den Schüler*innen und den Lehrpersonen.

Fast alle Eltern erachten es als gut, wenn im Religionsunterricht die Gemeinsamkeiten zwischen dem evangelischen und dem katholischen Glauben herausgearbeitet werden (91 %; vgl. Tab. 51). Auch die Tatsache, dass eine Lehrperson im Religionsunterricht bekennt, dass sie an Gott glaubt, trifft auf die Zustimmung von vier von fünf Elternteilen (81 %). Etwas zurückhaltender, aber immer noch deutlich von der Mehrheit der Befragten als „sehr gut“ oder „eher gut“ beurteilt, werden die beiden Facetten, dass die Lehrperson von eigenen Erfahrungen mit Gott erzählt (70 %) und im Religionsunterricht Unterschiede zwischen beiden Konfessionen herausgearbeitet werden (68 %). Schließlich denken knapp 60 % der Eltern, dass es für den Religionsunterricht angemessen sei, wenn die Schüler*innen Beten, Meditieren oder Segnen ausprobieren.

Tabelle 51:
Die Einschätzung der Positionalität der Lehrkraft im kokoRU (Untersuchungsgruppe)

	1	*2*	*3*	*4*	*5*
Wenn die Lehrkraft ...	%	%	%	%	%
die Gemeinsamkeiten zwischen evangelisch und katholisch deutlich macht.	0,0	0,0	9,1	44,5	45,9
sagt, dass sie an Gott glaubt.	1,9	1,7	15,5	41,1	39,8
von eigenen Erfahrungen mit Gott erzählt.	4,1	6,0	19,8	38,0	32,2
die Unterschiede zwischen evangelisch und katholisch deutlich macht.	1,5	4,6	26,2	41,1	26,6
mit den SuS das Beten, Meditieren und Segnen ausprobiert.	6,3	9,0	25,0	34,3	25,3
kritisch gegenüber der Kirche ist.	9,4	14,6	40,0	24,8	11,2
die SuS von ihrem Glauben überzeugen will.	46,6	26,3	19,8	4,8	2,7

Legende: n = 307; 1 = gar nicht gut; 2 = eher nicht gut; 3 = teils/teils; 4 = eher gut; 5 = sehr gut

Die restlichen beiden Items des Instruments werden skeptischer von den Eltern beurteilt (vgl. Tab. 51). Dass die Lehrperson kritisch gegenüber der Kirche ist, erachtet ein Drittel der Befragten für gut (36 %), allerdings 24 % für eher schlecht bis ganz schlecht. Die große Mehrheit der Befragten ist sich nicht sicher, ob sie eine gegenüber der Kirche kritische Haltung der Lehrperson für gut oder schlecht befinden soll (40 %). Gar nicht geht es in den Augen der Eltern, wenn eine Lehrperson die Schüler*innen von ihrem Glauben überzeugen will. Das lehnen 47 % grundsätzlich ab und weitere 26 % erachten dies als eher schlecht. Als „sehr gut" oder „eher gut" beurteilen dieses Item nur 8 % der Eltern.

Alter und Geschlecht bedingen die Einschätzung der Positionalität von Lehrpersonen durch die Eltern nicht, die Konfessionszugehörigkeit sehr wohl. Erwartungsgemäß stimmen evangelische und katholische Eltern stärker zu, wenn es darum geht, dass eine Lehrkraft sagt, dass sie an Gott glaubt ($F(2, 689) = 28{,}13$; $p < {,}001$; $\eta^2 = {,}08$), von eigenen Erfahrungen mit Gott erzählt ($F(2, 689) = 22{,}21$; $p < {,}001$; $\eta^2 = {,}06$), die Gemeinsamkeiten zwischen den Konfessionen erarbeitet ($F(2, 689) = 4{,}90$; $p = {,}008$; $\eta^2 = {,}01$) und das Beten, Meditieren und Segnen ausprobiert ($F(2, 689) = 16{,}39$; $p < {,}001$; $\eta^2 = {,}05$). Zum Teil handelt es sich hierbei um mittelstarke Effekte. Umgekehrt können konfessionsfreie Eltern der Kritik der Lehrperson an der Kirche etwas mehr abgewinnen ($F(2, 689) = 5{,}61$; $p = {,}004$; $\eta^2 = {,}02$). Interessant ist wiederum die Haltung gegenüber dem Versuch der Lehrperson, die Schüler*innen vom Glauben zu überzeugen; denn hier sind die evangelischen Eltern signifikant skeptischer als die konfessionsfreien ($F(2, 689) = 5{,}40$; $p = {,}005$; $\eta^2 = {,}02$), wogegen sich die katholischen Eltern von den beiden anderen Gruppen nicht signifikant unterscheiden.

Unterschiede zwischen Untersuchungs- und Vergleichsgruppe mit hinreichender Effektstärke ergeben sich keine.

Bildungsziele des Religionsunterrichts

Der letzte Aspekt der allgemeinen Einstellung der Eltern dem Religionsunterricht gegenüber bezieht sich auf die Ziele, die dieses Fach in den Augen der Eltern erreichen soll. Wiederum wurde das Instrument verwendet, das bereits bei den Lehrpersonen zum Einsatz gekommen ist.

Tabelle 52:
Präferenz von Bildungszielen für den Religionsunterricht (Untersuchungsgruppe)

	1	*2*	*3*	*4*	*5*
	%	%	%	%	%
allgemeine Werte vermitteln	0,0	0,4	6,2	20,4	73,0
Geschlechtergerechtigkeit anbahnen	1,4	2,7	9,7	24,0	62,2
interreligiöse Dialogfähigkeit fördern	0,8	1,4	11,1	27,4	59,3
Informationen zum Christenum vermitteln	0,8	2,2	15,6	36,5	44,9
Urteilsfähigkeit gegenüber der Kirche fördern	0,8	2,1	15,1	37,4	44,6
Orientierung zur Identitätsbildung anbieten)	0,8	4,3	16,6	35,7	42,5
religiöses Fachwissen vermitteln	0,9	3,0	14,1	40,4	41,5
Lebens- als Glaubensfragen erschließen	2,0	8,8	26,0	32,7	30,5
Zugänge zur Bibel schaffen	2,4	6,4	31,7	35,7	23,8
Formen gelebter Religion einüben	6,5	18,8	33,0	24,9	16,8
in der Kirche beheimaten	4,2	9,9	38,1	31,7	16,1

Legende: n = 306; 1 = gar nicht angemessen; 2 = eher nicht angemessen; 3 = teils/teils; 4 = eher angemessen; 5 = sehr angemessen

Wie bei solchen Instrumenten üblich, finden die meisten der angebotenen Ziele die Zustimmung einer Mehrheit der Eltern (vgl. Tab. 52). Nur zwei Zielvorschläge werden von weniger als der Hälfte der Befragten für sehr angemessen oder eher angemessen erachtet. Es handelt sich dabei um die Ziele, dass der Religionsunterricht die Schüler*innen befähigen soll, in der Kirche eine Heimat zu finden (48 %), und dass in diesem Fach Formen gelebter Religion eingeübt werden sollen (42 %). Damit finden sich die beiden Items mit dem größten positiven Bezug zu den beiden Kirchen am Ende der Rangliste.

Alle anderen Ziele werden von mindestens 60 % der Befragten als sehr angemessen oder eher angemessen für den Religionsunterricht erachtet (vgl. Tab.

52). Praktisch alle Befragten befürworten es, wenn der Religionsunterricht allgemeine Werte vermittelt (93 %). Auch das Gespräch mit Menschen anderer Religionen (87 %) sowie die Anbahnung von Geschlechtergerechtigkeit (86 %) werden nahezu durchweg als Ziel dieses Fachs akzeptiert. Es folgen drei Ziele, die durchschnittlich von vier von fünf Befragten als sehr angemessen oder eher angemessen für den Religionsunterricht eingestuft werden, nämlich, dass er religiöses Fachwissen vermittelt (82 %), wichtige Informationen über das Christentum vermittelt (81 %) und die Urteilsfähigkeit gegenüber der eigenen Kirche fördert (82 %). Es fällt bei diesen Items allerdings auf, dass in allen drei Fällen die Anteile von „sehr angemessen“ und von „eher angemessen“ nahe beieinanderliegen. Das war bei den Zielformulierungen auf den ersten drei Plätzen anders, denn dort überwog der Anteil von „sehr angemessen“ den Anteil von „eher angemessen“ jeweils deutlich.

Schließlich finden sich noch drei Bildungsziele für den Religionsunterricht, deren Anteil an Eltern, die sie für angemessen erachten, zwischen 75 % und 60 % liegt (vgl. Tab. 52). Es handelt sich dabei um das Angebot einer Orientierung zur Identitätsbildung, das Erschließen von Lebens- als Glaubensfragen und die Ermöglichung eines Zugangs zur Bibel.

Das Alter spielt für die Zustimmung zu den einzelnen Bildungszielen keine nennenswerte Rolle. Beim Geschlecht ergeben sich fünf Unterschiede mit kleiner Effektstärke, wobei in allen Fällen die antwortenden Mütter im Durchschnitt stärker zustimmen als die antwortenden Väter. Dabei handelt es sich um die Vermittlung von Fachwissen ($t(726) = 2{,}14$; $p = {,}033$, $d = {,}20$) und allgemeinen Werten ($t(726) = 3{,}92$; $p < {,}001$, $d = {,}37$), die Förderung interreligiöser Dialogfähigkeit ($t(726) = 3{,}16$; $p = {,}002$, $d = {,}30$), das Erschließen von Glaubens- als Lebensfragen ($t(726) = 2{,}12$; $p = {,}034$, $d = {,}20$) und Identitätsbildung ($t(726) = 3{,}12$; $p = {,}002$, $d = {,}29$). Hinsichtlich der Konfessionszugehörigkeit ergeben sich die erwartbaren Differenzen zwischen konfessionsfreien Eltern, die bis auf wenige Ausnahmen den vorgeschlagenen Bildungszielen weniger stark zustimmen als konfessionell gebundene Eltern. Dabei ergeben sich z. T. mittelstarke Effekte. Kein signifikanter Unterschied ergibt sich hinsichtlich der Urteilsfähigkeit gegenüber der Kirche, der Begleitung in der Identitätsbildung, der Befähigung zu interreligiösem Dialog und in der Förderung von Geschlechtergerechtigkeit. In allen vier Zielen stimmen sämtliche Elternteile unabhängig von ihrer konfessionellen Verortung überein. Zusätzlich gibt es ein Ziel, wo sich konfessionsfreie und evangelische Eltern unterscheiden, die katholischen Eltern jedoch zwischen diesen beiden Mittelwerten liegen, ohne dass sich signifikante Unterschiede ergeben; dabei handelt es sich um die Bedeutung einer allgemeinen Wertevermittlung ($F(2, 689) = 3{,}99$; $p = {,}019$; $\eta^2 = {,}01$).

Bedeutsame Unterschiede zwischen Untersuchungs- und Vergleichsgruppe ergeben sich nicht.

3.3.4. Strukturelle Zusammenhänge

Wiederum werden die strukturellen Zusammenhänge in den Antworten der Eltern durch eine zweifache Faktoranalyse rekonstruiert (s. o.). Dabei wird in der ersten Runde zwischen den Antworten zur Organisation und zur Durchführung des kokoRU unterschieden. Außerdem werden die personalen Ressourcen der Eltern analysiert, sowie deren Einstellung zum Religionsunterricht als mögliche Bedingungsfaktoren.

Organisation des kokoRU

Zur Evaluation des kokoRU durch die Eltern wurde i) nach der Zufriedenheit mit den Informationen über den kokoRU und seiner Einführung gefragt, ii) seiner Beliebtheit beim Kind und iii) nach der allgemeinen Zufriedenheit mit ihm. Ferner konnten die Eltern iv) in einer offenen Frage Verbesserungsvorschläge anbringen und sich v) in einer geschlossenen Frage zur Zukunft des kokoRU äußern.

Tabelle 53:
Faktoranalyse zur Zukunft des kokoRU

	1	2
Erweiterung um säkulare Perspektiven	0,885	
Erweiterung um islamische Perspektiven	0,870	0,142
kokoRU weiterführen wie bisher		0,910
kokoRU auf herkömmlichen RU zurückführen	−0,437	−0,616
Eigenwert	1,94	1,04
Erklärte Varianz: 74,55 %		

Legende: Hauptkomponentenanalyse; Varimax-Rotation mit Kaiser-Normalisierung. Die Analyse ist in 3 Iterationen konvergiert. *KMO* = ,598.

i) lässt sich als kategoriale Variable nicht sinnvoll standardisieren, iv) als offene Frage ebenfalls nicht. Beide Variablen können somit nicht für die Rekonstruktion struktureller Zusammenhänge nutzbar gemacht werden. Die Beliebtheit des kokoRU beim Kind ii) und die allgemeine Zufriedenheit iii) wurden durch Einzelitems gemessen, die z-standardisiert genutzt werden können.

Zur Zukunft des kokoRU wurden vier Szenarien vorgeschlagen, die sich in zwei Faktoren gliedern. Die Passung dieser Analyse ist noch hinreichend (*KMO* = ,598). Auf den ersten Faktor laden die beiden Items, die eine „Erweiterung des kokoRU um säkulare und islamische Perspektiven" beinhalten (vgl. Tab. 53). Entsprechend wird dieser Faktor benannt. Auf den zweiten Faktor laden sowohl die

Vorstellung, den kokoRU so zu belassen, wie er ist, als auch die Idee, den kokoRU wieder auf den herkömmlichen konfessionellen Religionsunterricht zurückzuführen. Weil das erste Item positiv und das zweite Item negativ auf diesen Faktor laden, wird er „Beibehaltung des gegebenen kokoRU“ genannt.

Unterrichtsgeschehen des kokoRU

Zur Durchführung des kokoRU wurden die Eltern gefragt, i) ob sie wissen, dass ihr Kind den kokoRU besucht, ii) ob sie die Unterschiede zum herkömmlichen Religionsunterricht kennen und iii) wie sie spezifische Lernchancen dieser Unterrichtsform einschätzen. Außerdem wurden die Eltern gefragt, iv) ob ihr Kind vom kokoRU erzählt.

Die Unterschiede zwischen kokoRU und herkömmlichem Religionsunterricht ii) wurden durch eine ja/nein-Frage mit anschließender offener Frage erhoben, sodass dieser Aspekt nicht in die Rekonstruktion struktureller Zusammenhänge eingehen kann. Das Bewusstsein vom kokoRU i) und die Tatsache, ob das Kind zu Hause vom kokoRU erzählt iv), können als z-standardisiertes Item hierzu herangezogen werden.

Zu den spezifischen Lernchancen wurden den Eltern sieben Aussagen vorgelegt. Sie bilden zusammen einen Faktor, der die Struktur der Daten gut abbildet (*KMO* = ,845). Dieser Faktor wird „kokoRU-spezifische Lernschancen“ genannt.

Einstellungen zum Religionsunterricht

Die allgemeinen Einstellungen dem Religionsunterricht gegenüber wurden anhand i) der bevorzugten Organisationsform des Religionsunterrichts, ii) der Einschätzung der Positionalität von Religionslehrpersonen im Religionsunterricht und iii) der Beurteilung möglicher Bildungsziele für denselben erhoben.

Die Items zur präferierten Organisationsform i) können aus theoretischen Gründen wiederum keiner Faktorenanalyse unterzogen werden. Sie werden z-standardisiert in die Rekonstruktion struktureller Zusammenhänge eingespeist.

Die Einschätzung der Positionalität von Lehrpersonen ii) wurde anhand von sechs Aussagen erfasst. Das Item, dass die Lehrer*in kritisch gegenüber der Kirche ist, weist keine hinreichend hohe Korrelation zu einem weiteren Item auf. Die restlichen fünf Items bilden zwei Faktoren, welche die Daten hinreichend abbilden (*KMO* = ,651). Die innere Struktur der beiden Faktoren ist bereits aus den Befragungen der Schüler*innen und der Lehrer*innen bekannt (vgl. Tab. 54). Auf den ersten Faktor laden die drei Items, die eine Positionalität thematisieren, die das eigene Bekenntnis als solches zum Ausdruck bringt. Wie auch bei den anderen beiden Gruppen, die befragt wurden, sehen auch die Eltern einen Zusammenhang zwischen dem Erzählen vom eigenen Glauben und dem Willen, die Schüler*innen vom eigenen Glauben zu überzeugen. Allerdings lädt das Überzeugungs-Item nicht so stark auf diesen Faktor, wie die beiden anderen Items. Der Faktor wird, wie bereits in den anderen beiden Stichproben, „bekenntnisorientierte Positionalität" genannt. Den zweiten Faktor bilden die beiden Items, gemäß denen man im Unterricht die Gemeinsamkeiten und Unterschiede zwischen den beiden Konfessionen herausarbeitet. Es ist wiederum die Arbeit am Gegenstand Konfessionalität, die diesen Faktor auszeichnet. Er steht damit für eine „gegenstandsorientierte Positionalität".

Tabelle 54:
Faktoranalyse zur Positionalität von Lehrpersonen

	1	2
von eigenen Erfahrungen mit Gott erzählt	0,859	0,189
sagt, dass sie an Gott glaubt	0,824	0,186
die Schüler*innen von ihrem Glauben überzeugen will	0,668	
die Unterschiede deutlich macht		0,882
die Gemeinsamkeiten deutlich macht	0,213	0,841
Eigenwert	1,94	1,04
Erklärte Varianz: 74,55 %		

Legende: Hauptkomponentenanalyse; Varimax-Rotation mit Kaiser-Normalisierung. Die Analyse ist in 4 Iterationen konvergiert. *KMO* = ,651.

Zur Beurteilung möglicher Bildungsziele für den Religionsunterricht standen den Eltern elf Items zur Verfügung. Sie gliedern sich in zwei Faktoren, die die Struktur der Daten sehr gut abbilden (*KMO* = ,857). Der erste Faktor beinhaltet sechs Aussagen, die sich sämtlich auf religiöses Lernen beziehen (vgl. Tab. 55). Es handelt sich hierbei um spezifisch konfessionsbezogene Items (wie etwa in der Kirche zu beheimaten), aber auch um allgemeine Items religiösen Lernens (wie etwa theologisches Fachwissen zu vermitteln). In der Summe steht dieser Faktor somit für „Ziele religiösen Lernens". Die fünf Items, die den zweiten Faktor bilden, beziehen sich zum einen auf die Bearbeitung religiöser Vielfalt und eine kritische Auseinandersetzung mit der Kirche, zum anderen auf allgemeine pädagogische Zielsetzungen. Der gemeinsame Nenner aller fünf Aussagen ist, dass sie die Schüler*innen befähigen, ihre Lebenswelt zu bewältigen. Der Faktor wird deshalb „Ziele lebensweltlichen Lernens" genannt.

Tabelle 55:
Faktoranalyse zur Einschätzung potentieller Bildungsziele

	1	2
Zugänge zur Bibel schaffen	0,829	0,120
Formen gelebter Religion wie z. B. Beten einüben	0,828	
in der Kirche eine Heimat finden	0,753	
christliche Grundbildung vermitteln	0,657	0,352
Lebens- als Glaubensfragen erschließen	0,580	0,362
religiöses Fachwissen vermitteln	0,499	0,356
interreligiöse Dialogfähigkeit fördern		0,767
Urteilsfähigkeit gegenüber der Kirche fördern	0,169	0,712
allgemeine Werte vermitteln	0,106	0,705
Orientierung zur Identitätsbildung anbieten	0,243	0,641
Geschlechtergerechtigkeit anbahnen	0,184	0,509
Eigenwert	4,18	1,58
Erklärte Varianz: 52,34 %		

Legende: Hauptkomponentenanalyse; Varimax-Rotation mit Kaiser-Normalisierung. Die Analyse ist in 4 Iterationen konvergiert. *KMO* = ,857.

Personale Ressourcen

Insofern die Eltern eine bislang quantitativ kaum untersuchte Größe im Zusammenhang mit dem kokoRU ist und es sich hierbei, was die personalen Ressourcen angeht, vermutlich um eine heterogene Gruppe handelt, werden diese Ressourcen in der Berechnung übergreifender Strukturen eigens berücksichtigt. Unter den personalen Ressourcen der Eltern wurde deren i) Zentralität von Religion und deren ii) Wertorientierung erhoben. Außerdem wurde noch erfasst, iii) welche Ziele sie in ihrer religiösen Erziehung verfolgen, falls sie ihre Kinder religiös erziehen. Die Auswertung auf Itemebene findet sich in der Beschreibung der Elternstichprobe, hier werden die entsprechenden Faktoranalysen berichtet.

Von den zwölf Items, anhand derer die Wertorientierung der Eltern ermittelt wurde ii), verfehlen zwei eine hinreichende Korrelation mit einem anderen Item, nämlich die Wertoptionen, auf eigene Wünsche zu verzichten und in Harmonie mit der Natur zu leben. Die restlichen zehn Items ergeben drei Faktoren mit zufriedenstellender Passung zu den Daten (*KMO* = ,711). Die ersten drei Items stehen für eine altruistische Orientierung (vgl. Tab. 56). Hinzu kommt das Item, offen für Neues zu sein. Da dieses jedoch am schwächsten auf den ersten Faktor lädt, wird er „altruistische Wertorientierung“ genannt. Der zweite Faktor wird durch ein hedonistisches Item und zwei egozentrische Items gebildet. Zusammen prägen sie die Grundstruktur dieses Faktors, weil sie in etwa gleich stark laden. Er wird deshalb „egozentrischer Hedonismus“ genannt. Die restlichen drei Items stehen für eine „traditionelle Wertorientierung“. Dazu gehört der Respekt von Recht und Ordnung ebenso wie ein Leben in Sicherheit und der Stolz auf Deutschland.

Tabelle 56:
Faktoranalyse zur Wertorientierung

	1	2	3
Anderen helfen	0,786		0,101
sich für Schwache einsetzen	0,769		0,138
andere Meinungen achten	0,633	−0,195	0,159
Neues ausprobieren	0,573	0,493	−0,248
das Leben in vollen Zügen genießen	0,208	0,729	
mächtig und einflussreich werden	−0,183	0,728	
die eigene Meinung durchsetzen		0,680	0,248
Recht und Ordnung respektieren	0,162		0,809
in Sicherheit leben	0,296	0,122	0,578
stolz auf Deutschland sein	−0,197	0,421	0,570
Eigenwert	2,59	1,90	1,18
Erklärte Varianz: 56,73 %			

Legende: Hauptkomponentenanalyse; Varimax-Rotation mit Kaiser-Normalisierung. Die Analyse ist in 5 Iterationen konvergiert. *KMO* = ,711.

Erwartungsgemäß laden die fünf Items zur Zentralität von Religion auf einen Faktor, der die Struktur der Daten sehr gut abbildet (*KMO* = ,864).

Die Ziele der religiösen Erziehung der Eltern wurden durch sieben Items erhoben. Sie bilden zwei Faktoren mit hinreichendem Data-Fit (*KMO* = ,649). Die ersten vier Items, die den ersten Faktor bilden, verweisen sämtlich auf die Konfession, der das zu erziehende Kind angehört (vgl. Tab. 57). Es geht um die Unterstützung durch die eigene Gemeinde bzw. Kirche, um die Werte dieser Gemeinschaft und das Wissen über diesen Glauben und den Halt, den man in der Beziehung zu Gott erfahren kann. Alle diese Ziele stehen für eine „auf den eigenen Glauben bezogene Erziehung“. Den zweiten Faktor bilden zwei Ziele, die über den Tellerrand des eigenen Glaubens hinausblicken. Es geht in ihnen um die anderen Religionen und die andere Konfession. Interessanterweise lädt auch das Item, dass sich das Kind selbst für seinen Glauben entscheiden soll, auf diesen Faktor. So sehr klar ist, dass eine solche Entscheidung auch davon abhängt, ob man sich mit anderen Konfessionen und Religionen auseinandersetzt, so fällt doch auf, dass eine derartige Autonomie nicht Gegenstand des ersten Faktors ist.

Der zweite Faktor wird deshalb „auf andere Religionen bezogene Erziehung" genannt.

Tabelle 57:
Faktoranalyse zu Zielen religiöser Erziehung

	1	2
Unterstützung durch die Gemeinde vor Ort	0,803	−0,147
dass mein Kind die Werte der eigenen Konfession kennt	0,736	−0,174
dass mein Kind etwas über den eigenen Glauben weiß	0,690	0,420
dass mein Kind über die Beziehung zu Gott Halt im Leben hat	0,630	0,119
dass mein Kind etwas über andere Religionen weiß		0,750
dass mein Kind etwas über die andere Konfession weiß	0,205	0,703
dass mein Kind selbst entscheidet, an was es glauben kann und will	−0,161	0,667
Eigenwert	2,17	1,70
Erklärte Varianz: 55,33 %		

Legende: Hauptkomponentenanalyse; Varimax-Rotation mit Kaiser-Normalisierung. Die Analyse ist in 3 Iterationen konvergiert. *KMO* = ,649.

Übergreifende Strukturen in der Wahrnehmung des kokoRU

Die übergreifenden strukturellen Zusammenhänge wurden wiederum faktoranalytisch untersucht (s. o.). Eine vorausgehende Korrelationsanalyse ergibt, dass vier der sechs Organisationsformen des Religionsunterrichts keine hinreichenden Zusammenhänge mit anderen Variablen aufweisen (konfessioneller und interreligiöser Religionsunterricht, Religionskunde und ersatzlose Abschaffung jeglichen Religionsunterrichts), sowie eine traditionale Wertorientierung und eine gegenstandsorientierte Positionalität. Die restlichen Variablen ergeben fünf Faktoren, die die Struktur der Daten noch zufriedenstellend abbilden (*KMO* = ,709).

Der erste Faktor versammelt vier Items, deren gemeinsamer Nenner die Binnenperspektive auf religiöses Lernen ist (vgl. Tab. 58). Es geht sowohl um die am eigenen Bekenntnis orientierten Bildungsziele für den Religionsunterricht wie eine religiöse Erziehung im Elternhaus, die in den eigenen Glauben hineinsozialisiert, und eine Positionalität, die das eigene Bekenntnis deutlich zu erkennen gibt. Dass eine ausgeprägte Religiosität ebenfalls Teil dieses Faktors ist, ist theoretisch schlüssig. Wegen der hohen Ladungen der ersten beiden Items, die den Schwerpunkt des Faktors definieren, wird der Faktor „religiöses Lernen in der Binnenperspektive" genannt.

Tabelle 58:
Faktoranalyse zweiter Ordnung zu übergreifenden Strukturen

	1	2	3	4	5
Ziele religiösen Lernens	,817				
auf eig. Glauben bezog. Erziehung	,757		–,149	–,102	
Zentralität von Religion	,689		–,295	–,216	,123
bekenntnisorientierte Positionalität	,630		,164		
Ziele lebensweltlichen Lernens		,784	,120	–,115	–,122
auf and. Religionen bezog. Erziehung		,700			,174
kokoRU-spezifische Lernschancen	,187	,592	,322		
Erweiterung des kokoRU um säkulare und islamische Perspektiven	–,436	,573		,137	
altruistische Wertorientierung	,107	,566		,114	,301
Beibehaltung des gegebenen kokoRU			,773	–,104	
Zufriedenheit mit dem kokoRU*		–,170	–,733		–,325
Beliebtheit kokoRU beim Kind		–,111	,581		,461
egozentrischer Hedonismus	,179			,750	–,121
Präferenz kokoRU	–,294		–,333	,679	,112
Präferenz Ethikunterricht	,325	–,175		–,589	
Kind berichtet vom kokoRU			,134	–,109	,726
Bewusstsein vom kokoRU		,146			,679
Eigenwert	2,88	2,59	1,76	1,34	1,15
Erklärte Varianz: 57,18 %					

Legende: Hauptkomponentenanalyse; Varimax-Rotation mit Kaiser-Normalisierung. Die Analyse ist in 3 Iterationen konvergiert. *KMO* = ,709. *: Dieses Item ist umgekehrt kodiert.

Auf den zweiten Faktor laden fünf Items, von denen vier die Bewältigung von Vielfalt thematisieren (vgl. Tab. 58). Es dominiert die lebensweltliche Zielperspektive religiösen Lernens, die nicht nur eine interreligiöse Dialogfähigkeit beinhaltet, sondern auch Geschlechtergerechtigkeit und Persönlichkeitsentwicklung. Dazu passt eine an den anderen Religionen orientierte religiöse Erziehung im Elternhaus mit dem Ziel, das Kind selbst über seinen Glauben entscheiden zu lassen, ebenso wie der Wunsch, den kokoRU um säkulare und islamische Perspektiven zu erweitern. Mit Blick auf den kokoRU besonders interessant ist, dass die Eltern die spezifischen Lernchancen, die dieses didaktische Setting eröffnet, als passend zu dieser Zieldimension religiösen Lernens erachten. Dass diese Perspektive einhergeht mit einer altruistischen Wertorientierung, die auch offen ist für Neues, kann in diesem Zusammenhang nicht überraschen. Der Faktor wird deshalb „religiöses Lernen als Orientierung angesichts (religiöser) Vielfalt“ überschrieben.

Der dritte Faktor besteht aus drei Items, die den kokoRU weiterführen wollen, weil er sowohl bei den Eltern als auch beim Kind beliebt ist (vgl. Tab. 58). Dass das zweite Item negativ auf den Faktor lädt, passt in diese Logik, weil es im Sinn der anderen beiden Items gegenläufig erhoben wurde. Der Faktor wird überschrieben mit „Beibehaltung des kokoRU aufgrund seiner Attraktivität“.

Der vierte Faktor wird durch einen egozentrischen Hedonismus dominiert, der mit Abstand die größte Ladung aufweist (vgl. Tab. 58). Für den kokoRU interessant ist, dass Menschen mit dieser Wertorientierung diese Organisationsform des Religionsunterrichts tendenziell präferieren und Ethik als Ersatzfach ablehnen. Als Titel dieses Faktors wird deshalb „kokoRU-freundlicher Hedonismus“ vorgeschlagen.

Auf den letzten Faktor laden zwei Items, die sich auf das Bewusstsein vom kokoRU beziehen (vgl. Tab. 58). Zum einen ist es die Variable, die dieses Bewusstsein bei den Eltern direkt erfragt, zum anderen die Variable, die angibt, inwiefern das Kind daheim vom kokoRU erzählt. Dass beides zusammenhängt, kann auf der einen Seite erwartet werden, verweist aber auch darauf, dass die Kinder eine wichtige Informationsquelle über das Schulleben, hier den Religionsunterricht darstellen. Der Faktor wird „kokoRU als Thema“ genannt.

Tabelle 59:
Deskriptive Statistik der elementaren Perspektiven auf den kokoRU (Eltern)

	Min	*Max*	*Mdn*	*Skew*	*Kurt.*
Religiöses Lernen in der Binnenperspektive	−2,47	2,26	−0,02	−0,131	−0,445
religiöses Lernen als Orientierung angesichts (religiöser) Vielfalt	−3,32	1,98	0,13	−0,537	0,171
Beibehaltung des kokoRU aufgrund seiner Attraktivität	−3,18	2,18	0,11	−0,832	0,833
kokoRU-freundlicher Hedonismus	−2,70	3,88	−0,03	0,299	0,069
kokoRU als Thema	−3,06	2,45	0,02	−0,412	0,043

Legende: n = 146; Min = Minimum; Max = Maximum; Mdn = Median; Kurt. = Kurtosis

Die Werte keines der fünf Faktoren sind normalverteilt (Shapiro-Wilk-Test). In diesem Sinn ist es bemerkenswert, dass der Median sowohl eines religiösen Lernens als Orientierung angesichts (religiöser) Vielfalt (*Mdn* = ,13) und der Beibehaltung des kokoRU aufgrund seiner Attraktivität (*Mdn* = ,11) deutlich im positiven Wertebereich liegen (vgl. Tab. 59). Beide Werte liegen für eine standardisierte Variable deutlich jenseits des Mittelwerts $m = 0{,}00$. In beiden Fällen zeigt sich entsprechend eine deutlich linksschiefe Verteilung der Werte.

Eine vergleichbar linksschiefe Verteilung zeigt noch der Faktor, dass der kokoRU ein Thema im Elternhaus ist (vgl. Tab. 59). Hier liegtder Median in der Nähe des Nullpunktes. Das bedeutet, dass der kokoRU nur in sehr wenigen Elternhäusern intensiv diskutiert wird, umgekehrt aber auch in nur sehr wenigen Elternhäusern überhaupt kein Thema ist.

Das Alter bedingt lediglich die Einschätzung eines religiösen Lernens als Orientierung angesichts (religiöser) Vielfalt, denn mit zunehmendem Alter steigt auch die Wertschätzung dieser Zielperspektive für den Religionsunterricht ($r = ,23$; $p < ,001$). Alle anderen Faktoren zweiter Ordnung sind unabhängig vom Alter.

Auch das Geschlecht des antwortenden Elternteils wirkt sich lediglich auf diese Zielperspektive aus, denn Mütter befürworten ein religiöses Lernen, das den Schüler*innen hilft, Vielfalt zu bearbeiten, deutlich stärker als Väter ($t(327) = 2,41$; $p = ,017$, $d = ,40$).

Die Konfessionszugehörigkeit hat keinen Einfluss auf die Ausprägung der fünf grundlegenden Perspektiven auf die Evaluation des kokoRU.

3.4. *Befunde aus der Befragung der Schulleitungen*

Der Fragebogen für die Schulleitung hatte zwei inhaltliche Schwerpunkte, nämlich die Erfassung der Einführung und Organisation des kokoRU (3.4.1.) und die Eckpunkte der grundsätzlichen Haltung der Schulleitung dem Religionsunterricht gegenüber (3.4.2.). Beschlossen wird dieser Berichtsteil mit den Befunden zum schulischen Umfeld des kokoRU (3.4.3.) und der Rekonstruktion übergreifender Strukturen (3.4.4.).

3.4.1. Einführung und Organisation des kokoRU

Zum kokoRU wurden die Gründe für dessen Einführung erfragt, die Beurteilung des Prozesses seiner Einführung, der Umgang mit der Vorgabe, dass die Schüler*innen im Lauf des Unterrichts sowohl von einer evangelischen wie auch von einer katholischen Lehrperson unterrichtet werden sollen, und die Zusammensetzung der Lerngruppen.

Gründe für die Einführung

Um die Einführungsmotive zu erfassen, wurden den Schulleitungen zehn mögliche Gründe vorgelegt, die von organisatorischen Aspekten (z. B. wenige Schüler*innen einer Konfession) bis hin zu pädagogischen (z. B. Klassengemeinschaft erhalten) reichten. Bei jedem Motiv konnten die Schulleitungen auf einer fünf-Punkt Likert-Skala entscheiden, wie sehr das jeweilige Motiv auf die Situation vor Ort zutrifft.

Tabelle 60:
Einführungsmotive für den kokoRU

	1	*2*	*3*	*4*	*5*
	%	%	%	%	%
ökumenische Einstellung der Fachschaft(en) Religion	2,6	3,9	7,9	26,8	58,8
Gewinn durch gemeinsames Lernen	3,1	1,8	5,7	31,1	58,3
Wunsch der Fachschaft(en) Religion	3,9	4,8	11,4	27,2	52,6
Klassengemeinschaft erhalten	12,7	11,0	10,1	20,2	46,1
Anzahl Schüler*innen einer Konfession	15,4	15,8	14,5	24,1	30,3
einfachere Organisation für die Schule	11,0	12,7	18,9	28,5	28,9
Lehrermangel in einer Konfession	22,4	21,9	15,8	19,3	20,6
innovatives Modell	12,7	15,4	20,6	33,6	18,0
Möglichkeit, Religion wieder gemäß den Vorgaben zu erteilen	24,1	20,2	21,5	18,0	16,2
Bewerbung durch eine kirchliche oder staatliche Stelle	30,3	29,4	18,4	16,7	5,3
Wunsch der Eltern	37,3	25,0	24,6	19,1	3,1

Legende: n = 228; 1 = trifft gar nicht zu; 2 = trifft eher nicht zu; 3 = teils/teils; 4 = trifft eher zu; 5 = trifft sehr zu

Betrachtet man die Motive, warum an der Schule der kokoRU eingeführt wurde, erreichen vier Gründe Zustimmungswerte von deutlich über 60 % bis hin zu fast 90 % (vgl. Tab. 60). Vor allem scheinen pädagogische und kollegiale Motive ausschlaggebend für die Einführung von kokoRU gewesen zu sein. Unabhängig davon, ob man sich nur auf eine vorbehaltlose Zustimmung konzentriert oder zusätzlich die tendenzielle Zustimmung hinzuzieht, finden die beiden Gründe, die auf die Fachschaft Religion im Schulkollegium verweisen (ökumenische Einstellung und Wunsch der Fachschaft), und die beiden pädagogischen Gründe (gemeinsames Lernen und der Erhalt der Klassengemeinschaft) die größte Zustimmung.

Mit etwas Abstand in der Bedeutung folgen die beiden schulorganisatorischen Gründe, dass für einen Religionsunterricht in konfessionell homogenen Lerngruppen für eine der beiden Konfessionen nicht hinreichend viele Schüler*innen vorhanden sind, sowie dass der kokoRU die Organisation des Unterrichts erleichtert (vgl. Tab. 60). Beide Gründe wurden von mindestens der Hälfte der Schulleitungen als (zumindest tendenziell) wichtig für die Einführung des kokoRU angegeben. Der dritte schulorganisatorische Grund, dass der kokoRU es der Schule ermöglicht, Religion gemäß den Vorgaben zu erteilen, war dagegen für knapp ein Drittel der Schulleitungen (zumindest tendenziell) ausschlaggebend, spielte aber auch für über 40 % der Schulleitungen eher keine bis gar keine Rolle.

Am Ende der Rangliste finden sich zwei extrinsische Motive (vgl. Tab. 60): Informationsveranstaltungen über den kokoRU scheinen für die Einführung dieser Organisationsform keine Rolle gespielt zu haben, denn nur etwas mehr als 20 % der Schulleitungen erachten diesen Grund als (zumindest tendenziell) bedeutsam. Offensichtlich ist die Entscheidung für den kokoRU in der Regel schon gefallen, bevor man sich über Details informiert. Eine noch geringere Bedeutung für die Einführung hat der Wunsch der Eltern.

Die Schulform spielt nur bei zwei Motiven eine kleine Rolle. In weiterführenden Schulen wird der Elternwunsch etwas wichtiger bewertet als in Grundschulen ($t(224) = -2{,}76$; $p = {,}006$, $d = -{,}37$). In Grundschulen ist dafür die geringe Anzahl von Schüler*innen einer Konfession etwas wichtiger als in weiterführenden Schulen ($t(224) = 2{,}25$; $p = {,}026$, $d = {,}30$).

Beurteilung des Prozesses der Einführung des kokoRU

Weiterhin wurden die Schulleitungen gefragt, wie sie die verschiedenen Maßnahmen beurteilen, die die Einführung des kokoRU mit sich bringt. Dazu hatten sie zum einen die Gelegenheit, vorgegebenen Kategorien Notenwerte zuzuweisen, konnten aber zum anderen auch in offenen Fragen das festhalten, was sie zusätzlich zu den vorgegebenen Kategorien noch mitteilen wollten.

Insgesamt erweisen sich die Schulleitungen als zufrieden mit den verschiedenen Unterstützungsmaßnahmen im Rahmen der Einführung des kokoRU. Den besten Notenschnitt erhalten mit $m = 2{,}24$ ($SD = {,}78$) die Informationen zum Verfahren der Einführung und mit $m = 2{,}28$ ($SD = 1{,}00$) die Unterstützung durch die Kirchen. Es folgen knapp dahinter die Informationen zur Gestalt des kokoRU ($m = 2{,}33$; $SD = {,}77$), das Weiterbildungsangebot ($m = 2{,}37$; $SD = 1{,}02$) und der Genehmigungsprozess ($m = 2{,}38$; $SD = 1{,}04$). Immer noch im Schnitt befriedigend wird die Unterstützung der Einführung durch die staatliche Seite beurteilt ($m = 2{,}84$; $SD = 1{,}12$). Die Beurteilung der Einführung durch die staatliche Seite ist auch der einzige Aspekt im Einführungsprozess, der signifikant schlechter beurteilt wird als die anderen ($t(179) = 4{,}55$; $p < {,}001$, $d = {,}34$ hinsichtlich der Beurteilung des Genehmigungsverfahrens).

Unterschiede hinsichtlich der Schulform ergeben sich nur bei der Bewertung des Genehmigungsverfahrens, denn dieses wird von den Leitungen der Grundschulen etwas besser beurteilt als von den Leitungen der weiterführenden Schulen ($t(209) = -2{,}47$; $p = {,}014$, $d = -{,}34$).

Neben den vorgegebenen Kategorien nutzten 16 Schulleitungen zusätzlich die offenen Fragen für eine Rückmeldung. Gegenstand der hier geäußerten Kritik sind der Umfang und die Dauer des bürokratischen Verfahrens, insbesondere in Bezug auf die staatliche Seite. Im Detail wurde kritisiert, dass das Ausfüllen der Anträge für die Genehmigung des kokoRU viel Zeit in Anspruch nimmt, Informationen zu den Unterlagen fehlen und die Bearbeitung der Anträge in den Behörden sehr lange dauert. Ferner bemängeln die Befragten sowohl die Absprachen zwischen Kirche und Schule als auch zwischen Kirche und Staat sowie zwischen Staat und Schule. Von der Kirche wird insbesondere mehr Unterstützung im Bereich spiritueller und religiöser Angebote gefordert, vom Staat hingegen bessere und klarere Absprachen mit den Schulen über einen ausgewählten Ansprechpartner.

Fortbildungen werden von einigen Schulleitungen als besonders wichtig erachtet und daher in hohem Maße eingefordert. Hinsichtlich der Qualität solcher Fortbildungen wird eine stärkere Ausrichtung auf konkrete Umsetzungsformen dieser Kooperation sowie auf unterrichtliche Themen und Inhalte angemahnt. Darüber hinaus wird angeregt, Fortbildungen standortnah anzubieten, damit die Zeit der Lehrkräfte nicht unnötig lange beansprucht wird.

Schließlich betreffen einige Rückmeldungen den curricularen und didaktischen Rahmen des kokoRU. Einige Schulleitungen wünschen sich insbesondere von den beteiligten Kirchen, dass sie Lehrpläne, Schulbücher und weitere Materialien zur Verfügung stellen und im Sinne des kokoRU vereinheitlichen. An den Staat wird der Wunsch herangetragen, die Lehrpläne von evangelischer sowie katholischer Religionslehre zu vereinheitlichen oder die Schulen im Vorfeld über die Inhalte aufzuklären.

Im Freifeld, das die positiven Aspekte der Einführung des kokoRU erfasst, begrüßen viele Schulleitungen das Konzept des konfessionell-kooperativen Unterrichts und schlagen vor, den herkömmlichen Religionsunterricht durch diese Organisationsform zu ersetzen. Einige Schulleitungen äußern in diesem Zusammenhang, dass die Personaldecke vor Ort kaum ausreiche, um den kokoRU statutengemäß zu erteilen. So sei eine Aufstockung des Personals erforderlich, um den vorgeschriebenen Lehrer*innenwechsel vornehmen zu können. Wenige Schulleitungen schlagen in dieser Hinsicht vor, Lehrkräfte auch ohne Fortbildungen konfessionell-kooperativ unterrichten zu lassen.

Organisation des Lehrerwechsels

Ein zentrales Merkmal des kokoRU in NRW ist der Lehrerwechsel. Da es sich beim kokoRU um einen konfessionellen Religionsunterricht handelt, in dem nicht nur über Religion informiert, sondern Religion auch als bekenntnishafter Aspekt ins Unterrichtsgeschehen eingebracht wird, sollen die Schüler*innen im gemeinsamen Lernen die Möglichkeit haben, sowohl die evangelische Lesart des Christentums als auch die katholische aus authentischer Perspektive durch die jeweilige Lehrperson kennenzulernen.

Grundsätzlich sind zwei Formen denkbar, diesen Wechsel der Lehrperson zu organisieren. Zum einen mit dem Wechsel zum Schuljahreswechsel, sodass eine Lerngruppe, die im vergangenen Schuljahr z.B. durch eine katholische Lehrkraft unterrichtet wurde, im neuen Schuljahr durch eine evangelische Lehrkraft unterrichtet wird. Zum anderen während des Schuljahres, d. h. eine Lerngruppe wird innerhalb eines Schuljahres von zwei Lehrpersonen unterschiedlicher konfessioneller Herkunft abwechselnd unterrichtet.

Laut der Angaben der Schulleitungen finden sich beide Modelle in der Stichprobe. 111 Schulen wechseln die Lehrperson beim Übergang des Schuljahres (49 %) und 102 während des Schuljahres (45 %). Allerdings geben auch 15 Schulen (6 %) geben an, dass es bei ihnen keinen Lehrerwechsel gibt.

Ein Einfluss der Schulform auf die Art des Lehrerwechsels findet sich nicht.

Zusammensetzung der Lerngruppen

Durchschnittlich nehmen 11 Lerngruppen an den Schulen der befragten Schulleitungen am kokoRU teil. Da sich jedoch die Anzahl der Gruppen aufgrund der Schulgrößen deutlich zwischen Grundschulen und weiterführenden Schulen unterscheidet, werden im Folgenden beide Schulformen jeweils für sich untersucht.

Gut ein Drittel der Grundschulen bietet den kokoRU in maximal vier Lerngruppen an (36 %), weitere 41 % in maximal acht Lerngruppen. An 29 Grundschulen werden mehr Lerngruppen im kokoRU unterrichtet, wobei 7 % angeben, zwischen 13 und 16 Lerngruppen eingerichtet zu haben.

Bei den weiterführenden Schulen weisen 36 % der Befragten höchstens acht Lerngruppen des kokoRU aus und weitere 27 % zwischen 9 und 16 Gruppen. In 6 Schulen sind es aber auch mehr als 32 Lerngruppen.

Was die Zusammensetzung dieser Lerngruppen – jetzt wieder in Grundschulen und weiterführenden Schulen insgesamt – angeht, bestehen die meisten kokoRU-Unterrichtsgruppen aus Schüler*innen einer Klasse (60 %), gefolgt von den Lerngruppen, die Schüler*innen aus einem Jahrgang zusammenbringen (30 %; vgl. Tab. 61)). 9 % der Unterrichtsgruppen besteht nach den Angaben der Schulleitungen aus zwei Jahrgängen.

Die Verteilung von Lerngruppen aus einer Klasse und solchen aus einem Jahrgang ist leicht durch die Schulform bedingt, insofern es in Grundschulen etwas mehr Lerngruppen aus einer Klasse gibt und in weiterführenden Schulen Lerngruppen aus einem Jahrgang (Chi-Quadrat (1) = 5,69; p = ,017). Hierbei handelt es sich um einen leichten Effekt (Cramers V = ,17).

In den Grundschulen, die den kokoRU beantragt haben, wird er praktisch flächendeckend in allen Jahrgangsstufen erteilt. In diesen Schulen wird herkömmlicher Religionsunterricht nur in Ausnahmefällen angeboten. Bei den weiterführenden Schulen wird kokoRU vor allem in den Jahrgangsstufen 5 und 6 angeboten (91 %) und geht dann in den folgenden Jahrgangsstufen leicht zurück. Das könnte u. a. daran liegen, dass einige weiterführende Schulen den kokoRU in Jahrgansstufe 5/6 eingeführt haben und ihn Jahr für Jahr weiterführen. Allerdings erreicht der kokoRU auch in den Jahrgangsstufen 9 und 10 noch knapp zwei Drittel der Schüler*innen.

Tabelle 61:
Zusammensetzung der Lerngruppen

	n	%
aus einer Klasse	137	60,1
aus einem Jahrgang	69	30,3
aus zwei Jahrgängen	20	8,8
sonstiges	2	0,9
Gesamt	228	100,1

3.4.2. Einstellung gegenüber dem Religionsunterricht

Neben Aspekten zur Einführung und Organisation des kokoRU hat die Befragung der Schulleitungen erfasst, wie deren grundsätzliche Einstellung gegenüber dem Religionsunterricht ausfällt. Deshalb wurden die Schulleitungen auch um Einschätzungen gebeten hinsichtlich der Bedeutung von Religion an der Schule, möglicher Bildungsziele des Religionsunterrichts, möglicher Formen, innerhalb derer er erteilt werden kann, sowie des Sachverhalts, dass sich Religionslehrpersonen im Unterricht persönlich in Bezug auf ihren Glauben positionieren.

Allgemeine Bedeutung des Religionsunterrichts

Die allgemeine Bedeutung des Religionsunterrichts an der Schule vor Ort wurde in einem Item erhoben, das die vier Antwortoptionen „sehr niedrig", „eher niedrig", „eher groß" und „sehr groß" zur Verfügung stellte.

Über die Hälfte der Schulleitungen (56 %) gibt an, dass der Religionsunterricht an ihrer Schule im Kontext der weiteren Fächer eine „eher große" oder „sehr große" Bedeutung hat. Dabei sind es 18 Schulen, die ihm eine sehr große Bedeutung zuschreiben (8 %) und 102, die ihm eine eher große Bedeutung beimessen (48 %) Das bedeutet im Umkehrschluss aber auch, dass knapp die Hälfte der Schulen dem Religionsunterricht eine eher niedrige Bedeutung zuschreibt.

Die allgemeine Bedeutung des Religionsunterrichts ist unabhängig von der Schulform, der die Schulleitungen vorstehen.

Bildungsziele des Religionsunterrichts

Neben der generellen Einschätzung des Religionsunterrichts an der eigenen Schule wurden die Schulleitungen gebeten, mögliche Bildungsziele für den Religionsunterricht dahingehend einzuschätzen, für wie angemessen sie diese erachten. Das Antwortspektrum definierte eine fünf-Punkt Likert-Skala, die von „gar nicht angemessen“ bis „sehr angemessen“ reichte.

Bei den Antworten fällt auf, dass nur eines der angebotenen Ziele von weniger als 50 % der Schulleitungen als sehr angemessen oder eher angemessen erachtet wird (vgl. Tab. 62): dass der Religionsunterricht die Schüler*innen in der Kirche beheimatet. Im Bereich zwischen 50 % und 60 % Anerkennung bewegen sich drei mögliche Ziele, von denen zwei die Konfessionalität religiösen Lernens betreffen („konfessionelle Positionen stützen“ und „Formen gelebter Religion einüben“), während das dritte dezidiert kognitiv ausgerichtet ist („theologisches Fachwissen vermitteln“). Bedenkt man, dass derart gelagerte Frageformate dazu neigen, eher höhere Zustimmungswerte zu erzeugen, handelt es sich bei allen vier Bildungszielen um solche, die von den Schulleitungen im Durchschnitt toleriert werden, ohne dass man sie als notwendig für einen Religionsunterricht erachtet.

Eine allgemeine Wertvermittlung erachten dagegen nahezu alle Schulleitungen als wichtiges Ziel des Religionsunterrichts (vgl. Tab. 62). Das kann mit ganz leichten Abstrichen auch für die folgenden Formulierungen gelten, die das Bild eines Religionsunterrichts zeichnen, der die Schüler*innen dazu befähigen soll, eine eigene Persönlichkeit auf einer christlichen Grundlage und im Respekt gegenüber Andersgläubigen auszubilden. Für jeweils ca. 90 % der Schulleitungen soll der Religionsunterricht

- Orientierung zur Identitätsbildung anbieten,
- die Fähigkeit fördern, mit Menschen anderen Glaubens ins Gespräch zu kommen,
- helfen, die Perspektiven Andersgläubiger kennenzulernen,
- den christlichen Glauben mit alltäglichen Erfahrungen in Beziehung setzen und
- eine christliche Grundbildung vermitteln.

Zu diesem Bild passt, dass auch die beiden Ziele, die Lebensfragen als Glaubensfragen erschließen und die Urteilsfähigkeit der Schüler*innen gegenüber der Kirche fördern, von jeweils ca. 80 % der Schulleitungen als angemessen erachtet werden (vgl. Tab. 62). In der Gesamtsicht ergibt sich ein Bild, dass sich die befragten Schulleitungen einen Religionsunterricht wünschen, der die Schüler*innen in ihrer Persönlichkeitsentwicklung begleitet, wobei ein klarer Bezug zum

Christentum als angemessen erachtet wird, während kirchliche Bezüge relativ zurückhaltend gewünscht sind.

Tabelle 62:
Präferenz von Bildungszielen für den Religionsunterricht

	1	2	3	4	5
	%	%	%	%	%
allgem. Wertvorstellungen vermitteln	0,0	0,9	2,3	17,2	78,7
Orientierung zur Identitätsbildung	2,3	1,8	5,4	23,1	67,4
interreligiöse Dialogfähigkeit fördern	3,2	1,4	5,0	24,0	66,5
Perspektiven Andersgläubiger sehen	1,8	1,4	5,4	28,5	62,9
Glauben mit menschlichen Erfahrungen in Beziehung setzen	0,9	0,5	9,0	30,3	59,3
christliche Grundbildung vermitteln	1,4	1,4	10,0	29,9	57,5
Urteilsfähigkeit gegenüber der Kirche	1,8	4,5	13,6	37,1	43,0
Lebens- als Glaubensfragen erschließen	2,3	1,8	18,1	34,8	43,0
konfessionelle Positionen stützen	2,7	8,6	29,9	35,7	23,1
Ansätze zu theologischem Fachwissen	6,3	11,3	24,9	37,6	19,9
Formen gelebter Religion einüben	3,2	10,0	33,5	36,2	17,2
in der Kirche beheimaten	4,1	18,6	38,9	33,9	4,5

Legende: n = 221; 1 = gar nicht angemessen; 2 = eher nicht angemessen; 3 = teils/teils; 4 = eher angemessen; 5 = sehr angemessen

Die Einschätzung von sechs dieser Bildungsziele sind durch die Schulform bedingt. So schreiben Leitungen von Grundschulen der Beheimatung der Schüler*innen in ihrer Kirche eine etwas größere Bedeutung zu als Leitungen weiterführender Schulen ($t(217) = 3{,}26$; $p = {,}001$, $d = {,}45$). Sehr viel stärker ist in der Grundschule sogar die Bedeutung, Formen gelebter Religion im Unterricht einzuüben ($t(217) = 5{,}73$; $p < {,}001$), denn dieser Effekt ist fast stark ausgeprägt ($d = {,}78$). Umgekehrt schätzen Leitungen aus weiterführenden Schulen die Vermittlung von Fachwissen ($t(217) = -2{,}67$; $p = {,}008$, $d = -{,}36$) und einer christlichen Grundbildung ($t(217) = -2{,}19$; $p = {,}030$, $d = -{,}30$), sowie die Förderung von Urteilsfähigkeit ($t(217) = -3{,}28$; $p = {,}001$, $d = -{,}45$) und interreligiöser Dialogfähigkeit ($t(217) = -2{,}07$; $p = {,}039$, $d = -{,}28$) etwas wichtiger ein.

Präferierte Organisationsform des Religionsunterrichts

Eine weitere Frage bezog sich auf die Art und Weise, wie Religionsunterricht aus der Sicht der Schulleitung idealerweise angeboten werden könnte. Den Schulleitungen wurden die folgenden sechs Items angeboten: i) „Konfessioneller Religionsunterricht im herkömmlichen Format“, ii) „Konfessionell-kooperativer Religionsunterricht mit Lehrerwechsel“, iii) „Konfessionell-kooperativer Religionsunterricht mit Team-Teaching einer ev. und einer kath. Lehrkraft“, iv) „Religionsunterricht im Klassenverband“, v) „kein Religionsunterricht, stattdessen ein allgemein verbindlicher Ethik- bzw. Werteunterricht“ und vi) „kein Religionsunterricht und auch kein Ethikunterricht“. Wiederum geht es somit ausschließlich um die Organisationsform, nicht um ein damit verbundenes didaktisches Konzept. Zu jeder Organisationsform konnten die Leitungen auf einer fünf-Punkt Likert-Skala angeben, für wie wünschenswert sie diese erachten.

Bei den Antworten fällt als Erstes auf, dass sich nahezu alle Befragten irgendeine Form religiöser oder ethischer Bildung an der Schule wünschen, denn 90 % lehnen es stark ab, dass es keinen Religions- oder Ethikunterricht an der Schule geben solle, und weitere 5 % lehnen diese Vorstellung eher ab (vgl. Tab. 63). Allerdings findet auch der konfessionelle Religionsunterricht in seiner herkömmlichen Form nur bei 10 % der Schulleitungen eine (zumindest tendenzielle) Akzeptanz. Weitere 24 % sind sich bzgl. dieser Organisationsform unsicher, und 66 % halten sie für eher nicht wünschenswert oder überhaupt nicht wünschenswert. Schließlich findet auch der Vorschlag, statt eines Religionsunterrichts einen verbindlichen Ethikunterricht anzubieten, nur die Zustimmung von knapp 30 % der Schulleitungen, während über die Hälfte der Antworten dieser Alternative tendenziell ablehnend bis grundlegend ablehnend gegenübersteht.

Tabelle 63:
Präferenz der Organisationsform von Religionsunterricht

	1	*2*	*3*	*4*	*5*
	%	%	%	%	%
Religionsunterricht im Klassenverband	4,1	6,3	16,7	24,4	48,4
kokoRU mit Team-Teaching	7,7	12,2	12,7	24,9	42,5
kokoRU mit Lehrerwechsel	2,3	3,2	16,7	48,4	29,4
verbindlicher Ethik-/Werteunterricht	30,8	24,0	17,6	12,2	15,4
konfessioneller Religionsunterricht	20,4	45,7	24,0	6,3	3,6
kein Religions-/Ethikunterricht	89,6	5,4	4,1	0,0	0,9

Legende: n = 221; 1 = gar nicht wünschenswert; 2 = eher nicht wünschenswert; 3 = teils/ teils; 4 = eher wünschenswert; 5 = sehr wünschenswert

Damit bleibt die Frage, welche Form religiösen Lehrens und Lernens in der Schule für die Schulleitungen attraktiv ist. Die Antworten verweisen auf zwei unterschiedliche Zugänge zu diesem Unterricht (vgl. Tab. 63). Orientiert man sich an allen Stimmen, die für eine Akzeptanz stehen, wird dem Modell, das in den befragten Schulen durchgeführt wird – nämlich ein kokoRU mit Lehrerwechsel – die größte Akzeptanz entgegengebracht (knapp 80 %). Auch die vergleichbare Organisation des Religionsunterrichts als kokoRU im Team-Teaching findet die Zustimmung von fast 70 % der befragten Schulleitungen, wobei hier der Anteil derjenigen, die diese Organisationsform für sehr wünschenswert erachten, deutlich höher ist als beim regulären kokoRU mit Lehrerwechsel. Konfessionell-kooperatives Lernen erweist sich somit als zukunftsträchtig in den Augen von Personen, die in der Schule Leitungsverantwortung tragen.

Ähnlich attraktiv wie konfessionell-kooperatives Lernen erscheint der Religionsunterricht im Klassenverband, der mit knapp 50 % die größte absolute Zustimmung erfährt und in der Summe von über 70 % der Befragten als geeignet erachtet wird (vgl. Tab. 63). Da sich ein solcher Unterricht nicht nur an christliche Schüler*innen richtet, sondern auch nicht-christliche und nicht-religiöse Kinder und Jugendliche umfasst, müsste hier in didaktischer Hinsicht anders agiert werden als in der konfessionell-kooperativen Organisationsform.

Die Schulform wirkt sich lediglich auf die Einschätzung eines kokoRU im Team-Teaching aus ($t(217) = 3{,}17$; $p = {,}002$, $d = {,}43$), insofern dieser in Grundschulen etwas wünschenswerter eingestuft wird als in weiterführenden Schulen.

Positionalität der Lehrperson

Eine weitere Frage zum schulischen Umfeld, innerhalb dessen sich kokoRU ereignet, bezieht sich auf den Sachverhalt, dass Religionslehrpersonen am weltanschaulich neutralen Lernort Schule in religiöser Hinsicht Position beziehen sollen, denn diese Positionalität unterscheidet einen konfessionellen Religionsunterricht von einem religionskundlichen Ansatz. Dabei wurde den Schulleitungen das auch in den anderen Stichproben eingesetzte Instrument aus der ReVikoR-Studie vorgelegt (s. o.).

Zweck der Positionalität im Religionsunterricht ist dabei nicht, die Schüler*innen zu missionieren, sondern sie zu einer Auseinandersetzung mit Glauben und Christentum anzuregen. Diese Haltung scheint sich in den Antworten der Schulleitungen zu spiegeln (vgl. Tab. 64). Faktisch lehnen es rund zwei Drittel der Schulleitungen ab, wenn eine Lehrkraft die Schüler*innen von ihrem Glauben überzeugen will, und weitere 25 % sind sich unsicher, ob sie das befürworten sollen oder nicht. Gleichzeitig zeigen die Antworten der Schulleitungen eine größere Akzeptanz dafür, dass eine Lehrperson im Religionsunterricht Position bezieht: Der Aussage, dass eine Lehrkraft im Unterricht bekennt, dass sie an Gott glaubt, stimmen über 80 % der Befragten zu, und für über 70 % ist es akzeptabel, dass Lehrpersonen von eigenen Erfahrungen mit Gott erzählen. Selbst das Ausprobieren von Beten, Meditieren und Segnen im Religionsunterricht wird von 65 % der Schulleitungen akzeptiert, während es 10 % tendenziell oder rundheraus ablehnen. Das Beziehen einer religiösen Position scheint für das

Gros der befragten Schulleitungen zum (konfessionellen) Religionsunterricht dazuzugehören.

Tabelle 64:
Die Einschätzung der Positionalität der Lehrkraft im kokoRU

	1	*2*	*3*	*4*	*5*
Wenn die Lehrkraft ...	%	%	%	%	%
die Gemeinsamkeiten zwischen evangelisch und katholisch deutlich macht.	0,4	0,0	5,3	35,6	58,7
sagt, dass sie an Gott glaubt.	0,4	2,2	12,9	40,2	44,2
neutral über Religion(en) informiert.	1,8	9,8	23,6	24,4	40,4
von eigenen Erfahrungen mit Gott erzählt.	1,3	6,3	21,0	36,2	35,3
mit den SuS das Beten, Meditieren und Segnen ausprobiert.	4,9	4,9	25,0	30,8	34,4
die Unterschiede zwischen evangelisch und katholisch deutlich macht.	1,8	4,9	27,7	40,2	25,4
kritisch gegenüber der Kirche ist.	3,6	12,5	52,2	24,6	7,1
die SuS von ihrem Glauben überzeugen will.	33,5	33,9	25,0	5,4	2,2

Legende: n = 221; 1 = gar nicht gut; 2 = eher nicht gut; 3 = teils/teils; 4 = eher gut; 5 = sehr gut

Geht man ins Detail, ist die Akzeptanz größer, wenn der Religionsunterricht die Gemeinsamkeiten zwischen den christlichen Konfessionen erarbeitet (über 90 % Zustimmung), als wenn er einschlägige Unterschiede deutlich macht (65 % Zustimmung; vgl. Tab. 64). Allerdings werden beide Aspekte eines Religionsunterrichts von der Mehrheit der Schulleitungen akzeptiert. Auch eine objektive Information über Religion gehört für die Befragten mehrheitlich zu diesem Unterricht (rund zwei Drittel stimmen zu). Wenn es jedoch darum geht, dass die Lehrperson kritisch gegenüber der Kirche ist, dominiert eine unentschiedene Haltung (über 50 %). Von den Schulleitungen, die sich in dieser Frage entschieden haben, neigen mehr zu einer Akzeptanz einer Kirchenkritik im Religionsunterricht (über 30 %) als zu deren Ablehnung (knapp 20 %).

Die Schulform bedingt die Einschätzung des Positionalitätsitems. So stimmen Leitungen aus weiterführenden Schulen stärker zu, wenn es darum geht, dass eine Lehrperson kritisch gegenüber der Kirche ist ($t(220) = -3,34$; $p = ,001$, $d = -,45$). Leitungen der Grundschule sind dagegen etwas toleranter gegenüber einer neutralen Information über Religion ($t(220) = 2,45$; $p = ,015$, $d = ,33$). Beide Effekte sind klein. Ein starker Effekt ergibt sich dagegen, wenn es um das Beten, Meditieren und Segnen im Religionsunterricht geht ($t(220) = 5,88$; $p < ,001$, $d = ,80$); denn hier stimmen Schulleitungen in der Grundschule deutlich zu ($m =$

4,07), während Leitungen weiterführender Schulen durchschnittlich eher zu einer ambivalent-positiven Haltung neigen (*m* = 3,38).

3.4.3. Das schulische Umfeld des kokoRU

Ein letzter Aspekt der Befragung der Schulleitungen widmete sich dem schulischen Umfeld, innerhalb dessen diese Organisationsform religiösen Lehrens und Lernens erteilt wird. Konkret wurde sowohl nach der Versorgung mit Deputaten in Religionslehre gefragt, wie auch nach religiösen Angeboten neben dem Religionsunterricht.

Deputatsanteile in Religionslehre

Es liegt auf der Hand, dass die Versorgung der Schulen mit Religionslehrpersonen eine wesentliche Voraussetzung für die Durchführung des kokoRU ist. Deshalb hat sich eine Frage der Evaluation dieser Organisationsform durch die Schulleitung auf die Einschätzung der Deputatsanteile Religionslehre bezogen. Dabei wurde nicht nur nach evangelischen und katholischen Anteilen gefragt, sondern auch nach islamischen, weil dieser Unterricht zum Gesamtbild religiösen Lehrens und Lernens vor Ort beiträgt.

Die Schulleitungen hatten die Möglichkeit, für alle drei Unterrichtsfächer die Versorgungssituation zu bewerten, wobei der in der Schule übliche Notenschlüssel zum Einsatz kam. Insgesamt werten über die Hälfte der Schulleitungen die Versorgung ihrer Schulen mit Deputatsanteilen in den Fächern katholische und evangelische Religionslehre als „sehr gut" oder „gut" (katholisch: 60 %; evangelisch: 56 %). Ein Drittel der Befragten empfindet die Situation als „befriedigend" oder „ausreichend". 7 % der Schulleitungen erachtet die Versorgung in diesen Fächern als „mangelhaft" und weitere 8 % als „ungenügend".

Als geradezu dramatisch erweist sich die Einschätzung der Verantwortlichen bzgl. der Versorgung mit Lehrpersonen im Fach islamische Religionslehre: Über 60 % der Befragten bewerten die einschlägigen Deputatsanteile als „ungenügend", weitere 11 % als „mangelhaft". Nur 12 % der Schulleitungen teilen mit, dass die Versorgung „gut" oder „sehr gut" sei. - Die Einschätzung der Deputatsanteile ist unabhängig von der Schulform.

Religiöse Angebote neben dem Religionsunterricht

Die Schulleitungen wurden auch nach religiösen Angeboten an ihrer Schule außerhalb des regulären Religionsunterrichts gefragt. Die meisten Schulen (84 %) feiern zumindest zu bestimmten Anlässen, wie beispielweise zum Schuljahresanfang, einen ökumenischen Gottesdienst. Konfessionsspezifische oder multireligiöse Gottesdienste werden hingegen nur von einer Minderheit (17 % bzw. 16 %) der Schulen angeboten. 24 % der Schulen verfügen über einen evangelischen, 20 % über einen katholischen Schulseelsorger bzw. eine Schulseelsorgerin. Nur eine Schule (0,4 %) hat eine muslimische Schulseelsorgerin bzw. einen Schulseelsorger.

Nur ein kleiner Bruchteil der Schulen bietet darüber hinaus Wochen bzw. Tage religiöser Orientierung an (10 %), hat einen „Raum der Stille" in der Schule (9 %) oder unternimmt Fahrten zu Kirchentagen (5 %).

Einige dieser religiösen Angebote sind gleich über die Schulen verteilt, unabhängig davon, welche Schulform sie darstellen. Dazu gehört das Angebot multireligiöser Gottesdienste, das Angebot eines Raumes der Stille und das schulpastorale Angebot. Einige Angebote sind jedoch durch die Schulform bedingt. So sind alle zwölf Schulen, die Fahrten zum Kirchentag anbieten, weiterführende Schulen. Ferner bieten weiterführende Schulen wesentlich häufiger Wochen bzw. Tage der religiösen Orientierung an (17 %) als Grundschulen (4 %; Chi-Quadrat (1) = 11,09; *p* =, 001; Camers *V* = ,22). Dafür finden in Grundschulen deutlich mehr ökumenische Gottesdienste statt (94 %) als in weiterführenden Schulen (71 %; Chi-Quadrat (1) = 20,08; *p* < ,001; Camers *V* = ,30).

Neben diesen vorgegebenen Kategorien hatten die Schulleitungen noch Gelegenheit, weitere religiöse Angebote der Schule mitzuteilen. Mit einer Summe von insgesamt 16 Antworten ist die „Exkursion" das am häufigsten genannte Angebot: Im Rahmen des Religionsunterrichts werden beispielsweise Bibeldörfer, Kirchen, Moscheen, Klöster o.Ä. besucht. Auch verschiedene Projekte sind im Rahmen religiöser Angebote in der Schule offenbar beliebt. Zwölf Schulleitungen haben diese Form des religiösen Angebots angegeben. Die Andacht als religiöses Angebot wird von elf Schulleitungen angeführt. Darunter erscheinen Advents- sowie Martins- und Marienandachten und Frühschichten. Einige Schulen der Befragten werden in unregelmäßigen Abständen von Pfarrer*innen unterschiedlicher Konfession besucht, die Gespräche mit Schüler*innen oder ganzen Klassen führen. Einige Schulen pflegen die Tradition, kirchliche Feste im schulischen Rahmen zu feiern. Darunter sind besonders St. Martin und das Erntedankfest beliebt. Ebenso werden Advents- und Weihnachtsfeiern sowie jüdische und muslimische Feste in Kooperation mit Synagoge und Moschee veranstaltet. Viele Schulen bieten auch individuelle bzw. persönliche religiöse bzw. spirituelle Hilfe an: zum Beispiel Seelsorge oder persönliche Gespräche und Kontaktstunden. Es wird aber auch die Konfirmations- und Kommunionsvorbereitung und -durchführung genannt, wobei es sich hier wohl um Räume handelt, die man zur Verfügung stellt.

3.4.4. Strukturelle Zusammenhänge

Bislang wurden die verschiedenen Evaluationsperspektiven auf Itemebene beschrieben. Um strukturelle Zusammenhänge zwischen diesen Items zu erfassen, wird auch hier im Blick auf die Schulleitungen ein faktoranalytischer Zugang gewählt (s. o.). In einem ersten Schritt werden die einzelnen Instrumente mittels Faktoranalyse daraufhin untersucht, inwiefern latente Muster die Antworten innerhalb dieser Instrumente bedingen. In einem zweiten Schritt werden dann durch eine Faktoranalyse zweiter Ordnung die latenten Muster innerhalb der Faktoren, die der erste Schritt erbrachte, herausgearbeitet.

Zentrale Aspekte der Evaluation des kokoRU waren i) die Form des Lehrerwechsels, ii) die Zusammensetzung der Lerngruppen, iii) die Motive der Einführung, iv) die Zufriedenheit mit der Einführung und v) Wünsche bzw. Verbesserungsvorschläge an Staat und Kirchen. Bei i) und ii) handelt es sich um kategoriale Variablen, bei denen jeweils zwei Ausprägungen das Antwortverhalten dominieren. Sie können für die Berechnung struktureller Zusammenhänge insofern fruchtbar gemacht werden, als sie anhand ihrer dominanten Ausprägungen dichotomisiert und somit als metrische Dummy-Variablen mit den beiden Ausprägungen „0“ und „1“ behandelt werden. Da es sich bei den Wünschen um offene Fragen handelt, können diese nicht in die strukturelle Rekonstruktion einbezogen werden.

Die Einführungsmotive waren Gegenstand eines Instruments mit elf Items. Sie laden auf zwei Faktoren (vgl. Tab. 65). Der erste Faktor beinhaltet sieben Aussagen, wobei die ökumenische Einstellung und der Wunsch der Fachschaft Religion sowie der Gewinn durch gemeinsames Lernen von Schüler*innen zweier Konfessionen die höchsten Faktorladungen aufweisen. Auch der Wunsch, die Klassengemeinschaft zu erhalten, spielt für diesen Faktor eine gewisse Rolle. Alle Aussagen stehen für eine Einführung aus pädagogischen Überlegungen heraus, die auch die Personen berücksichtigt, die für die Erteilung des kokoRU zuständig sind. Der Faktor wird deshalb „pädagogische Einführungsmotive“ genannt. Der zweite Faktor versammelt sämtliche Aussagen auf sich, die einen organisatorischen Aspekt der Einführung beinhalten. Dabei geht es um die zu geringe Anzahl von Schüler*innen einer Konfession ebenso wie um die Möglichkeit, den Religionsunterricht wieder gemäß den Vorgaben organisieren zu können. Wegen dieses inhaltlichen Fokus wird der zweite Faktor „organisatorische Einführungsmotive“ genannt.

Die Zufriedenheit mit dieser Einführung wurde anhand von sechs Items ermessen. Sie laden sämtlich auf einen Faktor, der 46,16 % der Gesamtvarianz in den Daten erklärt. Dabei ist die Passung zu den Daten hinreichend gut (*KMO* = ,750). Dieser Faktor wird „Zufriedenheit mit Einführung“ genannt.

Tabelle 65:
Faktoranalyse der Einführungsmotive (Schulleitungen)

	1	2
ökumenische Einstellung der Fachschaft Religion	0,831	−0,106
Gewinn durch gemeinsames Lernen	0,784	
Wunsch der Fachschaft Religion	0,742	
bei einem innovativen Modell dabei sein	0,530	
Klassengemeinschaft erhalten	0,513	0,232
Wunsch der Eltern	0,500	
Bewerbung durch eine kirchliche oder staatliche Stelle	0,431	0,309
(Fach-)Lehrermangel in einer Konfession		0,693
um Religion wieder gemäß den Vorgaben zu erteilen	0,192	0,655
einfachere Organisation für die Schule		0,645
geringe Anzahl von Schüler*innen in einer Konfession		0,423
Eigenwert	2,98	1,57
Erklärte Varianz: 41,38 %		

Legende: Hauptkomponentenanalyse; Varimax-Rotation mit Kaiser-Normalisierung. Die Analyse ist in 3 Iterationen konvergiert. *KMO* = ,747.

Als mögliche Bedingungsfaktoren für die Evaluation des kokoRU wurden i) die präferierten Bildungsziele für den Religionsunterricht, ii) die Einstellung zur Positionalität einer Lehrperson in diesem Unterricht, iii) die präferierte Organisationsform des Religionsunterrichts und iv) das religiöse Leben außerhalb des Religionsunterrichts an der Schule erhoben. Letzteres ist eine kategoriale Variable ohne dominante Ausprägung, sodass sie nicht für die strukturelle Rekonstruktion fruchtbar gemacht werden kann.

Die Bildungsziele wurden anhand eines Instruments erhoben, das zwölf Items beinhaltet. Eine explorative Faktoranalyse über diesen zwölf Items resultiert in zwei Faktoren (vgl. Tab 66). Der erste Faktor enthält sieben Items, von denen die Förderung einer interreligiösen Dialogfähigkeit und das Angebot von Orientierung zur Identitätsbildung am stärksten laden. Auch die restlichen vier Items auf diesem Faktor beinhalten einen deutlichen Fokus auf der Lebenswelt der Schüler*innen, weshalb dieser Faktor „lebensweltliche Bildungsziele" genannt wird. Die fünf Items, die auf den zweiten Faktor laden, beziehen sich sämtlich auf die religiöse Dimension des Religionsunterrichts. Geht man ins Detail, tragen drei dieser Items eine konfessionsbezogene Signatur, ohne dass damit die Konfession, auf die sie sich beziehen, festgelegt ist. Um diesem Aspekt des Faktors Rechnung zu tragen, wird er „konfessionsbezogene Bildungsziele" genannt.

Tabelle 66:
Faktoranalyse der Bildungsziele (Schulleitungen)

	1	2
interreligiöse Dialogfähigkeit fördern	0,848	0,153
Orientierung zur Identitätsbildung anbieten	0,806	0,261
Perspektiven Andersgläubiger sehen lernen	0,798	
Urteilsfähigkeit gegenüber der Kirche fördern	0,755	
allgemeine Wertvorstellungen vermitteln	0,729	0,213
Ansätze zu theologischem Fachwissen vermitteln	0,570	0,226
den christlichen Glauben mit menschlichen Erfahrungen in Beziehung setzen	0,557	0,467
Formen gelebter Religion einüben		0,840
in der Kirche beheimaten		0,774
christliche Grundbildung vermitteln	0,482	0,642
Lebens- als Glaubensfragen erschließen	0,455	0,627
konfessionelle Positionen der Schülerinnen und Schüler stützen	0,375	0,539
Eigenwert	5,55	1,60
Erklärte Varianz: 59,62 %		

Legende: Hauptkomponentenanalyse; Varimax-Rotation mit Kaiser-Normalisierung. Die Analyse ist in 3 Iterationen konvergiert. *KMO* = ,874.

Das Instrument zur Positionalität der Lehrperson besteht aus sieben Items. Sie bilden drei Faktoren (vgl. Tab. 67). Der erste Faktor beinhaltet vier Items, die sich auf das Bekenntnis des Glaubens der Lehrperson in der Lerngruppe beziehen und die Schüler*innen mit gelebter Religion konfrontieren. Damit dominiert das konfessorische Element in diesen Items, weshalb der Faktor „konfessorische Positionalität“ genannt wird. Der zweite Faktor besteht aus den beiden Items, gemäß denen die Gemeinsamkeiten bzw. die Unterschiede zwischen den Konfessionen erarbeitet werden. Insofern es sich bei diesen Items um das konzeptuelle Herzstück der konfessionellen Kooperation handelt und in ihnen die beteiligten Konfessionen zueinander in Beziehung gesetzt werden, wird dieser Faktor „kooperative Positionalität“ benannt. Der letzte Faktor besteht aus einem einzigen Item. Normalerweise ist das ein Grund, das Item aus der Analyse auszuschließen. Im vorliegenden Fall definiert es jedoch nicht nur eine weitere, im Sinn des kooperativen Lernsettings schlüssige Position, sondern ist auch statistisch hinreichend eigenständig.[33] Es handelt sich um das Item, das eine neutrale Information

33 Dass der Eigenwert größer ist als 1,00, liegt daran, dass auch die anderen Items auf diesen Faktor laden, wenn auch zum Teil sehr schwach.

über Religion(en) anspricht. Entsprechend wird dieser Faktor „neutrale Positionalität“ genannt.

Tabelle 67:
Faktoranalyse der Positionalität der Lehrperson (Schulleitungen)

	1	2	3
Wenn die Lehrkraft von eigenen Erfahrungen mit Gott erzählt.	0,757	0,324	–0,288
Wenn die Lehrkraft die SuS von ihrem Glauben überzeugen will.	0,747	–0,355	
Wenn die Lehrkraft mit den SuS das Beten, Meditieren und Segnen ausprobiert.	0,715	0,126	0,416
Wenn die Lehrkraft sagt, dass sie an Gott glaubt.	0,651	0,432	–0,284
Wenn die Lehrkraft die Gemeinsamkeiten zwischen evangelisch und katholisch deutlich macht.		0,792	0,213
Wenn die Lehrkraft die Unterschiede zwischen evangelisch und katholisch deutlich macht.	0,112	0,772	
Wenn die Lehrkraft neutral über Religion(en) informiert.		0,109	0,887
Eigenwert	2,38	1,51	1,04
Erklärte Varianz: 70,43 %			

Legende: Hauptkomponentenanalyse; Varimax-Rotation mit Kaiser-Normalisierung. Die Analyse ist in 6 Iterationen konvergiert. *KMO* = ,658.

Für die präferierte Organisationsform wurden den Schulleitungen sechs Optionen vorgelegt, die sich aus theoretischen Gründen heraus nicht sinnvoll zu latenten Antwortmustern gruppieren lassen. Diese theoretische Annahme wird auch empirisch gestützt, denn die berechnete Faktorlösung weist mit KMO = ,465 eine deutlich unzureichende Passung mit den Daten auf. Um die sechs Optionen, wie der Religionsunterricht organisiert werden kann, für die strukturelle Rekonstruktion nicht zu verlieren, werden diese sechs Items z-standardisiert.

Die Korrelationsanalyse über die standardisierten Variablen ergibt, dass der Lehrerwechsel, die Zusammensetzung der Lerngruppe, eine neutrale Positionalität, die organisatorischen Einführungsmotive, ein kokoRU im Team-Teaching und ein Religionsunterricht im Klassenverband nicht hinreichend mit anderen Variablen aus diesem Komplex zusammenhängen, um faktorbildend zu wirken. Sie wurden in der Faktorenanalyse zweiter Ordnung deshalb nicht berücksichtigt. Die Analyse der restlichen Variablen ergibt drei Faktoren (vgl. Tab. 68), wobei eine hinreichend gute Passung mit den Daten erreicht wird (*KMO* = ,669).

Der erste Faktor beinhaltet zwei Variablen, die eine konfessorische Perspektive auszeichnet, nämlich eine konfessorische Positionalität und konfessionsbezogene Bildungsziele (vgl. Tab. 68). Zusätzlich lädt die Option, statt eines Religionsunterrichts einen verpflichtenden Ethikunterricht anzubieten, stark negativ auf diesen Faktor. Der erste Faktor bündelt damit die „konfessorische Perspektive", wenn es um Überlegungen der Schulleitungen zum kokoRU geht.

Der zweite Faktor beinhaltet vier Variablen, wobei die Option eines konfessionellen Religionsunterrichts, die negativ auf diesen Faktor lädt, kaum ausschlaggebend für seine Interpretation ist, weil dieses Item nahezu gleich auf die beiden anderen Faktoren lädt (vgl. Tab. 68). Lässt man es außer Acht, finden sich zwei Variablen mit dezidiert pädagogischem Profil in diesem Faktor, nämlich die Einführung des kokoRU aus pädagogischen Motiven und lebensweltliche Bildungsziele für den Religionsunterricht. Deshalb wird dieser Faktor „pädagogische Perspektive" genannt. Es fällt auf, dass die Option, ganz auf den Religionsunterricht zu verzichten, ebenfalls auf diesen Faktor – sinngemäß negativ – lädt. Die Abschaffung des Religionsunterrichts scheint für die Schulleitungen damit kein anti-konfessionelles Motiv zu sein, sondern unter pädagogischen Prämissen betrachtet zu werden.

Tabelle 68:
Faktoranalyse zweiter Ordnung zu den Antworten der Schulleitungen

	1	2	3
konfessorische Positionalität	0,752	−0,208	−0,122
konfessionsbezogene Bildungsziele	0,739	0,144	0,114
Ethik- statt Religionsunterricht	−0,709	−0,187	−0,267
pädagogische Einführungsmotive	−0,108	0,723	0,155
kein Religionsunterricht	−0,423	−0,710	
lebensweltliche Bildungsziele		0,704	0,169
konfessioneller Religionsunterricht	0,393	−0,485	0,377
kokoRU mit Lehrerwechsel			0,679
kooperative Positionalität	0,136	0,353	0,622
Zufriedenheit mit Einführung			0,619
Eigenwert	2,50	1,78	1,22
Erklärte Varianz: 54,98 %			

Legende: Hauptkomponentenanalyse; Varimax-Rotation mit Kaiser-Normalisierung. Die Analyse ist in 5 Iterationen konvergiert. *KMO* = ,669.

Der dritte Faktor besteht aus drei Variablen, die sich dezidiert auf den kokoRU beziehen, nämlich seine Organisationsform im Lehrerwechsel, die kooperative Positionalität, der es um die Erarbeitung von Gemeinsamkeiten und Unterschieden beider Konfessionen geht, und die Zufriedenheit mit dessen Einführung (vgl.

Tab. 68). Im Kontext der Einführung des kokoRU repräsentiert dieser Faktor somit eine „gegenstandsorientierte Perspektive", denn seine Variablen nehmen die Sache, um die es geht, direkt in den Blick.

Tabelle 69:
Deskriptive Statistik der elementaren Perspektiven auf den kokoRU

	Min	*Max*	*Mdn*	*Skew*	*Kurt.*
konfessorische Perspektive	−2,649	1,949	0,117	−,341	−,299
pädagogische Perspektive	−6,592	1,729	0,194	−2,65	13,49
gegenstandsorientierte Persp.	−2,608	2,355	−0,033	,058	−,267

Legende: n = 146; Min = Minimum; Max = Maximum; Mdn = Median; Kurt. = Kurtosis

Da die drei elementaren Perspektiven der Schulleitungen auf den kokoRU standardisiert vorliegen, d. h. $m = 0{,}00$ und $SD = 1{,}00$ gilt, wird ihre Ausprägung anhand anderer deskriptiver Merkmale beschrieben (vgl. Tab. 69). Es zeigt sich, dass in allen drei Fällen die skeptischen Perspektiven in ihren Maximalwerten ausgeprägter sind als die unterstützenden. Dennoch liegt der Median, d. h. der Wert, der die Mitte sämtlicher Werte repräsentiert, jeweils in der Nähe der 0. Darüber hinaus sind die konfessorische und die gegenstandsorientierte Perspektive normalverteilt (Shapiro-Wilk-Test; $p > {,}05$). Die pädagogische Perspektive ist dagegen deutlich spitz verteilt, sodass sich viele Werte um die Mitte herum befinden und wenige Werte an den Rändern der Verteilung.

Alle drei Perspektiven sind unabhängig von der Schulform. D. h. ihre Ausprägung ist nicht davon bedingt, ob es sich um eine Leitung einer Grundschule oder einer weiterführenden Schule handelt.

4. Darstellung und Diskussion der Ergebnisse im Querschnitt

Der umfassende Zugriff der vorliegenden Evaluation auf den kokoRU liefert zum einen gezielte Einblicke in die Art und Weise, inwiefern die erwarteten Standards für diese Organisationsform in Nordrhein-Westfalen tatsächlich umgesetzt werden. Zum anderen verweisen die Befunde auf die generelle Einschätzung des kokoRU durch die beteiligten Akteure und die allgemeinen Einstellungen gegenüber dem Religionsunterricht. Diese Perspektiven werden im Folgenden getrennt voneinander zusammengefasst und im Licht vorliegender Untersuchungen zum kokoRU in anderen Bundesländern diskutiert. Dabei wird mit der generellen Einschätzung begonnen (4.1). Es folgen die spezifischen Perspektiven der Evaluation (4.2.) und Einstellungen dem Religionsunterricht gegenüber (4.3.) Abschließend werden die Anlage und Durchführung der vorliegenden Evaluation kritisch hinterfragt, um ihre Möglichkeiten und Grenzen bzgl. des Einblicks in den kokoRU herauszuarbeiten (4.4).

4.1. Generelle Einschätzung des kokoRU

Insgesamt sind die betroffenen Akteure mit dem kokoRU zufrieden. Im Folgenden wird die generelle Einschätzung des kokoRU getrennt nach den einzelnen Befragungsgruppen zusammengefasst und diskutiert.

*Die Einschätzung der Schüler*innen*

Die Schüler*innen erreichen auf einer sechs-stufigen Skala von „gar nicht zufrieden“ bis „sehr zufrieden“ am Ende des Schuljahres einen Mittelwert von m = 4,24, welcher zwischen den Kategorien „eher zufrieden“ und „zufrieden“ liegt. Vergleicht man diesen Wert mit vorliegenden Studien zur Zufriedenheit mit dem Religionsunterricht (z. B. Bucher, 2001), ist das ein gutes bis sehr gutes Ergebnis. Bedenkt man zusätzlich, dass Zufriedenheitswerte von Schulfächern selten die Randwerte eines Antwortspektrums einnehmen (z. B. Haag & Götz, 2012), stellen die Schüler*innen dem kokoRU ein gutes Zeugnis aus. Stärker noch dürfte ins Gewicht fallen, dass die Zufriedenheit mit dem kokoRU bei den Schüler*innen im Lauf des Schuljahres zunimmt. Es handelt sich hierbei zwar nur um einen kleinen Effekt, angesichts der Ereignisse in diesem Schuljahr ist das aber ein beachtliches Ergebnis. Außerdem kann ein weiterer Zusammenhang festgehalten werden, der angesichts vorliegender Befunde nicht zu erwarten war: Normalerweise sinkt die Zufriedenheit mit dem Religionsunterricht mit dem Alter, sodass die Werte jüngerer Schüler*innen deutlich besser sind als diejenigen älterer Schüler*innen (z. B. ebd.; Ausnahme: Schwarz, 2021). In der vorliegenden Studie sind die Jugendlichen zufriedener mit dem Religionsunterricht als die Kinder, und zwar am Beginn des Schuljahres deutlich zufriedener (m = 4,37 zu m = 3,38), während sich die Differenz zum Schuljahresende etwas abschwächt (m = 4,51 zu m = 4,03). Der kokoRU scheint somit vor allem ältere Schüler*innen besonders anzusprechen.

Die Einschätzung der Eltern

Auch die Eltern sind mehrheitlich zufrieden mit der neuen Organisationsform des Religionsunterrichts. Fast die Hälfte der Befragten gibt ihm die Note 2 (48 %), ein weiteres Drittel beurteilt ihn als befriedigend (32 %). Als Notendurchschnitt ergibt sich damit ein Wert von *m* = 2,56. Im Vergleich mit dem herkömmlichen konfessionellen Religionsunterricht wird der kokoRU in unserer Befragung von vielen Eltern als „offener“, „vielschichtiger“ und „ruhiger“ erlebt, was durchgängig positive Attribute sind. Grundsätzliche Infragestellungen des kokoRUs finden sich nicht, kritische Bewertungen sind sehr selten. In der offenen Frage zu Verbesserungsmöglichkeiten gibt ein Drittel keine an, und viele der geäußerten Verbesserungsvorschläge sind eher pauschaler Art, was darauf hinweist, dass keine konkreten Problemlagen vor Augen sind. Schließlich wird der kokoRU im Abgleich mit den Eltern der Vergleichsgruppe positiver eingeschätzt und die Kinder erzählen sehr viel häufiger vom Religionsunterricht. Letzteres kann zwar auch daran liegen, dass der kokoRU Modellcharakter hat und die Veränderungen des Modells gerade auch durch den Lehrkraftwechsel bei den Schüler*innen zu größerer Aufmerksamkeit führen, die dann zu Hause geteilt wird. Insgesamt deuten sämtliche Befunde aber darauf hin, dass der kokoRU vor Ort in den Augen der Eltern mehrheitlich positiv beurteilt wird und das Modell weitgehend den Erwartungen der Eltern entspricht.

Geht man ins Detail, ist es vor allem die Möglichkeit, im kokoRU konfessionsübergreifend lernen zu dürfen, was laut den Antworten auf die offenen Fragen sowohl in religiöser als auch in pädagogischer Hinsicht begrüßt wird. In religiöser Hinsicht scheint den Eltern ein gemeinsames Lernen besser zur alltäglichen Lebenssituation zu passen als ein Lernen in konfessionell getrennten Gruppen. In pädagogischer Hinsicht löst der kokoRU das Problem, dass die eingespielte Lerngruppe im Fach Religion auseinandergerissen wird. Gestützt werden diese Beobachtungen dadurch, dass bei den Lernchancen, die der kokoRU eröffnet, speziell das Erkennen der Gemeinsamkeiten zwischen den Konfessionen praktisch durchgängig positiv eingeschätzt wird.

Bei aller grundsätzlichen Wertschätzung des kokoRU finden sich auch Verbesserungsvorschläge in den Antworten. Selten sprechen Eltern sich ausdrücklich für eine Rückkehr zum herkömmlichen Religionsunterricht aus, wobei z. B. die eine Antwort, die eine Rückkehr wünscht, um endlich nichts mehr mit der skandalträchtigen katholischen Kirche zu tun zu haben, zeigt, dass es sich bei diesem Wunsch nicht immer um ein Bekenntnis zum konfessionellen Religionsunterricht an sich handelt, sondern „sachfremde“ Gründe in Bezug auf die Organisationsform eingebracht werden.

Für die Weiterentwicklung des kokoRU einschlägiger scheinen uns zwei Tendenzen zu sein, die sich in den offenen Antworten zeigen. Auf der einen Seite werden immer wieder Aspekte geäußert, die sich auf die Kompetenz der Lehrpersonen beziehen. Dabei handelt es sich zum einen um methodische Vorschläge, zum anderen aber auch um den Wunsch, tiefer in die Auseinandersetzung mit den verschiedenen Konfessionen einzusteigen. Auch unter Berücksichtigung der Tatsache, dass es sich hierbei um Einzelmeinungen handelt, die keinen Anspruch auf Repräsentativität beanspruchen können, wäre zu überlegen, inwieweit man auf der Weiterbildungsebene diesen Wünschen Rechnung tragen kann. Besonders der Hinweis auf ein tieferes Einsteigen in den Dialog zwischen den Konfessionen scheint auf eine Sollbruchstelle des konfessionell-kooperativen Arrangements hinzuweisen; denn in ihm erteilen Lehrkräfte, die im besten Fall in einer Konfession religiös sozialisiert wurden, einen Unterricht, der beiden konfessionellen Perspektiven gerecht werden will.

Auf der anderen Seite scheint sich unseres Erachtens eine generelle gesellschaftliche Dynamik zu weltanschaulicher Offenheit in den Antworten der Befragten auszudrücken. In relativ vielen Rückmeldungen wird gewünscht, dass sich der kokoRU nicht nur auf die beiden kooperierenden Konfessionen beziehen, sondern auch andere Religionen in den Blick nehmen soll. Diese Rückmeldungen korrespondieren mit den beiden vergleichsweise stark gewünschten Erweiterungen des kokoRU um säkulare und islamische Perspektiven. In beiden Fällen liegt die tendenzielle Ablehnung einer solchen Erweiterung unter 30 %, was eingedenk der Beobachtung, dass 52 % der Deutschen den Islam als bedrohlich erachten (Pickel, 2019, S. 13), für eine bemerkenswerte Zustimmung steht. Interessant ist ferner der Vergleich mit der Tübinger Studie, die 2006 publiziert wurde. Hier war danach gefragt, ob man einem Religionsunterricht zusammen mit Muslimen zustimme, was weiter geht als die Integration islamischer Perspektiven in den kokoRU. Diese Option bejahten 26 % der Befragten und 40 % waren ausdrücklich dagegen (vgl. Schweitzer et al., 2006, S. 170). Dieser Befund wirft die Frage auf, was die Eltern im Sinn der obigen Integration islamischer Perspektiven in den kokoRU akzeptieren würden. Dass der Islam als Thema des kokoRU behandelt wird, sollte – auch angesichts der vielen Forderungen, alle Religionen anzusprechen – für die meisten der Befragten kein Problem sein. Wahrscheinlich dürfte es für sehr viele auch in Ordnung gehen, wenn zu solch einem Zweck eine muslimische Person in den kokoRU eingeladen wird. In einem interreligiös-kooperativen Setting könnte eine solche Erweiterung aber auch bedeuten, dass ein Teil des Religionsunterrichts von einer muslimischen Lehrperson erteilt wird. Anhand der vorliegenden Daten können wir nicht abschätzen, wie die Befragten auf diese Option reagieren würden. Es ist nicht sehr wahrscheinlich, dass viele Eltern bei der konkreten Itemformulierung („um islamische Perspektiven ergänzt") auch an muslimische Lehrpersonen gedacht haben.

Der kokoRU scheint damit einem generellen Bedürfnis der Eltern nach interreligiöser und weltanschaulicher Offenheit gerecht zu werden, indem er die organisatorische Trennung zwischen katholisch und evangelisch im Fach Religion aufhebt. Ob das auf längere Sicht den Ansprüchen der Eltern genügt, sollte gut beobachtet werden. Nicht wenige der Befragten sprechen sich explizit für einen interreligiösen Religionsunterricht aus (Details s. u.). Dass sich die große gesellschaftliche Toleranz hinsichtlich weltanschaulicher Vielfalt auch im Blick auf den Religionsunterricht niederschlägt, liegt auf der Hand.

*Die Einschätzung der Lehrer*innen*

Bei den Lehrpersonen fällt die Einschätzung des kokoRU ebenfalls positiv aus. Zwei Drittel der Befragten beurteilen den kokoRU als sehr gut und 83 % wollen diese Organisationsform konfessionellen Religionsunterrichts beibehalten. Außerdem wurde nach der Berufszufriedenheit als Religionslehrperson gefragt, welche sich zwar nicht exklusiv auf den kokoRU bezieht, im Schuljahr 2019/20 aber wesentlich durch diesen bedingt sein dürfte: Die befragten Lehrer*innen erteilen mehrheitlich sehr gerne Religion. Das sind exzellente Ergebnisse, wenn man bedenkt, dass es sich hierbei um eine relativ junge Form des Religionsunterrichts handelt, die auf anspruchsvollen didaktischen Grundlagen beruht, für die man sich relativ aufwändig bewerben und qualifizieren muss und zu der es bislang nur wenig einschlägiges Unterrichtsmaterial gibt. Kritisch könnte man einwenden, dass Lehrpersonen, die am kokoRU zweifeln, erst gar nicht geantwortet haben. Das mag bis zu einem gewissen Grad zutreffen. Berücksichtigt man jedoch die Verbesserungsvorschläge, die die Befragten in den offenen Antworten äußern, handelt es sich bei der vorliegenden Untersuchungsgruppe nicht um diejenigen, die rundum mit dem kokoRU zufrieden sind. Sehr viele scheinen einen klaren Blick für Verbesserungspotenzial zu haben. Allerdings sind das bis auf wenige Ausnahmen, die zum herkömmlichen Religionsunterricht zurückkehren möchten, stets Vorschläge, die das vorliegende Modell verbessern wollen. Das Modell selbst trifft damit auf eine hohe Akzeptanz.

Dieses Ergebnis findet sich so ebenfalls in anderen Studien zum kokoRU: So befürworten schon 2009 in Baden-Württemberg 97,1 % der Lehrkräfte die Weiterführung des kokoRUs (vgl. Kuld et al., 2009, S. 176). Auch in Hessen (vgl. Gennerich et al., 2021, S. 104) und Niedersachsen (vgl. Gennerich & Mokrosch, 2016, S. 75) wünschen sich die Befragten eine Weiterführung, wobei in beiden Umfragen ein ökumenischer Religionsunterricht noch beliebter ist als der kokoRU. Der kokoRU erweist sich somit in verschiedenen regionalen Kontexten als eine für die Lehrkräfte angemessene und beliebte Form, Religionsunterricht zu erteilen.

Was macht den kokoRU so attraktiv? Auf der einen Seite scheint sein pädagogisches Profil den Wünschen der Lehrpersonen zu entsprechen. Er betont laut Aussage der Befragten die Gemeinsamkeiten im Glauben, stärkt die Klassengemeinschaft und ermöglicht eine größere Flexibilität im Umgang mit organisatorischen Problemen. Außerdem könnte ein Ergebnis der Vergleichsgruppe darauf hinweisen, dass sich der kokoRU als machbarer erweist, als im Vorfeld angenommen. Zumindest fällt bei der Vergleichsgruppe auf, dass sie die spezifischen Lerneffekte des konfessionell-kooperativen Lernsettings noch positiver einschätzt, als es die Untersuchungsgruppe tut (Details s. u.). In der Folge läge es nahe, dass sich diese Befragten dezidiert für die Einführung des kokoRU an ihren Schulen einsetzen. Einer solchen Einführung stimmen jedoch ‚nur' 44 % der Vergleichsgruppe zu, während sich 30 % gegen eine solche Einführung aussprechen. Dies verweist möglicherweise darauf, dass die Lehrkräfte die organisatorischen und inhaltlichen Mühen der Einführung scheuen und ihn deshalb (eher) nicht wünschen. Ist der kokoRU dann aber einmal eingeführt, erfreut er sich breitester Zustimmung, wird in der Selbstwahrnehmung positiv bewertet und soll nach Meinung der Lehrkräfte weitergeführt werden.

Die Einschätzung der Schulleitungen

Da die Schulleitungen zum Beginn des Schuljahres 2019/20 befragt wurden, konnte hier noch keine generelle Einschätzung dieser Organisationsform des Religionsunterrichts abgefragt werden. Allerdings dürfte der kokoRU für alle Befragten eine erstrebenswerte Form des Religionsunterrichts sein, weil ihn die Schulen sonst wohl nicht beantragt hätten. Auch begrüßen im Freifeld, das die positiven Aspekte der Einführung des kokoRU erfasst, viele Schulleitungen das Konzept des konfessionell-kooperativen Unterrichts und schlagen vor, den herkömmlichen Religionsunterricht gänzlich durch diese Organisationsform zu ersetzen.

Den Einführungsprozess beurteilen die Befragten insgesamt als gut, wobei insbesondere die Informationen zum Verfahren und die Unterstützung durch die Kirchen besonders hervorgehoben wird. Es konnte erwartet werden, dass das konkrete Verfahren von einigen Schulleitungen als zu umfänglich und zu langwierig eingestuft wird. Im Detail wurde kritisiert, dass das Ausfüllen der Anträge für die Genehmigung des kokoRU sehr viel Zeit in Anspruch nimmt, Informationen zu den Unterlagen fehlen und die Bearbeitung sehr lange dauert. Allerdings sind das einzelne Rückmeldungen, die eher in den Bereich der Feinjustierung des Antragsverfahrens weisen, als dieses generell in Frage zu stellen.

Grundsätzlicher fallen die Vorschläge aus, die das curriculare Umfeld des kokoRU betreffen. Einige Schulleitungen wünschen sich insbesondere von den beteiligten Kirchen, dass sie Lehrpläne, Schulbücher und weitere Materialien zur Verfügung stellen und im Sinne des kokoRU vereinheitlichen. An den Staat bzw. die beteiligten Kirchen wird der Wunsch herangetragen, die Lehrpläne von evangelischer sowie katholischer Religionslehre zu vereinheitlichen oder die Schulen im Vorfeld über die Inhalte aufzuklären. Zum einen liegt es nahe, dass die Anpassung eines Systems an eine neue Unterrichtsform Zeit beansprucht. So wurde z. B. die Kompetenzorientierung an den Schulen eingeführt, ohne dass hierfür bereits flächendeckend Schulbücher zur Verfügung standen. Zum anderen ist in jüngerer Vergangenheit aber gerade der Versuch gescheitert, ein konfessionell-kooperatives Schulbuch zu veröffentlichen. Hier sind vor allem die Kirchen gefordert, ihre diözesanen und landeskirchlichen Partikularinteressen etwas abzublenden.

Ansonsten scheint der Religionsunterricht an den Schulen, die den kokoRU beantragt haben, ein insgesamt zufriedenstellendes Standing zu haben. So gibt über der Hälfte der Schulleitungen an (56 %), dass der Religionsunterricht im Kontext der weiteren Fächer eine „eher große" oder „sehr große" Bedeutung habe. Selbst wenn man bei diesen Aussagen ein gewisses Maß an politischer Opportunität unterstellt, ist dieser Anteil in einer weitgehend säkularen Gesellschaft in NRW bemerkenswert. Das Ergebnis entspricht in etwa dem einer schon vorliegenden Bewertung durch Religionslehrkräften in NRW (vgl. Rothgangel et al., 2017, S. 95). Hier schätzten vor ungefähr fünf Jahren ca. 55 % die Bedeutung des Faches Religion für die Schule mit „sehr hoch/hoch/eher hoch" ein, ca. 42 % mit „eher niedrig/niedrig" und ca. 3 % mit „keine". Inwieweit in unserer Studie die Tatsache, dass nur Schulen befragt wurden, die den kokoRU einführten, diesen Wert beeinflusst, lässt sich nicht abschätzen. Es könnte aber durchaus sein, dass sich insbesondere Schulen um den kokoRU bewerben, bei denen der Religionsunterricht ein gewisses Standing hat. Zumindest deutet die Dominanz von pädagogischen und kollegialen Motiven für die Einführung in diese Richtung.

4.2. Der kokoRU in NRW zwischen Anspruch und Wirklichkeit

Im konzeptuellen Modell dieser Evaluation wurde zwischen den Dimensionen der Organisation des kokoRU, seiner Durchführung und seiner Effekte unterschieden (vgl. Abb. 1). Alle drei Dimensionen werden im Folgenden dahingehend resümiert und diskutiert, dass die einschlägigen Erwartungen der Bezugsnorm zum kokoRU in NRW mit dem im Befund erfassten Ist-Stand verglichen und in die einschlägige religionsdidaktische Diskussion eingeordnet werden. Zuvor wird kurz darauf eingegangen, inwiefern die Voraussetzungen für den kokoRU in NRW erfüllt sind, die dieser religionsdidaktische Ansatz mit sich bringt. Den Abschluss des Kapitels bildet ein knappes Fazit über die Evaluation des kokoRU.

4.2.1. Die Voraussetzungen des kokoRU

In seinem Selbstverständnis stellt der kokoRU eine Form des konfessionellen Religionsunterrichts dar, die in besonderer Art und Weise die Konfessionalität des Christentums zum Ausdruck bringt. Gerade im Dialog zwischen Schüler*innen unterschiedlicher konfessioneller Zugehörigkeit soll die konfessionelle Grundstruktur der verschiedenen Lesarten und Lebensweisen des Christentums deutlich werden. Dieses Selbstverständnis beinhaltet jedoch mehrere Voraussetzungen: Erstens wird davon ausgegangen, dass bei den Schüler*innen ein zumindest noch rudimentäres konfessionelles Selbstverständnis vorhanden ist, denn ohne ein solches würde dem kokoRU die Basis auf Seiten der Schüler*innen fehlen. Zweitens bedarf es auf Seiten der Lehrpersonen einer Zielperspektive für den Religionsunterricht, die konfessionsbezogene Bildungsziele zumindest nicht ausschließt. Ohne den grundsätzlichen Willen zu einer solchen Bildung kann der kokoRU nur sehr eingeschränkt geplant und didaktisch arrangiert werden. Drittens ist es für den kokoRU aber darüberhinaus geradezu existenziell, dass die Lehrpersonen auch gewillt sind, ihre eigene Konfessionalität in den Religionsunterricht einzubringen. Ist es doch gerade der Lehrerwechsel, der das besondere Lernangebot dieser Organisationsform konfessionellen Religionsunterrichts ausmacht. Für die Akzeptanz des kokoRU ist darüber hinaus hilfreich, wenn die Voraussetzungen drei und vier auch von den anderen Akteuren anerkannt werden. Viertens schließlich muss diese Organisationsform selbst von den Akteueren geschätzt werden; denn die Zukunft des kokoRU hängt auch davon ab, dass religiöses Lernen in gemischt-konfessionellen Lerngruppen auf Zustimmung trifft. Im Folgenden wird diskutiert, inwiefern diese vier Voraussetzungen in NRW in den gezogenen Stichproben gegeben sind.

Die Konfessionalität der Schüler- und Religionslehrerschaft

Eine fehlende religiöse Sozialisation der Schüler*innen gehört zu den stabilen Befunden einschlägiger Studien. Sie zeigt sich auch in den bisherigen Untersuchungen zum kokoRU. Schon die Evaluation aus Baden-Württemberg von 2006 hält als Problemanzeige das Fehlen von konfessionellen Prägungen als Schwierigkeit des konfessionell-kooperativen Unterrichtens fest: „Während Lehrkräfte in der Regel konfessionell geprägt sind, stellen sie diese Konfessionalität mit Blick auf die Schülerinnen und Schüler aus didaktischen Gründen oft zurück [...]. Schülerinnen und Schüler werden von den Lehrkräften selten als konfessionell geprägt angesehen. Viel häufiger wird genannt, dass Konfession kein Thema sei, das für die Schülerinnen und Schüler von Interesse wäre.“ (Schweitzer et al., 2006, S. 136)

Diese Problemanzeige wird in der vorliegenden Evaluation vor allem in den Moderatoreninterviews und in den Gruppengesprächen formuliert (vgl. Zimmermann et al., 2021a), aber sie klingt auch an in den Antworten auf die offenen Fragen durch die Lehrpersonen: Einige Lehrer*innen bringen klar zum Ausdruck, dass ein konfessionelles (Selbst-)Bewusstsein bei den meisten Schüler*innen nicht vorhanden und konfessionelle Fragen lebensweltlich wenig relevant erscheinen, was eine der größten Herausforderungen des konfessionell-kooperativen Lernarrangements darstelle.

Allerdings zeigt die Befragung der Schüler*innen, dass ca. ein Viertel von ihnen solche authentischen Sprechsituationen bedienen können sollten. Denn es gibt durchaus Kinder und Jugendliche, die relativ regelmäßig einen Gottesdienst besuchen, beten oder sogar die Präsenz Gottes in ihrem Leben erfahren. Würde unterrichtlich im Modus der konfessionellen Positionierung gearbeitet, könnte diese Perspektive – zumindest von dieser Gruppe ausgehend – somit auch für den Rest der Lerngruppe exemplarisch erschlossen werden, indem auf deren lebensweltliche, erfahrungsbezogene Perspektive zurückgegriffen wird. Gleichzeitig bleibt aber festzuhalten, dass es sich bei diesen Schüler*innen durchgängig um eine Minderheit handelt, der eine Mehrheit an Kindern und Jugendlichen gegenübersteht, die kaum auf konfessionsspezifische Erfahrungen zurückgreifen können.

In didaktischer Hinsicht bleibt deshalb zu fragen, inwiefern die theoretisch vorausgesetzte Ausgangssituation konfessionell-kooperativen Lernens im kokoRU tatsächlich angetroffen wird. So sind Formen von Anforderungssituationen, wie sie sich in der Literatur finden und auf ein konfessionsbezogenes Selbstverständnis *aller* rekurrieren, nicht für die ganze Klasse tauglich, weil nur eine Minderheit der Schüler*innen in kokoRU-Klassen eine solch erfahrungsbezogene konfessionelle Perspektive einbringen können, auf die der kokoRU aber in besonderer Weise angewiesen ist. Auch ist es alles andere als trivial, im Unterrichtsgeschehen immer wieder auf die wenigen Kinder oder Jugendlichen zurückzugreifen, die eine konfessionelle Perspektive einbringen könnten, wenn man Stigmatisierungen vermeiden will. Außerdem kann kaum davon ausgegangen werden, dass diejenigen, die noch ein gewisses Maß an konfessionsbezogener Praxis zeigen, in dieser Hinsicht auch gesprächsfähig sind. Als didaktische Anfrage bleibt damit festzuhalten, ob und wie Konstellationen authentischen Sprechens angeleitet und in den Religionsunterricht eingebracht werden können, sodass bei den Schüler*innen Prozesse einer Perspektivenverschränkung und Ansätze von Standpunktfähigkeit bewirkt werden, obwohl ein großer Teil der Lerngruppe eben keinerlei bzw. kaum lebensweltliche religiös-konfessionelle Erfahrungen mitbringt.

Diese Befunde mahnen nochmals eine gewisse Bescheidenheit an, wenn es um die erwartbaren Lerneffekte des kokoRU geht. Diese Organisationsform konfessionellen Lernens kann – wie auch der herkömmliche Religionsunterricht –

nicht die Defizite der religiösen Erziehung in Elternhaus und Gemeinde kompensieren. In diesem Sinn erscheint es umso bemerkenswerter, dass die Schüler*innen tatsächlich über konfessionelle Gemeinsamkeiten und Unterschiede ins Gespräch zu kommen scheinen. Kritiker könnten einwerfen, dass das ja gerade das explizite Ziel dieser Organisationsform sei und deshalb kaum als Erfolg verkauft werden könne. Praktiker wissen jedoch um die vielfältigen Diskrepanzen zwischen Zielsetzung und dem Erreichen von Zielen. Dass der kokoRU in den Augen der Befragten dennoch seine zentralen Ziele erreicht, ist demnach durchaus bemerkenswert.

Bei den Lehrpersonen scheint dagegen ein konfessionelles Bewusstsein gegeben zu sein. Im Fragebogen zeigen die evangelischen Befragten ein klares evangelisches Profil, indem sie deutlich den einschlägigen Überzeugungen zustimmen. Bei den katholischen Befragten stellt sich die Lage etwas komplexer dar, denn sie stimmen zwar den typisch katholischen Überzeugungen stärker zu als ihre evangelischen Kolleg*innen. Allerdings stimmen sie auch Überzeugungen zu, die nicht zu einer römisch-katholischen Ekklesiologie passen. Das konfessionelle Profil der katholischen Lehrpersonen erweist sich somit nicht als unkritische Kopie einer römisch-katholischen Doktrin – was auch kaum realistisch erwartet werden konnte.[34] Zudem scheint das konfessionelle Profil bei jüngeren Befragten – in beiden Gruppen – schwächer ausgeprägt zu sein als bei älteren. Auch in Bezug auf die Identifikation mit der eigenen Konfession sind Unterschiede zwischen evangelischen und katholischen Lehrkräften festzustellen; denn die evangelischen Befragten identifizieren sich mit ihrer Konfession durchschnittlich stärker als die katholischen.

Bei der Interpretation dieser Befunde wird man kaum übersehen können, dass es die römisch-katholische Kirche Deutschlands ihren Gläubigen und auch ihren Vertreter*innen wie den Religionslehrkräften bereits zum Zeitpunkt der Befragung nicht gerade leicht gemacht hat, sich zu ihr zu bekennen. Besonders engagierte Katholik*innen – und die Ergebnisse zum Engagement weisen die katholischen Befragten als besonders engagiert aus – mussten und müssen sich fragen, inwiefern der zögerliche und nach wie vor weitgehend intransparente Umgang mit dem Missbrauch der Sendung dieser Kirche widerspricht. Auch der sich in diesem Umgang deutlich abzeichnende Klerikalismus, inklusive der Weigerung signifikanter Bischöfe, sich mit diesem Phänomen auseinanderzusetzen, und die Position der Kirche zur Rolle der Frau machen eine Identifikation mit der eigenen Kirche nicht leichter. Ungeachtet dieses zeitgenössischen Hintergrundrauschens, wird die Frage nach der Rolle des Papstes auch innerhalb der

34 Dass die Grenzen in vielerlei Hinsicht fließend sind, zeigt der Befund, dass 39 % der evangelischen Befragten dem Item zustimmen, dass die Eucharistie die Mitte des kirchlichen Lebens darstelle. Nimmt man die immer noch kirchentrennenden Differenzen zwischen Abendmahl und Eucharistie ernst, gäbe es – um mit Karl Rahner zu sprechen – einen nennenswerten Anteil „anonymer Katholiken“ unter den evangelischen Befragten.

katholischen Kirche immer wieder kontrovers diskutiert, und die eucharistische Zuspitzung in der römisch-katholischen Kirche war im Alltag nie so selbstverständlich, wie in einschlägigen kirchenamtlichen Dokumenten dargestellt.

Überträgt man diesen Befund auf mögliche Konsequenzen für den kokoRU, eröffnen das die Chance, dass in ihm vor allem die römisch-katholische Kirche lebendiger und vielfältiger erscheint, als sie gemeinhin wahrgenommen wird. Sollte das gerade im Zusammenhang mit dem katholischen Religionsunterricht jüngst immer wieder verwendete Bild der Lehrperson als „Brückenbauer" zwischen Schule und Kirche (vgl. DBK, 2005, S. 34–36) ernst gemeint sein, könnte gerade die Heterogenität des konfessionellen Profils der katholischen Lehrpersonen, sofern im Habitus einer kritischen Solidarität (vgl. DBK, 1996, S. 60) ihrer Kirche gegenüber geäußert, manches Zerrbild von dieser Kirche überwinden helfen. Dass man diese Diskussion nicht für den Fall der evangelischen Kirche führen muss, spricht für sich.

Bildungsziele für den Religionsunterricht

In dieser Evaluation wurde die Abfrage von Bildungszielen für den Religionsunterricht nur den erwachsenen Befragten vorgelegt. Auf der Ebene der einzelnen Items ergibt sich die aus vergleichbaren Religionslehrkräftestudien bekannte breite Zustimmung zu den meisten Zielperspektiven (z. B. Feige et al., 2000, S. 226; Rothgangel et al., 2017, S. 41f.; Pirner, 2022, S. 43–47.). Wenig überraschend ist auch, dass Ziele mit klarem gesellschaftlichem Bezug, wie etwa eine allgemeine Werterziehung, Identitätsbildung u.a. von nahezu allen Befragten gewünscht werden, während die Zustimmung zu Items mit konfessionellem Fokus stetig abnimmt. In diesem Sinn bewegen sich die Befunde der Evaluation im Rahmen dessen, was man erwarten konnte – und deuten im Umkehrschluss darauf hin, dass die Samples dieser Evaluation keine Verzerrungen im Vergleich mit den bisher befragten Samples aufweisen. Erstaunlich ist, dass sowohl die Befragung der Lehrkräfte als auch die der Schulleitungen und Eltern tendenziell übereinstimmt. Während bei den Schulleitungen und den Eltern die Vermittlung allgemeiner Werte an der Spitze steht, nimmt für die Lehrkräfte die „Orientierung zur Identitätsbildung" die Spitzenstellung ein. Am Ende der Präferenzliste steht jeweils die Zustimmung zur „Beheimatung der Schüler*innen in der eigenen Kirche" und zu „Formen gelebter Religion einüben" und bekommt nur noch von knapp der Hälfte aller Befragten Zustimmung.

Weiterführend für diese Diskussion scheinen uns die Faktoranalysen zu sein, denn sie decken die Muster auf, gemäß derer die Befragten die verschiedenen Zielperspektiven wahrnehmen. Der erste markante Unterschied zwischen den drei Samples ist, dass bei den Lehrpersonen drei Faktoren rekonstruiert werden konnten, während es bei den Eltern und Schulleitungen nur zwei sind. In theoretischer Perspektive erscheint diese Differenz plausibel, denn von Lehrpersonen kann erwartet werden, dass sie das Zielspektrum differenzierter wahrnehmen als Eltern und Schulleitungen. Kritisch könnte man einwenden, dass andere Studien zu den Zielvorstellungen des Religionsunterrichts bei Lehrkräften zu weit differenzierteren Befunden kommen. So können in Nordrhein-Westfalen sechs Faktoren rekonstruiert werden (vgl. Rothgangel et al., 2017, S. 43–44) und in Baden-Württemberg sieben (vgl. Feige et al., 2005, S. 93.98). In diesen Studien reagierten die Befragten aber auf deutlich längere Itemlisten, was diese Unterschiede statistisch erklärt.

Beim Blick auf die Faktoren selbst fällt auf, dass in allen drei Gruppen zwischen einer religiösen bzw. konfessionsbezogenen Dimension und einer lebensweltlichen Dimension unterschieden wird. In dieser Differenz spiegelt sich eine komplementäre Sinnbestimmung des Religionsunterrichts wider, dessen Unterrichtsgegenstand auf der einen Seite Religion (im konfessionellen Religionsunterricht besonders in ihrer jeweiligen konfessionellen Spielart) ist, dieser Unterrichtsgegenstand auf der anderen Seite lebens- bzw. gesellschaftsbezogen thematisiert wird. Dass sich die Faktorbezeichnung auf beiden Dimensionen unterscheiden, liegt an ihrer konkreten Zusammensetzung. So lädt z. B. das Item „theologisches Fachwissen vermitteln" bei den Eltern auf den religiösen Faktor, während es bei den Lehrpersonen einen eigenen Faktor stimuliert. Will man die Faktorbezeichnungen ausdeuten, spielt die allgemein-religiöse Dimension im entsprechenden Faktor der Eltern eine etwas größere Rolle, während es bei den parallelen Faktoren der Lehrkräfte und der Schulleitungen die konfessionsbezogenen Items sind.

Schließlich liegt es im Erwartungsspektrum, dass die Lehrpersonen im theologischen Geschäft ein eigenes Antwortmuster erkennen, während dieses für die beiden anderen Gruppen einen Teil des religiösen bzw. konfessionsbezogenen Lernens ausmacht. Interessanterweise können auch Feige und Tzscheetzsch in ihrer Befragung baden-württembergischer Religionslehrkräfte einen solchen Faktor rekonstruieren (vgl. Feige et al., 2005, S. 93.98), während sich die einschlägigen Items in der Befragung von Lehrpersonen in Nordrhein-Westfalen auf mehrere Faktoren verteilen (vgl. Rothgangel et al., 2017, S. 45–46). Letzteres erstaunt, weil diese Befragung in derselben Region und zeitnah zur vorliegenden Evaluation stattgefunden hat. Der einzige Unterschied zwischen beiden Erhebungen ist, dass sich Rothgangel et al. ausschließlich auf evangelische Religionslehrpersonen bezogen haben, während die vorliegende Evaluation Lehrkräfte beider Konfessionen adressiert. Allerdings rekonstruieren Feige und Tzscheetzsch ihre Faktoren auf je einem evangelischen und einem katholischen Teilsample und finden in beiden Samples einen eigenen theologiebezogenen Faktor. Hier besteht weiterer Forschungsbedarf.

Für die Evaluation des kokoRU kann aber festgehalten werden, dass sich die grundsätzlichen Perspektiven auf das Zielspektrum des Religionsunterrichts derjenigen, die mit dieser Organisationsform konfessionellen Unterrichtens und Lernens befasst sind, nicht wesentlich von denjenigen unterscheiden, die sich auf den herkömmlichen Religionsunterricht beziehen. Und hinsichtlich der Voraussetzungen des kokoRU kann festgehalten werden, dass eine konfessionsbezogene Zielperspektive für den Religionsunterricht bei allen von uns Befragten eine Zustimmung bekommt. Dass diese etwas geringer ist als eine allgemeinbildende Zielperspektive ist im Blick auf die Voraussetzungen kein Problem.

Einschätzung der Positionalität von Lehrpersonen

Ausgehend von Artikel 7 Abs. 3 Grundgesetz, wird Religionsunterricht positionell, in Übereinstimmung mit den Grundsätzen der Religionsgemeinschaften erteilt. Voraussetzung auch des kokoRU ist deshalb eine wie auch immer geartete Positionalität der Lehrkraft. Deshalb wurde die Positionalitätsabfrage in Aufnahme der Items der Studie von Pohl-Patalong et al. (2017, S. 262f.) in allen befragten Gruppen verwendet.

Zum Thema Positionalität liegen Befunde sowohl von Schulleiter*innen, als auch von Eltern, Lehrkräften und den Schüler*innen vor. In allen Gruppen bewerten ca. drei Viertel es als (eher) positiv, wenn die Lehrkraft sagt, dass sie an Gott glaubt (Schulleitungen: 84 %; Lehrkräfte: 81 %; Eltern: 67 %; Schüler*innen: 63 %) und von ihren Erfahrungen mit Gott erzählt (Schulleitungen: 71 %; Lehrkräfte: 78 %; Eltern: 70 %). Durchgängig zeigt dies eine positive Bewertung der Positionalität der Religionslehrkraft, die allerdings ihre deutliche Grenze dort hat, wo die Lehrkraft versucht, Schüler*innen von ihrem Glauben zu überzeugen (Ablehnung von Schulleitungen: 67 %; Lehrkräfte: 74 %; Eltern: 73 %; Schüler*innen: 67 %).

Dieses Ergebnis korrespondiert mit dem erfragten Rollenverständnis der Lehrer*innen. Nur 36 % der Befragten verstehen sich selbst als „neutrale/r Wissens-vermittler*in", wohingegen jeweils 80 % ein authentisches Beispiel geben wollen und sich als Vermittler*in des christlichen Glaubens begreifen. Dass authentisches Beispiel und Vermittlung des christlichen Glaubens nicht ohne Weiteres mit der Kirche identifiziert zu werden scheinen, zeigt der Befund, dass sich etwa 30 % weniger als „Vertreter*in der Kirche" sehen.

Mit Blick auf den kokoRU ist es besonders aufschlussreich, dass sein Kernanliegen – das Herausarbeiten der Gemeinsamkeiten und Unterschiede der Konfessionen – von nahezu allen Beteiligten begrüßt wird. Bei den Schülerinnen geben 70 % an, dass sie es gut finden, wenn die Lehrperson im Religionsunterricht die Gemeinsamkeiten der Konfessionen verdeutlicht. Zudem begrüßen es 59 %, wenn die Lehrperson die Unterschiede zwischen Evangelischen und Katholischen deutlich macht. Bei den Lehrpersonen liegt der Anteil derjenigen, die das eine oder das andere für nicht gut erachten, jeweils unter 10 %. Auch nahezu alle Eltern begrüßen es, wenn im Religionsunterricht die Gemeinsamkeiten zwischen dem evangelischen und dem katholischen Glauben herausgearbeitet werden (91 %). Und immer noch 68 % beurteilen es als „gut" oder „sehr gut", im Religionsunterricht Unterschiede zwischen beiden Konfessionen herauszuarbeiten. Ähnliche Werte finden sich auch bei den Schulleitungen. In der Summe ist die Zustimmung zur Erarbeitung von Gemeinsamkeiten also etwas größer als die Erarbeitung von Unterschieden. Insgesamt stößt das, was der kokoRU erreichen will, also auf die Zustimmung der überwiegenden Mehrheiten in allen Gruppen.

Ein interessantes Detail dieser Bilanz ist, dass sich die Befragten nicht einig sind, ob die Kritik an der Kirche zu dem gehört, was sie von Lehrpersonen im Religionsunterricht erwarten. Diese Facette von Positionalität wird von 22 % der Schüler*innen begrüßt, aber auch von 33 % abgelehnt. Bei den Lehrpersonen votieren 50 % für die Antwortoption „teils/teils". Im Rest der Stichprobe überwiegt die Anerkennung dieser Haltung (37 %) gegenüber deren Ablehnung (13 %). Bei den Eltern können 36 % einer solchen Kritik etwas abgewinnen, 25 % lehnen sie aber auch ab. Und unter den Schulleitungen neigen ebenfalls etwas mehr zu einer Akzeptanz von Kirchenkritik im Religionsunterricht (über 30 %) als zu deren Ablehnung (knapp 20 %). In allen befragten Gruppen stellt die unentschiedene Mittelposition damit den größten Anteil und der Rest der Stimmen ist auf die zustimmende und ablehnende Position verteilt. Kirchenkritik als Ausdruck der Positionalität einer Religionslehrkraft ist somit ein umstrittener Aspekt, wenn es darum geht, seinen Glauben im Religionsunterricht zum Ausdruck zu bringen.

Eine letzte, in der Evaluation abgefragte Option dieser Positionalität war das Ausprobieren religiöser Vollzüge wie Beten, Meditieren oder Segnen. Hier ergibt sich eine interessante Differenz zwischen den Schüler*innen und den Erwachsenen. Auf der einen Seite sind die Anteile von Zustimmung, Unentschlossenheit und Ablehnung bei den Schüler*innen weitgehend ausgeglichen. Im Durchschnitt sind sich die Lernenden also nicht sicher, ob sie den probeweisen Vollzug religiöser Ausdrucksformen als Ausdruck der Positionalität einer Lehrperson im Unterricht gutheißen sollen oder nicht. Bei den Erwachsenen in den Samples überwiegen dagegen die zustimmenden Voten. Die Lehrer*innen stimmen diesem Item mehrheitlich zu, kommen aber auch auf einen bemerkenswerten Anteil an Antworten in der Kategorie „teils/ teils". Auch bei den Eltern und den Schulleitungen liegen 60 % bzw. 65 % der Antworten im zustimmenden Bereich, während 25 % der Befragten die Mittelkategorie wählen. In der Summe finden sich bei den erwachsenen Befragten in der Evaluation nur wenige ablehnende Stimmen, wenn es darum geht, dass eine Lehrperson ihre Positionalität im unterrichtlichen Angebot religiöser Vollzüge ausdrückt. Das ist insofern interessant, weil man sich einig darin ist, dass der Religionsunterricht kein Ort ist, an dem die Lehrpersonen die Schüler*innen vom eigenen Glauben überzeugen dürfen. Aus sozialisatorischer Perspektive ist das Hineinnehmen in eine konkrete Praxis aber ein geeignetes Mittel, solches zu tun. Es bedürfte einer genaueren Untersuchung dieser Einstellung, wieso die Erwachsenen hier mehrheitlich keine Gefahr einer Indoktrination sehen. In der religionsdidaktischen Reflexion des performativen Ansatzes jedenfalls wird der Freiwilligkeit und Selbstbestimmtheit im probeweisen Durchgang durch religiöse Vollzüge eine große Aufmerksamkeit gewidmet (vgl. Dressler, 2008; Mendl, 2008, S. 72–84).

Im Vergleich der verschiedenen Gruppen wird zumindest ein Dilemma deutlich: Religion lässt sich nicht allein nur über kognitive Auseinandersetzung erfahren, notwendig sind darüber hinaus auch Erfahrungen mit religiösen Ausdrucksformen; so geben das Schulleitungen, Eltern und Lehrkräfte in unserer Befragung mehrheitlich an. Didaktische Inszenierungen, die das im Unterricht und nicht in Form von außerunterrichtlichen Angeboten, wie z. B. Gottesdiensten, anbahnen, werden allerdings von ca. einem Drittel der Schüler*innen abgelehnt; ein Drittel ist unsicher. Mit einer solchen Gruppe ist es dann aber kaum möglich, positive Erfahrungen mit Formen von Meditation, Segen oder Gebet zu machen, weil diese die Gemeinschaft der Glaubenden brauchen, die erst eine Atmosphäre bewirkt, in der solche Erfahrungen angebahnt werden könnten. Das gilt für den konfessionellen Religionsunterricht, aber auch besonders für den kokoRU, weil hier die konfessionell spezifischen rituellen Formen selbst für einen Teil der konfessionell Vertrauten eher fremd sind. Ob man deshalb im kokoRU lieber gänzlich auf solche unterrichtlichen Formen verzichten sollte, wie das z. B. in Schleswig-Holstein schon weitgehend Realität ist, gilt es zu diskutieren.

Präferierte Organisationsform

Wenn es um die weitergehende Etablierung des kokoRU in NRW geht, ist die grundsätzliche Einschätzung von möglichen Organisationsformen des Religionsunterrichts durch die beteiligten Gruppen von großem Interesse, weil diese Einschätzung Hinweise auf eine mögliche Zugänglichkeit zu existierenden oder neuen Organisationsformen geben kann.

In der Evaluation stößt der kokoRU in allen vier befragten Gruppen auf Zustimmung. Da sich die Frageformate in den vier Stichproben etwas unterscheiden, können die konkreten Werte nur bedingt miteinander verglichen werden. So bevorzugen zwar nur 23 % der Schüler*innen den kokoRU gegenüber den anderen vorgeschlagenen Formaten wie konfessioneller Religionsunterricht, interreligiöser Religionsunterricht, Religionskunde oder der grundsätzliche Verzicht auf religiöse Bildung in Form von Unterrricht an der Schule. Das reicht aber deutlich für den zweiten Platz in der Beliebtheitsrangliste, weil 54 % der Schüler*innen den Unterricht im Klassenverband vorziehen. Bei den Lehrpersonen ist der kokoRU mit 53 % der Befragten, die ihn auf Rang 1 der Liste setzen, das attraktivste Modell unter den angebotenen Alternativen. Unter den Eltern reichen 27 % für Rang 1, um zusammen mit dem interreligiösen Unterricht, der ebenfalls von 27 % auf Rang 1 gesetzt wurde, für den geteilten ersten Platz der Rangliste. Und bei den Schulleitungen findet der kokoRU eine Zustimmung von

80 %. Insgesamt erweist sich der kokoRU somit als Modell des Religionsunterrichts, das für alle Beteiligten – wenn auch mit unterschiedlicher Deutlichkeit – einen gangbaren Weg für die Zukunft dieses Fachs darstellt.

Die Bedeutung dieses Befunds zeigt sich, wenn man auch die Platzierungen des herkömmlichen konfessionellen Religionsunterrichts heranzieht. Unter den Schüler*innen findet diese Option die geringste Zustimmung (8 %) und landet noch hinter der Option, ganz auf den Religionsunterricht zu verzichten (15 %). Von den Lehrpersonen wird der herkömmliche Religionsunterricht auf Platz 3 bzw. Platz 4 mit 12 % Zustimmung verwiesen, praktisch gleichgewichtig wie das religionskundliche Modell (10 %). Bei den Eltern reichen 11 % Zustimmung lediglich für Platz 4 bzw. Platz 5, ebenfalls praktisch gleichauf mit dem religionskundliche Unterricht (10 %). Und unter den Schulleitungen findet der herkömmliche Religionsunterricht nahezu keine Zustimmung. Der Abstand zum kokoRU ist augenscheinlich.

Wenn man nach organisatorischen Alternativen zum kokoRU sucht, sind das in allen vier Gruppen der interreligiöse Unterricht bzw. der Religionsunterricht im Klassenverband. Da in der Evaluation dezidiert nach Organisationsformen gefragt wurde und nicht nach damit verbundenen didaktischen Konzepten, ergibt sich der Befund, dass ein Religionsunterricht dann auf Zustimmung stößt, wenn er möglichst viele Kinder und Jugendliche einer Klasse adressiert. Im kokoRU sind es die evangelischen und katholischen Schüler*innen, womit in einigen Regionen NRWs bereits das Gros der Klasse abgebildet wird. Im interreligiösen Modell sind es neben den christlichen Kindern oder Jugendlichen auch die muslimischen, jüdischen, buddhistischen etc., was in den restlichen Regionen NRWs bereits sehr viele Schüler*innen des regulären Klassenverbands betrifft. Beim Klassenunterricht ist es qua Definition die gesamte Klasse, also auch die religionsfreien Schüler*innen. Religion an der Schule soll somit sowohl für die Schüler*innen, aber auch für die Eltern und die Schulleitungen im gemeinsamen Gespräch über die konfessionellen und religiösen Grenzen hinweg erteilt werden. Das gilt prinzipiell auch für die befragten Lehrpersonen, wenn auch deren Schwerpunkte auf dem konfessionsübergreifenden Gespräch liegt. Letzteres ist plausibel, wenn man unterstellt, dass gerade Lehrpersonen die Konsequenzen für sich selbst bei ihrer Antwort mitbedacht haben: Ein interreligiöser Unterricht setzt umfangreiches Wissen über die nicht-christlichen Religionen voraus, das die meisten Befragten wahrscheinlich erst erwerben müssen.

Der Wunsch zu einem konfessions- und religionsübergreifenden Religionsunterricht wird dadurch unterstrichen, dass die Option, gänzlich auf den Religionsunterricht zu verzichten, in keiner der vier Gruppen auf eine größere Zustimmung stößt. Auch ein alternativer Ethikunterricht kommt auf keine nennenswerten Anteile von Zustimmung. Offensichtlich finden die Vorwürfe von humanistischer Seite, der Religionsunterricht indoktriniere und verhindere eine rationale Wertbildung, in allen vier Gruppen keinen Widerhall. Bei den

Lehrpersonen konnte das erwartet werden, bei den Schüler*innen, Eltern und Schulleitungen nicht ohne Weiteres.

Mit dieser Bilanz steht die Evaluation des kokoRU nicht alleine. Auch die Befragung evangelischer Religionslehrer*innen in Nordrhein-Westfalen ergab eine Präferenz für die Kooperation im Religionsunterricht über die konfessionellen Grenzen hinweg (vgl. Rothgangel et al., 2017, S. 82), die Evaluationen der kooperativen Modelle in Hessen (vgl. Gennerich et al., 2021) und in Niedersachsen (vgl. Gennerich & Mokrosch, 2016, S. 75 u.ö.) arbeiteten den Wunsch der Religionslehrpersonen nach einer stärkeren ökumenischen Orientierung dieses Faches heraus; evangelische Lehrpersonen aus Schleswig-Holstein präferieren den Religionsunterricht im Klassenverband (vgl. Pohl-Patalong et al., 2016, S. 220), und in Baden-Württemberg bevorzugten die Lehrkräfte eindeutig den Religionsunterricht im Klassenverband oder ein kooperatives Modell zwischen den christlichen Konfessionen (vgl. Feige et al., 2005, S. 56).

Insgesamt dürfte der kokoRU in der Entwicklung des Religionsunterrichts also ein Schritt in die richtige Richtung sein. Ob es sich hierbei um einen für die nähere Zukunft hinreichenden Schritt handelt, muss angefragt werden. Zwar sprechen sich alle Gruppen für die Weiterführung dieses Modells aus, bei den Eltern wird aber sehr deutlich, dass sie sich eine Erweiterung seiner Zugänge um muslimische und säkulare Perspektiven wünschen. In der Religionsdidaktik werden religions-kooperative (z. B. Riegel, 2018; Schambeck, 2020) oder interreligiöse Modelle (Obermann, 2005) diskutiert, die das Spektrum des Religionsunterrichts über die christlichen Konfessionen hinaus weiten. Und mit dem revidierten Hamburger „Religionsunterricht für alle“ steht ein praktiziertes Modell zur Verfügung, das verschiedene Religionen und christliche Konfessionen in diesen Unterricht integriert (vgl. Bauer, 2019).

4.2.2 Die Organisation des kokoRU

Mit der Organisation des kokoRU werden diejenigen Aspekte erfasst, die sich auf dessen Einführung an den Schulen beziehen. Es geht hierbei zum einen um die Einhaltung der formalen Vorgaben für diese Organisationsform konfessionellen Unterrichtens und Lernens, zum anderen aber auch um die Beurteilung der verschiedenen Prozesse, die im Verlauf seiner Einführung notwendig sind, namentlich um die Gründe seiner Einführung, das Antragsverfahren, die Qualität der Fortbildungen und den Aufwand der Vorbereitung auf das konfessionell-kooperative Unterrichten.

Formale Vorgaben: Lerngruppe und Lehrerwechsel

Die formalen Vorgaben für den kokoRU in NRW beziehen sich auf die Form der Beantragung und die Durchführung (vgl. BASS 1205 Nr. 1). In dieser Evaluation wird davon ausgegangen, dass die Formalia der Antragstellung durch die zuständigen kirchlichen und staatlichen Behörden im Rahmen des Antragsverfahrens geprüft wurden. Deshalb wurden hier nur die Formalia erfragt, die sich auf die Organisation des kokoRU vor Ort beziehen, nämlich die Zusammensetzung der Lerngruppe und den Lehrerwechsel.

Für die Zusammensetzung der Lerngruppe wird lediglich vorausgesetzt, dass evangelische und katholische Schüler*innen sich gemeinsam mit Religion auseinandersetzen. Darüber hinaus genießen Schüler*innen, die einer anderen christlichen Konfession, einer anderen Religion oder auch keiner Religion angehören, Gastrecht. Die Vorgaben zum Lehrerwechsel sagen aus, dass innerhalb einer Doppeljahrgangsstufe mindestens einmal eine evangelische und eine katholische Lehrkraft den kokoRU erteilen muss, wobei die konkrete Form dieses Wechsels den organisatorischen Notwendigkeiten vor Ort gerecht werden kann.

Das Kriterium der Zusammensetzung der Lerngruppen dürfte in allen Fällen erfüllt sein, was nicht weiter überrascht. Instruktiv ist der Befund, dass lediglich 6 % der befragten Lehrpersonen angeben, nur evangelische und katholische Schüler*innen in ihrer Lerngruppe anzutreffen. In 93 % der Fälle sind auch religionsfreie Kinder oder Jugendliche anwesend, in 66 % der Fälle auch Schüler*innen einer anderen christlichen Konfession und in 62 % der Fälle Lernende einer nicht-christlichen Religion. Der kokoRU in NRW erarbeitet die Gemeinsamkeiten und Unterschiede zwischen der evangelischen und der katholischen Lesart des christlichen Glaubens somit in der Regel in religiös heterogenen Lerngruppen. Über die Hälfte der befragten Lehrer*innen (56 %) gibt an, dass der Anteil nicht-evangelischer und nicht-katholischer Schüler*innen höher als 5 % liegt; weitere 9 % sagen, dass diese Kinder und Jugendlichen mehr als ein Drittel der Lerngruppe ausmachen.

Diese Zusammensetzungen der Lerngruppen könnte ein sensibles Detail des kokoRU widerspiegeln, denn manche Kritik zielt darauf ab, dass diese Organisationsform der Einstieg in den Religionsunterricht im Klassenverband sei. Tatsächlich dominiert unter den befragten Lehrkräften der Unterricht auf Klassenebene (58 %). Diese Angaben korrespondieren mit den Auskünften der Schulleitungen, denn auch hier wird in 60 % der Schulen die Lerngruppe des kokoRU aus Schüler*innen einer Klasse gebildet. Gegen die formalen Vorgaben verstößt eine solche Praxis nicht, solange die Schüler*innen, die weder evangelisch noch katholisch sind, sich freiwillig für eine Teilnahme am kokoRU entscheiden können. Pädagogisch lässt sich diese Praxis gut begründen, insofern sie das Lernarrangement erhält, welches die Kinder und Jugendlichen aus den anderen Unterrichtsfächern gewohnt sind. Gerade dem konfessionellen Religionsunterricht wird häufig vorgeworfen, dass er etablierte Lerngruppen auseinanderreißt und zu großer Unruhe in der Organisation des Schulalltags führt. Angesichts dieses Szenarios ist der hohe Anteil von Lerngruppen, die auf der Grundlage vorfindlicher Klassenstrukturen organisiert werden können, nicht positiv genug einzuschätzen. Der kokoRU in NRW scheint den pädagogischen Anfragen an den konfessionellen Religionsunterricht so zumindest zum Teil den Wind aus den Segeln zu nehmen. Außerdem liegen die Anteile nicht-evangelischer und nicht-katholischer Kinder und Jugendlicher in den Lerngruppen der Vergleichsgruppe höher. Es spricht also einiges dafür, dass der kokoRU nicht dazu herangezogen wird, den Religionsunterricht als Klassenunterricht anzubieten. Eher deuten die Angaben darauf hin, dass er es den Schulen ermöglicht, das Fach Religion innerhalb der gegebenen Klassenstruktur anbieten zu können. Allerdings melden wenige Elternteile zurück, dass sie den Eindruck hätten, der kokoRU würde genutzt, um im Religionsunterricht große Lerngruppen mit über 30 Schüler*innen bilden zu können. Inwiefern diese Beobachtung zutrifft oder sogar für eine verbreitete Praxis steht, müsste eigens geprüft werden.

Gemäß den Angaben der Lehrkräfte wechseln mehr als ein Drittel zum neuen Schuljahr, d. h. im Sommer (38 %) und 7 % während des Schuljahres. Fast ein Drittel (32 %) wechselt für ein bestimmtes Projekt, was bedeutet, dass die Lerngruppe durch eine Lehrperson einer Konfession unterrichtet wird und die Lehrperson der anderen Konfession für ein Projekt die Klasse übernimmt. 16 % der Befragten geben an, dass an ihren Schulen überhaupt kein Lehrkraftwechsel durchgeführt wird. Schließlich geben 8 % an, mit einem alternativen Modell zu arbeiten, das keiner der vorgegebenen Kategorien entspricht. In diesem Fall gab es die Möglichkeit zu einer Freitextantwort. Analysiert man diese Antworten, so zeigt sich, dass etliche Fälle mehr oder weniger der Kategorie „Wechsel für Projekt“ entsprechen. Darunter fallen z. B. Lösungen, bei denen die Lehrperson der anderen Konfession für eine Unterrichtssequenz die Lerngruppe übernimmt. Etwa die Hälfte der Antworten im Freitextfeld entspricht solchen Modellen. Weitere häufiger genannte Positionen sind eine gemeinsame Vorbereitung, dann aber ein Unterrichten ohne Lehrkraftwechsel, sowie ein Lehrkraftwechsel in einem anderen Intervall, z. B. für ein Halbjahr in einem Zwei-Jahres-Zeitraum. Berücksichtigt man diese Antworten, ist festzuhalten, dass in über 80 % der Fälle kokoRU gemäß Erlass, d. h. mit Lehrkraftwechsel durchgeführt wird.

Der Lehrerwechsel scheint ebenso weitgehend gemäß den Vorgaben zu funktionieren. Orientiert man sich an den Angaben der Schulleitungen, findet in jeweils knapp der Hälfte der Fälle ein solcher Wechsel während des Schuljahrs bzw. zum Schuljahreswechsel statt. Ergänzt man die Aussagen der Lehrpersonen, scheint es sich beim unterjährigen Lehrerwechsel vor allem um einen projektbezogenen Wechsel zu handeln, denn 32 % der befragten Lehrpersonen antworten entsprechend. Das bedeutet, dass die Lerngruppe durch eine Lehrperson einer Konfession unterrichtet wird und die Lehrperson der anderen Konfession für ein Projekt die Klasse übernimmt. Alle diese Spielarten des Lehrerwechsels entsprechen den eher liberal angelegten Vorgaben.

Gegen diese verstoßen lediglich die Schulen ohne jeglichen Lehrkraftwechsel. Hierbei unterscheiden sich die Angaben der Schulleitungen und der Lehrer*innen: Bei den Schulleitungen geben 15 Schulen (7 %) an, dass es bei ihnen keinen Lehrkraftwechsel gibt; unter den befragten Lehrer*innen sind es 16 %, die entsprechend Auskunft geben. Geht man davon aus, dass pro Schule mehrere Lehrpersonen auf den Fragebogen reagiert haben, relativiert sich diese Differenz. Allerdings bleibt es dabei, dass in mindestens 7 % der Fälle die Vorgaben zum Lehrerwechsel nicht eingehalten werden. Das erschwert vor allem die Umsetzung der didaktischen Prinzipien dieser Organisationsform, denn dadurch kann ein möglicher Perspektivenwechsel auf Seiten der Schüler*innen durch den Wechsel der Lehrkraft nicht angebahnt werden.

Perspektivisch betrachtet, könnte es eine Überlegung wert sein, inwiefern der verpflichtende Lehrkraftwechsel Schulen veranlasst hat, keinen kokoRU zu beantragen. So sind die teilnehmenden Schulen zum größten Teil mit den Deputatsanteilen in Evangelischer und Katholischer Religion zufrieden. Evtl. wären auch Schulen mit einer weniger guten Ausstattung mit den entsprechenden Deputaten an dieser Organisationsform des konfessionellen Religionsunterrichts interessiert, können die vorliegenden Vorgaben aber nicht erfüllen. Erste Einblicke in die qualitativen Daten der Regionalkonferenzen verweisen zumindest darauf, dass es z. T. sehr schwer ist, in einer der beiden beteiligten Konfessionen ein hinreichendes Deputat für einen Lehrkraftwechsel zu organisieren (Riegel et al., 2021, S. 208–210).

Das sogenannte „Team-Teaching" wurde nicht in die Abfrage aufgenommen, weil es nach Rücksprache mit Moderator*innen nicht als kokoRU an den Schulen in NRW praktiziert wird. Auch in den Freitextantworten nennen die Lehrkräfte dieses Modell kein einziges Mal. Ein ähnliches Ergebnis zeigt die Studie von Gennerich und Mokrosch (vgl. Gennerich & Mokrosch, 2016, S. 62): Hier geben für Niedersachsen nur 1 % der Lehrkräfte an, eine solche Form des konfessionell-kooperativen Unterrichts praktiziert zu haben. Auch in Hessen verweist der niedrige Mittelwert von $m = 1{,}33$ auf eine ähnlich schwache praktische Relevanz des Team-Teachings (vgl. Gennerich et al. 2021, S. 91). Nennenswerte Anteile erreicht diese Form des Unterrichtens eigentlich nur im ersten Modellversuch zum kokoRU in Baden-Württemberg, wo die Hälfte der analysierten Religionsstunden gemeinsam von einer evangelischen und einer katholischen Lehrperson verantwortet wurden (vgl. Schweitzer et al., 2006, S. 77–87). So sehr das Team-Teaching also dem didaktischen Konzept eines konfessionell-kooperativen Lernens entspricht, so aufwändig scheint es in seiner Umsetzung. Nüchtern betrachtet, dürfte kaum eines der Kollegien vor Ort groß genug sein, um Team-Teaching zu realisieren, außerdem würden die vorhandenen Lehrdeputate der beteiligten Personen das nicht ermöglichen.

Schließlich kann noch festgehalten werden, dass die Schulen, die den kokoRU einführen, dies nach Möglichkeit flächendeckend tun. In den befragten

Grundschulen wird praktisch der gesamte Religionsunterricht konfessionell-kooperativ erteilt, in den weiterführenden Schulen trifft das auf die Jahrgangsstufen 5 und 6 zu. Vermutlich wird der kokoRU an den weiterführenden Schulen von unten nach oben aufgebaut, was den Rückgang der Prozentanteile in den Jahrgangsstufen 7 bis 10 erklären könnte. Aber selbst in den ältesten Jahrgängen werden fast zwei Drittel des Religionsunterrichts als kokoRU angeboten. Für die Schulen, die sich für den kokoRU bewerben, scheint er ein Erfolgsmodell zu sein.

Gründe der Einführung

Sichtet man die vorliegende Literatur auf die Gründe für eine Einführung des kokoRU, werden oft schulorganisatorische Aspekte genannt, wie etwa kleine Lerngruppen oder die Möglichkeit, den Religionsunterricht aus der sog. „Grauzone" herauszuführen (vgl. Kießling et al., 2018, S. 21). In den Texten, die eine Bezugsnorm für eine Evaluation des kokoRU darstellen, werden allerdings lediglich pädagogische und theologische Gründe genannt. So könne der kokoRU in pädagogischer Hinsicht wichtige Kompetenzen wie Pluralitätsfähigkeit oder Differenzkompetenz ermöglichen (vgl. EKD, 2014, S. 56); denn im didaktischen Setting dieser Organisationsform seien sowohl Einheit als auch Verschiedenheit erfahrbar (vgl. Bayer-Wied, 2011, S. 399), was die Schüler*innen dazu befähige, „Gemeinsamkeiten und Unterschiede der beiden Konfessionen zu benennen und in diesen eigene Prägungen oder Lebenselemente einordnen zu können" (Hoppe, 2008, S. 97). In theologischer Hinsicht wird erhofft, dass der kokoRU „auf ein produktives Neuerschließen christlicher Weltdeutungsweisen im dialogischen Begegnungsraum der Ökumene" (Lindner & Simojoki, 2018, S. 92) ziele.

Tatsächlich spielten sowohl für die befragten Lehrpersonen als auch für die Schulleitungen pädagogische Gründe („gemeinsames Lernen"; „Erhalt der Klassengemeinschaft") eine zentrale Rolle für die Einführung des kokoRU. Theologische Gründe erachten beide Gruppen dagegen für eher untergeordnet, die zwar auch als wichtig erachtet werden, in beiden Gruppen im Durchschnitt aber eben nicht als sehr wichtig.

Wenn es um die Einschätzung der Bedeutung schulorganisatorischer Gründe bei der Einführung des kokoRU geht, divergieren die Lehrpersonen und die Schulleitungen. Für die Lehrkräfte handelt es sich hierbei um das wichtigste Motiv, während nur knapp die Hälfte der Schulleitungen entsprechende Items als „wichtig" oder „eher wichtig" einstuft. Über die Gründe dieser Divergenz kann hier nur spekuliert werden. Allerdings finden sich ähnliche Ergebnisse zu den hier untersuchten Schulleitungen in den Befragungen von Schulleitungen in Baden-Württemberg (vgl. Kuld et al., 2009; Schweitzer & Biesinger, 2002); auch dort ist der Erhalt der Klassengemeinschaft das vordringlichste Motiv für die Einführung des kokoRU. Die These, dass die Schulleitungen den kokoRU nutzen, um ihre organisatorischen Probleme vor Ort mit dem Religionsunterricht zu lösen, ist gemäß den vorliegenden Befunden somit zu schlicht. Es ist – zumindest auf Datenebene – eben nicht so, dass im kokoRU von den Schulleitungen ‚nur' das am einfachsten zu organisierende Modell aus pragmatischen Gründen gewählt wird. Pädagogische Gründe scheinen für diese Entscheidung ebenfalls eine wichtige Rolle zu spielen. Natürlich kann damit gerechnet werden, dass der kokoRU auch eingeführt wird, um den Mangel an Schüler*innen einer Konfession oder den Mangel an Religionslehrpersonen zu kompensieren. Auch dürfte die Vereinfachung der Stundenplanung eine gewisse Rolle spielen. Alles das verstößt aber nicht gegen die Bezugsnorm des kokoRU. Vieles spricht dafür, dass der kokoRU eine Organisationsform des Religionsunterrichts darstellt, die sowohl die Mehrheit der befragten Schulleitungen als auch die Mehrheit der befragten Lehrpersonen pädagogisch überzeugt hat und ihnen hilft, diesen Unterricht vor Ort zu organisieren. Sie liegen damit innerhalb der Grenzen, die die Bezugsnorm dem kokoRU setzt.

Dass theologische Motive auf Seiten der Schulleitungen hierbei keine große Rolle spielen, dürfte wenig überraschen. Dass die befragten Lehrpersonen diese Motive deutlich zurückhaltender einschätzen als z. B. ihre Kolleg*innen aus Niedersachsen und Hessen, dürfte an den unterschiedlichen Fragestellungen liegen. Während in den beiden zuletzt genannten Studien nach Zielpräferenzen für den kokoRU gefragt wird (vgl. Gennerich et al., 2021; Gennerich & Mokrosch, 2016), ging es der vorliegenden Evaluation um die Einschätzung der Relevanz verschiedener Motive bei der Einführung des kokoRU. Ob die Einführung des kokoRU stärker durch theologische Motive begründet sein sollte, ist eine normative Frage, die bereits in sich unterschiedliche Akzente trägt. Betonen die einen im kokoRU z. B. seine ökumenische Orientierung, fokussieren andere eher die Einsicht in die Eigenständigkeit beider Konfessionen.

Gänzlich ohne Bedeutung für die Einführung des kokoRU war laut Auskunft sowohl der Lehrpersonen wie auch der Schulleitungen ein evtl. Elternwunsch. Aus den Daten lässt sich nicht schließen, ob die Eltern im Vorfeld der Einführung gar nicht gefragt wurden, ob es keine entsprechenden Willensäußerungen von Elternseite gab, oder ob solche Äußerungen für die Entscheidung in der Schule keine Rolle spielten. Die Entscheidung pro oder contra kokoRU scheint im Binnenraum der Schule zu fallen.

Antragsverfahren

Das Antragsverfahren für den kokoRU sieht eine Reihe von Unterlagen vor, die bei den zuständigen Stellen einzureichen sind (s. o.). Es wurde von den Schulleitungen als leidlich transparent eingestuft, wobei die kirchlichen Stellen etwas besser abschneiden als die staatlichen. In den Freitextantworten wird dieses Verfahren lediglich an sehr wenigen Stellen erwähnt. So wird angefragt, ob man die Verlängerung des kokoRU eigens beantragen müsse, und allgemein der „Abbau bürokratischer Hürden" gefordert. In dieser Hinsicht werden z. B. der Umfang und die Dauer des Verfahrens angesprochen. Alles in allem scheint das Antragsverfahren somit sowohl von den Schulleitungen als auch von den Lehrpersonen im Rückblick als bewältigbar eingestuft zu werden.

Das ist insofern nicht trivial, als dieses Verfahren gerade auf Regionalkonferenzen zu teils heftigen Klagen Anlass gegeben hat (vgl. Riegel et al., 2021). Letzteres kann natürlich durch die konkrete Zusammensetzung einer Regionalkonferenz bedingt sein, etwa indem die Motivation unzufriedener Lehrer*innen, an einer solchen Aussprache teilzunehmen, höher sein könnte als die zufriedener Kolleg*innen. Denkbar ist auch, dass die Dynamik von Gruppendiskussionen Probleme stärker betont als gelungene Aspekte. Vielleicht erklärt sich diese Divergenz aber auch durch die unterschiedlichen Zugänge zum Untersuchungsgegenstand: War die Organisation auf der Regionalkonferenz das zentrale Thema einer Gesprächsrunde, stellte sie in der Befragung der Schulleitung einen Punkt unter vielen dar und wurde im Fragebogen der Lehrpersonen als möglicher Aspekt einer offenen Frage adressiert.

Aus der Perspektive der quantitativen Daten kann zumindest festgehalten werden, dass der in den Gruppendiskussionen nachvollziehbar dargestellte Aufwand z. B. zur Erstellung des schulspezifischen Curriculums in den Antworten der Fragebögen keine Rolle mehr gespielt hat. Das Antragsverfahren scheint somit mehrheitlich nicht als derart aufwändig empfunden worden zu sein, dass es noch die Aufmerksamkeit bündelt, sobald der kokoRU angelaufen ist. Dennoch könnten die spezifischen Hinweise aus beiden Befragungen herangezogen werden, um zu überlegen, inwiefern der bürokratische Prozess der Einführung von kokoRU abgespeckt bzw. beschleunigt werden kann, ohne das Mindestmaß an verfahrenstechnischen Standards und Auskünften zu unterschreiten, das es braucht, um den kokoRU seriös im Schulalltag zu verankern.

Qualität der Fortbildungen

Eine der konkreten Unterstützungsmaßnahmen der Kirchen in der Qualifikation der Lehrpersonen für den kokoRU sind die beiden Fortbildungen, die grundsätzlich in die Antragstellung und Organisation dieser Form konfessionsbezogenen Unterrichtens und Lernens einführen (Typ A) und die damit einhergehende Didaktik vorstellen (Typ B).

Diese Fortbildungen werden von den Lehrpersonen mehrheitlich als nützlich erachtet. Auch die Mehrheit der Schulleitungen gibt diesen Weiterbildungsangeboten eine gute bis sehr gute Bewertung. Die einzig nennenswerte Kritik an diesen Veranstaltungen ergibt sich aus dem Wunsch nach vermehrten Angeboten in der Nähe der einzelnen Schulen. Ob solche standortnahen Veranstaltungen machbar und angesichts der in vielen Regionen NRWs dichten Besiedelung notwendig sind, kann hier nicht abgeschätzt werden. Es liegt aber nahe, dass die durch die Corona-Pandemie stimulierte Kompetenz in internet-basierten Veranstaltungen genutzt werden kann, um durch virtuelle Formate dem Wunsch nach standortnahen Fortbildungen gerecht zu werden.

Allerdings fällt auf, dass ein Großteil (56 %) der antwortenden Lehrpersonen nur *eine* Fortbildung besucht hat und 11 % überhaupt keine. Im Rahmen der eher liberalen Vorgaben, gemäß denen lediglich eine evangelische und eine katholische Lehrperson eine Fortbildung des Typs A besucht haben muss, um vor Ort den kokoRU einzuführen, sind diese Werte plausibel. Gleichzeitig erklärt diese vglw. niedrige Fortbildungsquote nicht die insgesamt große Zufriedenheit mit der Qualifikation für das neue Unterrichtsformat. Letzteres könnte daran liegen, dass die Kommunikation der zentralen Inhalte an den Schulen gut gelingt und Fortbildungsinhalte entsprechend schulintern an die anderen Kolleg*innen der Fächergruppe weitergegeben werden. So schätzen Lehrkräfte z. B. das informelle Gespräch im Kolleg*innenkreis als wirksamste Maßnahme der Vorbereitung auf den kokoRU ein. Diese Tendenz wird auch durch andere Studien bestätigt. So werden z. B. bei Gennerich et al. (2021, S. 96) die geführten Gespräche bei Fachkonferenzen und der Austausch mit Kolleg*innen als am hilfreichsten im Kontext der konfessionellen Kooperation angesehen.

Mit Blick auf die eigene Institution soll noch ein letztes Detail der Rückmeldungen zur Qualifikation auf den kokoRU diskutiert werden: Mit 38 % mahnt ein bemerkenswert großer Teil der befragten Lehrpersonen eine bessere Vorbereitung an der Universität an. Auf der einen Seite ist dieser Wunsch plausibel; denn viele der Befragten dürften die Universität zu einer Zeit besucht haben, als der kokoRU noch kein didaktisches Konzept dargestellt oder sich erst in seinen Kinderschuhen befunden hat. Ein entsprechendes Lehrangebot dürfte zu dieser Zeit kaum zuverlässig angetroffen worden sein. Auf der anderen Seite richtet dieser Wunsch den Blick auf die aktuellen Curricula in der Lehrerbildung an den theologischen Fakultäten und Institutionen. Angesichts der aktuellen Verbreitung des kokoRU (vgl. Sajak, 2022) scheint es notwendig zu sein, diese Unterrichtsform als festen Bestandteil in den Modulplänen auszuweisen. Hier stehen die theologischen Fakultäten und Institute in der Pflicht.

Aufwand der Vorbereitung

Eine spezifische Bezugsnorm für die Vorbereitung des neuen Unterrichtsformats gibt es nicht. Dennoch liegt es nahe, dass eine derartige Unterrichtsform nur bedingt mit vorliegendem Unterrichtsmaterial und alten Stundenentwürfen bewältigt werden kann.

Der Aufwand für die fachliche Vorbereitung bei der Einführung des kokoRUs für die Lehrkräfte wird von nur gut einem Drittel als groß eingeschätzt (36 %). Etwas größer sind diese Anteile bei der religionsdidaktischen Vorbereitung (46 %) und bei der Kommunikation mit den Schulakteuren (44 %). In allen diesen

Fällen sind es aber weniger als die Hälfte der Befragten, die die jeweilige Vorbereitung als aufwändig einstufen. Das liegt anders, wenn es um organisatorische Vorbereitungen geht; denn hier sind es 58 % der Lehrpersonen, die diesen Aufwand als „groß“ oder „eher groß“ einstufen.

Worin dieser organisatorische Aufwand konkret besteht, lässt sich aus den Wünschen der Lehrpersonen erschließen: Hier steht Unterrichtsmaterial, das auf das didaktische Setting des kokoRU abgestimmt ist, an oberster Stelle (vgl. Gennerich et al., 2021, S. 97; Gennerich & Mokrosch, 2016, S. 57), gefolgt vom Wunsch nach einem einheitlichen Kerncurriculum, Fortbildungen zu spezifischen Themen des kokoRU und Schulbüchern für diese Organisationsform des Religionsunterrichts. Offensichtlich ist noch keine hinreichende Materialbasis für das didaktische Setting des kokoRU vorhanden, sodass dieses von den Lehrpersonen selbst organisiert bzw. erstellt werden muss. Dem Wunsch nach Kerncurricula und Schulbüchern kann sicher durch die Veröffentlichung konkreter Unterrichtsreihen bzw. -materialien bzw. durch Erweiterungen bzw. Überarbeitungen der Kerncurricula nachgekommen werden. Hier sind wir optimistisch, dass sich mit der Etablierung dieser Organisationsform des konfessionellen Religionsunterrichts auch einschlägiges Material und curriculare Vorgaben entwickeln werden.

Weiterhin zeigt die Evaluation, dass die Vorbereitung auf den kokoRU vor allem im informellen Gespräch vor Ort erfolgt. Die Fachschaft vor Ort scheint der entscheidende ‚Maschinenraum‘ für die Gestalt und die Qualität des kokoRU an den einzelnen Schulen zu sein. Dass die Durchsicht von Unterrichtsmaterial keine große Rolle spielt, liegt wegen des diagnostizierten Materialmangels nahe. Allerdings scheinen die Lehrpersonen auch nicht bereit zu sein, wissenschaftliche Texte zu dieser Organisationsform zu lesen. Vor diesem Hintergrund kann gefragt werden, welche Wirksamkeit einschlägige Themenhefte religionspädagogischer Zeitschriften entfalten könnten.

Angesichts dieses Befunds scheint es uns zentral zu sein, wie das informelle und kollegiale Miteinander vor Ort gestärkt und unterstützt werden kann. In diesem Sinn könnten die religionspädagogischen Institute etwa ein Modul anbieten, das die Absprachen vor Ort und bei der organisatorischen Einführung des kokoRUs unterstützt, was gerade auch in den offenen Antworten immer wieder als schwierig eingestuft wurde. Denkbar wären auch online-Angebote, die Inhalte bzw. Materialien zur Verfügung stellen, die vor Ort bzw. digital abgerufen werden können. Mit den religionspädagogischen Instituten unterhalten beide Kirchen hier schlagkräftige Institutionen, die diesen Service kompetent vorhalten könnten.

4.2.3. Die Durchführung des kokoRU

Zur Durchführung des kokoRU gibt es statt einer wohldefinierten Bezugsnorm einen religionsdidaktischen Diskurs, der Eckpunkte einer konfessionell-kooperativen Didaktik zur Verfügung stellt. Dieser Diskurs wird im Folgenden knapp rekapituliert, um dann in seinem Horizont die Befunde zu allgemeinen Erfahrungen mit dem kokoRU und zur Realisierung kokoRU-spezifischer Lernchancen zu diskutieren.

Eckpunkte einer konfessionell-kooperativen Didaktik

Demnach thematisiert der kokoRU in seinem Kern die Gemeinsamkeiten und Unterschiede zwischen den beteiligten Konfessionen. In diesem Sinn wird erwartet, dass die unterrichtlichen Begegnungen mit Konfessionalität „authentisch" sind, was dann erreicht wird, „wenn eine Konfession von den ihr angehörigen Interaktionspartnern so dargestellt wird, dass die Anderskonfessionellen sie verhältnismäßig vollständig und unverzerrt wahrnehmen können und wenn die Darstellungsweise außerdem so geartet ist, dass keine direkt oder indirekt abqualifizierenden Impulse bezüglich der anderen Konfession mitkommuniziert werden" (Kuld et al., 2009, S. 60; vgl. auch DBK, 2016, S. 32). Als didaktisches Leitprinzip eines solchen Unterrichts schlägt Woppowa die „Perspektivenverschränkung" vor, d. h. es sollte eine angemessene mehrperspektivische Auswahl der Lerngegenstände geben und die Unterrichtsinhalte wären dann aus unterschiedlichen konfessionellen Perspektiven zu erschließen. Dabei geschieht „Lernen durch und in Perspektivenübernahmen" (Woppowa, 2015b, S. 14; vgl. auch Woppowa, 2017a).

Es geht im kokoRU also um Dialog statt um die Einebnung von Unterschieden auf den kleinsten gemeinsamen Nenner. Das Gegenüber dürfe nicht vorschnell auf das scheinbar Gemeinsame reduziert werden, eher müssten „Unterschiede dauerhaft Unterschiede machen" (Kießling et al., 2018, S. 119). Kooperative Modelle dürften aber „auch nicht dazu benutzt werden, diese Differenzen unaufhörlich in den Mittelpunkt des Unterrichts zu stellen" (Kießling et al., 2018, S. 126). In seiner Summe ist guter konfessionell-kooperativer Religionsunterricht keine Konfessionskunde, sondern folgt der existenziellen Suche nach Wahrheit und legt konfessionelle Prägungen und Positionen offen.

Allgemeine Erfahrungen mit dem kokoRU

Befunde zu allgemeinen Erfahrungen mit dem kokoRU können den Befragungen der Schüler*innen, der Lehrer*innen und der Eltern entnommen werden. Im Fragebogen der Schüler*innen bezog sich ein Instrument darauf, für wie vertrauensvoll sie die Atmosphäre im kokoRU erachten. Ein solcher safe space ist notwendig, um authentisch und unbefangen über die eigenen konfessionellen Prägungen sprechen und die Perspektiven der anderen Konfession ausprobieren zu können. Die Antworten der Schüler*innen zeigen deutlich, dass sich die Lehrpersonen im kokoRU mehrheitlich um einen fairen Umgang miteinander kümmern. Den Lehrpersonen scheint es wichtig zu sein, dass man ehrlich zueinander ist, und sie passen auf, dass niemand schlecht über Mitschüler*innen spricht. In der Folge geben über die Hälfte der Befragten an, dass sie sich trauen, sich im Unterricht zu melden (60 %) oder vom eigenen Glauben zu erzählen (55 %). Vergleicht man diese Ergebnisse mit vergleichbaren Befunden aus Schleswig-Holstein (zur Akzeptanz von Meinungen: Pohl-Patalong et al., 2017, S. 271) oder Bayern (zum Lerngruppengefühl vgl. Schwarz, 2021, S. 252), entspricht der kokoRU in NRW dem, was andere Schüler*innen zur Atmosphäre in ihrem Unterricht berichten.

Diese Angaben korrespondieren mit der Wahrnehmung der Lehrpersonen, dass der kokoRU in den meisten Fällen die Gemeinsamkeiten im Glauben und die Klassengemeinschaft stärkt. Eine gestiegene Motivation bei den Schüler*innen im Vergleich zum herkömmlichen Religionsunterricht sehen die Lehrkräfte dagegen nicht mehrheitlich. Zum entsprechenden Item finden sich ebenso viele zustimmende wie ablehnende Antworten. In manchen Fällen scheint das konfessionell-kooperative didaktische Setting also das Interesse der Schüler*innen am Religionsunterricht zu steigern, in anderen nicht.

Zum inhaltlichen und methodischen Portfolio dieser Organisationsform geben die offenen Antworten der Eltern einige Hinweise. So erzählen die Kinder ihren Eltern häufig, dass sie im Religionsunterricht die Themen „(Vor-)Weihnachtszeit“, „Bibelgeschichten“ und „Weltreligionen“ durchgenommen hätten. Erklärt sich das Weihnachtsthema durch den Zeitpunkt der Befragung, fällt bei den anderen beiden Themen auf, dass sie eigentlich neutral sind im Hinblick auf die konfessionell-kooperativ zusammengesetzte Lerngruppe. Vereinzelt werden auch konfessionssensible Themen angesprochen, wie etwa eine Umfrage zu dem, was es heißt, evangelisch bzw. katholisch zu sein. Positiv gewendet, könnte man daraus schließen, dass der kokoRU sich nicht ausschließlich auf konfessionell kontroverse Themen konzentriert, sondern sich dem normalen Curriculum des Religionsunterrichts verpflichtet fühlt. Eine thematische Rekonfessionalisierung im Religionsunterricht findet demnach nicht statt. Etwas kritischer interpretiert, scheint es dem kokoRU nicht zu gelingen, seine spezifischen inhaltlichen Zugänge zu den Konfessionen so zu thematisieren, dass dieses besondere Profil von den Eltern wahrgenommen wird. Ob das daran liegt, dass die Kinder in vielen Fällen erst ein halbes Jahr kokoRU erfahren haben, oder ob die Kinder zu Hause vom kokoRU so erzählen, dass er als regulärer Religionsunterricht erscheint, kann hier nicht abgeschätzt werden.

Wenn es um Unterrichtsmethoden geht, wird vor allem von Gruppenarbeiten berichtet. Hier könnte sich ein Gestaltungselement niederschlagen, das im kokoRU eine besondere Wertschätzung erfährt, denn Arbeiten in Gruppen erlaubt sowohl inhaltliche Auseinandersetzungen mit Kindern oder Jugendlichen der gleichen Konfession wie auch der anderen Konfession. Ferner werden besondere Aktionen wie die Besuche von Kirchen und Moscheen genannt. Beides gehört heute zwar zum Standardrepertoire eines nicht nur kognitiv ausgerichteten Religionsunterrichts, der Besuch der Kirchen beider Konfessionen stellt jedoch auch einen Klassiker konfessionell-kooperativen Arbeitens dar, insofern sich in der Gestaltung von Kirchenräumen die Eigenart einer Konfession anschaulich ausdrückt. Diese wenigen methodischen Hinweise erlauben keinen Schluss darauf, inwiefern der kokoRU in NRW ein eigenständiges methodisches Profil entwickelt. Sie passen aber zum Methodenportfolio, das Hiller und Schnabel-Henke in Modellversuchen der beruflichen Oberstufe im kokoRU in Baden-Württemberg beobachten konnten (vgl. Hiller & Schnabel-Henke, 2022, S. 79).

Alle diese Beobachtungen weisen darauf hin, dass der kokoRU im Wesentlichen im Rahmen des didaktischen Ideals erteilt wird, wie es im einschlägigen religionspädagogischen Diskurs zur Sprache gebracht wird. Allerdings finden sich in den offenen Antworten der Lehrer*innen auch Beobachtungen, die eine Sollbruchstelle dieses Ansatzes formulieren: Weil die Schüler*innen mehrheitlich nicht mehr konfessionell sozialisiert seien, laufe der kokoRU dort ins Leere, wo er das konfessionelle Bewusstsein der Schüler*innen adressiere. Manchmal wird dieses Defizit kognitiv gewendet und das fehlende Wissen der Kinder und Jugendlichen beklagt, wenn es um die beiden Konfessionen geht. Dieses Dilemma ließe sich durch einschlägige Sachinformationen lösen. Stärker ins Gewicht fallen diejenigen Äußerungen, die den Schüler*innen jegliches konfessionelle Bewusstsein absprechen. Damit fehlt dem existenziellen Anspruch des kokoRU ein Ansatzpunkt auf Seiten der Lernenden. Eine Kolleg*in formuliert entsprechend: „Daher müsste man überlegen, den RU komplett neu zu denken, um dieser Entwicklung der Areligiösität gerecht zu werden." Dass es sich hierbei um ein virulentes didaktisches Problem handelt, zeigen auch die Diskussionen der Regionalkonferenz (Zimmermann et al., 2021a). Es scheint sich im konfessionell-kooperativen Setting nochmals profilierter zu stellen als im herkömmlichen Religionsunterricht (vgl. Kropač, 2018).

kokoRU-spezifische Lernchancen

Neben diesen allgemeinen Erfahrungen haben wir sowohl die Schüler*innen als auch die Lehrpersonen gefragt, inwiefern die kokoRU-spezifischen Lernchancen zur Standpunktfähigkeit, zum Perspektivenwechsel und zur Dialogfähigkeit eingelöst werden. Die Kinder und Jugendlichen erinnern sich vor allem an Unterrichtsszenarien, die sich auf die Standpunktfähigkeit beziehen. Sie waren angehalten, ihre Meinungen zu begründen, sollten sich überlegen, wie ihr eigener Standpunkt in einer Sache ist, und haben von ihrem eigenen Glauben erzählt. Alle diese Aktivitäten wurden in den Augen von mindestens einem Drittel der

Schüler*innen häufig in ihrem Religionsunterricht von ihnen verlangt. Aktivitäten dagegen, die einen Perspektivenwechsel erfordern oder einen Dialog über die Konfessionen stimulieren, werden von den Befragten deutlich weniger stark ausgeprägt erinnert. So liegt der Anteil derjenigen, die in ihrem kokoRU entsprechende Aktivitäten häufig erleben, in der Regel unterhalb von 20 %.

Hier ergibt sich eine interessante Differenz zu den Angaben der Lehrpersonen, denn diese erachten mehrheitlich die Übungen zum Perspektivenwechsel als wirksam. So sind es vor allem die Fähigkeiten, die Sichtweise anderer Konfessionen einzunehmen und sich in andersgläubige Personen hineinzuversetzen, die die Lehrkräfte bei ihren Schüler*innen am häufigsten wahrnehmen. Deutlich schwächer ausgeprägt sind in den Augen der Lehrpersonen die Lernerfahrungen, dass die Schüler*innen einen eigenen Standpunkt entwickeln, ein Bewusstsein für ihren Glauben schaffen oder mit der eigenen Konfession vertraut werden.

Aus beiden Befunden kann man ableiten, dass der kokoRU Lernerfahrungen bereithält, die seinem didaktischen Setting entsprechen. Ob er sich dadurch vom herkömmlichen Religionsunterricht unterscheidet, kann nicht sicher abgeschätzt werden. Interpretiert man die Beobachtung Rudolf Englerts, dass die sachkundliche Dimension im Religionsunterricht immer stärker dominiert (vgl. Englert et al., 2014), als allgemeingültige Aussagen über diesen Unterricht, eröffnet der kokoRU überdurchschnittliche viele Lernchancen, die der konstitutiven Rationalität des Weltzugangs, den er repräsentiert, gerecht werden. Allerdings dürfte auch der herkömmliche Religionsunterricht Gelegenheiten bieten, einen eigenen Standpunkt zu entwickeln oder sich in die Perspektive anderer hineinzuversetzen. Ob sich diese Gelegenheiten in ihrer didaktischen Feinstruktur von denen im kokoRU unterscheiden, müsste eigens untersucht werden.

Abschließend sei noch erwähnt, dass die Schüler*innen fast ausschließlich selten oder nie eine Diskussion darüber erlebt haben, welcher Glaube der richtige sei. Ob es im kokoRU solche Diskussionen geben muss, kann kontrovers diskutiert werden. Auf jeden Fall scheint der kokoRU in dieser Hinsicht dem Zeitgeist zu genügen, der eine prinzipielle Gleichwürdigkeit aller Religionen annimmt und Diskussionen über ihren subjektiven Anspruch eher ausblendet. Gleichzeitig markiert diese Haltung eine Bruchstelle zum Ideal des kokoRU, das gerade den existenziellen Anspruch dieser Organisationsform konfessionsbezogenen Unterrichtens und Lernens betont: Hier sollen im respektvollen Dialog die subjektiven Ansprüche der beteiligten Konfessionen verhandelt werden. Wie das im kokoRU gelingen kann, ohne dass eine entsprechende Diskussion in eine kontroverstheologische Rechthaberei mündet, scheint didaktisch noch nicht wirklich aufgeklärt zu sein. Zumindest erinnern sich die Schüler*innen mehrheitlich nicht an derartige Aktivitäten, was nahelegt, dass sie von den Lehrpersonen im kokoRU selten angesteuert werden. Dass es sich hierbei um kein singuläres Problem des kokoRU handelt, zeigen die Analysen Hanna Rooses zur Verwirklichung kindertheologischer Ansprüche im Religionsunterricht (vgl. Roose,

2019): Auch hier werden diskursive Ansätze eines Theologisierens mit Kindern nur in Spurenelementen angetroffen.

4.2.4. Die Effekte des kokoRU

Das didaktische Ideal zum kokoRU mündet in konkrete Erwartungen dessen, welche Kompetenzen die Kinder und Jugendlichen, die diese Form des Religionsunterrichts besuchen, erwerben sollten. Sie werden wiederum knapp rekapituliert, um in ihrem Horizont die Befunde der Evaluation zu den Effekten des kokoRU zu diskutieren.

Kompetenzerwartungen im kokoRU

Die Bandbreite der Kompetenzerwartungen im kokoRU reicht vom Wissen über die Konfessionen über die Ausbildung eines eigenverantwortlichen Standpunkts hinsichtlich Religion und Konfession bis hin zur Ausbildung eines konfessionellen Bewusstseins.

So soll im kokoRU erreicht werden, dass die Schüler*innen die Konfessionen „in angemessener Form beschreiben können, sie miteinander in Beziehung bringen und sich selbst dazu ins Verhältnis setzen können“ (Schweitzer et al., 2006, S. 97). Deutlich formuliert dieses Zitat ein kognitives Lernziel, welches durch das eher affektiv getönte „sich ins Verhältnis setzen“ ergänzt wird. Konfessionsbezogenes Wissen kann damit als erste Kompetenzerwartung im kokoRU festgehalten werden.

Dass sich die Schüler*innen in diesem didaktischen Setting zusätzlich zu diesem Wissen ins Verhältnis setzen sollen, verweist darauf, dass für den kokoRU auch erwartet wird, dass die Schüler*innen zur Ausbildung eines persönlichen verantworteten Standpunkts im Hinblick auf Religion und Glaube befähigt werden, was sowohl die Vertiefung des Vertrauten als auch die Konfrontation mit dem Fremden beinhaltet (vgl. Woppowa, 2015b, S. 9). Man beachte, dass bei dieser Konstruktion mit der „Vertiefung des Vertrauten“ eine Nähe der Schüler*innen zu ihrer ‚eigenen‘ Konfession unterstellt wird, die bereits bei der Analyse der allgemeinen Erfahrungen mit dem kokoRU von den Lehrpersonen als Sollbruchstelle dieses didaktischen Ansatzes identifiziert wurde (s. o.). Gleichzeitig spricht Woppowa noch sehr allgemein von „Religion“. Es geht beim Standpunkt, der im kokoRU entwickelt werden soll, somit um die Fähigkeit, sich gegenüber Religion zu verhalten.

In vielen Ansätzen setzt ein solches Verhalten ein entsprechendes Bewusstsein voraus. „Konfessionelles Selbstbewusstsein und konfessionelle Sprach- bzw. Ausdrucksfähigkeit müssen in einem ersten Schritt vor allem als Lernziele des kooperativen Religionsunterrichts gefasst werden“ (Kießling et al., 2018,

S. 130), wobei sich die Konfessionalität des Unterrichts unter Umständen „anders als bisher Ausdruck verschafft“ (Kießling et al., 2018, S. 130). Kießling spricht hier nicht nur von einem individuellen Standpunkt der Schüler*innen, sondern von deren konfessionellem Bewusstsein, das er ausdrücklich als Lernziel des kokoRU ausweist. In eine ähnliche Richtung geht der Vorschlag, dass die Schüler*innen im kokoRU dazu angeleitet werden können, ihre Konfessionszugehörigkeit als verbindlich wahrzunehmen (vgl. Hoppe, 2008, S. 97).

Bedingungen der Messung von Effekten

Die vorliegende Evaluation orientiert sich an diesem Zielspektrum für den kokoRU, ohne dabei zu unterstellen, dass alle genannten Ziele in jedem Ansatz konfessionell-kooperativen Lernens eingefordert werden. Für den kokoRU in NRW kann dies jedoch angenommen werden, denn er will nicht nur „Verständnis für die Überzeugungen und Lebensformen der anderen Konfession“ wecken, sondern auch „ein vertieftes Bewusstsein der eigenen Konfession“ fördern (Platzbecker, 2019, S. 49). Sein Ziel ist es, zumindest „ansatzweise eine pluralitätsfähige, religiöse Identität herauszubilden“ (Platzbecker, 2019, S. 51). In diesem Sinn erfasst die vorliegende Evaluation das konfessionsbezogene Wissen der Schüler*innen als kognitiven Aspekt möglicher Lerneffekte im kokoRU und das Interesse an der anderen Konfession, die Einstellung gegenüber konfessioneller Vielfalt, die konfessionsspezifische Präferenz und die Identifikation mit der eigenen Konfession als affektive Aspekte derartiger Lerneffekte (s. o.).

Die Anlage der Untersuchung als längsschnittliches Prä-Post-Design erlaubt es, Veränderungen im konfessionsbezogenen Wissen der Schüler*innen zu erfassen und damit entsprechende Effekte auszuweisen. Eine solche Veränderung drückt sich als Differenz des einschlägigen Kennwerts im Prä-Test und seines Pendants im Post-Test aus. Allerdings kann im verwendeten Design nicht garantiert werden, dass diese Effekte notwendig direkt auf den kokoRU zurückgehen. Im Verlauf eines Schuljahres bei weitgehend in jeder Schule spezifischen Curricula für den kokoRU wirken so viele Faktoren auf das Wissen und die Einstellung der Schüler*innen, dass auch externe Faktoren eine Rolle spielen können, die nicht sämtlich methodisch kontrolliert werden können. In diesem Sinn gehen wir davon aus, dass in dieser Evaluation indirekte Effekte des kokoRU erfasst werden, d. h., dass das spezifische didaktische Setting des kokoRU bei den Schüler*innen Aufmerksamkeitsstrukturen aktiviert, die sie sowohl in der Schule als auch in ihrem Alltag für konfessionsbezogene Informationen besonders sensibilisieren.

Zusätzlich zu dieser methodischen Einschränkung des Testverfahrens haben die Maßnahmen im Rahmen der Corona-Pandemie zu weiteren Einschränkungen in der Reichweite der Daten geführt. Zum einen musste der kokoRU an den Schulen für einige Wochen eingestellt werden und wurde im Anschluss –

falls überhaupt – oft im Home-Schooling erteilt. Die spezifische didaktische Situation des kokoRU war im Testzeitraum somit nur zu maximal zwei Dritteln des Erhebungszeitraums gegeben. Darüber hinaus musste die Rekrutierung des Samples beim Post-Test gegenüber dem Verfahren beim Prä-Test geändert werden, was wesentlich zu einer sehr viel kleineren Stichprobe zu t_2 geführt hat. Ein weiterer Effekt der Corona-Einschränkung ist, dass das Sample der Vergleichsgruppe zu t_2 nicht nur sehr klein ist, sondern sich zusätzlich auf einzelne Schulen konzentriert, sodass man nicht von einem seriösen Vergleichshorizont sprechen kann.

Diese Einschränkungen führten dazu, dass in der vorliegenden Evaluation kein klassisches quasi-experimentelles Design auf einer nahezu repräsentativen Stichprobe ausgewertet werden kann, sondern die Veränderungen innerhalb einer Gelegenheitsstichprobe ohne Vergleichsgruppe zur Diskussion stehen. Angesichts der Erkenntnismöglichkeiten, die sich nach t_1 der Evaluation eröffnet haben, sind diese Einschränkungen mehr als bedauerlich. Angesichts der Herausforderungen, die sich im Vorfeld und im Verlauf der Erhebung der Daten zu t_2 gestellt haben, ist die Tatsache, überhaupt eine Gelegenheitsstichprobe im Prä-Post-Design zur Verfügung zu haben, mehr als erfreulich. Und angesichts der vielfältigen individuellen und sozialen Folgen der Corona-Pandemie sind diese Einschränkungen mehr als vernachlässigbar.

Kognitive Effekte

Im Rahmen der eben beschriebenen Kontingenzen wurden die kognitiven Effekte des kokoRU als Veränderungen im Allgemeinwissen zu beiden Konfessionen gemessen. Inhaltlich bezog sich dieses Allgemeinwissen auf Wissen über den Kirchenraum, über kirchliche Feste, über kirchliche Ämter und über zentrale konfessionelle Glaubensgrundsätze.

Der Befund zu möglichen kognitiven Lerneffekten fällt ernüchternd aus. Zwar liegen in 9 von 16 Fällen die Werte richtiger Antworten beim Post-Test über denen des Prä-Tests, was aber auch bedeutet, dass sich die Schüler*innen in 7 Fällen im Verlauf des Jahres kokoRU in ihrem Gesamtscore verschlechtern. Auch auf der Ebene individueller Lernbilanzen ergibt sich ein sehr heterogenes Bild von Verbesserungen und Verschlechterungen, die keinen Schluss auf einen Trend oder eine Entwicklung zulassen. Dass in der Regel zwei Drittel der Befragten in ihrem Wissensniveau pro Item stabil bleiben, deutet zumindest an, dass in der Beantwortung der Fragen mehrheitlich nicht wild geraten wurde, der Test also funktioniert hat.

Wichtiger als die Analyse auf Itemebene sind jedoch die Befunde auf der Ebene der vier Instrumente; denn die Tests waren so angelegt, dass mehrere Items das Wissen zu einem spezifischen Themenbereich erfassen sollen. Dieses Wissen wird in den Summenscores zum Kirchenraum, zu den Festen, zu den Ämtern und zu den Glaubensüberzeugungen abgebildet. Drei dieser Tests haben einen reproduktiven Charakter, insofern sie dieselben Items im Prä- und im Post-Test anbieten. In allen drei Tests ergeben sich signifikante Verbesserungen mit kleiner bis mittlerer Effektstärke. In der Summe steigert sich das Wissen der befragten Schüler*innen im Testzeitraum auf dem reproduktiven Niveau somit. Auf der einen Seite bestätigt diese nahezu durchgehende Tendenz zu leicht verbesserten Antwortscores im Verlauf des Schuljahres 2019/20 die Ausgangsthese, dass im kokoRU eine Aufmerksamkeit für Konfessionalität geweckt wird, die sich in einer gesteigerten Wahrnehmung derartiger Phänomene im Alltag ausdrückt. Die Reichweite dieser Erkenntnis wird dadurch begrenzt, dass es sich um insgesamt nur knapp 700 Schüler*innen handelt und ein Abgleich des Effekts mit der Vergleichsgruppe nicht möglich ist (s. o.). Besagter Lerneffekt könnte also durch die besondere Auswahl der Kinder und Jugendlichen in der gematchten Teilstichprobe bedingt und/oder auch in der Vergleichsgruppe vorhanden sein. Gleichzeitig passt der Befund aber zu den Beobachtungen aus Baden-Württemberg, dass konfessionell-kooperatives Lernen das Wissen über die Konfessionen steigert (vgl. Kuld et al., 2009, Fn. 86; Schweitzer & Biesinger, 2002, Fn. 86).

Dem Test zum Wissen über die Kirchenräume kann ein Transfercharakter zugeschrieben werden; denn es mussten nicht nur Abbildungen dieser Räume der richtigen Konfession zugeordnet werden, sondern die Bilder, die zugeordnet werden mussten, waren im Post-Test andere als im Prä-Test. Ordneten beim Prä-Test die Schüler*innen im Durchschnitt noch über 2,5 Bilder richtig zu, waren es im Post-Test nur noch knapp 1,75. Da sich der Charakter der Bilder im Prä- und im Post-Test nicht geändert hat, muss davon ausgegangen werden, dass sich die Fähigkeit in der befragten Gruppe, Bilder von Kirchenräumen der korrekten Konfession zuzuordnen, im Lauf des Schuljahres 2019/20 verschlechtert hat.

Geht man weiter ins Detail, erweisen sich die Unterschiede im Wissen auf den Bereichen Kirchenraum, Feste und Glaubensüberzeugungen – die Ämter konnten zu t_2 bei den jüngeren Jahrgängen nicht erhoben werden – zwischen älteren und jüngeren Jahrgängen durchgängig als größer als beim Post-Test. Bei den Festen und den Überzeugungen verringert sich der Effekt der Differenz, bei den Kirchenräumen ergibt sich gar kein Effekt mehr. In der Folge nivellieren sich die Wissensunterschiede zwischen beiden Altersgruppen im Verlauf des einen Jahres kokoRU.

Affektive Effekte

Als affektive Effekte wurden das Interesse an der anderen Konfession, die Einstellung gegenüber konfessioneller Vielfalt, die konfessionsspezifische Präferenz und die Identifikation mit der eigenen Konfession gemessen.

Die einschlägigen Befunde ergeben, dass im Untersuchungszeitraum das Interesse steigt, mit Schüler*innen der anderen Konfession in Kontakt zu kommen, nicht aber das Interesse, etwas über die andere Konfession zu erfahren.

Hier spiegelt sich die oben beschriebene ambivalente Befundlage der Befragung der Lehrpersonen wider, bei denen einige ein gesteigertes Interesse der Schüler*innen im kokoRU beobachteten, andere nicht. Diese Beobachtung kann nun dahingehend präzisiert werden, dass die Kinder und Jugendlichen vor allem den interaktiven Aspekt des kokoRU schätzen, weniger das kognitive Lernangebot.

Hinsichtlich der Einstellung zu kultureller Vielfalt steigt die Neigung, diese Vielfalt als Bereicherung zu betrachten. Die anderen abgefragten Aspekte bleiben stabil, d. h. es gibt keine Veränderung in der insgesamt inklusiven Perspektiven auf religiöse Vielfalt. Beide Effekte passen ins Zielspektrum des kokoRU, wenn auch aus den oben genannten Gründen nicht geschlossen werden kann, dass sie ursächlich durch den Besuch des kokoRU zustande kommen.

Die konfessionelle Präferenz und die Identifikation mit der eigenen Konfession verändern sich im Verlauf des Schuljahres 2019/20 nicht, was zum einen bedeutet, dass der kokoRU hier keine Verbesserungen erreicht, zum anderen aber auch nicht zu einer Distanzierung von der ‚eigenen' Konfession führt.

Insgesamt passt sich dieser Befund in die aktuelle Forschungslage ein, die gerade im affektiven Bereich sehr unterschiedliche Ergebnisse erbringt (vgl. Zimmermann & Riegel, 2022). Ob man ihn als Bestätigung des kokoRU liest oder nicht, dürfte stark mit der Bezugsnorm zusammenhängen. Die auch in NRW immer wieder geäußerten Effekte im konfessionellen Bewusstsein der Schüler*innen zeigen sich in der Untersuchungsgruppe nicht. Allerdings dürften derartige Veränderungen auch kaum innerhalb eines Schuljahres zu erreichen sein, noch dazu in einem, in dem knapp die Hälfte durch Corona-Hygienemaßnahmen eingeschränkt ist. Das gesteigerte Interesse am Kontakt mit Schüler*innen der anderen Konfession und die leicht gestiegene Neigung, kulturelle Vielfalt als Bereicherung zu erachten, passen ins Zielspektrum dieser Organisationsform. Ob es sich beim interaktiven Interesse um einen Neuigkeitseffekt handelt, kann nur durch wiederholte Messungen geprüft werden.

Nicht den Erwartungen dürfte entsprechen, dass das kooperativ-konfessionelle Setting das kognitive Interesse an der eigenen und an der anderen Konfession nicht verändert. Die immer wieder geäußerte Vermutung, dass der direkte Kontakt im konfessionell-kooperativen Setting die Frage nach dem Was und Wie aufwirft scheint sich in der Begegnung der Konfessionen nicht zu bestätigen. Das könnte natürlich an den schon mehrfach erwähnten Bedingungen des Schuljahres 2019/20 liegen. Denkbar ist aber auch, dass sich die Schüler*innen bereits derart von konfessionellen Wirklichkeiten entfernt haben, dass sie die Begegnung mit Schüler*innen der anderen Konfession nicht als Begegnung mit etwas Fremdem erleben (vgl. Zimmermann et al., 2021a). Wenn dem so wäre, bildet dieser Befund eine starke Anfrage an die immer wieder geäußerte Ansicht, dass es das Christentum faktisch nur konfessionell geprägt gibt (z. B. DBK, 2016, S. 11f.). So richtig diese Beobachtung der Sache nach ist, so sehr scheint sie an der Wahrnehmung heutiger Kinder und Jugendlicher vorbeizugehen. Zugespitzt formuliert: Heutige Schüler*innen erleben sich – bis auf wenige Ausnahmen –

bestenfalls als christlich, nicht als evangelisch oder katholisch. Im konfessionell-kooperativen Religionsunterricht treffen somit aber christliche Schüler*innen wiederum auf christliche, sodass die Frage, was das Gegenüber in religiöser Hinsicht auszeichnet, gerade nicht stimuliert wird. Damit wird aber auch ein Grundelement einer konfessionell-kooperativen Didaktik in Frage gestellt, wenn „die (konfessionelle) Heterogenität der Lerngruppe als bildsame Differenz" (Schröder & Woppowa, 2021, S. 37) im Unterricht fruchtbar gemacht werden soll.

4.3. Fazit und Ausblick der Evaluation

Abschließend sollen die Ergebnisse dieser Evaluation in zehn Thesen gebündelt werden, die einerseits die Erkenntnisse zusammenfassen, andererseits Hinweise auf mögliche Konsequenzen und Perspektiven der Weiterarbeit geben. Dass wir hierzu Befunde als Thesen formulieren, soll daran erinnern, dass diese Evaluation soziale Wirklichkeit rekonstruiert und keine naturgesetzlichen Zusammenhänge erhoben hat.

*These 1: Konfessionell-kooperativer Religionsunterricht wird von allen Beteiligten, d. h. den Schüler*innen, den Lehrer*innen, den Eltern und den Schulleitungen, als gut erachtet.*

Der kokoRU in NRW wurde in der hier vorliegenden Evaluation positiv bewertet und von allen befragten Gruppen wie Eltern, Lehrkräften, Schulleitungen und Schüler*innen umfassend bestätigt. Ein gemeinsames Lernen scheint besser zur alltäglichen Lebenssituation zu passen als ein Lernen in konfessionell getrennten Gruppen. Außerdem löst der kokoRU in pädagogischer Hinsicht das Problem, dass die eingespielte Lerngruppe im Fach Religion auseinandergerissen wird. Besonders positiv ist die Tatsache, dass bei den Schüler*innen die Zufriedenheit mit dem kokoRU im Lauf des Schuljahres sogar noch zugenommen hat und gerade ältere Schüler*innen durch diese Organisationsform besonders angesprochen werden, deren Zustimmung zum Religionsunterricht sonst eher mit wachsendem Alter abnimmt. Im Abgleich mit den Eltern der Vergleichsgruppe (deren Kinder am konfessionellen RU teilnehmen) wird er positiver eingeschätzt und die Kinder erzählen sehr viel häufiger von ihm. Das alles kann als Hinweis auf die Zukunftsfähigkeit dieser Organisationsform gewertet werden.

These 2: Der kokoRU wird vor allem aus pädagogischen Gründen eingeführt. Organisatorische Aspekte spielen auch eine Rolle, aber keine dominante.

Für die Lehrkräfte wird kokoRU als „persönliche Bereicherung", aber auch als Erleichterung der Organisation des Religionsunterrichts wahrgenommen, obwohl die Arbeit im Team auch eine gewisse Mehrarbeit bedeutet. Offensichtlich kompensieren die neuen Möglichkeiten, Religion zu erteilen, den Extraaufwand, der zur Einführung des Fachs betrieben werden muss. Auch bei den Schulleitungen liegen vor allem pädagogische Einführungsmotive vor. Organisatorische Aspekte spielen zwar auch eine Rolle, dominieren aber in keiner der befragten Gruppen. Die häufiger geäußerte Unterstellung, dass der kokoRU einzig aus organisatorischen Gründen heraus eingeführt wurde, wird somit nicht durch die vorliegenden Daten gestützt.

These 3: Konfessionell-kooperativer Religionsunterricht achtet und bewältigt religiös heterogene Lerngruppen.

Deutlich wird in den Befragungen, wie heterogen die Zusammensetzung der Lerngruppen im kokoRU ist. In dieser Organisationsform treffen nicht nur evangelische und katholische Schüler*innen aufeinander, sondern in den meisten Fällen zusätzlich auch Kinder oder Jugendliche aus anderen christlichen Konfessionen, Religionen oder solche ohne religiöse Zughörigkeit. In einigen Lerngruppen macht der Anteil andersreligiöser oder konfessionsfreier Schüler*innen sogar mehr als ein Drittel der Lerngruppe aus. Diese religiös heterogenen Lerngruppen werden in vielen Fällen im Rahmen der in anderen Fächern eingespielten Klassengemeinschaft unterrichtet. So sagen mehr als die Hälfte der Lehrkräfte und Schulleitungen, dass bei ihnen im Klassenverband unterrichtet wird. Im kokoRU werden somit in vielen Fällen etablierte Lerngruppen nicht mehr auseinandergerissen, was dem unterrichtlichen Miteinander der Schüler*innen zugutekommen dürfte. Der kokoRU ist so in der Lage, etablierte Beziehungsstrukturen innerhalb der Lerngruppen zu erhalten, was sowohl pädagogisch wie psychologisch für diese Organisationsform religiösen Unterrichtens spricht. Missbraucht würde diese Fähigkeit des kokoRU dort, wo er so kommuniziert wird, dass der Eindruck entsteht, alle Schüler*innen müssten an ihm teilnehmen. Auch im kokoRU ist die Teilnahme nicht-evangelischer und nicht-katholischer Kinder und Jugendlicher freiwillig.

These 4: Die Positionalität der Lehrperson wird von allen befragten Gruppen akzeptiert.

Alle befragten Gruppen bewerten die Positionalität der Religionslehrkraft im Sinne eines persönlichen Bekenntnisses als überwiegend positiv, sofern diese Positionalität nicht die Formen einer Missionierung der Schüler*innen annimmt. Das Kernanliegen des kokoRU, eine besondere Organisationsform des konfessionellen Religionsunterrichts zu sein, wird somit von allen Akteuren anerkannt, sofern man die Positionalität der Lehrperson als den sinnenfälligen Ausdruck dieser Konfessionalität akzeptiert. Für den kokoRU in NRW selbst kann festgehalten werden, dass sein eigentlicher Markenkern auf Zustimmung aller Beteiligten stößt. Das zeigt sich auch in der Bilanz zum Lehrerwechsel, der in nahezu allen Schulen ordnungsgemäß verläuft. Der kokoRU darf positionell sein und kann es durch den Lehrerwechsel auch in der Form, die für ihn angedacht wurde.

These 5: Durch kokoRU wird ein Lernertrag in kognitiver und affektiver Hinsicht bewirkt.

Trotz der ausführlich referierten Einschränkungen hinsichtlich der Aussagekraft durch das gewählte Setting und den Corona-Kontext kann man aus der Evaluation vorsichtig ableiten, dass sich in der Summe das Wissen der befragten Schüler*innen im Testzeitraum auf dem reproduktiven Niveau zum Thema Kirchenraum, zu den Festen, zu den Ämtern und zu den Glaubensüberzeugungen gesteigert hat. Bezüglich des affektiven Lernertrags kann festgehalten werden, dass im Untersuchungszeitraum das Interesse steigt, mit Schüler*innen der anderen Konfession in Kontakt zu kommen, nicht aber das Interesse, etwas über die andere Konfession zu erfahren. In Bezug auf die Einstellung zu kultureller Vielfalt nimmt die Neigung zu, diese Vielfalt als Bereicherung zu betrachten. Zumindest kann damit die Ausgangsthese bestätigt werden, dass durch kokoRU die Aufmerksamkeit für Konfessionalität gestärkt wird, was zu besseren Ergebnissen in den unterschiedlichen Teilen führt. Der kokoRU scheint somit im Sinn der von ihm selbst gesteckten Ziele zu wirken. Ob die Stärke dieser Effekte den eigenen Vorstellungen entspricht, muss jeweils vor Ort entschieden werden. Allerdings wurden in der vorliegenden Evaluation auch keine direkten Effekte des kokoRU erfasst. Wenn z. B. unmittelbar das abgefragt worden wäre, was im konkreten kokoRU behandelt wurde, wären wahrscheinlich deutlichere kognitive Effekte zu beobachten gewesen. Dazu wäre aber eine Untersuchung im klassischen, quasi-experimentellen Design mit Vergleichsgruppe und einer repräsentativen Stichprobe nötig gewesen.

These 6: Der kokoRU trägt nicht zur Trennung der Konfessionen bei.

KokoRU bearbeitet konfessionelle Gemeinsamkeiten und Differenzen weniger als faktisch erlebte Trennung zwischen Konfessionen, sondern als Differenz in der Lehre beider Kirchen. Deshalb wurde immer wieder behauptet, der kokoRU sei ein Beitrag zur verschärften Bewusstwerdung der eigenen konfessionellen Zugehörigkeit und damit zur Trennung der Konfessionen. Allerdings konnte die Evaluation des Lernertrags bei Schüler*innen zeigen, dass sich die konfessionelle Präferenz und die Identifikation mit der eigenen Konfession im Prä- und Posttest der Schüler*innen im Laufe des Schuljahres nicht veränderten. Eine Rekonfessionalisierung findet im kokoRU also nicht statt. Damit in Verbindung steht möglicherweise die Beobachtung, dass Schüler*innen sehr selten von Diskussion darüber berichten, welcher Glaube der richtige ist. Im Kontext des kokoRU handelt es sich bei solchen Diskussionen weniger um kontroverstheologische Argumentationen als vielmehr um die Auseinandersetzung mit den Wahrheitsansprüchen von Überzeugungen, die in der Identität der Gesprächspartner*innen wurzeln. Solche Dialoge scheinen im kokoRU selten bis gar nicht stattzufinden. Auf der einen Seite liegt das nahe, weil solche Diskussionen quer zur allgemeinen Akzeptanz religiöser Vielfalt stehen, die auch die Lehrpersonen des kokoRU zeigen. Auf der anderen Seite markiert dieser Befund eine Bruchstelle zum Ideal das kokoRU, das gerade den existenziellen Anspruch dieser Organisationsform konfessionsbezogenen Unterrichtens und Lernens betont und durchaus auch zur Grundlage des didaktischen Konzeptes macht. Einen respektvollen Dialog, indem um die Positionen und Ansprüche der beteiligten Konfessionen gerungen wird, scheint es im kokoRU kaum zu geben.

These 7: Die postulierten Zielperspektiven des kokoRUs sind kaum einholbar.

Die in den kirchlichen Vereinbarungen formulierten Ziele, dass der kokoRU bei den Schüler*innen die Ausbildung eines eigenen, konfessionsbezogenen Standpunkts, die Fähigkeit, die Perspektive der anderen Konfession zu übernehmen und respektvoll über das Gemeinsame und das Unterscheidende zwischen den Konfessionen zu sprechen, bewirken soll, werden tendenziell bestätigt. So berichten die Schüler*innen von Unterrichtssituationen, die derartige Kompetenzen stimulieren können, und die für den kokoRU präferierten Bildungsziele widersprechen diesen Zielsetzungen nicht. Fraglich bleibt jedoch, inwiefern solche Fähigkeiten durch den kokoRU tatsächlich gefördert werden. Das beginnt schon bei ihren Voraussetzungen, denn bei den Schüler*innen sind das konfessionelle Wissen und ein konfessionelles Bewusstsein eher schwach ausgeprägt. Zudem spielt Konfessionalität im Leben der Schüler*innen eigentlich keine Rolle. Der kokoRU kann somit kaum in der Lebenswirklichkeit der Kinder und Jugendlichen ansetzen, entsprechende Anforderungssituationen bleiben für die meisten Schüler*innen artifiziell und weit weg von ihrem Alltag. Heutige Schüler*innen erleben sich – bis auf wenige Ausnahmen – bestenfalls als christlich, nicht als evangelisch oder katholisch, sodass im konfessionell-kooperativen Religionsunterricht dann christliche Schüler*innen auf „anders christliche" Schüler*innen treffen. Deshalb läuft der kokoRU dort ins Leere, wo er vor allem das konfessionelle Bewusstsein der Schüler*innen adressiert. Dieses Problem scheint im kooperativen Setting nochmals profilierter zu sein als im herkömmlichen konfessionellen Religionsunterricht, sodass die Lehrkräfte – aus guten pädagogischen Gründen – zumindest nach den Angaben der Schüler*innen häufig darauf verzichten, den konfessionellen Perspektivenwechsel methodisch in den Unterricht zu integrieren. Auch das Einspielen von Konfessionalität in sog. authentischen Sprechsituationen durch die Lehrpersonen kann dieses Dilemma nicht kompensieren. Bezeichnenderweise wird das Potenzial des kokoRU, das in seinen spezifischen Lernerfahrungen steckt, durch die Vergleichsgruppe, die keinen kokoRU erteilt, deutlich größer eingeschätzt als durch die Kolleg*innen aus dem kokoRU selbst. Die Praxis des kokoRU scheint demütig zu machen hinsichtlich seiner Möglichkeiten. Dieser Einsicht sollte in zukünftigen didaktischen Konzepten, aber auch in der Anlage von kokoRU-Material Rechnung getragen werden. Auch der kokoRU kann nicht kompensieren, was religiöse Erziehung und Sozialisation nicht leisten.[35]

These 8: Weitere Unterstützung besonders der Lehrkräfte im kokoRU ist nötig.

KokoRU stellt hohe Anforderungen an die Lehrer*innen, wie aus der Evaluation deutlich wird. Deshalb sind Studium, Referendariat und Fortbildungen so zu gestalten, dass sie diesen Anforderungen gerecht werden. In diesem Zusammenhang dominiert der geäußerte Wunsch, tiefer in die Auseinandersetzung mit den verschiedenen Konfessionen einzusteigen, was auf Weiterbildungsebene berücksichtigt werden sollte. Nur so kann das Problem gelöst werden, dass Lehrkräfte, die im besten Fall in einer Konfession religiös sozialisiert wurden, einen Unterricht angemessen gestalten können, der beiden konfessionellen Perspektiven gerecht werden will. Angesichts der aktuellen Verbreitung des kokoRU ist

35 Da die Diskussion um den kokoRU in einem (kirchen-)politisch komplexen Feld stattfindet, sei hier darauf hingewiesen, dass diese Einsichten nicht als Argument für den herkömmlichen Religionsunterricht und gegen den kokoRU herangezogen werden kann; denn was der kokoRU in Bezug auf das konfessionelle Bewusstsein nicht erreicht, das erreicht der herkömmliche Religionsunterricht erst recht nicht, weil ihm das didaktische Setting dazu fehlt.

es darüber hinaus notwendig, fachliches, didaktisches und methodisches Grundwissen für diese Unterrichtsform als festen Bestandteil in den Modulplänen der universitären Lehrerbildung auszuweisen. Hier stehen die theologischen Fakultäten und Institute – in der Folge aber auch die Studienseminare der Referendar*innenausbildung und die Fortbildungsinstitute – in der Pflicht. Schließlich bedarf es auch einschlägiger Materialien für den Unterricht selbst.

These 9: Die Entscheidung für den kokoRU soll freiwillig bleiben.

Schon in den Evaluationen aus Baden-Württemberg wurde immer wieder betont, dass die freie Wahl der Organisationsform des kokoRU als Gelingensvoraussetzung gewertet werden kann (vgl. z. B. Schweitzer & Biesinger, 2002, S. 239; Schweitzer et al., 2006, S. 202f.; Kuld et al., 2009, S. 218–228). Diese freie Entscheidung und die Bereitschaft, Energie für die Implementierung des kokoRUs an der Schule einzusetzen, hat sicherlich auch in NRW einen großen Anteil am Erfolg des Modells und sollte unbedingt beibehalten werden. Das gilt besonders, da viele Schulleitungen in der Evaluation vorgeschlagen haben, den herkömmlichen konfessionellen Religionsunterricht gänzlich durch diese Organisationsform zu ersetzen, ähnlich wie es aktuell beim sogenannten „christlichen Religionsunterricht" in Niedersachsen intendiert ist.

Wer die Bereitschaft der Schulleitungen und Lehrer*innen, den kokoRU an der eigenen Schule einzuführen, steigern will, findet in den verschiedenen Rückmeldungen dieser Evaluation einschlägige Hinweise: eine Entschlackung des Antragsprozesses im Rahmen des Möglichen, die Förderung informeller Absprachen vor Ort zur Vorbereitung dieser Organisationsform, die Ausstattung der Schulen mit hinreichende Deputatsanteilen, sodass kokoRU technisch möglich wird etc. Dass die angebotenen Fortbildungen mehrheitlich als hilfreich erlebt werden, dürfte ebenfalls die Einführung des kokoRU erleichtern.

These 10: Die Zukunft des kokoRU bleibt offen.

Bei aller allgemeinen Beliebtheit sollte nicht übersehen werden, dass der kokoRU im Konzert der verschiedenen Organisationsformen religiösen Lernens an der Schule nur eine von mehreren attraktiven Möglichkeiten darstellt. Von den Schüler*innen wird „Religionsunterricht im Klassenverband" mehrheitlich bevorzugt, nicht der kokoRU in seiner didaktischen Struktur. Auch die befragten Eltern und Schulleitungen stufen bei der Wahl verschiedener Organisationsmodelle einen interreligiösen Religionsunterricht höher ein. Der kokoRU scheint damit einem generellen Bedürfnis der Eltern nach interreligiöser und weltanschaulicher Offenheit gerecht zu werden, indem er die organisatorische Trennung zwischen katholisch und evangelisch im Fach Religion aufhebt. Ob das auf längere Sicht den Ansprüchen der Schulleitungen, der Eltern und Schüler*innen genügt, sollte gut beobachtet werden, zumal mit dem RUfA 2.0 in Hamburg und dem christlichen Religionsunterricht in Niedersachen zwei Modelle existieren, die die konfessionellen Grenzen des Religionsunterrichts noch weiter öffnen. Weitere Forschungen müssen allerdings noch zeigen, ob die beteiligten Gruppen auch wie z. B. im Hamburger Modell Rufa 2.0 mit einem multireligiösen Lehrkraftwechsel einverstanden wären oder ob sich die Akzeptanz auf die Teilnahme von andersreligiösen Schüler*innen mit Gaststatus beschränkt. Die Zukunft des kokoRU bleibt somit offen.

Abbildungs- und Tabellenverzeichnis

Literatur

Aschmutat-Hesse, C. & Geißler, I. (1997). *Religionsunterricht in der Grundschule: Zusammenfassender und erweiterter Bericht über einen Versuch.* Adolf-Reichwein-Schule Langenhagen.

Aschmutat-Hesse, C. & Geißler, I. (1998). Konfessionsverbindender Religionsunterricht an der Grundschule: Das Langenhagener Modell. *ru - Ökumenische Zeitschrift für den Religionsunterricht, 28* (1), 3–6.

Batinic, B. & Bosnjak, M. (2000). Fragebogenuntersuchungen im Internet. In: B. Batinic (Hrsg.), *Internet für Psychologen* (2. Aufl., S. 287–317). Hogrefe.

Bauer, J. (2019). *Religionsunterricht für alle: Eine multitheologische Fachdidaktik* (1. Aufl.). *Religionspädagogik innovativ: Bd. 30.* Kohlhammer.

Baumert, J. & Kunter, M. (2006). Stichwort: Professionelle Kompetenz von Lehrkräften. *Zeitschrift für Erziehungswissenschaft 9* (4), 469–520.

Bayer-Wied, D. (2011). *Ökumenisch ja - aber bitte getrennt? Konfessionelle Kooperation in der Grundschule.* Peter Lang.

Bieri, Th. (2002). *Die berufliche Situation aus der Sicht der Lehrpersonen. Zufriedenheit, Belastung, Wohlbefinden und Kündigungen im Lehrberuf.* Dissertation Tübingen.

Bos, W., Bonsen, M., Kummer, N., Lintorf, K. & Frey, K. (Hrsg.) (2009). *TIMSS 2007. Dokumentation der Erhebungsinstrumente zur „Trends in International Mathematics and Science Study".* Waxmann.

Bucher, A. A. (2001). *Religionsunterricht zwischen Lernfach und Lebenshilfe: Eine empirische Untersuchung zum katholischen Religionsunterricht in der Bundesrepublik Deutschland.* Kohlhammer.

Caspary, C. (2016). *Umgang mit konfessioneller Differenz im Religionsunterricht: Eine Studie zur Didaktik des konfessionell-kooperativen Religionsunterrichts.* Lit.

Cohen, J. (1988). *Statistical power analysis for the behavioral sciences* (2. Aufl.). Erlbaum.

DBK & EKD (1998). *Zur Kooperation von Evangelischem und Katholischem Religionsunterricht.*

DBK (1996). *Die bildende Kraft des Religionsunterrichts: Zur Konfessionalität des katholischen Religionsunterrichts. Die deutschen Bischöfe: Bd. 56.* Sekretariat d. Deutschen Bischofskonferenz.

DBK (2005). *Der Religionsunterricht vor neuen Herausforderungen. Die deutschen Bischöfe: Bd. 80.* Sekretariat d. Deutschen Bischofskonferenz.

DBK (2016). *Die Zukunft des konfessionellen Religionsunterrichts: Empfehlungen für die Kooperation des katholischen mit dem evangelischen Religionsunterricht. Die deutschen Bischöfe: Bd. 103.* Sekretariat d. Deutschen Bischofskonferenz.

Diekmann, A. (2013). *Empirische Sozialforschung: Grundlagen, Methoden, Anwendungen* (7. Aufl.). Rowohlt.

Dressler, B. (2008). Performanz und Kompetenz. Überlegungen zu einer Didaktik des Perspektivenwechsels. *Zeitschrift für Pädagogik und Theologie 60* (1), 74–88.

EKBO (2019). *Der Religionsunterricht: Ein Bildungsangebot der EKBO mit Zukunft.* DBM Druckhaus Berlin-Mitte GmbH.

EKD (1994). *Identität und Verständigung: Standort und Perspektiven des Religionsunterrichts in der Pluralität.* Gütersloher Verlagshaus.

EKD (2014). *Religiöse Orientierung gewinnen: Evangelischer Religionsunterricht als Beitrag zu einer pluralitätsfähigen Schule.* Gütersloher Verlagshaus.

EKD (2018). *Konfessionell-kooperativ erteilter Religionsunterricht: Grundlagen, Standards und Zielsetzungen. EKD-Texte: Bd. 128.*

Ellis, P. (2010). *The Essential Guide to Effect Sizes: Statistical Power, Meta-Analysis, and the Interpretation of Research Results.* Cambridge University Press.

Englert, R., Hennecke, E. & Kämmerling, M. (2014). *Innenansichten des Religionsunterrichts: Fallbeispiele – Analysen – Konsequenzen.* Kösel.

Ervens, T., Platzbecker, P. & Timmer, R. (2018). Konfessionell-kooperativer Religionsunterricht: Grundlagen, Verfahrensfragen, Perspektiven. *Schulverwaltung. Zeitschrift für Schulentwicklung und Schulmanagement. Nordrhein-Westfalen 29* (7–8), 209–210.

Erzbistum Paderborn & Lippische Landeskirche (2005). *Konfessionelle Kooperation in der Lehrerfortbildung und im Religionsunterricht der Grundschule: Dokumentation. Projekte im Schuljahr 2001–2002 im Kreis Lippe und Folgerungen ab 2003.*

Fabricius, St., Riegel, U., Zimmermann, M. & Totsche, B. (2022). Between Fight and Theatrical Performance: Conceptual Metaphors of Positionality in Communication about Cooperative Religious Education in Germany. *Religious Education* (10.1080/ 00344087.2022. 2070375).

Feige, A., Dressler, B., Lukatis, W. & Schöll, A. (2000). *„Religion" bei Religionslehrerinnen: Religionspädagogische Zielvorstellungen und religiöses Selbstverständnis in empirisch-soziologischen Zugängen. Berufsbiographische Fallanalysen und eine repräsentative Meinungserhebung unter evangelischen Religionslehrerinnen in Niedersachsen.* Lit.

Feige, A., Friedrichs, N. & Köllmann, M. (2007). *Religionsunterricht von morgen? Studienmotivationen und Vorstelllungen über die zukünftige Berufspraxis bei Studierenden der ev. und kath. Theologie/Religionspädagogik. Eine empirische Studie an Baden-Württembergs Hochschulen.* Schwabenverlag.

Feige, A., Tzscheetzsch, W. & Dressler, B. (2005). *Christlicher Religionsunterricht im religionsneutralen Staat? Unterrichtliche Zielvorstellungen und religiöses Selbstverständnis von ev. und kath. Religionslehrerinnen und -lehrern in Baden-Württemberg. Eine empirisch-repräsentative Befragung.* Schwabenverlag.

Gennerich, C. & Mokrosch, R. (2016). *Religionsunterricht kooperativ: Evaluation des konfessionell-kooperativen Religionsunterrichts in Niedersachsen und Perspektiven für einen religionskooperativen Religionsunterricht.* Kohlhammer.

Gennerich, C., Käbisch, D. & Woppowa, J. (2021). *Konfessionelle Kooperation und Multiperspektivität: Empirische Einblicke in den Religionsunterricht an Gesamtschulen.* Kohlhammer.

Haag, L. & Götz, T. (2012). Mathe ist schwierig und Deutsch aktuell: Vergleichende Studie zur Charakterisierung von Schulfächern aus Schülersicht. *Psychologie in Erziehung und Unterricht 59*, 32–46.

Hengesbach, R., Himstedt-Keliny, H. & Kleine, J. (2017). Konfessionell-kooperativ unterrichten: Einblicke in ein Pilotprojekt. In: J. Woppowa (Hrsg.), *Kooperativer Religionsunterricht: Fragen - Optionen – Wege* (S. 92–107). Kohlhammer.

Hiller, S. & Schnabel-Henke, H. (2022). Mit konfessioneller Kooperation zum Abitur? Ein Modellprojekt im Religionsunterricht am Beruflichen Gymnasium in Baden-Württemberg. *Religionspädagogische Beiträge. Journal for Religion in Education, 45* (2), 75–87.

Hoppe, B. (2008). *Konfessionell-kooperativer Religionsunterricht: Geschichtlicher Kontext, Organisationsformen, Zukunftsperspektiven.* VDM Müller.

Huber, S. & Huber, O. W. (2012). The Centrality of Religiosity Scale (CRS). *Religions 3* (3), 710–724.

Hurrelmann, K., Quenzel, G., Schneekloth, U., Leven, I., Albert, M., Utzmann, H. & Wolfert, S. (2019): *Jugend 2019 – 18. Shell Jugendstudie.* Beltz.

Hütte, S. & Mette, N. (2003). *Religion im Klassenverband unterrichten: Lehrer und Lehrerinnen berichten von ihren Erfahrungen.* Lit.

Kießling, K., Günter, A. & Pruchniewicz, S. (2018). *Machen Unterschiede Unterschiede? Konfessioneller Religionsunterricht in gemischten Lerngruppen. Ansichten – Einsichten – Aussichten.* Vandenhoeck & Ruprecht.

Kromrey, H. (2005). Evaluation – ein Überblick. In: H. Schöch (Hrsg.), *Was ist Qualität? Die Entzauberung eines Mythos* (S. 31–85). wvb.

Kropač, U. (2018). Konfessionslosigkeit: Religionsunterricht vor einer unterschätzten Herausforderung. *Religionspädagogische Beiträge 79*, 33–44.

Kuld, L., Schweitzer, F., Tzscheetzsch, W. & Weinhardt, J. (Hrsg.). (2009). *Im Religionsunterricht zusammenarbeiten: Evaluation des konfessionell-kooperativen Religionsunterrichts in Baden-Württemberg.* Kohlhammer.

Lindner, K. & Simojoki, H. (2018). Konfessionelle Kooperation - didaktisch: Warum, wie und was es noch braucht. *Katechetische Blätter 143* (2), 91–95.

Lindner, K. (2017). Zukunftsfähig dank erweiterter Kooperation? Schlaglichter auf das Bischofswort „Die Zukunft des konfessionellen Religionsunterrichts". *Religionspädagogische Beiträge 77*, 5–13.

Marker, C. & Ritz, W. (2018). Für RU in konfessioneller Kooperation qualifizieren: Ein Modellprojekt in Hessen. *Katechetische Blätter 143* (2), 117–121.

Mattke, A. (2017). Maria für Evangelische: Gute Erfahrungen mit dem lippischen KoKoRu. *Schulinformationen Paderborn 52* (2), 15–16.

Mayring, Philipp (2000): Qualitative Inhaltsanalyse. *Forum Qualitative Sozialforschung* 1(2), Art. 20.

Mendl, H. (2008). *Religion erleben: Ein Arbeitsbuch für den Religionsunterricht. 20 Praxisfelder.* Kösel.

Moosbrugger, H. & Kelava, A. (Hrsg.). (2020). *Testtheorie und Fragebogenkonstruktion* (3. Aufl.). Springer.

Obermann, A. (2005). *Religion unterrichten zwischen Kirchturm und Minarett. Perspektiven für einen dialogisch-konfessorischen Unterricht der abrahamitischen Religionsgemeinschaften an berufsbildenden Schulen.* Lit.

Pemsel-Maier, S. & Sajak, C. P. (2017). Konfessionelle Kooperation in Baden-Württemberg, Niedersachsen und Nordrhein-Westfalen: Eine zukunftsorientierte Zusammenschau. In: K. Lindner, M. Schambeck, H. Simojoki & E. Naurath (Hrsg.), *Zukunftsfähiger Religionsunterricht: Konfessionell – kooperativ – kontextuell* (S. 261–280). Herder.

Pemsel-Maier, S., Weinhardt, J. & Weinhardt, M. (2011). *Konfessionell-kooperativer Religionsunterricht als Herausforderung: Eine empirische Studie zu einem Pilotprojekt im Lehramtsstudium.* Kohlhammer.

Pickel, G. (2019). *Weltanschauliche Vielfalt und Demokratie. Wie sich religiöse Pluralität auf die politische Kultur auswirkt.* Bertelsmann.

Platzbecker, P. (2019). Der Konfessionell-kooperative Religionsunterricht in NRW: ‚Kokolores' oder ‚Modell der Zukunft'? *Religionspädagogische Beiträge 80*, 45–56.

Pohl-Patalong, U., Woyke, J., Boll, S., Dittrich, T. & Lüdtke, A. E. (2016). *Konfessioneller Religionsunterricht in religiöser Vielfalt: Eine empirische Studie zum evangelischen Religionsunterricht in Schleswig-Holstein.* Kohlhammer.

Pohl-Patalong, U., Boll, S., Dittrich, T., Lüdtke, A. E. & Richter, C. (2017). *Konfessioneller Religionsunterricht in religiöser Vielfalt II: Perspektiven von Schülerinnen und Schülern.* Kohlhammer.

Poscher, R. (2022). *Gutachterliche Stellungnahme zur Verfassungsgemäßheit des gemeinsam verantworteten christlichen Religionsunterrichts der evangelischen Kirchen und der katholischen Bistümer in Niedersachsen im Auftrag der Konföderation evangelischer Kirchen in Niedersachsen, der Bistümer Hildesheim und Osnabrück sowie des Offizialats Vechta.* (Online unter: https://www.religionsunterricht-in-niedersachsen.de/christlicherRU/beratungsprozess/gutachten, abgerufen am 30.05.2022).

Pruchniewicz, S. (2016). *Fremde(,) Schwestern und Brüder: Kooperativer Religionsunterricht an berufsbildenden Schulen.* Lit.

Quellenberg, H. (2009). *Studie zur Entwicklung von Ganztagsschulen (StEG). Ausgewählte Hintergrundvariablen, Skalen und Indices der ersten Erhebungswelle.* DIPF.

Riegel, U. & Kindermann, K. (2017). *Field Trips to the Church. Theoretical Framework, Empirical Findings, Didactic Perspectives.* Waxmann.

Riegel, U. & Schweitzer, F. (2022). Konfessionell-kooperativen Religionsunterricht empirisch erforschen. Eine Bilanz zu vorfindlichen Designs, Methoden und Instrumenten. *Religionspädagogische Beiträge. Journal for Religion in Education 45* (2), 107–120.

Riegel, U. (2018). *Wie Religion in Zukunft unterrichten? Zum Konfessionsbezug des Religionsunterrichts von (über-)morgen*. Kohlhammer.

Riegel, U., Totsche, B., Zimmermann, M. & Fabricius, St. (2021). Organisatorische Aspekte der Einführung von konfessionell-kooperativem Religionsunterricht in Nordrhein-Westfalen (NRW). *Theo-Web. Zeitschrift für Religionspädagogik 20* (2), 196–216.

Roose, H. (2019). *Kindertheologie und schulische Alltagspraxis: Eine Studie zum Verhältnis von kindertheologischen Normen und eingeschliffenen Routinen im Religionsunterricht*. Calwer.

Rothgangel, M., Lück, C. & Klutz, P. (2017). *Praxis Religionsunterricht: Einstellungen, Wahrnehmungen und Präferenzen von ReligionslehrerInnen*. Kohlhammer.

Sajak, C. P. (2017). *Konfessionell-kooperativer Religionsunterricht*. (Online unter http://www.bibelwissenschaft.de/stichwort/100235/, abgerufen am 31.05.2022).

Sajak, C. P. (2022). Formate der Kooperation in Schleswig-Holstein, Niedersachsen, Baden-Württemberg, Nordrhein-Westfalen und Hessen. Eine komparative Analyse. *Religionspädagogische Beiträge. Journal for Religion in Education 45* (2), 19–31.

Schambeck, M. & Schröder, B. (2017). Auf dem Weg zu einer Didaktik konfessionell-kooperativer Lernprozesse. In K. Lindner, M. Schambeck, H. Simojoki & E. Naurath (Hrsg.), *Zukunftsfähiger Religionsunterricht: Konfessionell – kooperativ – kontextuell* (S. 343–363). Herder.

Schambeck, M. (2017). Vom „Zauberwort“ Kooperation, seinen fachdidaktischen und (schul-)pädagogischen Varianten und was es für heute und morgen austrägt. In: K. Lindner, M. Schambeck, H. Simojoki & E. Naurath (Hrsg.), *Zukunftsfähiger Religionsunterricht: Konfessionell – kooperativ – kontextuell* (S. 81–100). Herder.

Schambeck, M. (2020). Das Konzept eines positionell-religionspluralen Religionsunterricht im Klassenverband. Eine Modellidee in der Debatte um einen zukunftsfähigen Religionsunterricht. In: T. Knauth & W. Weiße (Hrsg.), *Religionen im Dialog. Ansätze, Kontexte und Impulse zu dialogischem Religionsunterricht* (S. 31–51). Waxmann.

Schröder, B. & Biesinger, A. (2016). Konfessionelle Kooperation und der Stand ihrer religionspädagogischen Erforschung. In: S. Altmeyer, R. Englert, H. Kohler-Spiegel, E. Naurath, B. Schröder & F. Schweitzer (Hrsg.), *Ökumene im Religionsunterricht* (S. 73–86).

Schröder, B. & Woppowa, J. (2021). *Theologie für den konfessionell-kooperativen Religionsunterricht: Ein Handbuch. UTB: Bd. 5750* (S. 1–61). Mohr Siebeck.

Schulreferentinnen und Schulreferenten der evangelischen Kirchen und katholischen Bistümer in Niedersachsen (2021). *Gemeinsam verantworteter christlicher Religionsunterricht. Ein Positionspapier* (Online unter: https://www.religionsunterricht-in-niedersachsen.de/christlicherRU/cru, abgerufen am 22.02.2022). Dies., Kurzfassung des Positionspapiers (ebd.).

Schwartz, Sh., Cieciuch, J., Vecchione, M., Davidov, E., Fischer, R., Beierlein, C., Ramos, A., Verkasalo, M., Lönnqvist, J.-E., Demirutku, K., Dirilen-Gumus, O. & Konty, M. (2012): Refining the Theory of Basic Individual Values. *Journal of Personality and Social Psychology 103* (4), 663–688.

Schwartz, Sh. (1992). Universals in the Content and Structure of Values: Theoretical Advances and Empirical Tests in 20 Countries. In: M. P. Zanna (Hrsg.), *Advances in Experimental Social Psychology. Volume 25* (S. 1–65). Elsevier Science Limited.

Schweitzer, F. & Biesinger, A. (2002). *Gemeinsamkeiten stärken - Unterschieden gerecht werden: Erfahrungen und Perspektiven zum konfessionell-kooperativen Religionsunterricht.* Gütersloher Verlagshaus & Herder.

Schweitzer, F., Biesinger, A., Conrad, J. & Gronover, M. (2006). *Dialogischer Religionsunterricht: Analyse und Praxis konfessionell-kooperativen Religionsunterrichts im Jugendalter.* Herder.

Seifert, A. (2013). Kompetenzforschung in den Fachdidaktiken auf der Grundlage von IRT-Modellen. In U. Riegel & K. Macha (Hrsg.), *Videobasierte Kompetenzforschung in den Fachdidaktiken* (S. 131–161). Waxmann.

Spier, T., Klein, M., von Alemann, U., Hoffmann, H., Laux, A., Nonnenmacher, A. & Rohrbach, K. (Hrsg.) (2009): *Parteimitglieder in Deutschland.* Springer.

Stamm, M. (2005): Bildungsaspiration, Begabung und Schullaufbahn: Eltern als Erfolgspromotoren? *Schweizerische Zeitschrift für Bildungswissenschaften 27* (2), 277–297.

Stein, P. (2014): Forschungsdesigns für die quantitative Sozialforschung. In: N. Baur & J. Blasius (Hrsg.): *Handbuch Methoden der empirischen Sozialforschung* (S. 135–151). Springer.

Tuna, M. H. & Juen, M. (Hrsg.) (2021). *Praxis für die Zukunft: Erfahrungen, Beispiele und Modelle kooperativen Religionsunterrichts.* Kohlhammer.

Unser, A. & Riegel, U. (2022). *Grundlagen der quantitativ-empirischen Religionspädagogik. Eine anwendungsorientierte Einführung.* Waxmann.

Venus, S. & Vertgewall, R. (2018). Religionsunterricht in Kooperation: Ein Rückblick. *Katechetische Blätter 143* (2), 112–116.

Vereinbarung zwischen dem Erzbistum Berlin und der Evangelischen Kirche Berlin-Brandenburg-schlesische Oberlausitz zur Kooperation von evangelischen und katholischen Religionsunterricht (2017).

VEWR – Vereinbarung zwischen dem Bistum Essen, der Evangelischen Kirche von Westfalen und der Evangelisehen Kirche im Rheindand zur konfessionellen Kooperation im Religionsunterricht (2017). *Den konfessionellen Religionsunterricht sichern und stärken. Perspektiven konfessioneller Kooperation* [https://www.schulministerium.nrw/sites/default/files/documents/Kirchliche-Vereinbarung.pdf; abgerufen am 29.6.2022].

Vogl, S. (2014). Gruppendiskussionen. In: N. Baur & J. Blasius (Hrsg.), *Handbuch Methoden der empirischen Sozialforschung* (S. 581–586). Springer.

Wagner-Schelewsky, P. & Hering, L. (2019). Online-Befragung. In: N. Baur & J. Blasius (Hrsg.), *Handbuch Methoden der empirischen Sozialforschung* (S. 787–800). Springer.

Williams, D. (2006). On and Off the 'Net: Scales for Social Capital in an Online Era. *Journal of Computer-Mediated Communication 11* (2), 593–628.

Woppowa, J. (2015a). Gott als den anderen sehen: Theologische und didaktische Impulse für den konfessionell-kooperativen Religionsunterricht. *Schulinformationen Paderborn 49* (3), 4–7.

Woppowa, J. (2015b). *Perspektiven wechseln: Lernsequenzen für den konfessionell-kooperativen Religionsunterricht*. Schöningh.

Woppowa, J. (2017a). Perspektivenverschränkung als zentrale Figur konfessioneller Kooperation. In K. Lindner, M. Schambeck, H. Simojoki & E. Naurath (Hrsg.), *Zukunftsfähiger Religionsunterricht: Konfessionell - kooperativ - kontextuell* (S. 174–192). Herder.

Woppowa, J. (2017b). Zur Praxisrelevanz der neuen bischöflichen Erklärung zum RU. *Katechetische Blätter 142* (1), 61–66.

Ziebertz, H.-G., Kalbheim, B. & Riegel, U. (2003): *Religiöse Signaturen heute. Ein religionspädagogischer Beitrag zur empirischen Jugendforschung*. Herder & Gütersloher Verlagshaus.

Zimmermann, M., Riegel, U., Fabricius, St. & Totsche, B. (2021a): Die Wahrnehmung der Religiosität von Kindern und Jugendlichen im konfessionell-kooperativen Religionsunterricht NRWs durch die Lehrpersonen. *Österreichisches Religionspädagogisches Forum 29* (2), 103–121.

Zimmermann, M., Riegel, U., Totsche, B. & Fabricius, St. (2021b): Standpunktfähigkeit und Perspektivenwechsel als Anforderungen an die Lehrperson im konfessionell-kooperativen Lernsetting aus der Sicht von betroffenen Religionslehrkräften. *Religionspädagogische Beiträge 44* (1), 47–57.

Zimmermann, M. & Riegel, U. (2022). Befunde zum Lernen und Lerneffekt im konfessionell-kooperativen Religionsunterricht. *Religionspädagogische Beiträge. Journal for Religion in Education 42* (2), 89–105.

Dokumentation der Erhebungsinstrumente

In diesem Abschnitt werden die Erhebungsinstrumente beschrieben, mit denen der kokoRU in den vier Stichproben der Schüler*innen, der Lehrer*innen, der Eltern und der Schulleitungen erhoben wurde. Die Instrumente zu den Hintergrundvariablen und zu den personalen Ressourcen werden hier nicht dargestellt, weil hierfür die üblichen bzw. bewährte Instrumente verwendet wurden. Da die Fragebögen online zugänglich und damit in ihrer Optik anhängig vom jeweiligen mobilen Endgerät waren, wird im Folgenden ihr konzeptueller Aufbau geordnet nach Prompt, Item(s) und Antwortskala wiedergegeben. Ein- und überleitende Passagen im Fragebogen werden nicht dokumentiert.

1.1. *Die Instrumente der Befragung der Schüler*innen*

Die Befragung der Schüler*innen fand in den Jahrgangsstufen 3 bis 6 und 7 bis 10 in jeweils eigenen Fragebögen statt, wobei die Fragebögen für die jüngeren Jahrgänge in der Regel eine drei-stufige Likert-Skala beinhalteten, wo die Fragebögen der älteren Jahrgänge eine fünf-stufige Skala angeboten haben. Da in allen diesen Fällen die fünf-stufige Skala auf eine drei-stufige umkodiert wurde, wird im Folgenden ggf. die drei-stufige Skala angegeben. In den wenigen Fällen, in denen der Fragebogen der jüngeren Jahrgänge weniger Items enthielt als derjenige der älteren, werden nur diejenigen Items dokumentiert, die für die Analysen verwendet wurden.

Organisation des kokoRU

Instrument 1:
Erhebung der Zufriedenheit mit dem Religionsunterricht

Prompt:
--
Item 1:
Wie gerne besuchst Du den Religionsunterricht?
Antwortskala:
1 = sehr gerne; 2 = gerne; 3 = eher gerne; 4 = eher nicht gerne; 5 = nicht gerne; 6 = gar nicht gerne

Item 2:
Würdest Du Deinem Freund sagen, er soll auch zu euch in den Religionsunterricht kommen?
Antwortskala:
1 = eher nicht; 2 = vielleicht; 3 = ziemlich sicher

Instrument 2:
Erhebung des Bewusstseins über Konfessionszugehörigkeiten

Prompt:
--

Item 1:
Weißt Du, wer in Deiner Klasse evangelisch ist und wer katholisch?
Antwortskala:
1 = bei keinem; 2 = bei einigen; 3 = bei der Mehrzahl; 4 = von allen; 99 = weiß ich nicht
Item 2:
Weißt Du, wer von den Religionslehrkräften an Deiner Schule evangelisch oder katholisch ist?
Antwortskala:
1 = bei keinem; 2 = bei einigen; 3 = bei der Mehrzahl; 4 = von allen; 99 = weiß ich nicht

---

Unterrichtsgeschehen des kokoRU

Instrument 3:
Erhebung der spezifischen Lernchancen des kokoRU

Prompt:
Es gibt viele Übungen, die Ihr im letzten Jahr im Religionsunterricht gemacht habt. Wir haben einige ausgewählt. Überlege bitte, wie oft das in Deinem Religionsunterricht in diesem Jahr passiert ist.
Items:
Ich habe mich in einen Menschen hineinversetzt, der einen anderen Glauben hat als ich.**
Ich habe meine Meinung begründet.*
Ich habe mit anderen darüber gesprochen, welcher Glaube der richtige ist.***
Ich habe in einer Diskussion so gesprochen, als wäre ich katholisch/evangelisch.**

Wir sollen miteinander diskutieren, warum sich Evangelische und Katholische unterscheiden.***
Ich habe von meinem eigenen Glauben erzählt.*
Ich habe herausgefunden, was jemand sagen würde, der nicht evangelisch/katholisch ist.**
Ich habe überlegt, wie mein eigener Standpunkt zu einer Sache ist.*
Ich habe anderen erklärt, was Evangelische/Katholische glauben.***

Antwortskala:
1 = nie; 2 = selten; 3 = gelegentlich; 4 = häufig; 5 = sehr häufig; 99 = weiß ich nicht

---

Legende: * = Standpunktfähigkeit; ** = Perspektivenwechsel; *** = Dialogfähigkeit

Instrument 4:
Erhebung des kokoRU als safe space

Prompt:
Überlege bitte, wie sehr die folgenden Aussagen auf Deinen Religionsunterricht zutreffen.

Items:
Es fällt mir leicht, mich zu melden und etwas zum Unterricht beizutragen.
Wenn jemand etwas von sich erzählt, kann es sein, dass das auf dem Pausenhof weitererzählt wird.
Der Lehrkraft ist es wichtig, dass wir ehrlich zueinander sind.
Manchmal lästern wir über das, was andere erzählen.
Ich traue mich, im Unterricht etwas von meinem Glauben zu erzählen.
Die Lehrkraft korrigiert uns, wenn wir im Unterricht etwas Falsches sagen.
Die Lehrkraft passt auf, dass niemand schlecht über einen Mitschüler oder eine Mitschülerin spricht

Antwortskala:
1 = stimmt eher nicht; 2 = teils/teils; 3 = stimmt eher; 99 = weiß ich nicht

---

Effekte des kokoRU

Instrument 5:
Erhebung des Wissens über den Kirchenraum

Prompt:
In diesem Abschnitt wollen wir herausfinden, was Du über den evangelischen und den katholischen Glauben weißt. Dazu zeigen wir Dir zuerst ein paar Bilder. Entscheide bitte jeweils, ob es sich dabei um eine evangelische Kirche oder um eine katholische Kirche handelt. Kreuze bitte jeweils die richtige Antwort an.

Items:

Innenraum einer katholischen Kirche (Gesamtansicht)
Innenraum einer evangelischen Kirche (Detailansicht Beichtstuhl)
Innenraum einer katholischen Kirche (Detailansicht Bank ohne Kniebank)
Innenraum einer Moschee (bzw. Synagoge im Post-Test)
Innenraum einer evangelischen Kirche (Gesamtansicht)

Antwortskala:

1 = evangelische Kirche; 2 = katholische Kirche; 3 = keine Kirche; 99 = weiß ich nicht

---

Legende: Aus lizenzrechtlichen Gründen können die Bilder hier nicht abgedruckt werden.

Instrument 6:
Erhebung des Wissens über konfessionsspezifische Feste

Prompt:

Hier findest Du eine Liste mit Festen. Kreuze die richtige Antwort an.

Items:

Pfingsten
Geburtstag
Fronleichnam
Buß- und Bettag
Halloween
Erntedank

Antwortskala:

1 = Fest nur der evangelischen Kirche; 2 = Fest nur der katholischen Kirche; 3 = Fest der evangelischen Kirche und der katholischen Kirche; 4 = in keiner Kirche ein Fest; 99 = weiß ich nicht

---

Instrument 7:
Erhebung des Wissens über konfessionsspezifische Ämter

Prompt:
Klicke bitte jeweils an, wo die Menschen auf den Fotos arbeiten.
Items:
Ansicht eines evangelischen Pfarrers am Altar
Ansicht einer pastoralen Mitarbeiterin im Kreis von Kindern
Ansicht eines katholischen Pfarrers bei der Wandlung
Ansicht eines Rabbi im jüdischen Gebetsornat
Ansicht einer evangelischen Pfarrerin am Altar
Antwortskala:
1 = nur in der evangelischen Kirche; 2 = nur in der katholischen Kirche; 3 = in der evangelischen Kirche und in der katholischen Kirche; 4 = in keiner Kirche; 99 = weiß ich nicht

Legende: Aus lizenzrechtlichen Gründen können die Bilder hier nicht abgedruckt werden.

Instrument 8:
Erhebung des Wissens über konfessionsspezifische Überzeugungen

Prompt:
Zum Abschluss dieses Teils gibt es noch einige Aussagen über Religion. Entscheide bitte bei jeder Aussage, ob sie richtig ist oder nicht.
Items:
Das wichtigste Fest bei allen Christen ist Weihnachten.
Bei den Katholischen geht man zur Erstkommunion.
Das Kreuz ist nur ein katholisches Symbol.
Der Papst ist das Oberhaupt (sozusagen der Chef) der Evangelischen.
Nur die Katholiken verehren Menschen wie den Nikolaus als heilig.
Antwortskala:
1 = richtig; 2 = falsch; 99 = weiß ich nicht

Instrument 9:
Erhebung des Interesses an der anderen Konfession

Prompt:
Es folgen Aussagen, die Schülerinnen und Schülern in anderen Studien gemacht haben. Überlege bei jeder Aussage bitte, wie stark Du ihr zustimmst. Klicke die passende Antwort an.
Items:
Ich möchte mehr lernen über das, was die Schülerinnen und Schüler der anderen Konfession glauben.*

Es spielt keine Rolle, ob man etwas über die Kirche der anderen Konfession weiß.*
Ich finde es spannend, etwas mit Schülerinnen und Schülern der anderen Konfession zu machen.**
Der Religionsunterricht ist interessanter, wenn auch Schülerinnen und Schüler der anderen Konfession teilnehmen.**

Antwortskala:
1 = stimme gar nicht zu; 2 = stimme eher nicht zu; 3 = teils/teils; 4 = stimme eher zu; 5 = stimme sehr zu; 99 = weiß ich nicht

Legende: * = kognitive Dimension; ** = interaktive Dimension

Instrument 10:
Erhebung zur Einstellung gegenüber konfessioneller und religiöser Vielfalt

Prompt:
Es folgen Aussagen, die Schülerinnen und Schülern in anderen Studien gemacht haben. Überlege bei jeder Aussage bitte, wie stark Du ihr zustimmst. Klicke die passende Antwort an.

Items:
Nur in meiner Konfession lässt sich Gott wirklich finden.*
Alle Religionen zeigen einen Weg zu Gott.*
Die vielen Religionen machen die Welt bunter und interessanter.**
Die vielen Religionen führen zu Krieg und Streit unter den Menschen.**

Antwortskala:
1 = stimme gar nicht zu; 2 = stimme eher nicht zu; 3 = teils/teils; 4 = stimme eher zu; 5 = stimme sehr zu; 99 = weiß ich nicht

Legende: * = theologische Dimension; ** = kulturelle Dimension

Instrument 11:
Erhebung zur konfessionsspezifischen Präferenz

Prompt:
Es folgen Aussagen, die Schülerinnen und Schülern in anderen Studien gemacht haben. Überlege bei jeder Aussage bitte, wie stark Du ihr zustimmst. Klicke die passende Antwort an.

Items:
Ich bin froh, dass ich evangelisch/katholisch bin.
Meine Freunde sollen auch evangelisch/katholisch sein.
Meine Kinder sollen einmal evangelisch/katholisch getauft werden.*
Die Person, die ich einmal heirate, soll auch evangelisch/katholisch sein.*

Antwortskala:

1 = stimme gar nicht zu; 2 = stimme eher nicht zu; 3 = teils/teils; 4 = stimme eher zu; 5 = stimme sehr zu; 99 = weiß ich nicht

---

Legende: * = nur im Fragebogen für die älteren Jahrgänge.

Instrument 12:
Erhebung zur Identifikation mit der eigenen Konfession

Prompt:

--

Items:

Wie wichtig ist es Dir, dass Du evangelisch/katholisch bist?

Antwortskala:

1 = gar nicht wichtig; 2 = nicht wichtig; 3 = eher nicht wichtig; 4 = eher wichtig; 5 = wichtig; 6 = sehr wichtig; 99 = weiß ich nicht

---

Einstellung gegenüber dem Religionsunterricht

Instrument 13:
Erhebung zur präferierten Organisationsform

Prompt:

Wie sollte der Religionsunterricht sein, wenn Du selbst bestimmen könntest? (Bitte nur ein Kreuz.)

Items:

nur evangelische oder nur katholische Schüler jeweils getrennt in einer Klasse

die evangelischen und die katholischen Schüler zusammen in einer Klasse

alle Schüler Deiner Klasse, wie auch in Mathe oder Deutsch

gar kein Religionsunterricht

Antwortskala:

eine Option möglich

Instrument 14:
Erhebung zur Positionalität der Lehrperson

Prompt:
Wie findest Du es ...
Items:
wenn die Lehrkraft sagt, dass sie an Gott glaubt.
wenn die Lehrkraft von eigenen Erfahrungen mit Gott erzählt.
wenn die Lehrkraft Dich von ihrem Glauben überzeugen will.
wenn die Lehrkraft kritisch gegenüber der Kirche ist.
wenn die Lehrkraft die Unterschiede zwischen evangelisch und katholisch deutlich macht.
wenn die Lehrkraft die Gemeinsamkeiten zwischen evangelisch und katholisch deutlich macht.
wenn die Lehrkraft mit dir das Beten, Meditieren und Segnen ausprobiert.
Antwortskala:
1 = schlecht; 2 = teils/teils; 3= sehr gut; 99 = weiß ich nicht

1.2. Die Instrumente der Befragung der Lehrkräfte

Organisation des kokoRU

Instrument 15:
Erhebung des Modells des Lehrerwechsels

Prompt:
Wie wird der Wechsel der Lehrperson, der für den kokoRU vorgesehen ist, an Ihrer Schule organisiert? (Zutreffendes bitte ankreuzen)
Item:
Eine Lehrperson unterrichtet die Klasse während des gesamten Schuljahres und im nächsten Schuljahr übernimmt dann eine Lehrperson der anderen Konfession.
Die zweite Lehrperson übernimmt die Klasse von der ersten Lehrperson während des laufenden Schuljahres und unterrichtet diese für den Rest des Schuljahres.
Die zweite Lehrperson übernimmt die Klasse für ein konkretes Projekt und übergibt die Klasse danach wieder an die erste Lehrperson.
An unserer Schule gibt es keinen speziell für den kokoRU geplanten Lehrerwechsel im Schuljahr oder in einer Doppeljahrgangsstufe.
anderes Modell*

Antwortskala:

Legende: * = Wurde diese Option angekreuzt, öffnete sich ein Freifeld zur Beschreibung dieses Modells.

Instrument 16:
Erhebung der Zusammensetzung der Lerngruppe

Prompt 1:
Meine Lerngruppen im kokoRU bestehen aus: (Zutreffendes bitte ankreuzen; Mehrfachnennungen sind möglich)
Items:
allen Schüler*innen des regulären Klassenverbands (außer evtl. einigen Schüler*innen, die sich abmelden)
den evangelischen und katholischen Schüler*innen einer Klasse (und evtl. den Schüler*innen, die auf Antrag teilnehmen)
den evangelischen und katholischen Schüler*innen der jeweiligen Jahrgangsstufe (und evtl. den Schüler*innen, die auf Antrag teilnehmen)
den katholischen und evangelischen Schüler*innen aus mehreren Jahrgängen (und evtl. den Schüler*innen, die auf Antrag teilnehmen)
Antwortskala:
Mehrere Optionen möglich
Prompt 2:
Neben den evangelischen und katholischen Schüler*innen nehmen an meinem kokoRU noch teil: (Zutreffendes bitte ankreuzen; Mehrfachnennungen sind möglich)
Items:
Schüler*innen anderer christlicher Konfessionen (z. B. syrisch-orthodox)
Schüler*innen anderer Religionen (z. B. muslimisch)
Schüler*innen ohne Religionszugehörigkeit
Antwortskala:
Mehrere Optionen möglich
Prompt 3:
Wie hoch würden Sie den Anteil an Schüler*innen in Ihren kokoRU-Lerngruppen einschätzen, die weder katholisch noch evangelisch sind? (Zutreffendes bitte ankreuzen)
Items
< 5%
5% bis 30%
> 30%
Antwortskala:
Eine Option möglich

Instrument 17:
Erhebung der Einführungsmotive

Prompt 1:
Für wie wichtig würden Sie die folgenden Gründe erachten, als es darum ging, den kokoRU an Ihrer Schule einzuführen?
Item:
Elternwunsch
schulorganisatorische Gründe (z. B. Probleme, den RU zu organisieren)
pädagogische Gründe (z. B. gemeinsames Lernen der Schüler*innen)
theologische Gründe (z. B. ökumenische Einstellung der Lehrenden)
Antwortskala:
1 = überhaupt nicht wichtig; 2 = eher nicht wichtig; 3 = teils/teils; 4 = eher wichtig; 5 = sehr wichtig

Prompt 2:
Neben den gerade abgefragten allgemeinen Gründen für eine Einführung des kokoRU werden immer wieder drei spezielle Gründe genannt. Kreuzen Sie bitte an, wie wichtig diese Gründe für die Einführung des kokoRUs an Ihrer Schule waren?
Items
geringe Anzahl von Schüler*innen anderer Konfessionen
Mangel an (Fach-)Lehrer*innen
Chance, den Religionsunterricht aus der gesetzlichen „Grauzone“ herauszuholen
Antwortskala:
1 = überhaupt nicht wichtig; 2 = eher nicht wichtig; 3 = teils/teils; 4 = eher wichtig; 5 = sehr wichtig

Instrument 18:
Erhebung der Qualität der Fortbildungen

Prompt:
--
Item 1:
Kreuzen Sie bitte an, an wie vielen Fortbildungen zum kokoRU Sie teilgenommen haben.
Antwortskala:
1 = keiner; 2 = einer; 3 = zwei; 4 = drei; 5 = vier; 6 = fünf und mehr
Item 2:
Für wie hilfreich würden Sie diese Fortbildung(en) zum kokoRU für ihre jetzige Praxis erachten?

Antwortskala:
1 = gar nicht hilfreich; 2 = wenig hilfreich; 3 = teils/teils; 4 = etwas hilfreich; 5 = sehr hilfreich

---

Instrument 19:
Erhebung der Evaluation der Vorbereitung des kokoRU

Prompt 1:
Es gibt verschiedene Möglichkeiten, sich auf die neue Organisationsform des kokoRU vorzubereiten. Wie hilfreich waren die folgenden Maßnahmen in Ihrer eigenen Vorbereitung?

Items:
Fortbildung zum kokoRU auf regionaler Ebene
schulinterne Fortbildungen zum kokoRU
informelle Absprache mit Kolleg*innen
Selbststudium wissenschaftlicher Texte zum kokoRU
Durchsicht von Unterrichtsmaterial zum kokoRU

Antwortskala:
1 = gar nicht hilfreich; 2 = wenig hilfreich; 3 = teils/teils; 4 = etwas hilfreich; 5 = sehr hilfreich; 99 = gab es bei uns nicht

Prompt 2:
Wie beurteilen Sie die folgenden Aussagen von Kolleg*innen vor dem Hintergrund Ihrer eigenen Erfahrungen?

Items:
Es gibt zu wenige Fortbildungen zu Themen, die im kokoRU durchgenommen werden können.
Die Kirche unterstützt den kokoRU ausreichend.
Die Ausbildung an der Uni ist im Blick auf den kokoRU mangelhaft.
Es gibt ausreichend Unterrichtsmaterial für den kokoRU.

Antwortskala:
1 = trifft gar nicht zu; 2 = trifft eher nicht zu; 3 = teils/teils; 4 = trifft eher zu; 5 = trifft stark zu

Prompt 3:
In der Regel ist die Einführung von etwas Neuem mit einem gewissen Aufwand verbunden. Beurteilen Sie bitte, wie groß der Aufwand der Einführung des kokoRU an Ihrer Schule in den folgenden Bereichen für Sie war.

Items:
religionsdidaktische Vorbereitung
organisatorische Vorbereitung
fachliche Vorbereitung
Kommunikation mit der Schulleitung, den Eltern, Fachkolleg*innen etc.
Anpassung der inneren Einstellung auf die neue Organisationsform

Prompt 4:

Item:

Was könnten das Ministerium für Schule und Bildung, die Bezirksregierungen und die Schulämter tun, um Sie im kokoRU besser zu unterstützen?

Antwortskala:

offene Frage

Prompt 5:

Item:

Was könnten die Kirchen und ihre Fortbildungsinstitute tun, um Sie im kokoRU besser zu unterstützen?

Antwortskala:

offene Frage

Prompt 6:

--

Item:

In der Rückschau: Fühlen Sie sich gut auf den kokoRU vorbereitet?

Antwortskala:

1 = ja; 2 = nein; 99 = kann ich nicht beurteilen

Unterrichtsgeschehen des kokoRU

Instrument 20:
Erhebung der Erfahrungen im kokoRU

Prompt:

Wie stark treffen die folgenden Aussagen auf Ihre bisherigen Erfahrungen mit dem kokoRU zu?

Items:

Die konfessionelle Kooperation führt zur Entlastung in der Praxis.

Die konfessionelle Kooperation schafft Flexibilität und hilft bei der Lösung organisatorischer Probleme (z. B. bei Lehrermangel).

Die Klassengemeinschaft wird gestärkt.

Es gibt weniger Abmeldungen vom Religionsunterricht.

Der gemeinsame Glaube der Schüler*innen wird gestärkt.

Ich habe viel Neues über die andere Konfession gelernt.

Ich habe die konfessionsverschiedenen Kolleg*innen besser kennengelernt.

Ich bin mir meiner eigenen Konfessionalität bewusster geworden.
Die Motivation der Schüler*innen ist gegenüber dem vorherigen RU stärker ausgeprägt.

Antwortskala:

1 = trifft gar nicht zu; 2 = trifft eher nicht zu; 3 = teils/teils; 4 = trifft eher zu; 5 = trifft sehr zu

---

Instrument 21:
Erhebung der spezifischen Lernerfahrungen im kokoRU

Prompt:

Der kokoRU eröffnet spezifische Lernmöglichkeiten. Beurteilen Sie bitte aufgrund Ihrer bisherigen Erfahrungen mit dieser Organisationsform, wie sehr die folgenden Aussagen zutreffen.
Die Schüler*innen ...

Items:

entwickeln einen eigenen religiösen Standpunkt.
lernen, die Sichtweise der anderen Konfession einzunehmen.
können gegenüber ihren Mitschüler*innen der anderen Konfession begründen, warum sie an etwas glauben.
haben Probleme damit, den Perspektivenwechsel zwischen den Konfessionen zu meistern.
werden mit der Konfession besser vertraut, der sie formal angehören.
lernen, miteinander über konfessionelle Unterschiede ins Gespräch zu kommen.
werden unsicher, woran sie selbst glauben können.
lernen, sich in eine Person mit einem anderen Glauben hineinzuversetzen.
tun sich schwer, mit Schüler*innen der anderen Konfessionen über die Unterschiede zwischen den Konfessionen zu sprechen.
werden sich bewusst, was ihren eigenen Glauben ausmacht.
beginnen darüber nachzudenken, ob sie in der anderen Konfession nicht besser aufgehoben wären.
fühlen sich in ihrer eigenen Konfession stärker zuhause.

Antwortskala:

1 = trifft gar nicht zu; 2 = trifft eher nicht zu; 3 = teils/teils; 4 = trifft eher zu; 5 = trifft sehr zu

---

Instrument 22:
Erhebung der Verbesserungsvorschläge zum kokoRU

Prompt:

Items:
Wenn Sie meinen, den kokoRU, wie Sie ihn erlebt haben, könnte man verbessern: Was müsste getan werden?

Antwortskala:
offene Frage

Instrument 23:
Erhebung zum Gesamturteil über den kokoRU

Prompt:

Item 1:
Welche Schulnote würden Sie dem von Ihnen gehaltenen kokoRU geben?

Antwortskala:
1 = sehr gut; 2 = gut; 3 = befriedigend; 4 = ausreichend; 5 = mangelhaft; 6 = ungenügend

Item 2:
Wenn Sie die Wahl hätten: Würden Sie wieder zum ursprünglichen konfessionellen Religionsunterricht zurückkehren?

Antwortskala:
0 = nein; 1 = ja

Einstellung gegenüber dem Religionsunterricht

Instrument 24:
Erhebung der präferierten Organisationsform des Religionsunterrichts

Prompt:
Es gibt verschiedene Modelle, Religion an öffentlichen Schulen zu erteilen. Im Folgenden finden Sie sechs solcher Modelle. Reihen Sie diese Modelle bitte. Tragen Sie beim Modell, das Sie als am besten geeignet erachten, um heute Religion in einer öffentlichen Schule zu erteilen, eine 1 ein. Das Modell, das Sie als am zweitbesten geeignet erachten, bekommt eine 2. usw. Achten Sie bitte darauf, dass Sie die Zahlen 1 bis 6 jeweils nur einmal vergeben.

Items:

Konfessioneller Religionsunterricht im herkömmlichen Format
Konfessionell-kooperativer Religionsunterricht
Interreligiöser Religionsunterricht im Klassenverband
Religionskundlicher Unterricht im Klassenverband
Verbindlicher Ethik- bzw. Werteunterricht statt Religionsunterricht
Kein Religionsunterricht und auch kein Ethikunterricht

Antwortskala:

1 = Rang 1; 2 = Rang 2; 3 = Rang 3; 4 = Rang 4; 5 = Rang 5; 6 = Rang 6

Instrument 25:
Erhebung des Rollenideals der Lehrpersonen

Prompt:

Wie wichtig sind die folgenden Rollenbilder für Sie selbst als Lehrperson?

Items:

staatliche Lehrkraft, die dem Bildungs- und Erziehungsauftrag verpflichtet ist
Vertreter*in der Kirche
Vermittler*in des evangelischen bzw. katholischen Glaubens
Moderator*in unterschiedlicher religiöser Vorstellungen
wertneutrale Wissensvermittler*in
authentisches Beispiel für meine gelebte Religion
Begleitung für die Persönlichkeitsentwicklung der Schüler*innen
Vermittler*in des christlichen Glaubens

Antwortskala:

1 = gar nicht wichtig; 2 = eher nicht wichtig; 3 = teils/teils; 4 = eher wichtig; 5 = sehr wichtig

---

Instrument 26:
Erhebung der Positionalität der Lehrpersonen im Religionsunterricht

---

Prompt:

Wie finden Sie es, wenn die Lehrkraft im Religionsunterricht ...

Items:

sagt, dass sie an Gott glaubt.
von eigenen Erfahrungen mit Gott erzählt.
die Schüler*innen von ihrem Glauben überzeugen will.
kritisch gegenüber der Kirche ist.
die Unterschiede zwischen evangelisch und katholisch deutlich macht.
die Gemeinsamkeiten zwischen evangelisch und katholisch deutlich macht.

mit den Schüler*innen das Beten, Meditieren und Segnen ausprobiert.

Antwortskala:

1 = gar nicht gut; 2 = eher nicht gut; 3 = teils/teils; 4 = eher gut; 5 = sehr gut

---

Instrument 27:
Erhebung der Bildungsziele im Religionsunterricht

Prompt:

Im Folgenden finden Sie mögliche Bildungsziele eines Religionsunterrichts. Geben Sie bitte jeweils an, für wie angemessen Sie das jeweilige Ziel für einen Religionsunterricht an öffentlichen Schulen erachten.

Items:

Ansätze zu theologischem Fachwissen vermitteln
in der Kirche beheimaten
allgemeine Wertvorstellungen vermitteln
den christlichen Glauben mit menschlichen Erfahrungen in Beziehung setzen
Urteilsfähigkeit gegenüber der Kirche fördern
interreligiöse Dialogfähigkeit fördern
Lebens- als Glaubensfragen erschließen
Zugänge zur Bibel zu schaffen
Formen gelebter Religion einüben
Perspektiven Andersgläubiger sehen lernen
Orientierung zur Identitätsbildung anbieten
christliche Grundbildung vermitteln
Geschlechtergerechtigkeit anbahnen

Antwortskala:

1 = gar nicht angemessen; 2 = eher nicht angemessen; 3 = teils/teils; 4 = eher angemessen; 5 = sehr angemessen

---

Konfessionsspezifische Einstellungen

Instrument 27:
Erhebung der konfessionsspezifischen Präferenz der Lehrpersonen

Prompt:

Es gibt verschiedene Grundsätze, an denen sich der Glaube ausrichten kann. Beurteilen Sie bei den folgenden Aussagen bitte jeweils, wie stark sie auf Ihren eigenen Glauben zutreffen.

Items:

Das Christsein wird durch ein persönliches Verhältnis zu Jesus bestimmt.
Die Realpräsenz Jesu in der Eucharistie bildet die Mitte der Kirche.

Besonders die Bibel ist Quelle und Maßstab des christlichen Lebens und Glaubens.
Gemeinde und Kirche sind für den persönlichen Glauben unbedingt wichtig, aber nicht heilsnotwendig.
Kirchliche Feste, Bräuche und Frömmigkeitsformen (z. B. Fronleichnam, Buß- und Bettag) gehören selbstverständlich zum Vollzug des Glaubens.
Die Gleichheit aller Christen verwirklicht sich im allgemeinen Priestertum aller Gläubigen.
Ein oberstes Bischofsamt ist für die Konstitution als wahre Kirche Jesu Christi unverzichtbar.
Christen sind in ihrem Verhältnis zu Gott durch nichts und niemanden vertretbar.
Die Existenz der Kirche Christi in getrennten Konfessionen ist schmerzhaft, aber letztlich doch die einzige Möglichkeit des Christseins.

Antwortskala:
1 = trifft gar nicht zu; 2 = trifft eher nicht zu; 3 = teils/teils; 4 = trifft eher zu; 5 = trifft sehr zu

---

Instrument 28:
Erhebung der Identifikation mit der eigenen Konfession bzw. Kirche

Prompt 1:

Item:
Wie wichtig ist es Ihnen, dass Sie evangelisch/katholisch sind?

Antwortskala:
1 = völlig unwichtig; 10 = sehr wichtig;

Prompt 2:
Wie sehr treffen die folgenden Aussagen auf Sie zu?

Items:
Es ärgert mich, wenn jemand die evangelische/katholische Kirche kritisiert.
Ich habe einige Eigenschaften, die typisch für Anhänger der evangelischen/katholischen Kirche sind.
Erfolge der evangelischen/katholischen Kirche sind für mich ein Grund zur Freude.
Wenn ich über die evangelische/katholische Kirche spreche, sage ich eher „wir“ als „sie“.
Wenn die evangelische/katholische Kirche in den Medien kritisiert wird, ist mir das peinlich.
Mit den meisten Mitgliedern der evangelischen/katholischen Kirche habe ich nicht viel gemeinsam.

Antwortskala:

1 = trifft gar nicht zu; 2 = trifft eher nicht zu; 3 = teils/teils; 4 = trifft eher zu; 5 = trifft sehr zu

---

1.3. Die Instrumente der Befragung der Eltern

Organisation des kokoRU

Instrument 29:
Erhebung der Qualität der direkten Informationen über den kokoRU

Prompt:

Item 1:

Wurden Sie über die Einführung des kokoRU von der Schule informiert?

Antwortskala:*

0 = nein; 1 = ja

Item 2:

Waren Sie mit diesen Informationen zufrieden?

Antwortskala:

0 = nein; 1 = ja

Item 3:

Hätten Sie sich eine Information über die Einführung im Vorfeld gewünscht

Antwortskala:

0 = nein; 1 = ja

Legende: * = falls „ja“, weiter mit Item 2; falls „nein“, weiter mit Item 3.

Instrument 30:
Erhebung der indirekten Informationen über den kokoRU

Prompt:

Item 1:

Erzählt Ihr Kind manchmal davon, was im kokoRU durchgenommen wurde?

Antwortskala:*

1 = nie; 2 = selten; 3 = manchmal; 4 = häufig

Item 2:

Können Sie kurz ein Erlebnis beschreiben, von dem Ihr Kind erzählt hat?

Antwortskala:

offen

Legende: * = nur weiter zu Item 2, falls „manchmal“ oder „häufig“.

Instrument 31:
Erhebung der Beliebtheit des kokoRU beim Kind

Prompt:

Item:

Wie gerne besucht Ihr Kind den kokoRU?

Antwortskala:

1 = gar nicht gerne; 2 = eher nicht gerne; 3 = teils/teils; 4 = eher gerne; 5 = sehr gerne; 99 = kann ich nicht einschätzen

Instrument 32:
Erhebung der allgemeinen Zufriedenheit mit dem kokoRU

Prompt:

Item:

Welche Schulnote würden Sie dem kokoRU geben?

Antwortskala:

1 = sehr gut; 2 = gut; 3 = befriedigend; 4 = ausreichend; 5 = mangelhaft; 6 = ungenügend

Instrument 33:
Erhebung der Verbesserungsvorschläge zum kokoRU

Prompt:

Item:

Was müsste getan werden, um den kokoRU zu verbessern?

Antwortskala:

offen

Instrument 34:
Erhebung der Optionen zur Weiterentwicklung kokoRU

Prompt:
Es gibt verschiedene Möglichkeiten, den kokoRU weiterzuentwickeln. Was halten Sie von den folgenden Ideen?
Der kokoRU wird ...

Items:
um islamische Perspektiven ergänzt, d. h. es werden auch durch eine islamische Lehrkraft und muslimische Mitschüler und Mitschülerinnen die Gemeinsamkeiten und Unterschiede zwischen dem Christentum und dem Islam herausgearbeitet.
um säkulare Perspektiven ergänzt, d. h. es werden auch durch eine nicht-religiöse Lehrkraft und konfessions- bzw. religionslose Mitschüler die Gemeinsamkeiten und Unterschiede zwischen dem Christentum und nicht-religiösen Weltanschauungen herausgearbeitet.
auf den konfessionellen RU zurückgeführt, d. h. evangelische und katholische Schülerinnen und Schüler lernen wieder getrennt voneinander.
weitergeführt wie bisher und in seiner aktuellen Form verbessert.

Antwortskala:
1 = stimme gar nicht zu; 2 = stimme eher nicht zu; 3 = teils/teils; 4 = stimme eher zu; 5 = stimme sehr zu

Unterrichtsgeschehen des kokoRU

Instrument 35:
Erhebung der Wahrnehmung des kokoRU

Prompt:

Item 1:
Ist Ihnen bewusst, dass Ihr Kind einen Religionsunterricht in der Form des kokoRU besucht?

Antwortskala:
1 = nein; 2 = eher nein; 3 = eher ja; 4 = ja

Item 2:
Erkennen Sie Unterschiede zwischen dem kokoRU, an dem Ihr Kind aktuell teilnimmt, und dem Religionsunterricht, den es davor besucht hat?

Antwortskala:*
0 = nein; 1 = ja; 99 = kann ich nicht beurteilen

Item 3:
Können Sie die Unterschiede bitte kurz beschreiben?
Antwortskala:
offen

Legende: * = nur weiter zu Item 3, falls „ja".

Instrument 36:
Erhebung der Akzeptanz spezifischer Lernchancen im kokoRU

Prompt:
Im Folgenden finden Sie einige Erwartungen, die an den kokoRU gerichtet werden. Geben Sie bitte jeweils an, inwieweit Sie die jeweilige Erwartung persönlich teilen.
Der kokoRU soll die Schülerinnen und Schüler dazu befähigen ...
Items:
einen eigenen religiösen Standpunkt zu entwickeln.
die Unterschiede zwischen den Konfessionen zu kennen.
die Sichtweise der anderen Konfession einzunehmen.
werden von einer Lehrkraft unterrichtet, die denselben Glauben hat wie sie selbst.
darüber nachzudenken, ob sie in der anderen Konfession nicht besser aufgehoben wären.
zu begründen, warum sie an etwas glauben.
die Gemeinsamkeiten zwischen den Konfessionen zu kennen.
werden von einer evangelischen und einer katholischen Lehrkraft im Wechsel unterrichtet.
mit anderen über konfessionelle Unterschiede ins Gespräch zu kommen.
Antwortskala:
1 = teile ich gar nicht; 2 = teile ich eher nicht; 3 = teils/teils; 4 = teile ich eher; 5 = teile ich sehr; 99 = weiß ich nicht

---

Einstellung gegenüber dem Religionsunterricht

Instrument 37:
Erhebung der präferierten Organisationsform des Religionsunterrichts

Prompt:
Es gibt verschiedene Modelle, Religion an öffentlichen Schulen zu vermitteln. Im Folgenden finden sie 6 solcher Modelle. Bringen Sie diese Modelle bitte in eine Rangliste. Tragen Sie beim Modell, das Sie als am besten ge-

eignet erachten, um heute Religion in einer öffentlichen Schule zu vermitteln, eine 1 ein. Das Modell, das Sie als am zweitbesten geeignet erachten, bekommt eine 2. usw. Achten Sie bitte darauf, dass Sie die Zahlen 1 bis 6 jeweils nur einmal vergeben.

Items:

Es gibt weiterhin getrennten katholischen und evangelischen Religionsunterricht (Konfessioneller Religionsunterricht).

Die evangelischen Schülerinnen und Schüler werden zusammen mit den katholischen unterrichtet (Konfessionell-kooperativer Religionsunterricht).

Alle Kinder einer Klasse, egal welcher Religion sie angehören, haben einen gemeinsamen Religionsunterricht, der von theologisch ausgebildeten Lehrkräften geleitet wird (Interreligiöser Religionsunterricht im Klassenverband).

Alle Kinder einer Klasse werden sachlich über die verschiedenen Religionen informiert (Religionskundlicher Unterricht).

Alle Kinder einer Klasse haben einen Ethikunterricht, in dem auch Religion zur Sprache kommt (verbindlicher Ethikunterricht).

Es findet an der öffentlichen Schule kein Religionsunterricht und auch kein Ethikunterricht statt.

Antwortskala:

1 = Rang 1; 2 = Rang 2; 3 = Rang 3; 4 = Rang 4; 5 = Rang 5; 6 = Rang 6

Instrument 38:
Erhebung der Positionalität der Lehrperson im Religionsunterricht

Prompt:

Wie finden Sie es, wenn die Lehrkraft im Religionsunterricht ...

Items:

sagt, dass sie an Gott glaubt.

von eigenen Erfahrungen mit Gott erzählt.

die Schülerinnen und Schüler von ihrem Glauben überzeugen will.

kritisch gegenüber der Kirche ist.

die Unterschiede zwischen evangelisch und katholisch deutlich macht.

die Gemeinsamkeiten zwischen evangelisch und katholisch deutlich macht.

Antwortskala:

1 = sehr schlecht; 2 = eher schlecht; 3 = teils/teils; 4 = eher gut; 5 = sehr gut; 99 = kann ich nicht beurteilen

---

Instrument 39:
Erhebung der präferierten Bildungsziele im Religionsunterricht

Prompt:
Im Folgenden finden Sie mögliche Bildungsziele eines Religionsunterrichts. Geben Sie bitte jeweils an, für wie angemessen Sie das jeweilige Ziel für einen Religionsunterricht an öffentlichen Schulen erachten.

Items:
religiöses Fachwissen vermitteln
in der Kirche eine Heimat finden
allgemeine Werte vermitteln
Urteilsfähigkeit gegenüber der Kirche fördern
mit Menschen mit anderen Religionen sprechen lernen (interreligiöse Dialogfähigkeit fördern)
Lebens- als Glaubensfragen erschließen
Zugänge zur Bibel schaffen
Formen gelebter Religion wie z. B. Beten einüben
sich fragen, wer ich selbst sein möchte (Orientierung zur Identitätsbildung anbieten)
wichtige Informationen zum Christentum vermitteln (christliche Grundbildung)
lernen, dass Frauen und Männer nicht gleich sind, aber gleich viel wert (Geschlechtergerechtigkeit anbahnen)

Antwortskala:
1 = gar nicht angemessen; 2 = eher nicht angemessen; 3 = teils/teils; 4 = eher angemessen; 5 = sehr angemessen

---

1.4. *Die Instrumente der Befragung der Schulleitungen*

Organisation des kokoRU

Instrument 40:
Erhebung der Gründe für die Einführung des kokoRU

Prompt:
Wie ausschlaggebend waren die folgenden Gründe für die Einführung des kokoRU?

Items:

- Wunsch der Eltern
- geringe Anzahl von Schülerinnen und Schülern in einer Konfession
- Möglichkeit, bei einem innovativen Modell dabei zu sein
- die ökumenische Einstellung der Fachschaft(en) Religion
- Klassengemeinschaft erhalten
- (Fach-)Lehrermangel in einer Konfession
- Möglichkeit, Religion wieder gemäß der Vorgaben zu erteilen
- Gewinn durch gemeinsames Lernen von Schülerinnen und Schülern verschiedener Konfessionen
- der Wunsch der Fachschaft(en) Religion
- die Bewerbung durch eine kirchliche oder staatliche Stelle
- die einfachere Organisation für die Schule

Antwortskala:

1 = gar nicht ausschlaggebend; 2 = eher nicht ausschlaggebend; 3 = teils/teils; 4 = eher ausschlaggebend; 5 = sehr ausschlaggebend

---

Instrument 41:
Erhebung der Beurteilung des Prozesses der Einführung des kokoRU

Prompt:

Bewerten Sie bitte einige Aspekte des Prozesses der Einführung des kokoRU mit Schulnoten. Es gelten die üblichen Notenstufen. Sollten Sie einen Aspekt nicht beurteilen können, tragen Sie bitte eine 0 ein.

Items:

- Information zur Gestalt des kokoRU
- Information zum Verfahren der Einführung des kokoRU
- Unterstützung bei der Einführung des kokoRU von kirchlicher Seite
- Unterstützung bei der Einführung des kokoRU von staatlicher Seite
- Weiterbildungsangebot zum kokoRU
- Genehmigungsprozess des kokoRU

Antwortskala:

1 = sehr gut; 2 = gut; 3 = befriedigend; 4 = ausreichend; 5 = mangelhaft; 6 = ungenügend; 0 = kann ich nicht einschätzen

---

Instrument 42:
Erhebung der Verbesserungsvorschläge für die Einführung des kokoRU

Prompt:

Item 1:
Im folgenden Feld können Sie schreiben, was die kirchliche Seite tun kann, um die Schule im kokoRU besser zu unterstützen:
Antwortskala:
offen
Item 2:
Im folgenden Feld können Sie schreiben, was die staatliche Seite tun kann, um die Schule im kokoRU besser zu unterstützen:
Antwortskala:
offen

Instrument 43:
Erhebung der Organisation des Lehrerwechsels

Prompt:
Wann findet an Ihrer Schule der gewünschte Lehrerwechsel statt?
Items:
Während des Schuljahrs
Beim Übergang von einem Schuljahr zum nächsten
Es findet kein Lehrerwechsel statt.
Antwortskala:
Nur eine Option wählbar

Instrument 44:
Erhebung der Situation des kokoRU vor Ort

Prompt 1:

Item:
Wie viele Lerngruppen nehmen an Ihrer Schule am kokoRU teil?
Antwortskala:
offen

Prompt 2:
In welchen Jahrgangsstufen wird an Ihrer Schule der kokoRU angeboten? (Bitte zutreffende Antwort ankreuzen, mehrere Kreuze möglich)

Items:
1 bis 2
3 bis 4
5 bis 6
7 bis 8
9 bis 10
Antwortskala:
Mehrere Optionen möglich

Instrument 45:
Erhebung der Zusammensetzung der Lerngruppe

Prompt:
Aus welchen Gruppen setzen sich die Schülerinnen und Schüler einer Lerngruppe des kokoRU zusammen?
Items:
Aus einer Klasse
Aus einem Jahrgang
Aus zwei Jahrgängen
Sonstiges
Antwortskala:
Nur eine Option wählbar

Einstellung gegenüber dem Religionsunterricht

Instrument 46:
Erhebung der Zusammensetzung der Lerngruppe

Prompt:

Items:
Welche Bedeutung hat Ihrer Meinung nach das Fach Religion im Fächerkontext Ihrer Schule?
Antwortskala:
1 = eine sehr niedrige; 2 = eine eher niedrige; 3 = eine eher große; 4 = eine sehr große; 99 = kann ich nicht beurteilen

---

Instrument 47:
Erhebung der präferierten Bildungsziele im Religionsunterricht

Prompt:
Im Folgenden finden Sie mögliche Bildungsziele eines Religionsunterrichts: Geben Sie bitte jeweils an, für wie angemessen Sie das jeweilige Ziel für einen Religionsunterricht an öffentlichen Schulen erachten.

Items:
Ansätze zu theologischem Fachwissen vermitteln
in der Kirche beheimaten
allgemeine Wertvorstellungen vermitteln
den christlichen Glauben mit menschlichen Erfahrungen in Beziehung setzen
Urteilsfähigkeit gegenüber der Kirche fördern
interreligiöse Dialogfähigkeit fördern
Lebens- als Glaubensfragen erschließen
Formen gelebter Religion einüben
Perspektiven Andersgläubiger sehen lernen
Orientierung zur Identitätsbildung anbieten
christliche Grundbildung vermitteln
konfessionelle Positionen der Schülerinnen und Schüler stützen

Antwortskala:
1 = gar nicht angemessen; 2 = eher nicht angemessen; 3 = teils/teils; 4 = eher angemessen; 5 = sehr angemessen

Instrument 48:
Erhebung der präferierten Organisationsform des Religionsunterrichts

Prompt:
Es gibt verschiedene Modelle, Religion an öffentlichen Schulen zu erteilen. Überlegen Sie bei den folgenden Modellen bitte jeweils, für wie wünschenswert Sie das Modell für eine öffentliche Schule erachten.

Items:
Konfessioneller Religionsunterricht im herkömmlichen Format
Konfessionell-kooperativer Religionsunterricht mit Lehrerwechsel
Konfessionell-kooperativer Religionsunterricht mit Team-Teaching einer ev. und einer kath. Lehrkraft
Religionsunterricht im Klassenverband
Kein Religionsunterricht, stattdessen ein allgemeinverbindlicher Ethik- bzw. Werteunterricht
Kein Religionsunterricht und auch kein Ethikunterricht

Antwortskala:
1 = gar nicht wünschenswert; 2 = eher nicht wünschenswert,3 = teils/teils; 4 = eher wünschenswert; 5 = sehr wünschenswert

---

Instrument 49:
Erhebung der Positionalität der Lehrperson im Religionsunterricht

Prompt:
Wie finden Sie es, wenn die Lehrkraft im Religionsunterricht ...

Items:
sagt, dass sie an Gott glaubt.
von eigenen Erfahrungen mit Gott erzählt.
die Schülerinnen und Schüler von ihrem Glauben überzeugen will.
kritisch gegenüber der Kirche ist.
die Unterschiede zwischen evangelisch und katholisch deutlich macht.
die Gemeinsamkeiten zwischen evangelisch und katholisch deutlich macht.
mit den Schülerinnen und Schüler das Beten, Meditieren und Segnen ausprobiert.
neutral über Religion(en) informiert.

Antwortskala:
1 = sehr schlecht; 2 = eher schlecht; 3 = teils/teils; 4 = eher gut; 5 = sehr gut

---

Das schulische Umfeld des kokoRU

Instrument 50:
Erhebung der Deputatsanteile in Religionslehre

Prompt:
Wie würden Sie die Versorgung Ihrer Schule in „Deputatsanteilen Religion“ in Noten bewerten? Es gelten die üblichen Notenstufen. Sollten Sie einen Aspekt nicht beurteilen können, tragen Sie bitte eine 0 ein.

Items:
Katholische Religionslehre
Evangelische Religionslehre
Islamische Religionslehre

Antwortskala:
1 = sehr gut; 2 = gut; 3 befriedigend; 4 = ausreichend; 5 = mangelhaft; 6 = ungenügend

---

Instrument 51:
Erhebung des religiösen Angebots an der Schule

Prompt:
Welche religiösen Angebote gibt es an Ihrer Schule? (Bitte Zutreffendes ankreuzen; es sind mehrere Kreuze möglich).

Items:
Konfessionelle Gottesdienste (zum Schulanfang/zu Weihnachten/zum Schuljahresende etc.)
Ökumenische Gottesdienste (zum Schulanfang/zu Weihnachten/zum Schuljahresende etc.)
Multireligiöse Gottesdienste (zum Schulanfang/zu Weihnachten/zum Schuljahresende etc.)
Wir haben einen katholischen Schulseelsorger.
Wir haben einen evangelischen Schulseelsorger.
Wir haben einen muslimischen Schulseelsorger.
Wir haben einen Raum der Religionen/Raum der Stille.
Wir bieten eine Woche oder Tage der religiösen Orientierung an.
Wir fahren mit den Schülerinnen und Schülern zum Kirchentag.
Sonstiges

Antwortskala:
Mehrere Optionen möglich

Vergleichende Übersicht zu den Regelungen des kokoRU in den verschiedenen Bundesländern

In dieser Anlage wird in einer vergleichenden Übersicht die Situation des kokoRU in den fünf Bundesländern dokumentiert, in denen eine gemeinsame Vereinbarung zwischen evangelischen Landeskirchen und katholischen Bistümern über diese Organisationsform konfessionellen Religionsunterrichts vorliegt.[36] Dabei handelt es sich um die Bundesländer Baden-Württemberg, Berlin, Brandenburg, Niedersachsen und Nordrhein-Westfalen. Hessen und Schleswig-Holstein werden in dieser Übersicht nicht berücksichtigt, weil dort Religion zwar in religiös heterogenen Lerngruppen erteilt wird, diese Praxis aber nicht durch bilaterale Vereinbarungen der beiden großen christlichen Kirchen legitimiert ist. Auch Hamburg wird in dieser Übersicht nicht berücksichtigt. Zwar hat sich das Erzbistum Anfang des Jahres 2022 entschlossen, im Rahmen einer konfessionellen Kooperation am sog. „Religionsunterricht für alle 2.0" teilzunehmen, dieser RUfa 2.0 wird aber von verschiedenen Religionsgemeinschaften verantwortet, nicht ausschließlich von zwei kooperierenden christlichen Konfessionen. Die Vereinbarungen zum kokoRU im Kreis Lippe sind nicht mehr eigens aufgeführt, da diese mittlerweile durch die Vereinbarung zu Gesamt-NRW (ohne das Erzbistum Köln) überholt sind.[37]

Die Rechtsgrundlage des kokoRU verdankt sich jeweils den folgenden Vereinbarungen:

- Baden-Württemberg: Konfessionelle Kooperation im Religionsunterricht an allgemeinbildenden Schulen. Vereinbarung zur Kooperation von evangelischem und katholischem Religionsunterricht. Vereinbarung zwischen der Evangelischen Landeskirche in Baden, der Evangelischen Landeskirche in Württemberg, der Erzdiözese Freiburg i.Br. und der Diözese Rottenburg-Stuttgart vom 1. März 2005 (novelliert am 01.08.2009 und am 01.12.2015).

36 Wir bedanken uns bei Friedhelm Kraft, Hartmut Lenhard und Sabine Pemsel-Maier für die Prüfung dieser Übersicht.

37 Der Vollständigkeit halber hier die wichtigsten Eckpunkte: Geschlossen wurde die Vereinbarung zwischen der Lippischen Landeskirche und dem Erzbistum Paderborn im Jahr 2005 nach einem Modellversuch 2001/2002. Die Vereinbarung war auf die Grundschulen begrenzt mit der Voraussetzung, dass keine getrennt-konfessionellen Lerngruppen möglich waren. Der Lehrerwechsel zum Halbjahr war verpflichtend. Eine knappe Dokumentation des Modellversuchs erfolgte mit Erzbistum Paderborn & Lippische Landeskirche, 2005.

- Berlin und Brandenburg: Vereinbarung zwischen dem Erzbistum Berlin und der Evangelischen Kirche Berlin-Brandenburg-schlesische Oberlausitz zur Kooperation von evangelischem und katholischem Religionsunterricht vom 06.10.2017.
- Niedersachsen: Regelungen für den Religionsunterricht und den Unterricht Werte und Normen vom 13.01.1998 (novelliert am 23.06.2005 und am 10.05.2011).
- Nordrhein-Westfalen: Den konfessionellen Religionsunterricht sichern und stärken. Perspektiven konfessioneller Kooperation. Vereinbarung zwischen [beteiligte Bistümer bzw. Landeskirchen][38] zur konfessionellen Kooperation im Religionsunterricht, 2017 und Runderlass des Ministeriums für Schule und Bildung des Landes Nordrhein-Westfalen: Religionsunterricht an Schulen; Konfessionelle Kooperation im Religionsunterricht vom 20.06.2003 in der Novellierung vom 15.08.2017.

Abschließend sei angemerkt, dass die Regelungen zum kokoRU in Niedersachsen mit dem Wechsel zum Christlichen Religionsunterricht im Moment ausgesetzt sind.

Bundesland	**Niedersachsen**	**Baden-Württemberg**	**Nordrhein-Westfalen**	**Berlin und Brandenburg**
Beteiligte Landeskirchen (ELK)/ Bistümer (KB)	ELK: Braunschweig, Hannover, Oldenburg, Schaumburg-Lippe, Evangelisch-Reformierte Kirche KB: Hildesheim, Osnabrück, Bischöflich Münstersches Offizialat in Vechta	ELK: Baden, Württemberg KB: Freiburg, Rottenburg-Stuttgart	ELK: Rheinland, Westfalen, Lippe KB: Aachen, Essen, Münster, Paderborn (ab '23/'24: Köln)	ELK: Berlin-Brandenburg-schlesische Oberlausitz KB: Berlin
Beginn	2005 (ab 1998 als Ausnahmeregelung erlaubt)	2005 (als landesweiter Modellversuch bis 2008, danach novelliert und fortgeführt)	2018	2017

38 Hier wurde jeweils ein eigener Vertrag zwischen einem Bistum und der entsprechenden Landeskirche geschlossen.

Voraussetzungen	- Lehrkräfte beider Konfessionen werden regelmäßig eingesetzt - Schulcurriculum für kokoRU - Zustimmung von Schulvorstand und Fachkonferenzen	- Gemeinsamer Unterrichtsplan für beantragten Zeitraum - Einverständnis der Eltern - Pflichtfortbildung für beteiligte Lehrkräfte - Information der Eltern - einstimmige Zustimmung der Fachkonferenz	- regulärer Religionsunterricht beider Konfessionen an der Schule - jeweils mindestens eine Lehrkraft jeder Konfession an der Schule - Schulcurriculum und fachdidaktisches Konzept für kokoRU - Pflichtfortbildung für beteiligte Lehrkräfte - Information der Eltern - Zustimmung der Fachkonferenzen (Mehrheitsbeschluss) - Stellungnahme der Schulkonferenz ist beizufügen	- keine getrennt-konfessionellen Lerngruppen möglich - Schulcurriculum zum kokoRU - Pflichtfortbildung - Information der Eltern
verpflichtender Antrag	nur, falls mehr als die Hälfte der Lerngruppen als kokoRU erteilt werden soll (aktuell ausgesetzt)	ja	ja	nein
Gültigkeit eines Antrags	3 Jahre	2 Jahre	3 Jahre	–

	(Förder- und Berufsschulen: unbefristet)			
Gestalt Folgeantrag	wie oben	kein neuer Unterrichtsplan notwendig	k. A.	k. A.
Organisatorische Vorgaben	verpflichtender Lehrerwechsel	- Standardzeiträume: G: 1/2 (3/4 als Ausnahme); H/WR: 5/6, 7-9; R/Gym: 7/8, 9/10 - kokoRU nicht länger als ein Standardzeitraum - verpflichtender Lehrerwechsel	- Standardzeiträume: 1/2, 3/4, 5/6, 7-9/10 - verpflichtender Lehrerwechsel - konfessionelle Profile sollen im Unterricht deutlich werden	- gemeinsames Schulcurriculum der Kirchen ist zu verwenden
Zeugniseintrag	„Der Religionsunterricht wurde konfessionell-kooperativ erteilt.“	Konfession der Lehrkraft mit dem Zusatz: „Der Religionsunterricht wurde konfessionell-kooperativ erteilt.“	„Religionslehre“	k.A.
Wissenschaftliche Studien	Gennerich & Mokrosch, 2016	Kuld et al., 2009 (zu Projekten vor der offiziellen Vereinbarung: Schweitzer & Biesinger, 2002; Schweitzer et al., 2006)	Riegel & Zimmermann, 2022	keine

Vergleichende Übersicht der grundlegenden Studien zum kokoRU

Im Folgenden dokumentieren wir die ersten vier großen Studien zum kokoRU in Baden-Württemberg und Niedersachsen in vergleichender Perspektive. Sie haben den Grund für die Beforschung dieser Organisationsform konfessionellen Unterrichtens und Lernens gelegt, weshalb ihnen eine besondere Bedeutung zukommt. Neben ihnen finden sich zwar noch weitere Studien, die den kokoRU in den Blick nehmen, dies jedoch unter einer spezifischen Fragestellung (z. B. Caspary, 2016; Pemsel-Maier et al., 2011). Auch gibt es Studien, die sich zwar mit konfessioneller Vielfalt, nicht aber mit dem kokoRU im eigentlichen Sinn beschäftigen (z. B. Hütte & Mette, 2003; Kießling et al., 2018; Pohl-Patalong et al., 2016; Pohl-Patalong et al., 2017; Pruchniewicz, 2016). Sie werden hier nicht weiter berücksichtigt.

Titel	**Schweitzer & Biesinger, 2002**	**Schweitzer et al., 2006**	**Kuld et al., 2009**	**Gennerich & Mokrosch, 2016**
A) Anlage der Studien				
Schulart(en)	Grundschule	Hauptschule, Gymnasium	Grund-, Haupt-, Realschule, Gymnasium	Grund-, Haupt-, Real-, Gesamt-, Berufs-, Förderschule, Gymnasium
Jahrgangsst.	1 & 3	6 & 9	2 & 6	--
Jahr der Erhebung	1998/1999	2002/2003	2005–2007	2005/2006 (Fragebögen); 2007 & 2015/2016 (Interviews)
Raum der Erhebung	Tübingen und Umkreis	Tübingen und Umkreis	Baden-Württemberg	Niedersachsen
Methoden	Fragebögen, Interviews & Unterrichtsanalyse	Fragebögen, Interviews & Unterrichtsanalyse	Fragebögen, Interviews & Unterrichtsanalyse	Fragebögen & Interviews

Sample	Schüler*innen (t_1 = 34; t_2 = 76), Lehrer*innen (n = 14), Klassenlehrer*innen & Schulleiter*innen (n = 9), Eltern (t_1 = 252; t_2 = 208), Unterrichtsanalyse (n = 31)	Schüler*innen (n = 81), Lehrer*innen (n = 34, Schulleiter*innen (n = ?), Eltern (n = ?), Unterrichtsanalyse (n = 24)	Schüler*innen (n = 316), Lehrer*innen (n = 83) (n = 544), Schulleiter*innen (n = 37), Eltern (n = 198), Unterrichtsanalyse (n = 76)	Lehrer*innen (n_{FB} = 152 & n_{INT} = 22)
Vergleichsgruppe	nein	ja (BW & NRW)	ja (BW)	nein

B) Vergleich der Befunde

Motive der Einführung (nach Gewicht)	Ökumene; Klassenverband; kollegiale Zusammenarbeit; schulorganisatorische Überlegungen	Ökumene; Klassenverband; kollegiale Zusammenarbeit	Ökumene; Klassenverband; kollegiale Zusammenarbeit; schulorganisatorische Überlegungen; biographische Motive	Ökumene; Klassenverband
Zielsetzungen	nicht erhoben	Konfessionelle Horizonte aufspannen und erweitern	Befähigung zur persönlich-autonomen Aneignung der christlichen Kerngedanken	christliche Grundbildung; lernen, Gefühle wahrzunehmen und auszudrücken; allgemeine Wertvorstellungen vermitteln
Kognitive Effekte	ein (nicht genau messbarer) Lernfortschritt wird vermutet	deutlicher Zuwachs konfessionsbezogenen Wissens	deutlicher Zuwachs konfessionsbezogenen Wissens v. a. in RS und Gym	themenabhängige Verbesserung
Konfessionelles Bewusstsein	eher geringe Ausprägung	nur in sehr eingeschränkter Weise	Zunahme v. a. bei Gymnasiasten	eher geringe Ausprägung in den Augen der L

Umgang mit konfessioneller Differenz	L: Differenz als Quelle der Unterrichtsdynamik SuS: manche betonen eher die Gemeinsamkeiten, andere eher die Unterschiede	L: wird oft bewusst zurückgestellt, da die SuS damit vermeintlich nichts anfangen können SuS: Unterschiede werden oft als „bedeutungsarm" gesehen; katholisch ist „strenger", evangelisch „lockerer"	L: Betonung der Gemeinsamkeiten wegen religionspsychologischer Reife der Kinder, andere wollen gerade Unterschiede im koko RU aufnehmen SuS: Betonung der Gemeinsamkeiten in GS; Differenz spielt in HS und RS eine Rolle aufzeigen	L: es werden eher Gemeinsamkeiten betont
Urteil zum kokoRU	L: „sehr gewinnbringend" SuS: keine Tendenz	L: „inhaltliche wie persönliche Bereicherung" SuS: keine Tendenz	L: „Bereicherung" SuS: „sehr positiv"	L: „außerordentlich erfolgreich"
Präferenz Organisationsform	L: gemischte Voten SuS: keine Tendenz; die Unterrichtsqualität ist wichtiger als die Organisationsform	L: meist für kokoRU, z. T. aber im Wechsel mit getrennten Phasen SuS: kokoRU wird eher bevorzugt	L: kokoRU SuS: kokoRU	L: ökumenischer RU im Klassenverband